中国近代
思想家文库

◎

朱谦之卷

黄夏年 编

中国人民大学出版社
·北京·

《中国近代思想家文库》编纂委员会名单

主　任　柳斌杰　纪宝成

副主任　吴尚之　李宝中　李　潞
　　　　王　然　贺耀敏　李永强

主　编　戴　逸

副主编　王俊义　耿云志

委　员　王汝丰　刘志琴　许纪霖　杨天石　杨宗元
　　　　陈　铮　欧阳哲生　罗志田　夏晓虹　徐　莉
　　　　黄兴涛　黄爱平　蔡乐苏　熊月之
　　　　（按姓氏笔画排序）

朱谦之像

朱谦之与夫人何绛云合影

总序

对于近代的理解，虽不见得所有人都是一致的，但总的说来，对于近代这个词所涵的基本意义，人们还是有共识的。一个国家、一个民族走入近代，就意味着以工业化为主导的经济取代了以地主经济、领主经济或自然经济为主导的中世纪的经济形态，也还意味着，它不再是孤立的或是封闭与半封闭的，而是以某种形式加入到世界总的发展进程。尤其重要的是，它以某种形式的民主制度取代君主专制或其他不同形式的专制制度。中国是个幅员广大、人口众多、历史悠久的多民族国家，由于长期历史发展是自成一体的，与外界的交往比较有限，其生产方式的代谢迟缓了一些。如果说，世界的近代是从 17 世纪开始的，那么中国的近代则是从 19 世纪中期才开始的。现在国内学界比较一致的认识，是把 1840 年到 1949 年视为中国的近代。

中国的近代起始的标志是 1840 年的鸦片战争。原来相对封闭的国门被拥有近代种种优势的英帝国以军舰、大炮再加上种种卑鄙的欺诈打开了。从此，中国不情愿地加入到世界秩序中，沦为半殖民地。原来独立的大一统的中央集权的君主专制国家，如今独立已经极大地被限制，大一统也逐渐残缺不全，中央集权因列强的侵夺也不完全名实相符了。后来因太平天国运动，地方军政势力崛起，形成内轻外重的形势，也使中央集权被弱化。经历第二次鸦片战争、中法战争、甲午战争、八国联军入侵的战争以及辛亥革命后的多次内外战争，直至日本全面侵略中国的战争，致使中国的经济、政治、教育、文化，都无法顺利走上近代发展的轨道。古今之间，新旧之间，中外之间，混杂、矛盾、冲突。总之，鸦片战争后的中国，既未能成为近代国家，更不能维持原有的统治秩序。而外患内忧咄咄逼人，人们都有某种程度“国将不国”的忧虑。

“天下兴亡，匹夫有责”，读书明理的士大夫，或今所谓知识分子，尤为敏感，在空前的危机与挑战面前，皆思有所献替。于是发生种种救亡图存的思想与主张。有的从所能见及的西方国家发展的经验中借鉴某些东西，形成自己的改革方案；有的从历史回忆中拾取某些智慧，形成某种民族复兴的设想；有的则力图把西方的和中国所固有的一些东西加以调和或结合，形成某种救亡图强的主张。这些方案、设想、主张，从世界上“最先进的”，到“最落后的”，几乎样样都有。就提出这些方案、设想、主张者的初衷而言，绝大多数都含着几分救国的意愿。其先进与落后，是否可行，能否成功，尽可充分讨论，但可不必过为诛心之论。显而易见，既然救国的问题最为紧迫，人们所心营目注者自然是种种与救国的方案直接相关的思想学说，而作为产生这些学说的更基础性的理论，及其他各种知识、思想，则关注者少。

围绕着救国、强国的大议题，知识精英们参考世界上种种思想学说，加以研究、选择，认为其中比较适用的思想学说，拿来向国人宣传，并赢得一部分人的认可。于是互相推引，互相激励，更加发挥，演而成潮。在近代中国，曾经得到比较广泛的传播的思想学说，或者够得上思潮的，主要有以下几种：

（一）进化论。近代西方思想较早被引介到中国，而又发生绝大影响的，要属进化论。中国人逐渐相信，进化是宇宙之铁则，不进化就必遭淘汰。以此思想警醒国人，颇曾有助于振作民族精神。但随后不久，社会达尔文主义伴随而来，不免发生一些负面的影响。人们对进化的了解，也存在某些片面性，有时把进化理解为一条简单的直线。辩证法思想帮助人们形成内容更丰富和更加符合实际的发展观念，减少或避免片面性的进化观念的某些负面影响。

（二）民族主义。中国古代的民族主义思想，其核心是“非我族类，其心必异”，所以最重“华夷之辨”。鸦片战争前后一段时期，中国人的民族思想，大体仍是如此。后来渐渐认识到“今之夷狄，非古之夷狄”，“西人治国有法度，不得以古旧之夷狄视之”。但当时中国正遭受西方列强的侵略和掠夺，追求民族独立是民族主义之第一义。20世纪初，中国知识精英开始有了“中华民族”的概念。于是，渐渐形成以建立近代民族国家为核心的近代民族主义。结束清朝君主专制，创立中华民国，是这一思想的初步实现。第一次世界大战爆发，中国加入“协约国”，第一次以主动的姿态参与世界事务，接着俄国十月革命爆发，这两件事对近代中国的发展历程造成绝大影响。同时也将中国人的民族主义提升到一个新的层次，即与国际主义（或世界主义）发生紧密联系。也可以说，中国人更加自觉地用世界的眼光来观察中国的问题。新生的中国共产党和改组后的国民党都是如此。民族主义成为中国的知识精英用来应对近代中国所面临的种种危机和种种挑战的一个重要的思想武器。

（三）社会主义。社会主义作为一种模糊的理想是早在古代就有的，而且不论东方和西方都曾有过。但作为近代思潮，它是于 19 世纪在批判近代资本主义的基础上产生的。起初仍带有空想的性质，直到马克思和恩格斯才创立起科学社会主义。20 世纪初期，社会主义开始传入中国。当时的传播者不太了解科学社会主义与以往的社会主义学说的本质区别。有一部分人，明显地受到无政府主义的强烈影响，更远离科学社会主义。直到五四新文化运动兴起之后，中国人始较严格地引介、宣传科学社会主义。但有一段时间，无政府主义仍是一股很大的思想潮流。中国共产党的成立，从思想上说，是战胜无政府主义的结果。中国共产党把在中国实现社会主义乃至共产主义作为自己的奋斗目标。此后，社会主义者，多次同各种非科学社会主义思想的信仰者进行论争并不断克服种种非科学社会主义思想的影响。

（四）自由主义。自由主义也是从清末就被介绍到中国来，只是信从者一直寥寥。直到五四新文化运动兴起，具有欧美教育背景的知识精英的数量渐渐多起来，自由主义始渐渐形成一股思想潮流。自由主义强调个性解放、意志自由和自己承担责任，在政治上反对一切专制主义。在中国的社会条件下，自由主义缺乏社会基础。在政治激烈动荡的时候，自由主义者很难凝聚成一股有组织的力量；在稍稍平和的时候，他们往往更多沉浸在自己的专业中。所以，在中国近代史上，自由主义不曾有，也不可能有大的作为。

（五）激进主义与保守主义。处于转型期的社会，旧的东西尚未完全退出舞台，新的东西也还未能巩固地树立起来，新旧冲突往往要持续很长的时间，有时甚至达到很激烈的程度。凡助推新东西成长的，人们便视为进步的；凡帮助旧东西排斥新东西的，人们便视为保守的。其实，与保守主义对应的，应是进步主义；与顽固主义相对的则应是激进主义。不过在通常话语环境中人们不太严格加以区分。中国历史悠久，特别是君主专制制度持续两千余年，旧东西积累异常丰富，社会转型极其不易。而世界的发展却进步甚速。中国的一部分精英分子往往特别急切地想改造中国社会，总想找出最厉害的手段，选一条最捷近的路，以最快的速度实现全盘改造。这类思想、主张及其采取的行动，皆属激进主义。在中共党史上，它表现为“左”倾或极左的机会主义。从极端的激进主义到极端的顽固主义，中间有着各种程度的进步与保守的流派。社会的稳定，或社会和平改革的成功，都依赖有一个实力雄厚的中间力量。但因种种原因，中国社会的中间力量一直未能成长到足够的程度。进步主义与保守主义，以及激进主义与顽固主义，不断进行斗争，而实际所获进步不大。

（六）革命与和平改革。中国近代史上，革命运动与和平改革运动交替进行，有时又是平行发展。两者的宗旨都是为改变原有的君主专制制度而代之以某种形式的近代民主制度。有很长一个时期，有两种错误的观念，一是把革命理解为仅仅是指以暴力取得政权的行动，二是与此相关联，把暴力革命与和平改革对立起来，认为革命是推动历史进步的，而改革是维护旧有统治秩序的。这两种论调既无理论根据，也不合历史实际。凡是有助于改变君主专制制度的探索，无论暴力的或和平的改革都是应予肯定的。

中国近代揭幕之时，西方列强正在疯狂地侵略与掠夺殖民地和半殖民地，中国是它们互相争夺的最后一块、也是最大的资源地。而这时的中国，沿袭了两千年的君主专制制度已到了奄奄一息的末日，统治当局腐朽无能，对外不足以御侮，对内不足以言治，其统治的合法性和统治的能力均招致怀疑。革命运动与改革的呼声，以及自发的民变接连不断。国家、民族的命运真的到了千钧一发之际，危机极端紧迫。先觉分子救国之心切，每遇稍具新意义的思想学说便急不可待地学习引介。于是西方思想学说纷纷涌进中国，各阶层、各领域，凡能读书读报者，受其影响，各依其家庭、职业、教育之不同背景而选择自以为不错的一种，接受之，信仰之，传播之。于是西方几百年里相继风行的思想学说，在短时期内纷纷涌进中国。在清末最后的十几年里是这样，五四时期在较高的水准上重复出现这种情况。

这种情况直接造成两个重要的历史现象：一个是中国社会的实际代谢过程（亦即社会转型过程）相对迟缓，而思想的代谢过程却来得格外神速。另一个是在西方原是差不多三百年的历史中渐次出现的各种思想学说，集中在几年或十几年的时间里狂泻而来，人们不及深入研究、审慎抉择，便匆忙引介、传播，引介者、传播者、听闻者，都难免有些消化不良。其实，这种情况在清末，在五四时期，都已有人觉察。我们现在指出这些问题并非苛求前人，而是要引为教训。

同时我们也看到，中国近代思想无比的多样性与复杂性呈现出绚丽多彩的姿态，各种思想持续不断地展开论争，这又构成中国近代思想史的一个突出特点。有些论争为我们留下了非常丰富的思想资料。如兴洋务与反洋务之争，变法与反变法之争，革命与改良之争，共和与立宪之争，东西文化之争，文言与白话之争，新旧伦理之争，科学与人生观之争，中国社会性质的论争，社会史的论争，人权与约法之争，全盘西化与本位文化之争，民主与独裁之争，等等。这些争论都不同程度地关联着一直影响甚至困扰着中国人的几个核心问题，即所谓中西问题、古今问题与心物关系问题。

中国近代思想的光谱虽比较齐全，但各种思想的存在状态及其影响力是很不平衡的。有些思想信从者多，言论著作亦多，且略成系统；有些可能只有很少的人做过介绍或略加研究；有的还可能因种种原因，只存在私人载记中，当时未及面世。然这些思想，其中有很多并不因时间久远而失去其价值。因为就总的情况说，我们还没有完成社会的近代转型，所以先贤们对某些问题的思考，在今天对我们仍有参考借鉴的价值。我们编辑这套《中国近代思想家文库》，希望尽可能全面地、系统地整理出近代中国思想家的思想成果，一则借以保存这份珍贵遗产，再则为研究思想史提供方便，三则为有心于中国思想文化建设者提供参考借鉴的便利。

考虑到中国近代思想的上述诸特点，我们编辑本《文库》时，对于思想家不取太严格的界定，凡在某一学科、某一领域，有其独立思考、提出特别见解和主张者，都尽量收入。虽然其中有些主张与表述有时代和个人的局限，但为反映近代思想发展的轨迹，以供今人参考，我们亦保留其原貌。所以本《文库》实为“中国近代思想集成”。

本《文库》入选的思想家，主要是活跃在1840年至1949年之间的思想人物。但中共领袖人物，因有较为丰富的研究著述，本《文库》则未收入。

编辑如此规模的《文库》，对象范围的确定，材料的搜集，版本的比勘，体例的斟酌，在在皆非易事。限于我们的水平，容有瑕隙，敬请方家指正。

《中国近代思想家文库》编纂委员会

目 录

导言：百科全书式的学者朱谦之先生*

黄心川

朱谦之（1899—1972）字情牵，福建省福州市人。我国当代著名的历史学家、哲学家和东方学家。生于一个数代从事医生职业的家庭，幼时父母双亡，由姑姑抚养成人。民初入福建省立第一中学学习，在中学时熟读我国的经史，曾自编《中国上古史》，并发表《英雄崇拜论》等小册子。17 岁（虚岁 19 岁）时以福建省第一名考取北京高等师范学校（北京师范大学前身），后改入北京大学法预科，毕业于北京大学哲学系。在校期间，亲聆学界名师的教诲，饱读中外哲学文化书籍，先后发表了《周秦诸子学统述》和《太极新图说》等文。

1919 年中国大地掀起“打倒孔家店”的五四运动，朱谦之满怀革命激情投入这一轰轰烈烈的斗争，参加了学生示威游行，编辑杂志，撰文抨击时弊，宣传无政府主义，提出种种改革社会和教育的主张。他在北京大学第一次贴出大学报，要求废除考试制度等。翌年又首次在国内报刊上提出“劳动人民神圣”等口号。毛泽东主席在北京大学工作期间曾与朱谦之讨论过无政府主义等问题。同年 10 月朱谦之因散发革命传单遭军阀当局逮捕，入狱百余日，经北京学生集会营救和全国各地声援方获得释放。

1921 年朱谦之离京南下至杭州兜率寺从太虚大师出家，以后又去南京支那内学院向著名佛教学者欧阳竟无求教，因不满意佛门的腐化、偷安生活，复断绝关系，往返于京、沪、杭各地，遁迹江湖之间，过着“飘零身世托轻帆，浪漫生涯亦自豪”的生活。越 3 年，应厦门大学之邀，出任教职。1924 年辞职再度隐居西湖葛岭山下，门对宋代诗人林

* 本文中的个别地方，如书名等，为了与文后的“朱谦之学术年谱”一致，而作了改动，特此说明。——编者注

逋（和靖）故居，悉心从事著述。1929 年获中央研究院资助东渡日本潜心历史哲学的研究。两年后归国，任暨南大学教授。从 1932 年起任中山大学教授，兼历史系主任、哲学系主任、文学院院长、研究院文科研究所主任和历史学部主任等职。抗日战争时期，他历尽艰险，始终勤于职守，为适应抗战需要，曾大力提倡“南方文化运动”和“现代史学运动”，出资筹办《现代史学》，对历史研究中的“考今”工作起过一定的推动作用。在他的努力下，中山大学历史系成为一个著名学系和研究机构，为抗日战争培养了大批理论干部。1949 年广州解放，朱谦之以无比欢欣的心情，迎接新时代的到来，积极参加校内外的各种政治和教学活动，做了大量的工作。

1952 年全国院系调整，朱谦之回到了久别的母校——北京大学，在哲学系任教授，从事中国哲学史的教学和研究。1958 年后又转入东方哲学的研究工作，培养研究生和青年学者，对我国的东方哲学研究工作，起了重要的推动作用。1964 年北京大学东方哲学史教研组全体人员并入中国科学院哲学社会科学部，组建世界宗教研究所，朱谦之担任了研究员。尽管此时他已重病缠身，有时卧床不起，但仍著述不止，致力于宗教学研究。1972 年因脑溢血逝世，享年 74 岁（虚岁）。

朱谦之在学术界被人称为“百科全书式的学者”，这是因为他的教学研究工作十分广泛，涉及了历史、哲学、文学、音乐、戏剧、考古、政治、经济、宗教和中外交通文化关系等各种领域，有些领域在我国还属于开拓性研究。著名学者王亚南曾称誉：“朱先生时代感非常强烈，而且搜集之富，钻研之精，涉猎之广，读其书，知其生平者，均交口称道。”早在大学读书时，朱谦之就以善读书闻名。当时曾担任北京大学图书馆主任的李大钊先生因朱谦之借书特多，而担忧图书馆内所藏的社科书籍会被他全部读完。他的治学态度极为严谨，善于用脑和手，每读一书，必不停地用朱笔圈点和摘录。在着手做课题研究时，必先列出阅读和参考的书目。他通晓英、法、德、日等多种外国文字，对国外的学术动态十分注意，所以能够尽快地吸收和消化国外的研究成果，步趋世界学术研究的潮流和开拓国内研究的新领域，充分体现了时代感。他的国学底子深厚，对我国的经史子集都有一定的了解或研究。他的工作态度十分认真，早上 4 点闻鸡声而起，埋头写作，至晚饭后始辍笔。下笔极快，一两万字的文章经常一气呵成。有人说他用笔千言，如江河倾泻，素不注意词章修饰，这是一种误解。试看他所写的《老子校释》序言，其辞藻之华丽，章句之对仗，用典之殷切，虽词章学家犹不能过也。

朱谦之一生著述等身，桃李满天下，给后人留下了庞大的、珍贵的文化遗产。据不完全统计，有专著42部、译著2部、论文百余篇。他的学术研究成果，表现在以下几个方面：

哲学研究是朱谦之一生成果最丰的内容之一。其研究著述既有中国传统哲学，又有西方古典哲学和马克思主义哲学，还有东方哲学和中外比较哲学等，学贯中西，博通今古，蔚为大观。他早年发表的《革命哲学》充满了怀疑主义、虚无主义的青年理想，主张“政治革命不如社会革命，社会革命是从社会主义革命进至无政府革命，再进至宇宙革命”。这种主张，新中国成立后他自己批判说：“名为‘革命哲学’而实际所谓宇宙革命，不过证明了宇宙的究竟为寂灭，所谓用革命的方法，也不过一种寂灭论罢了。”以后又发表了《无元哲学》和《周易哲学》等著述，在这些著作中，他批判和摒弃了过去的虚无主义主张，宣称宇宙人生都是浑一的“真情之流”，真生命在人世间上即可实现，从此转向了信仰主义为特征的真情或唯情主义哲学。1929年朱谦之东渡日本后，历史哲学开始成为他的主要研究课题，以后几十年一直未断。特别是对黑格尔、孔德等人的历史哲学做了大量的和深入的研究，撰写了《历史哲学大纲》、《黑格尔的历史哲学》和《孔德的历史哲学》等著作。他在日本期间首次接触了辩证唯物主义和历史唯物主义，并把它们作为一种社会学说不加歧视地进行研究。与此同时，他还写作了《文化哲学》，强调：“文化哲学不但有他独特的在哲学中最高的地位，而且更为其它历史学、社会学、教育学所凭依，而为研究文化历史学、文化社会学、文化教育学者所必经的路径。”甚至认为“将来的哲学，应该是文化史的哲学，换言之，即为文化哲学”。他反对当时世界学术界以西方为中心的观点，重视我国传统文化思想的价值，讴歌中国人民的智慧和发明，并在这一指导思想下，撰写了《中国思想对于欧洲文化之影响》一书，明确指出中国传统思想对欧洲的近现代思想家产生过深刻影响。此书一出版，即引起国内外学术界的高度重视，给予了此书极高的评价。

新中国成立后，朱谦之的哲学研究工作更上一层楼，取得丰硕成果。20世纪50年代初期，他凭着已有的马克思主义哲学功底，很快写出《辩证唯物论与历史唯物论教学大纲》，满足了当时大学教学的需要。而后，又转为对中国哲学史的研究，在早期发表《周秦诸子学统述》、《庄子哲学》等著述的基础上，新撰了《老子哲学》、《中国哲学史史料学》、《中国哲学史提纲（汉—清）》、《中国哲学史简编》（约200万字，待出版）等一大批著作，对中国哲学发展史的各个阶段都有系统的阐明，尤其对先秦诸子和近代启蒙思想家有深入的研究。其中《中国哲学史简编》最早注意到少数民族的哲学宝藏，列有专章研究，在很多中国哲学的传统问题上，他有很多新颖的、独特的见解。他整理的《老子校释》搜集之丰在已有各种版本中是最多和最好的一个，因之在莫斯科召开的全球汉学家会议上被一致推荐为最佳的研究，获得特殊的荣誉。另一本《李贽》也得到国内学术界的好评。

1958年后朱谦之带领一批青年研究人员和朝鲜、捷克斯洛伐克的研究生从事东方哲学的研究和教学工作，先后发表了《日本哲学史》、《日本的朱子学》、《日本的古学及阳明学》、《日本哲学（古代之部）》和《日本哲学（德川时代之部）》，另外指导朝鲜留学生完成了《程朱学对朝鲜的影响》的研究。朱先生发掘了不少在日本、朝鲜已散失，但仍保留在我国的珍贵文献和资料，阐明了中国哲学和宗教与我国周边国家朝鲜、日本和越南等的相互关系。这些开拓性研究引起了国内外学术界的重视，苏联和日本研究机构都曾提出要与我国共同合编日本哲学史的资料等。越南科学院提出要派人来中国跟随朱先生学习、整理越南哲学史的资料。与此同时，他还将过去发表的《中国思想对于欧洲文化之影响》进一步作了修订，扩大了篇幅，改名为《中国哲学对欧洲的影响》。此书是朱先生用毕生的心血写成的，前后搜集资料和写作达三四十年之久。例如在“中国哲学与法国革命”一章中就有190处引文和注释，可见搜集之多和用力之勤。该书连同早期的版本，在日本、英国、美国、苏联学界引起重要反响，苏联的一些学者虽然不同意该书的某些观点，提出了批评，但也承认它是一本有科学价值的著作。

政治学的研究是朱谦之早年关心的问题。在轰轰烈烈的五四运动和大革命时期，朱谦之以年青人所具有的活跃思想，饱含激情的情绪，曾经探讨过未来中国的前途和命运。他除了宣传无政府主张和提出“劳动人民神圣”的口号外，还撰写过《大同共产主义》、《到大同的路》等著作，提出：“宣传中国政治之传统精神，以人性为基础，以大同为门户，以美的社会组织为匡廊，以礼乐为妙用，以游艺为依归，意在拨乱反正，以跻斯世于永远太平而止。”以托古改制的方式，宣扬儒家乌托邦式的政治和社会理想。

朱谦之兴趣广泛，对音乐和文学也有较深入的爱好和研究。1927

年他撰写了《凌廷堪燕乐考原跋》。在厦门大学工作期间又撰写了《音乐的文学小史》，以后又扩大为《中国音乐文学史》，这种把音乐和文学联合起来研究，在我国还是首创，因此获得了国内外好评。该书出版后，日本中村嗣次就把它译成日文。1989年北京大学出版社又重印了此书。另一本著作《中国古代乐律对于希腊之影响》也有重要价值，已由音乐出版社出版。新中国成立后，朱谦之先生曾受著名剧作家洪深先生之托，整理中国古代各种戏剧、戏曲等古籍，他搜集到的剧种和数量要比过去已知的多好几倍。

历史研究是朱谦之先生的主要研究领域，曾先后发表过《中国史学之阶段的发展》、《现代史学概论》、《历史科学论》、《历史论理学》、《历史统计学》和《太平天国史料及其研究方法》、《五四运动史略》等数十篇著文。他对中外关系史的研究作出了特殊的贡献，除了上述的《中国哲学对欧洲的影响》和《中国古代乐律对于希腊之影响》外，代表作还有《扶桑国考证》和《哥伦布前一千年中国僧人发现美洲考》等文。《哥伦布前一千年中国僧人发现美洲考》一文在国内外学术界曾引起强烈轰动。美国、墨西哥、古巴等国的学者都十分赞同他的结论。例如墨西哥的柏尔曼（M. Palmer）教授来信说，他掌握了192个考古学区域的记录，证明美洲原住民是和中国人有密切关联的。当然这个问题在国内和苏联也有着强烈的反对意见。鉴于他在国际上所取得的学术成果，郭沫若同志在一次会议上曾说朱谦之和向达教授是我国研究中外交通史方面两个最重要的学者。

此外，朱谦之对文化问题也有过精湛的研究，撰写过《文化类型学十讲》、《中国文化之命运》、《世界史上之文化区域》、《文化哲学》等著作；对经济方面的问题也有所涉及，发表过《历史学派经济学》、《经济史研究序说》、《中国经济学说纲领》等著作。总之，无论对中国与西方的文化关系，抑或中国对周邻国家的文化关系，他都有精湛的研究。

朱谦之受教于旧式的传统教育，儒家的“修、齐、治、平”入世思想和老庄的淡泊无为，以及佛家的禅逸出世思想在他身上都得到体现。五四时期他和其他热血青年一样，积极投身于革命救国的斗争，提出种种社会改革的主张，但是这时“中国的思想界，可以说是世界虚无主义的集中地……佛教的空观和老子学说……在青年思想界，有日渐发达的趋势”。因此他的革命哲学追求“虚空粉碎，在地平沉”的虚无主义理想，实受禅宗《高峰语录》的影响。朱谦之最终没有接受佛教，他通过对佛教的了解，做了不少佛教研究工作，他早年撰写了《印度佛教对于原始基督教之影响》等文，在几本阐述他的世界观和未来理想的著作中都渗透着佛教禅观和空观的思想。“文化大革命”前夕，朱先生调到宗教所工作后，即着手翻译日本著名佛学家忽滑谷快天所著的《禅学思想史》和《朝鲜禅教史》。从他的译稿题笺来看，朱先生想写一部禅宗史，但是因种种条件限制，他最终没有完成这个心愿，只是留下了这两部译著。

朱谦之与基督教的因缘始于中学时期。他 17 岁（虚岁 19 岁）时，在基督教会办的格致书院专修英文，常常批评基督教教义，著《宗教废绝论》。以后他在做哲学研究，特别是西方哲学文化的研究时，对基督教及其神学有了更多的认识，意识到神学在历史文化阶段里的重要性以及对哲学史及科学史的作用。其所著的《文化哲学》一书指出，西洋的宗教“是从世界大宗教发生地的东方来的”（第 203 页）。在《中国哲学对欧洲的影响》中对耶稣会的历史性质和传教士来华的动机、经过及其作用等做了详尽的分析。调入宗教所后，朱先生开始从事中国基督教史的研究，搜集了许多景教史资料，撰成《中国景教》一书。

由于朱谦之先生在学术界的影响力，已经出版了几十本他的文集与著作，其中也包括他的选编本。为了不与其他选本重复，本书挑选了朱先生的代表作，有些文章文字不长，但在当时影响很大，例如他发表的《劳动节的祝词》，是中国第一次提出劳动大众神圣的思想，影响了后人。他的《反抗考试的宣言》在当时北京大学的影响很大，一度形成过思潮。他对无政府主义的看法，曾经受到毛泽东同志的注意，专门与他进行讨论。他的唯情哲学思想更在当时风靡一时。他的景教研究和中国哲学对外国的影响两书，至今还没有人超越。

最后，朱谦之先生的学术年谱曾经由张国义博士编纂发表在《世界宗教研究》上，本书将其移录，不再新编，特申致谢。感谢曾经为朱谦之先生著作收集与出版的个人与单位。

总之，朱谦之先生用深邃的智慧构筑了精密的学术殿堂，给我们提供了取之不竭的精神食粮，为纯洁的学术论坛增添了一块丰产的沃土，改写了中国学术史的新篇章。

虚无主义者的再生[*]

（导言）过去的我们，都是个虚无主义者，心气暴戾，不知于乾坤毁伤了几多，于“神”忤逆了几多！只此便把宇宙和气，都销铄尽了。但是现在我俩虚无的路，已经走到尽头处了。我俩都拜倒“爱神”之前了！因为我俩性情，思想，年龄都极相当，这几年来思想变迁的程序，也很相似，因此便自乐自进，而为终身的伴侣了。总之过去的我们，在“虚无”里薰醉，未来的我们，让把晶莹澄彻的“真情之流”，洗濯我们，陶醉我们，这么一来，就把无情的宇宙翻过身来了！我们便实现自身于弥纶一切的“神”中了！我们所要过的，是“真情生活”，我们所能作的，就是“人”。底下的些信，就是我俩做人的宣言，也就是我俩从人类心中发出最深最恳切的祷告，如今把他公开出来，为的是要劝导天下有情人，都出离虚无，而回转到这世界。一九二三〈年〉六月十五日识于北京。

其一

没累我亲爱的：得你的信和画片，使我感激得很。我们要从狭隘的自我解放下来啊！只有“爱”里，是一掬清净定水，洗濯我们，才爱便一切融化，那其间也没有你，也没有我，只是消魂大悦，和神合为一体。神呀神呀！我愿意舍我自身作你的赞美者慕恋者了。神告诉我：“你乃永久存在于她心中。”所以我深信不疑，愿为你永久理想之友，因此我便决意把我的生平和著作，统告诉你，你能承受这样告诉，我才

---

* 载《民铎》4卷4号，1923年6月。杨没累，朱谦之先生前妻，很早逝世。

欢喜。

少年时代

我呱呱坠地的又四年，母亲郑氏讳淑贞便弃我去了。我这不幸的儿子，以后全靠着继母何玉姑抚育成人，但是我亲爱的母亲呢？我一回读我父亲讳文镕的纪录母亡吾父哀恸欲绝，手录遗稿两志平生附以悼亡之句凡一册，便一回泣下。《纪录》里说：

> 余家世业喉医，颇精其术……室人即世前九日有一人诣舍就诊，症甚危，惟速与以退麋之至宝散，消其毒障，致可挽回万一，否则无及矣。其父伏地叩头，备言艰苦，以行方便求余，余颇有难色，盖其药甚贵重，时室人病已四月余，症亦口糜，往来此药所剩无多，方贮一小瓶置枕畔时吹之，舍此惟更制耳。方商所以代之之药，室人遣人出唤余入，因指枕畔之药曰，妾病如是，以此药医妾，不过苟延时日，以之济人则可救死亡，何如以有用之药，救能生之病乎。余因叹息从之，后此人果就痊，而室人则不起矣。

这是何等悲伤的事，使我永久难忘。我的母亲呀！你在天之灵，当知儿子是在这里纪念着你，读你咏松的一首诗啊！

> 立地参天一古松，风霜阅历独从容。
> 漫嫌密密能遮日，且喜鳞高欲化龙。

我母亲这一首诗，竟影响我的一生了！因为不幸的我，到十二岁时，父亲又弃世，这时零丁孤苦，所可自信的只有“我”，上是天，下是地，我居其间，只坚持我所固有的，去抵抗外力的引诱和侵掠，所以在我少年时，便立志要大做一个人了。

当父亲在日，曾送我入自治明伦小学读书，后入省立第一中学。我在小学时即甚得教师叹赏，在中学考试，又常列第一名，因此甚得家庭敬爱，及父亲死后，家事由伯父名文焕掌理，变故甚多，我的哥哥勉之因之弃家出者好几次，却是我求学是没有变动的。我仍然发愤读书，在艰难困苦中，继续下去。

不久我的姊姊又死了！那时我方在病中，快要死，姊姊兰忱即因看护我的病而病，因为姊弟间感情极好，所以姊姊过去时，家人竟瞒我不给知道，悲哉！不幸的我，既丧我母，又丧我姊，于是就永永没有生人乐趣了！于是就永永没有“爱”了！没累！我是没有温过的人，谁把我温过来呢?

中学时代

我于家庭方面，既受了妨害，则所成就的自然在学问方面了。我那时就力量所及，就著了一本“中国上古史”，这书很有革命思想，又时常在《民生报》、《去毒钟日报》投稿，当时福州报馆只有三四家，我每日撰些杂著，小说，以后又作了许多社论，所以我的名字，竟稍稍给人知道了。

有一次，学校开展览会，我便联合几个朋友，办一种“历史杂志”，可是不成功，我便一人单独发表一小册子，名叫“英雄崇拜论”，以发挥我的“唯我主义”此书距今当七年矣，友人郑天挺主任一中文牍为予检出，这或者就是我后日革命思想的滥觞罢!

> 名为英雄自不能安于平凡，天生一付铜筋铁肋，安能使之默无所作为而自朽哉。故如天马行空不受羁勒，如一片狂热不可炙手，英雄之事业，或出于无意识者，彼惟知满足自己之情热而已，发挥自己之本我而已。等英雄也，或为恶而害世，或为善以济世，难有善恶之判别，而有无之精神则同也。且英雄之为英雄，惟行其所欲为而已，而或善或恶，不过后世之谈论，于英雄又何关毁誉之有。

最后我便以英雄自命，道:“二十世纪中将有大英雄者出，临于世界之上振动六洲，威夷五种，此大英雄吾将以锦绷葆迎之，重为祝曰愿大英雄出世于今日。”可见我少年时那种轰轰烈烈的壮气，如焰如潮的热血，当时虽不知尼采主义，却已奋飞高举想做“超人”了。

中学毕业后，我便在格致书院半年，那时我已十七岁，在这教会学校里是个不很安分的学生，著了一篇“宗教废绝论”，又常常批评教义，因此颇不为基督教徒喜欢，即于那年应北京高师的在闽考试，列第一，便和郭梦良同到北京，到了北京，我又自投北京大学来了。

革命思想时代

我在北京大学法预科二年，做了两本书，一名“周秦诸子学统述”，一名“政微书”现均录入古学卮言。原来那时的我，就很不注意于学校功课，只一心一意在北大图书室里自修，故虽在法科，而所作论文，都是对于法科的一种反动，不过因受诸子书的影响文字稍深奥些，说理较玄妙些，于是知我者竟无人矣。其实由我自己看起来，这本书实是我讲革命的起点。如说：

> 已乎！已乎！太极之说，岂为我设乎！殆乎殆乎！谁为真宰乎！太极训

又曰：

> 夫乾坤者易之蕴也，易之门也，观于乾坤之象，何其偏至也？何其畸重轻之甚也？无乾坤则无以见易，然乾坤不毁，则不能无偏至之患，畸重轻之病也。则宁毁乾坤而无以见易，不能存易而任不平之气流转于世间也。是乾也何以有统宗会元之象也？是坤也，何以有至柔顺承之象也？无非寓言而求不失其正，盖乾坤伪也，凡六十四卦三百八十四爻无往而不伪也。何以伪？凡象皆非实，实则何待象，非实且奈何？意者当远离而独绝乎？易象训

似此扫荡名象的思想，当时何人敢说及此！原来一个人的思想，也是由怀疑时代到信仰时代，怀疑得越澈底，便信仰得越切实，所以这时的我，为着真理的向上努力，竟敢破坏一切，否认一切，而成个空前绝后的虚无主义者了。

虚无主义是根本反对现代的任何制度，由着否定的方法，批评一切打破了种种偶像，扫除了种种迷想，虚无主义的方法，可说是全从“否定”出来的。所以我那时的性格，最喜欢的是发人所不敢发的疑问，最痛恨的是人家阻止我的怀疑，对于各种的问题，非根本解决不可。于是在哲学上就批评实际主义，以为杜威一派的思想，太不澈底。在社会思想方面，就批评新庶民主义，广义派主义，无政府共产主义，把这些论文复合摆起来，于是我单行本的“现代思潮批评”，就出世了。

自这部书发表后，当即发生了两种影响，一是反动的。就是和一个克鲁泡特金主义者——黄凌霜——的辩论，具见《北京大学学生周刊》中，但不久我们就互相了解了！甚至于把《北京大学学生周刊》都付托我编辑了！以后赠我的诗道：“翩翩少年古闽朱，落笔万言意新奇，专注感情耻谈理，诚实态度世所希，况复知行合一体，不分宇宙与身躯，欲破太空沉大地，高怀似你我焉如。”这就可见我们的交情了。又一种的影响是共鸣的，如吾友毕瑞生和江苏无锡第三师范的赵光涛、杜冰坡诸兄，都是同时提倡虚无主义的人，其后又有袁家骅兄，更把虚无主义应用到教育方面。这些朋友，都和我有至亲切的关系，我们差不多每数日都有论学的信来往，尤以我给瑞生的信为多，如我近数年发表的“革

命哲学”“无元哲学”创造社丛书也都胚胎于此时，我破坏和狂热的精神，到此算极点了。

我同时又和易家钺、郭梦良等人，组织一种“奋斗旬刊”，专以提倡革命，“破坏号”奋斗“无政府革命号”北大学生周刊出，一校师友，为之大骇，原来我的革命思想已成熟了！我便更进而从事于革命的实际运动了。

革命实行时代

最初使我感着不快的，就是学校的考试制度，所以我那时发起一种废考运动，首先提出“反抗考试宣言”，以为考试的方法，是如杜威所说，好像农夫用秤称鸡鸭的重量，看他们已经装够了没有。又给蒋梦麟教授的一封信说见北京大学日刊：

> 我是绝对不要卒业文凭，而且很讥笑那些一面要毕业的赃物，一面又主张废止考试底人，我的意思，以为废止考试应该和废止毕业制度同时并行，像高等师范颜保良的意见书，真好笑！因为他还抛不了文凭。

因此我便立誓不要毕业文凭，这事以后在大学里，也算是小小风潮，其结果没考试没文凭，要文凭就要考试，这种不澈底的办法，自算是我们的失败了。

九年十月九〈日〉夜，我和互助团的同志，出来散布传单，当时我和一个同志毕瑞生君，同在正阳门一带，我没事，但他被捕去了。直到次日，我才知道，又闻我做的“中国无政府革命计划书”在他身上。(这计划书，我在数年前拿给他看，不料竟存在他身上。）于是我着急极了！决计和他死在一块儿了！十月十日我又在中央公园，依然散布那种传单，十一日我忍不住了，决意到警厅申明一下。因即留下一封信给这里朋友，另一信给警察总监，信中大意说“十月十日的传单是我发的，革命计划书是我做的，都和瑞生无干，请面谒总监，明他无罪”，不料总监不在，我空跑了一回，只得把信留下，将地址写明，没事回去，十二〈日〉那大，我的心急坏了。阅报载“朱宪志被捕不屈”，我怎忍瑞生死得不明不白去保全我呢？因此不觉泣下，又把他的家书来看，觉着他的父母是有真情的，有真情的父母在，不应该替朋友死，因此我便毅然决然再往警察厅去，适那时正在开审，遂把我拿去了。

审问的时候，我抱定宗旨，去救瑞生，当时即将瑞生开释出去，我遂拘留那里，转瞬凡三月半，当我入狱那天，就决定要度那狱中的奋斗生活，因为我是“我”，在这幽忧困苦的时候，尤不能不把“自我”看高，当时有句自勉的话：“我不要和他们一样见识。”又有一短诗曰：“我要自由，自由在什么地方？自由呀！我亲爱的自由魂呀！直追你到断头台上。”又一短诗单道“我”的价值道：“超越宇宙，只唯有我，我的精神贯澈在宇宙当中，唉！我就是宇宙，宇宙就是我，我也只得赤手担当，何须说放下时节。”又有句：“我有头颅，要他干么？我的心灵不如早些归去！”那时我实在拼着一死要到虚空去了。

那里不能谈话，什么都不自由，自然痛苦极了，但我不把物质上的痛苦，看做痛苦，而精神上却永没有痛苦的。我一天当中，两点静坐，静坐是要体认“真我”，八点看书，书如（一）诚斋易传（二）仁学谭嗣同（三）孙文学说（四）革命英雄小传（五）邱樊唱和集汪精卫（六）劫后英雄略等等，这些都是同志们把来安慰我的，另外还看了王阳明的传习录，这些书中前后都看了几十遍，最得力的是王阳明的传习录，最喜看的是周易，最能坚我的志气的，就是那些革命家的著作或列传，这简直是革命的养成所了！因此所以我在那里，还秘密宣传我们的理想，在看守所中竟得了个同志，以后很亏这个同志，把我绝食的消息出来报告大家。

我在狱中一百多天了！想此时不死，更待何时，因即表示激烈的态度，宣告绝食，写下绝命书一通道：

> 吾闻之哲人徇道，烈士徇名，吾徇名乎徇道哉。道之衰矣，焉攸避。于是吾入狱百有一日矣，念久幽畏约无穷时，则慨然有慕于伯夷首阳之行，义不食死，死吾志也，又谁能扬波醊醨，又苟全性命于乱世终其身哉。因广采薇微意，作明夷操，其辞曰明入地中兮，义不食矣；以灼热人兮孰知其极矣；至德之代曷来之迟兮我不逢其适矣，吁嗟归去兮，世溷浊不可居矣。

绝命书后又录我“到虚空去”一诗，诗的后面还有一篇极长的信，表明徇道的宗旨，不想绝食事，他早已防备了！百般苦劝，并且许我在那里完成周易哲学，而外间朋友，闻此消息，就在北大开全体大会，谋挽救我，国内外函电交驰，迫得警厅不能不把我释放出来，这其中情形曲折颇多，详见我与友人光涛冰坡的信载广州晨报，现在不细说了！

厌世出家时代

我回溯数年来历史，都带有颓废的倾向，所以有时奋发踔厉，有时又想匿迹销声，有时因抱不平的缘故，高唱革命，几乎发狂；有时悲愤极了，立刻就要自杀，所以自杀和革命这两大思潮，差不多就占了我生涯的大半，于是我于一九〇九〈年〉七月五日竟实行自杀了。

本来前三年十七岁的时候，我即蓄意自杀，及至北京，受了厌世哲学的洗礼，使我自杀的决心，越发增加，曾给胡适之先生一首诗道：

人生天地间，究竟为什么？
这个问题解决了，难道这糊涂世间还有吗？
适之！没目的底人生，还要他干么？
臭腐好了！
消灭好了！
“死”是神的爱娘！
我们找娘去！
哦！这不是牢笼的天地？
这不是苦海的人生？
你说：“懦夫是不敢生活的。”
懦夫问你：
“敢生活的生来做什么？”

自发生了这个疑问，我无论何时，总想用“自杀”去换平安，直到七月，烦闷极了，实在忍不住了，我便决心自杀，而且实行自杀，当时有“归去”一诗：

我去家二十年了！
只为世事缠绵，早忘却我家，尽管在外边转；
忽地一声猛叫：
“浪子呀！快回头！外边转得不耐烦了！为什么不归家去？”

归去！归去！那是我原来的家，不归去干么？我硬着心肠归去罢！

管则甚世间的兴和废，名和利，人造的虚荣、眼泪洗不清的凄楚，早迫着我不如归去！

归去！归去！

这时能够安慰我的，只有毕瑞生君，他是我革命上的好友，所以我要自杀时，曾留下一封信，望他本创造的天才，做出动天惊地事业，并且接续去提倡“虚无主义”，在那书里最沉痛的几句话：

> 吾预料死后，必有反自杀论者，对我极力攻击，然吾乃无惧，吾只信自己运命之自由，舍此以外任何伦理，社会，政治，法律……吾皆熟视若无睹，如是则持此谬说以诋我者，均何有于我，我今自杀则自杀耳。不能自由而生，讵不可自由而死？……

但这次自杀因事前被人知道竟没有成功了。现在且把我自杀的原因说一说，我固因人生观不同，而有此举，然也因不满意于北京革命团体太无能为的原故。所以我自杀的决心，虽则萦回心中，而革命思想仍然勃发而不自已，所以我给存统的一封信说载民国日报：

> 读你“奋斗”的诗，把我的心击碎了！实告吾友，我在本年七月自杀过一回，可惜没有死，要是死了，不知你又怎样说我啊！好朋友！你或者不体谅我的心，我为着这种空谈的奋斗，不知急得怎样似的，直截说，为了这个原故，我和许多的朋友都要绝交了！我现在是脱离了种种的革命团体，去干那孤独的奋斗生活了！吾友！互助不是世间能有的东西，我们要革命，就从孤独的我做起。至于社会呢？那是靠不住的，唯有孤独的我，才有革命的创造力，也唯有孤独的奋斗，才能够造成伟大的成功。

为了这孤独奋斗，便断送我在狱中三个多月了！经这一番挫折之后，我主张革命的热诚，愈为坌溢，往后渐渐觉得社会上一般主张革命的青年，大多数都欣羡布尔札维克政府的成功，要想利用强暴的兵力，来达到所主张的目的，我于是觉得这种办法非常危险，对于政治革命未免失望起来，我曾有一封信与胡适之先生说载广州晨报与哲民的通信：

> 我想真正的革命家，应该了解那地方的民族个性才好，即如中国从各方面看起来，都有无政府主义的倾向，有心人正应该因势利导去实行无政府革命，至于陈独秀式的劳农政府呢？真老子所谓“为者败之，执者失之”。

我因痛恨于独秀，用李宁政府的金钱，来收买工人，做他野心革命的牺牲，所以对于唯物史观的革命论者非常失望，而欲从根本上去求改造人心了！又加以平日多看佛典，希慕禅宗的顿法，华严的广大，觉得要改造人心，唯有佛宗是最澈底的路子，于是不知不觉的皈依我佛，便决定到西湖出家去。

我于三年前本和太虚和尚净慈寺方丈有“三年后到师处出家”之约，一方面又巧逢我们的印度哲学的教习梁漱溟先生思想改变梁先生研究佛学本是很主张成唯识一派的，此时已渐渐折入孔家一路的反面影响，所以格外决心实践前约，预备以后专门做佛学的研究和宣传，当我决心要走的时候，有些报纸说我如何厌弃红尘实属可惜的话，这自然太把我看同厌世一流去了！其实我这次出家的目的，观念及趋向完全和别人不同，我临别时曾发表一篇“自由论”一篇“自叙”载京报并发表此行的三大目的如下：

> （一）用批评的精神，对现行的佛法，佛法的各派教宗，以及佛教的本身加以批评。
>
> （二）提倡梵文，以为提倡真正学佛之助力。
>
> （三）翻译东西洋关于宗教革命的书籍，以为实行佛教革命准备。

我那时意思，是想入到佛教里，要打个大筋斗，使佛教混乱一顿，放出一道红光，我就占在上面，照耀全世界人类上，所以我此去不仅想做宗教革命，并且在具体的事实上，还想组织一种宗教的新村，不料这个理想到西湖便完全落空了，他们的组织，虚伪得了不得，聚苟且偷安的一些人，能够教他去向前勇猛作为吗？一个狂热，奋发，常为自己的真情燃烧的青年，也能在现实的僧伽制度底下过活吗？因此我便宣言：“我可生可杀，决不愿在人家的面前，爬着蹲着受无条件的侮辱，就是僧界的变形的家长制度，也是根本不能承认。”因此我不久便离开西湖了！我便对于佛家生活也怀疑起来了。当时我有“反教”的一首诗，便可见我的意思。

> 和尚寺的钟声，当……当……当……
> 长老的良心 Down……Down……Down……
> 说什么阿弥陀佛！阿弥陀佛！
> 再神通广大的如来，我也要赶他西天去了！
> ……
> 黑蜮蜮……黑蜮蜮……
> 把教门的黑雾窟揭穿，看那一簇簇的寄生虫，何处立足！
> 那皈依三宝的叩头虫呢？

更不容他不生生饿毙。
我那时再焚烧七宝伽蓝，打倒罗汉，扫荡妖氛，大踏步到那：
佛顶上，宝塔上，
高唱我大虚无的歌儿。

这时连佛法都要打破他了。即因对于佛学要根本上下批评，故对于佛法的研究，也还没有间断，适我友人黄树因兄介绍我到南京欧阳竟无先生处支那内学院主讲，而我的梁漱溟先生也在欧阳先生那里，要我到彼谈学，所以我就应招往南京，和欧阳先生谈，觉着唯识的说法，总不大合意，然而欧阳先生的真诚，却是感动我很利害，没有他也许我这一生竟打不出一个翻身了！指迷破执，我不能不敬谢于这位诲人不倦的老先生！

放浪生涯的开始

自我来杭州西湖后，始实感着宇宙之美，不知不觉间竟受自然的陶冶溶化了。因此我就很恋恋于江南风光，在无锡惠山住了几个月，在南京清凉山住了一个月余又两次到西湖，住于陶社，往来于沪杭沪宁车站之间，欣赏尽自然界的佳丽沫若对我说最好的风景是在沪宁沪杭车中所见这话和我意相合，于是又前后回北京数次，计两年内，总是放浪形骸，没有一定的住处，我友吴康敬轩赠我一本《卢梭》，并附以诗道："飘零身世托轻帆，浪漫生涯亦自豪。"又浙友王平陵说我很似卢梭，或者我的性格最近于这种放浪的生活罢！

我这时有一个轶事，就是时常抛失东西，就是这次南归，也中途把银包失掉，我这个浪漫的人呀！实在把身外的一切，绝不关心，只凭着活泼流通的"真情"任运流转，舍此以外我便不知什么了。然在这时我却交了许多海内知名之士，最为我爱重的是两位文学家，郭沫若和郑振铎二兄，一个是创造化的健将，一个是文艺研究会的编辑，一个是诗人，一个是提倡血和泪的文学者，他俩性情不相同，却都是我的顶好朋友，犹忆我在惠山时，沫若同郑伯奇来游，我们邀同袁家骅等同往游泳，往年的乐趣，还跃然我的心目间呢！

我因受了这些文学家的洗礼，渐渐觉得从前思想之非，而要向"美化"的路上走。"女神"出版，沫若先把校订之本赠我，我现在的泛神宗教，安知不是受这位"女神"之赐呢？女神呀！我爱的女神呀！我望你惠然降临，保佑我，亲近我，使我文学因缘，永远无替！

然我毕竟是个矛盾冲突的人啊！在这欢悦当中，却时时感着恐怖，闻一句话，也时时引起怀疑，我于是乎就时时不能自主了，甚至于不敢在街上行走了，吾友黄庆艮庸知我最深，说我是反动的人，我是反动的人罢！天生就是反动的人罢！只为在断流绝港之中，思想没有着落罢了。然我思想改变的由来，却正在此时！

我的忏悔时代

在我过去的一年中，或者可画出一个忏悔时代，这是我心里极不安的时代，也就是我信仰日即于完善的时代了！于我放浪生涯里，时回北京过冬，在京有几个顶好的师友，一个梁漱溟先生，一个是我友黄庆，他们的思想都比我好，我常受了他们益处，而尤其的是黄庆，他也是学哲学，年级却比我低，但他天性浑厚，和我与漱溟先生最相得，每天晚上，他都到我住的光明学舍，谈论宇宙和人生问题，实告吾友，我这时处境是最困难的时候，第一件苦我的是病，我在南方得了疟疾，前后病了好几个月，第二件苦我的是贫，我最不知道节用，以致每月稿费随手散尽，没有钱点灯的日子，就向着街上跑，而最苦我的是忧，因为那时吾友德荣冰坡都监在狱里，我在沪闻讯即回，百计营救，终日想办法，却总没有办法，直到两位朋友出狱的时候，我才如一块大石头，在心上丢下来了！

我因营救友人事，越觉得如李守常这般倡革命的，实在靠不住，实在除利用青年外，没有别的！因此我渐渐由好乱的心理，一转而入于望治的心理，一方面浪游的结果，爱美的心，也不自觉的油然而生，没累！你道我这时悲观吗？乐观吗？我这时思想方在那里大大变动，本亦不能分别什么悲观乐观，然我可告诉人的，就是，我的悲观也悲得澈底，乐观也乐得澈底，最放怀洒落也莫过于此时了！最悲怀惨切也莫过于此时了！最悲怀惨切也莫过于此时了！代表这时的著作，就是《无元哲学》的下册，一方面把虚无主义走到尽处，一方面重现身土，开孔家思想的先河，我在“真生命的实现”一篇说页一〇三至一一〇：

> 因妄求解脱的缘故，而欲毁弃宇宙乃至断灭人生，那更是我一向的愚痴颠倒，对这甚深极重的解脱，只好算做一个邪见罢了。

又说：

> 我要劝告人们的，就是解脱决不可能，也可能的，如能于解脱

不解脱，亦无所解脱，这就是解脱了。也就是真生命的实现了。由此可见真生命是可以实现，而且即在人间世上即可实现，我的兄弟们呀！我恳求你，不要相信那超于人间的希望的涅槃，让你真诚恻怛的大悲心，就实现这真生命在人间上。

这就可见我宇宙观的根本变换，结果对于实现真情生活的方法，也不重打破而重实现了。我说：

我们要实现这真情生活，就不可不先把虚伪的知识打破，然而知识这个东西，本是无所有不可得的，所以知识不须破除，只要人们一任真情的时候，就自然而然的化知识的生活，复为真情的生活，于是知识的踪影皆无，而真生命就实现在人间上了。

这时我亲切分明，可谓无障无碍，无所取著的时代了。然这种快活，恰如秋天，百物萧索命运无多的光景，所以是收缩的，凝固的，人生总不安于这种快活而止，于是有一大思想在生命的沿途上，喊着我们，这不是别的，就是我梁漱溟先生的“东西文化及其哲学”了。我于这书出版时，实受极大的影响，假使没有这本书，或者我到今日，还停止在“无生”的路上，不过梁先生本是讲佛学的人，他最后又归到“无生”上去，那就绝不敢赞成了，这就是我和梁先生思想分歧的原因了。

我的再生时代

于是我的怀疑时代就过去了！我就走到坦坦大道上来了！千辛万苦得来的，原来不过这点“真情”，原来不出这顶活泼顶流通的宇宙。我给李石岑兄的信里说见民铎杂志：

人自祖先以来，本有真情的，自知道怀疑以后才变换了！拆散了！所以我近来倒转下来极力主张信仰，只有信仰使人生充满了生意，互相连结着，鼓舞着，不识不知完全听凭真情之流，这是何等的汪洋甜蜜呀！而且由怀疑去求真理，真理倒被人的理知赶跑了。怀疑的背后，有个极大的黑幕，就是“吃人的理知”，而无限绝对的真理，反只启示于真情的信仰当中，没有信仰，便没有宇宙，没有人生，乃至人们亲爱的，更亲爱的，都要把他捣碎成为“虚无”，可怜悯的人们呀！怀疑的路已经走到尽头处了！为甚么不反身认识你自己的神，为什么不解放你自己于宇宙当中呢？

要问我思想的下落，只有稳当快活四字，从前宇宙是有广袤的物质充塞住，现在看起来，却是浑一的“真情之流”，浩然淬然，一个个的表示，都是活泼泼地，都是圆转流通的，但不能执为有形有体，而一切有形有体的东西，都还没于“真情之流”了！这时宇宙哪！人生哪！都和我一体，我和天地同流，何等的稳当快活，不错呀！动也快活，静也快活，自家一笑一哭，都和水一样轻快，手之舞之足之蹈之，把大地山河作织机，可谓痛快极了，自由极了！反之从前，否定一切打破一切把自己闭在狭隘的围墙里，那也是自由吗？痛快则痛快矣，只可惜痛而不快，可见以怀疑看世间，则充天塞地无非间断，以信仰看世间，则照天彻地，无非“真情之流”，要间断都间断不了的啊！

我是对着自己的神忏悔过的，神告诉我信得自己完全无缺，就眼见得宇宙完全无缺，信的自己是神！就上看下看内看外看，宇宙都是神了！这么一来，遂使我闭住理知之眼，而大开真情之眼，我如今一变而为乐天主义者了！人道主义者了！和平主义者了！很相信这个世界便是最圆满的世界，而工作于这世间的人们，都是神之骄子，由神的真情而流出的，所以我们都是同胞，平等平等，若于此有丝毫怀疑的心，便叫做不仁。

这就是我再生的宣言了！我的思想到此才有发展与美满的趋势，到此才有春天的景况，这时我们友朋之间——梁漱溟黄庆王平叔陈亚三等——相约共学，我和他们时有争论，尤其惹我反对的，就是漱溟先生的三条路学说，就中唯和我最好的黄庆兄，思想较和我相合，然亦未尽同。他和我交谊，是兄弟一般的朋友，过的是我们的共同生活，但是孤独的我呀！一向没有受过温情洗礼的，所以情感异常，好作激语，因此生活总觉着不适，并且忧心积虑，影响到身体健康上，没累！我是少年失母的人，自然没有知道“爱”的意味，并且没有老老实实地做一日的“人”，妄自尊大，行与心违，若没有我的庆哥时常规劝我，慰勉我，我至今还不知道怎样坠落呢？我至今还不知道爱人呢？

我在这时，便开始著“周易哲学”，要从基本上成一个新宇宙观，内容共六章（一）形而上学的方法（二）宇宙生命——真情之流（三）流行的进化（四）泛神的宗教（五）美及世界（六）名象论——这书是从“虚无”里面回转这世界，在我的著作中，是首次承认这个宇宙的宣言，可是我呀！终竟于人生方面，不知如何是好！平时总是多忧多惧，怔忡不宁，其中最讨厌的证象，就是疑心病——凡患脑弱的人，有此证象——因此我没法子只得回闽调养了！庆哥推我的病源道：

> 吾弟之病，固由以前思想过度所致，然亦由欠修养自大好名之病根为祟也，病固食药可愈，心病非修养不成，吾弟终日怀腾飞之志而飞不起，此是吾弟忧心积虑所由……一月三十一日

这话甚是！所以我回家后只一心静养，时时在心内寻究虚静根底，加以亲近家庭我家继母对我很好兄则所爱惟我弟妹均有依恋之情，屏弃琐事，所以我的病也渐渐好了！

近来我因稍知人生意味，故即本此意，想著“周易哲学”下册，内容共八章（一）人道主义（二）人性论（三）心神（寂与感）（四）命定乎？自由乎？（五）什么是礼？（六）复情（七）无欲（八）行为中之实现——这书是人的大发见！承认个人，承认人格的自由性，惟尚未动笔耳。没累！你能够帮助我吗？我对着良知宣誓，愿意有一个女子的帮助，愿意默默地和宇宙俱化啊！

我未来的愿望

人生的最终目的，只有爱情，我有爱情，便足以自豪，宇宙间还有什么能间隔我们呢？诗人在唱，泉水在流，都是告诉我们以“爱”的哲理，我们和“爱”合德的，忍辜负了我们诗的天才吗？没累！我愿意，唯一的愿意，就是如你所云“哲学的诗人”，那末，我的“周易哲学”，就是太戈尔的“人生之实现”了！可是我呀！还没有做艺术上的功夫，音节的考究，也须吾友帮助，如果有个同情同调之人，共相唱和，誓结长伴于山林之间，吟风弄月，傍花随柳，那就是我一生的愿望，人生天地间，还有什么呢？（下略）祝你珍重平安！

你的情牵倾心

其二

情牵我亲爱的知己：我细读了你的身世，引得我时哭时笑的。我已往的声誉虽不及你那样伟大，可是我的思想，我的“狂性”，和我这几年来思想变迁的程序，和你很相似的！情牵！你能这样知我相信我，并肯将你的人格似这般活跃跃的向我表现，真个是活跃跃的一湾真情之流，我何能不羡爱？我相信我过去的苦闷程度已走到尽处了，此刻正是我新生命的福音初临的时候。我看一切虚荣，一切学识，一切势，一切

利，都是半文不值的！这人生最值的留恋，就是这一缕缕活跃跃的真情之流，当然，人生没有“爱”，那是不如直截了当的自杀痛快得多，但是人们就可学着飞絮一般的随风飘落吗？如果非得其所，那是很可惜的！我有时觉自己是个浅困在沙滩上的鱼儿，虽是渴望那晶莹澄澈的“真情之流”来迎接我，总不能不设想到一切深渊里面可怕的种种情形，可是我对你是深信不疑的，由你的著作，通信，由朋友方面听得你的为人，和你的特性，现在又读了你述平生的信，更是深深信仰你是个最富于情爱的血性青年，我的心灵自从与你这一万余言表出的披肝沥胆的真情接洽以来，便时时沉醉在那汪洋甜蜜的滚滚的狂涛里了。啊！好个汪洋甜蜜的狂涛，尽力的推罢！尽力的滚罢！只求你快把我这个醉透了的孤魂，推到我那爱神的所在去，回到我那天真的故里去，做那清幽的好梦去，受那温泉的洗礼去！去哟！去哟！汪洋甜美的狂涛，快把我推将前去！我的血潮沸腾了！我的泪泉涌上了！我的肢体疲乏了！我的灵肉仿佛要解体了！身外的一切，身内的一切，从今后再关不住我狂醉的魂灵了！情牵！我现在毅然决然的回答你，我愿意，唯一的愿意，做那如你所云的：“同情同调之友，共相唱和，誓结长伴于山林之间，吟风弄月，傍花随柳。”以成就你所谓的“一生的愿望”。其实也就是满足我一生之愿望了！那末从今后“诗人在唱泉水在流”，诚如你所云“我们和爱合德的”了。回想我们俩思想上经过的一切不谋而合的变迁的程序，好生奇怪！今番萍水相逢，便为知己，真可谓冥冥中有此神妙的因缘了。啊！情牵！我的爱！你看郭沫若君的《凤凰涅槃》，不就是我们俩的颂歌了么？现在我们俩更生了。我们翱翔罢！我们欢唱罢！啊！我们从今后便作那一双相依为命的，你我难分的更生之鸟罢！

我们的前途有远大希望，诚如来书称我为你“亲爱的”，为你“倾心的”，那么，你便当自爱，修养那鲜美的心灵，和健洁的躯体！我们将来一块儿研究学问，共相唱和，那清妙的诗词，同奏那和谐婉脆的音乐，准备那健全伟大的羽翼，吹吁着芬芳雅洁的呼吸，永远不离的翱游四海，飞遍天际，我的爱呀！我们努力罢！只是，我望你来的心很切，此时什么事也不能做，课也不能上，甚至极要紧的钢琴都无心练了！你若来了，也许我暑假期中不归去的，即算要回去，也得要你同去才去得了。你来了，我和你可常过些清妙的诗意的生涯，我们在那花前月下山涯水湄，和大自然，一切鲜美生动的灵感融合为一，这是何等幽静恬美的温情，我们有生以来何曾经过？

情牵！我们既决计脱离虚无，便须努力趋向有生的实际的方面。切不可再如从前一般空发虚无飘渺的非人议论，架那空中楼阁的书少著些！只努力求自己实在的学问，做自己的诗，非替别人做事！努力了解社会，谙习些人情世故，免得自己上当吃亏！努力去疑心病(我也是最多疑心病努力改造)，因此病多为疯病之媒！努力寻求精神娱快，洁净身体，讲求卫生，一路上处处谨慎。(下略)

系统哲学导言*
——什么是真理

现在社会人生的不统一，全由于信仰没有标准，你立一个真理，我立一个真理，其结果真理成为“此处与此时”Here and now 的问题，是非日变，而人生也好像没有着落似的了。在这个思想界纷乱的时候，我实不能不归罪于一般学者，固然学者能够把思想来引导生活，但他也能把人的生活引到坏处去。学者常因个人偏狭之见，而倡为怪说，或有意立异，本着好奇心而创立一哲学系统，这是常有的事！却不知宇宙的真理，是宇宙间公共的，是至公无私的，谁也不能占有，谁也不应私立门户，如果你要私立门户，把学说作一种智慧品，灌注于人们脑中，那末你这个思想家，尽管说得如何动人，煞是好听，我都只能认你侮辱人的人格，是个精神的掠夺者罢了！可是我们回头一看，现在负有盛名的学者究竟都能脱掉这个恶谥吗？果然没有自成一学派的私心吗？那就未必然，因为许多学者，他们还是放着宇宙的真理不管，只一心一意招集党徒，以树势力，似这样的思想家，真是妄之至，其罪恶比资本家军阀更甚，因为资本家军阀还不过遗害一时，而此则流毒万世！

我们不讲真理则罢，要讲真理便不可不除去有“我”之私，我常觉着有成见的人最难说话，因为他私心太重，无法转移。你看在学者中，私的人总是把宇宙看作个人的，公的人则把宇宙看作大家的；私的人要把我来统辖宇宙，公的人则把我放在天地间公共地步，和天地万物一般看；又私的人以为一个人有一宇宙，各各不相知，公的人则老实肯定有个弥纶万物无限的宇宙。这层极关重要，公私的分别，便是以后学派分歧的原因。既然一个人有一个宇宙，则你的宇宙不是我的宇宙，推之你

---

* 载《民铎》4 卷 2 号，1923 年 4 月。

的真理也不是我的真理了。因为在宇宙观上，那单独的自我对于普遍的自我——宇宙——缺乏调和，所以在真理上，也自无是非善恶的客观标准，诸君！难道是非善恶就真个没有客观标准吗？都只为学者以私意自为障碍，所以不能廓然贯通，对于全般的真理，自不能认识他。我打一个譬喻，真正学者的智慧，如烛一般，四方上下无所不照，而私的则如灯，只有一面光，不能够遍照十方。我也不是说这般私的，全无所见，但说他所见太小，只见自己的自我宇宙，却不知自我宇宙是和“万有”有关系的，所以我们必须找寻两者共同的中间物，就是普遍的宇宙，倘若不知这普遍的宇宙，则我和宇宙为二，而我之所以为自我宇宙的，也算没有真知灼见了！换一面说，在真理上只知我的真理，却不知我的真理，即宇宙万有之真理，则这种真理的认识，也是极靠不住的了，只成为个人的意见罢了。

原来真理之所以成为真理，因他有客观性的，必要是通人类全体普泛的标准，这才算真理。我们不可不以普遍的为真理，却不可仅仅以个人纵欲的私见，或个人的快乐为标准。但在这里，我也不完全否认“主观”，因为真正的主观，是存在于自我的底子的“情”，无论何人，都有这一点“情”，这点“情”是个人的真正主观，同时和普遍的主观相符合。我认为对的，则无论何人都也认为对的，却没有一个人觉着不很对的这么一来，则我的真理，便是你的真理了，你的真理便是一切人的真理了。尽管人们性质有许多不同，而在不同当中，总可找着一个同的地方，就是能够判别是非的“真情”，就是能够发见一切人类共通的真理，有了个共通的真理，而后人们才好一处过活，不然这里一个是非，那里一个是非，这里一个宇宙，那里一个宇宙，人们信仰的不统一，又那里能望社会人生的统一呢？

于此，我不妨把真理的性质，穷原究委的详说一番。我上面说真理是至公无私的，是有客观性的，这都是就真理的本身来说，不是因人和地和时而不同的“真理的表示”，乃真理之本身。无论如何的民族，如何的个人，如何的伦理思想，其间必含有真合于普遍真理的做他底子。虽然表示出来，各有各的不同，这地方用这形式表示，那地方用那形式表示，在一个人当中，一任真理，对父便为孝，对兄便为悌，对孩子入井，就发为恻隐之心，这许多不同的“真理的表示”是时时刻刻变动，跟着时代的变动而变动，在某时代为真理，于次时代就是误谬；又随地位的变动而变动，把待父的礼待父是真理，把待父的礼来待敌人，就是误谬。可见真理是变的，这句话确是不差，然须知变者是形式，而不变者是其内容。尽管我一天当中，酬酢应对，于一个人一个样子，然我的“情”是不会变的，我对于这人情厚些就厚些，情薄些就薄些，会恻隐时就恻隐，会羞恶时便羞恶，表面好似是转变无常，其实在我方面，只是一个情，而自然有这些分别，须知这个“情”便就是真理的本身了。真理非他，就是这酬酢万变的一点“情”，虽然因地不同而变他形式，又于时间经过当中，常现一种转变之相，然真理的自身，则只有一个而已，而哲学者的职务，就是要发现这唯一的真理。

平常人因看不到这一而变化变化而一的真理，只从外的着眼点去观察，自然所见真理都是变的，都是多样性的。因此实验主义家遂把真理看作一种工具，他说真理并不是天上掉下来的，也不是人胎里带来的，真理原来是人造的，是为了人造的，是人造出来供人用的，似此把真理看作人造的东西，我以为是根本错误了。如果真理是人造的，如何成为公认的真理？帆船太慢了，你可以换上一只汽船，摆渡的船破了，可以再造一个，但假使不给你以天赋的智慧，则你又怎样办呢？你能造出许多东西，也能创造你自身的生命和智慧吗？须知只有你自身的生命和智慧，才是真理本身。有了他才能表示出许多真理，时间变了，地方变了，你所表示真理的样子也变了，但你所以能表示真理的一点“情”却永远不变。又如实验主义家，高谈致用，以为真理就是工具，万一发生他种事实，从前的观念不适用了，他就不是真理了，我们就该去找别的真理来代他了。其实他所谓用，都只能在一个时候一个地方摆过渡做过媒，若我们所谓用，才是真正全体大用。尽管从前在社会很有用的，一种真理，现在变成废话了。而我们所以能表示真理的能力，还永远有用，而且用之不穷。我以为唯有这用之不穷的真理，才可给他们以真理的美名，若实验主义所谓真理，都只见一片段而已。他固不能无见，如我们说真理是有普遍性的，而实验家说真理是于一个时代一个地方有普遍性的。我们说真理是永远有用的，而实验家说真理是于一个时代一个地方有用处的。可见实验家任他怎样否认全般的真理，而其究仍不出于全般真理的一部分，不过所见太小罢了。为什么所见便如此之小呢？原来实验主义家把真理看作人的一种工具，真理和我手里这张纸，这条粉笔，这块黑板，是一样的东西，都是我们的工具。既然把真理看作一种工具，就无异乎把真理认为一种东西，凡是东西都是有成有毁的，这张纸，这条粉笔，这块黑板，都是“此处此时”的，所以真理也是“此处此时”的；这张纸，这条粉笔，这块黑板都是有成有毁的，所以真理也时刻换新的，虽然，凡表示出来的真理，都是永远在变化中，然尽管表示样子千变万化，而真理是不会变的，尽管这张纸，这条粉笔，这块黑板有成有毁，而这一成一毁的大道理，则从古至今，没有间断。换句话说，真理不是一种工具，却是造工具的一番道理；也不是东西，是东西之“所以然”，若仅仅以真理作一种东西看，自只能限于一时一地，而没有普遍性，反之把真理作道理的本身看，则无古无今都有他存在的地位了。

但在一般守旧学者，拿真理做最后目的的生涯而主张“不变”的，这在我们也是极力否认。他道：真理是绝对不变的，如“变”的真理，只得叫做伪真理，何以故？变没有自性和自相故。当一件物变作一件物的时候，未变之先没有变，既变之后也没有变，即在变时，涉思及变，变早已飞腾了，可见已变没有变，未变没有变，除了已变未变，变时也没有变，这不是没有自相的吗？复次，变都有其他的原因；所以变，是要适应环境；可见变都是从因缘生，从缘而有，既从因缘生，就可见其没有自性了。为什么没有自相呢？由他们意思，不变是体变是用，用没有体，因体以为体，所以除却不变的相，便没有变的自相可说，而变的相，就是相宗所谓“依他起自相”，而实没有自相，既然无性无相，而犹叫做真理，不是戏论而何？这番话好似很有理，其实是错了！我们说真理不变，是说只道理不变，所以体用合一，却不是有个不变的本体在。若此守旧学者的意见，则明明又把不变的真理看作一个东西，所以要分别体用，以不变为体，变为用，变是从不变中坠落出来的，所以变不是真理，真理是绝对的。老实说，这真理绝对的话是不错的，却给他们弄错了！若使真理不变而有一不变的本体在，则本体也等于一物，怎能够做万物根柢？又况有这一个不变，便自然有变的一义发生，变和不变成为相对的，体用分开。你纵能否认变的价值，却不能取消变的实在；你可以说不变是真理，但你不能不于真理外更立个非真理，和真理对立；既然有非真理和真理对立，那也是普遍的真理吗？既然不是普遍的真理，那也算不变的真理吗？非不变的就是变了。你可由此而证明真理的不变，我也可由此而证明真理是变，你可由此说变非真理，我也可由此而言不变非真理。因为真理既成唯物的，则在这物上，自有两种相对的说法，而因此遂成两相对的学派，其实真理何尝是一个东西呢？真理只是体用合一谁分别出那是体那是用呢？不然的话，硬把真理作一物看，硬把体用分作两截看，在趋新的人则说真理是变的，只有用没有体；在守旧的则说真理是不变的，只有体，没有用；他们针锋相对，各自以为看见真理，其实他们何曾看见完全的真理呢？如看到完全的真理，则知一方面他是本质，他方面他是表示——自始至终，就是永远的新，也是永远的旧，在真理中自有这两方面，两者同时在一起，是不矛盾的。因此所以说不变非真理，固然不可，说变不是真理尤其不可，把真理看作一张纸一条粉笔固然不对，把真理看作瞑目跏趺恍然大悟以后的产物，也非常的不合。我可以告诉大家罢！真理不是像许多东西中的一个，可以明白区分，保守着当为我们所有物当中的一个啊！所以获得真理的人，并不曾获得什么。反之把真理看作东西，任他心目中以为这个东西，是变的，或不变的，其实他们都只是要贪求分外的东西，但怎么能够呢？

真理是什么？我简单的答案："真理是无形而有理"，物虽无而理则有，理虽有而物则无，知道真理不是一件物，而实为万物的大根柢，只是一片情理，彻上彻下，万古完全，这才是知道真理，那些把真理作一物看的，也算知道真理吗？我敢大胆告诉大家，真理纯以这点"情"言，所以体用合一，体也是这一点"情"，用也是这一点"情"，只有这一点"情"是真理，除此以外，更没有什么真理，但除这一点"情"外，也实在空无所有。所以世间万有莫不是真理，没有一个而外于真理者。即真理而万有即在其中，即万有而真理便无所不在，如没有这天地，已先有这天地的道理，到有了天地，而这理即在天地当中。又如未有这张纸，这条粉笔，这块黑板，已有纸笔黑板的道理，到有了纸笔黑板而理即在纸笔黑板当中；这是十分显明的，无论何物都不能离却真理，无论什么时候什么地方都是被这真理充塞住。这么一来，就可见真理本无在无不在，是和宇宙的生命相符合的了。

但真理和实在的符合，都不是一部分的——体的部分或用的部分——而是全体大用的。简直说，真理和实在，根本只是一个。这方面叫做真理，那方面叫做实在，所以合于真理的，一定是实在的；凡实在的一定是真理的，如果不是真理，则他本身先不能存在，其存在只是假的了。如恶这个东西，自然算不得真理了，而一究恶的本身，便是不能存在，我们要去恶，也只是去其所本无，就是把那本不存在的东西，自然归于灭亡。反面来看，则在能够真个存在的现在一切道理，——即任何革命都不被破坏了的真理——我们也不能不承认这种真理的意义与价值了。从前黑格儿 Hegel 的哲学说："现实的就是合理的"，许多人都认他是保守极了，固然，如果现实的是指直接现存的制度而言，则这句话无异乎为旧制度旧风俗辩护，无异乎说真理的形式是不变的，自然羌无意义，但若使他是指着真理本身而言，那我就可老实告诉大家，实在如此。何以见得呢？尽管极澈底的革命家，他批评一切，怀疑一切，但他心目中无论如何，总有一种真理观，一个虚无主义者自以为他是不屈服于何等的真理，除破坏外，没有什么，其实他不相信真理，而他主唱的虚无主义，便是真理，他破坏一切，但破坏主义不就是他的真理吗？可见自古至今真理在长途进化当中，虽遭人破坏是没要紧的，真理总是现在的，总是实在的。我为什么说这张纸这条粉笔这块黑板，只是真理的一部分呢？因为这张纸这条粉笔这块黑板其存在的时间极短，时间过了，这些东西也变成废物了，可见这些东西，其所以只成为真理的片段者，即因其实在性，只有片段。这时存在，便可以在这时叫做真理，这时不存在，他便不是真理了。换一面来，我说的绝对真理，他是有实在的确实性的，永远存在所以永远是真理，所以说存在的便是真理了。

所谓实在就是如实的存在，是一种永古不变的天经地义，诸君听我这话，也许吃惊不少，以为依据实验学派所诠，真理都是时刻变易的，那里有什么天经地义，岂不是欺人吗？诸君当知，君所见的真理实在错了！其实只是一种"假设"，而没有到真理深处，如果诸君说真理无定随时变易，则这无定的真理观，也不能不水逝云卷风驰电掣而去，而变为恰相反的有定的真理观了。如果诸君是个实验主义者，则我也可告诉你，实验主义固然是最近五十年来的真理了，然而穷溯五十年前的真理，已不适于今；即知现在之所谓真理，必不是他日之所谓真理；好比前此之所谓真理，并不是现在之所谓真理。可见实验主义其自身即非永久的真理，自不能避免人家的诘问了。这么一来，便可见凡抱一地一时的真理观的，其自身的真理论，亦只能在一时有用，一时存在。若我们要在根本上着想而求普遍的真理的，便不以此为究竟，更不肯以此一时存在的认为真理，而否认一切的真理了。即因他们所谓真理，都是一时一地的，都是一时一地最方便的"假设"，所以我说他是假设的真理，而这假设的真理，自然和真正的真理大不相同，你看我的先生胡适之的话便明了！（见《文存》页七七）

> 实验主义绝不承认我们所谓"真理"，就是永久不变的天理，他只承认一切"真理"都是应用的假设，假设的真不真，全靠他能

不能发生他所应该发生的效果，这是“科学试验室的态度”。

既然以“假设”为真理，则凡所谓真理者，都是疑问，因为这个“假设”都不过我们假定他是存在，其实他能够存在吗？还是个问题。我们要求绝对真理的，一必不以这假设的为真理，如果以假设的为真理，而否认我们求绝对真理的，那末我们只得说他的真理论，即是反对真理，使脱不出一时或一地的眼光，用极不逻辑的方法，使人求真的态度无形消灭罢了。

因为假设不是永久存在，所以不是永久的普遍的真理。若求永久的普遍的真理，则不可不更进一层，求真理和实在的符合。换句话说，就是求真理的永久存在性，即求真理本身。会得真理本身时，则上看下看内看外看都是实在了！也都是真理了！这真理在宇宙间，并没有一些隐遁，天地之所以为天地者，即顺这真理而发生，乃至万事万物，也共由于这理而莫能避。这么一来，真理便是天地万物的大根柢了！便无在无不在了！我可以再郑重地告诉大家，真理就是实在，并不是实在的摹本，譬如真理是一个东西，那末我闭了眼睛想像这种东西的模样，那还可说是一种摹本，但是真理不是一个东西，只是无形而有此理，那末摹的是什么呢？旧派哲学家不知真理和实在根本只是一个，而承认两者为摹本的符合，所以被实验主义所反驳，如果知道真理就是实在，实在就是真理，则真理本身即是实理。根据于真理的话都是实话既没有那样悬虚的摹本说法，而且反证这种真理比实验家所说的更为靠实，宇宙间只有这靠实的是真理。一切虚无寂灭茫茫冥冥如风如影的都不是真理。

（著者附言）我前年主讲南京《建业大学》，以“系统哲学”为题分十讲，（一）导言（二）唯心历史观（三）东西文化一元论（四）科学与宗教（五）正统哲学的体系（六）西洋中国印度三方哲学的系统派（七）孔家哲学的三时期（八）反佛教（九）未来的文化统一（十）结论——系统哲学宣言。但这个讲稿，以后因事总没有继续下去，现在养病中更不愿继续了，只先把这篇导言，刊之于此。

美及世界*

宇宙万有，其根柢唯一，——神，神无声无臭，然却是常表示出来，因其无所表示，所以无所不表示；由神而表示为宇宙万有，而后大小远近千蹊万径的情，才跃然可见，而神在万有中挺然露现了。我们不须把闪倏滉漾不可捕捉的话来形容“神”，即就宇宙万有已都有神的反照，《系辞》说得好：“天地之道贞观者也，日月之道贞明者也。”① 又说：“夫乾确然示人易矣，夫坤隤然示人简矣。”② 知道神只是永远的表示，就不至误会“虚无”为“神”，如《周易正义》说：“尽神之理，唯在虚无，因此无虚之神以明道之所在，道亦虚无”；又说：“神则微妙无形，是其无也。”直将无字担在神上，正是老庄之学，而因此遂倡忘象之论，更是误人。若由《周易》看起来，只可说“神无方”，却不可言“无神”，神是本来自有的，“存而察之，心目之间，体段昭然，未尝不可见也”（朱子评苏氏《易解》语）。若肯承当，即知“神”无所不在，在冲漠无朕中，一尘万尘种种的表示，都一一呈露出“神”的“真情”来。

然这一一表示，又同出于一源——神，只一个神，分而言之，就一一表示各有一神，又都浑沦无欠缺，而就一切表示上总说，则一切表示浑沦又只是一个神，好比一大块水银，恁样圆，散而为万万小块，个个都是圆，合万万小块，再为一大块，依旧又恁样圆，知道神的表示处处都是圆，就知真情之神，本自周遍包罗，虽宇宙万有，由神自动的流

---

* 载《民铎》4卷1号，1923年3月。

① 程子注：天地之道，常垂象以示人。朱子注：天地之道则常示。

② 朱子注：确然健貌，隤然顺貌，所谓贞观者也。陆子《答朱子书》引此曰：太极亦何尝隐于人哉？

出，而神的本体仍自圆也。所以谓之活泼泼地便是这处，这活泼泼地“真情之神”呀！浑融于身心之内，而充塞弥漫于宇宙乾坤之间，玲珑通澈如太阳洞照，所谓虚灵水昧而时时发于日用之间者也。因神是本来自明的[①]，所以作易的起源，即因日月之象以成明[②]，即因日月之象以成易[③]，这不是告诉我们以变化之间神明无所不在吗？因为神明之体，皦如明镜，所以《大学》唤作明德，易言神和变化道：“大哉乾元，万物资始，乃统天，云行雨施，品物流形，大明终始，六位时成。”王夫之《周易内传》说：

> 盖尝即物理而察之，草木虫鱼鸟兽以至于人，灵显动植不一，乃其为物也，枝叶实华柯干根黄之微，鳞介羽爪齿官窍骨脉筋髓府藏荣卫之细，相函相就相避相输相受，纤悉精匀玲珑通彻以居其性，凝其命，宣其气，藏其精，导其利，违其害，成其能，效其功，极至于目不可得而辨，手不可得而揣者，经理精微各如其分而无不利者，无不贞焉。天之聪明于斯昭著，人之聪明皆秉此以效法而终莫能及也，各各其分则皆得其正，其明者无非诚也。故曰大明也（卷一上）。

这云行雨施品物流形，便是神的发用流行处！因其流行于神的本体光明之中，所以说“大明终始”，其一感一应循环终始之际，至神之明固无不在，即附着于万有而见，万有以神明为体，所以就发见而可见者，都是很美丽的。如“日月丽乎天，百谷草木丽乎土”，天地之中，没有无丽的物，即无无神之处。这个道理，以《周易》中就是“离”卦。故朱子说：“大明离也，大明终始离之往来也。”我们且试问“离”是什么。《彖传》曰：

> 离丽也，日月丽乎天，百谷草木丽乎土，重以丽乎正乃化成

---

① 关于此点孔家悟得的很多，如杨慈湖因断扇讼忽觉此心澄然清明，詹阜民一日下楼，忽觉此心已复澄莹中立。陈白沙谓一片虚灵万象存，王阳明谓良知之体皦如明镜，人多莫明其妙，其实只是反观神明的本体如此。

② 田艺衡《混古原天易 · 象明图》曰：明象明者日月之象以成明，所以作易之源也。孔子曰：悬象著明莫大乎日月，日月之道贞明者也。日往则月来，月往则日来，日月相推而明生焉是也。

③ 象易图明易象者，因日月之象而合之以成易，所以为易之义也。孔子曰：易者象也，象也者像也，日月运行，一寒一暑阴阳之义配日月是也。故郑玄亦云：易从日从月，天下之理，一奇一耦，尽矣。陆秉云：易字，象文曰下从月，取日月交配而成也，盖日东月西则为明，日上月下则为易，特一旋转运用之间耳。

天下。

又《象传》曰：

明两作离，大人以继明照于四方。

王弼注道：

继谓不绝也，明照不绝旷也，——《正义》曰今明之为体，前后各照，故云明两作离，是积聚两明，乃作于离，若一明暂绝，其离未久，必取两明前后相续乃得为离卦之美，故云大人继明照于四方，是继续其明乃照于四方，若明不继续则不得久为照临，所以特云明两作离，取不绝之义也。

晓得这美丽之体，是相续不断的，好似太阳今日出了明日又出，只是这一个神明，如皎日丽天，无幽不烛。会得时便知存在的一切，都是神之所流行，明之所融结，大而山泽，小而昆虫草木，灵而为人，顽而为物，形形色色都有神的色彩，都是由神这一明而始，一明便不住的明，回环往复，像圆圈般运动，这种运动，是一切运动中最美的，所谓“乾元者始而亨者也”（《文言传》），原来这个“乾”，这是代表“最美”的了。《汉上易丛》说：“乾为美，又为嘉，嘉美之至也。”乾元一亨，六十四卦都从此出，我们但见生机沛然流动，万象便显然著明。因其一班班排列出来，故唤作“品物流形”，因其形发而美，故称作“品物咸亨”。总而言之，统而言之，就是“美的相续”了。《文言传》说得是：

乾始能以美利利天下。——俞琰曰：乾始即乾元也。元乃生物之始也，美即亨也，亨，众美之会也。

又说：

亨者嘉之会也。——《本义》曰：亨者生物之通，物至于此莫不嘉美，故于时为夏，于人为礼，而众美之会也。

又说：

嘉会足以合礼。——《朱子语类》曰嘉美也，会是集齐底意思，许多嘉美一时斗凑到此，故谓之嘉美，又曰嘉是美，会是聚，无有不美便是亨。如自春至夏，无一物不丰盈，便是亨遂，若一物不若此，则不可以为会。须是众美合聚，方可谓之嘉会，如在人一言之美，一行之美，皆未尽善，须是嘉其会，使无一言一行不美，都无私意了，便能合于礼也。

宇宙这一动，便众美相续，大大小小，无一物不是美的，所以“易六位而成章”，一位即是一美，经纬错综，灿然有美的秩序。然这些美的秩序，还是在感官所接的世界的一种表示，是一时之美，还不算极致，我们却要由此到达那不可感觉永久理想之美——就是神了。须知“神是极妙之语”（程子语），是美中最完全者，圆满而无限，绝对而永远，如是的美，不是美这个东西，乃即美的本体。有了美的本体而后才有美的现象，所以我们应该给“美”下一个定义道：

充实之谓美。（《孟子》）

这就是孔门重美的本体的证据了。然本体即寓于现象，现象即含有本体而为美，所以《文言传》说：

阴虽有美，含之以从，王事弗敢成也。——丘氏曰美阳也，六三阴中有阳，故曰有美。

朱子解道：

天地之间，万物灿然而陈者，皆阳丽于阴托之以为美者也。阳尽则阴之恶毕见，不能自美矣。

——可见美的本体又是无处不寄托！宇宙即因美的本体之所存，才有价值，本体亦因无心顿现，才算美的极致。所以坤《文言传》说：

君子黄中通理，正位居体，美在其中而畅于四肢发于事业美之至也。

徐氏注得好：

坤道之美，至此极矣，此曰美之至也。尝谓黄中通理四字当玩，涵养不熟，操守不固，天理有一毫之未纯，人欲有一毫之未去，未得为黄中也。涵养熟矣，操守固矣，天理全而人欲去矣，然条理未通，脉络未贯，则是蕴于内者虽有中和浑厚之美，而无融通畅贯之妙，未得为通理也，必黄中而通理，畅于四肢，发于事业，而后为美之至。孟子曰充实而有光辉之谓大，大而化之之谓圣，亦此意也。

由上便知“美”是有表示的，有表示才见其美，所以乾为美，而初隐（初九曰潜龙勿用，象曰潜龙勿用，阳在下也。《文言》曰龙德而隐者也。）二见（九二曰见龙在田，天下文明。）于无表示中而有表示，所谓“本隐而之显”，就是这个道理，（《中庸》曰夫微之显，诚之不可掩如此夫，又曰知微之显可以入德矣，《系下》曰知微之彰皆是义也。）知道“充内形外之谓美”（《正蒙·中正篇》），又知神是一切美的原因，他就是美，这么一来，宇宙便充满了美了！每一点每一部分都是神的反照了，所以说：“万物形色，神之糟粕。”（横渠语）谁知道万象的森罗，竟是由于清通而不可象的神来呢？

（一）原来充塞宇宙之美，只是一个“意象”。《系辞传》说“象也者像也”，一切形像凡我们看得见想得到的，都是“意象”罢了。既为意象则与其所象的本体，不可不逼肖。换句话说，这些一切意象之内，还有真正的本体的自身就是神的“真情”。假使没有“真情”，便不能成美，因为宇宙之美，都是以神的情和神分离，当神真情洋溢时，才取别一状态，而生宇宙万象，——这就是美，就是神别一个的自身。我们怎能感得神的“真情”呢？这自然因为宇宙之美——神别一个自身的缘故。我们试想一个诗人，当他心中起了某种情味，何等地急着要写他出来呢？但一写出来，便成诗了。推之一个创造宇宙的大神，要真情实现，更何待说！于是一顾盼间而天高地下，万物散殊，这不是由神的“情”而表现为美的意象吗？有了意象，神的情才有个挂搭处，因为意象就是“真情之流”之缘感觉而现者，所以来知德《易注》说：“象犹镜也，有镜则万物毕照，若舍其象是无镜而索照矣。”若无意象，便不能为美，所以易以乾为美，却道：

盛象之谓乾（音训成象，陆氏曰：蜀才作盛象）。

又说：

见乃谓之象。

便如日月星辰山川草木之美，也没有个定体，只是这意象如此。意象所以见情，所以在易卦象是要极天下的深情的（本《周易述》），《系辞》说：

是故夫象，圣人有以见天下之赜，而拟诸其形容，象其物宜，是故谓之象。

《周易述》曰：

赜情之未动者也在初为深，故曰深情，圣人见其赜而拟诸其形容，象其物宜而情始见。故咸恒诸彖传曰观其所感所恒所聚而天地万物之情可见矣。大壮传云正大而天地之情可见矣，是卦象极天下之情也。

又《下传》曰探赜索隐：虞彼注云赜动也，初隐未见故探赜，太元曰阴阳所以抽赜，赜情也，京氏训周易之屯，太元准为赜初，一曰黄纯于潜则化在赜也。范望注云阳气潜在地下养万物之根荄化在赜，若然赜训为情，乃情之未动者。

“情”是本然之美，流行于已发之际，敛藏于未发之时。当其未发而静，便叫做“赜”，已发而动便化自身为美的，相对，有限的东西，才为种种的意象而现了。

（二）万有都在流转变化，例如这个棹子，常人以为从昨天到今天到明天者，其实是一时一个棹，一时一个棹只有许多意象的相续，并无一个棹子的在。即因吾人所官感的，不过意象的总和，除各种意象外，没有定体，所以《系辞》说：

易者象也，象也者像也。

一切变迁进化，都只是个意象的作用！好比棹子这个形象，若认他是有物质的存在便错了。棹子只是代表这么一种意象在那里动，在那里呈露出来。因此所以我们只认意象世界是真实的存在，而常人所见的“物质的存在”，就是迷妄，就是虚无。在意象的外面，只有虚无，这虚无的永久存在，即等于永久不存在，所以物质非有，我们现见的一切物，但有浑融圆转活泼流动的意象罢了。虽然如此，我也并未否认物质的东西的存在，我所否认的是一种不知的本质（物质）在外界事物背后的本质的存在。依易理说，物质只有可能性，如常人自以为有窒碍的空间性的物质，其实在意想中还明明是一个意象，可见物质不过意象，举目而存只有意象而已，变化而已。世间原没有物质这个东西，所谓“神无方而易无体”，假令有一物质，亦必非仅仅一种定体。而为在变迁历程的活动体，——就是意象了。《周易》言象不言物，言物时都是活泼泼地，如言“品物流形”“精气为物”① “天生神物”等，可见。

（三）神所存的宇宙——意象世界——是为预定的大调和而存在，所以唤作“太和”。《文言传》说：

① 虞注曰乾纯粹精故主为物，郑注云精气谓之神，王弼曰精气絪缊，聚而为物。

> 乾道变化，各正性命，保合太和。——朱子曰品物流形，莫非乾道之变化，而其中物各正其性命以保合其太和焉。

这意象间，虽然千变万化，而自然是个调和，相反相成，浑沦无间，可谓调和的极点了。今且就意象和意象间的关系，依易理言之：

其一，一切的意象，各各有和别的意象不同的自相，在宇宙中同一自相的意象，不能有二。

其二，各意象虽千差万别，却有内在的宇宙的统一——情，一切意象都是从“情”里面出来，在共相方面看，都是同的。

其三，一切意象都是浑融圆转活泼流通的，都是为有生命精神的个体，这个体的集合，就是宇宙。

其四，意象是前定的，却不是不变的，相互之间有预定的大调和，同时千变万化的状态行于其间。

其五，每一意象表现其他意象，因而表现全宇宙——所以每一意象，都是缩小的宇宙。

其六，各意象都是由神自动的流出，其流出的次第，好似阶梯，渐次向下，都是类似乎神，就是最下的物质，——没有神的精髓，然也只是程度之差罢了。

最后便知这一个意象世界，是最完全最美的了！每一点每一瞬间都有神的反映，因神无限，故美的相续无限，天高地下，万物流行，这分明是美的画图，我们试静默中欣赏他罢！呀！我们试于一动一静之间体认他罢！只要我们自家心美，便一切都美化。观其所感（咸），观其所恒（恒），观其所聚（萃），所见无非美者。《观卦》曰：“观盥而不荐有孚颙若。”会得时光明灿烂常在目前，不会时日光之下的一切，都是迷妄，都是虚空。

凌廷堪燕乐考原跋*

《燕乐考原》六卷，安徽歙县凌廷堪次仲著，《粤雅堂丛书》本。（第九十九册至百零一册）卷末附与阮伯元书一篇，说：这本书和《礼经释例》为有关系之作，案《礼经释例》十三卷，《清经解》本（卷七百八十四至七百九十六）把《仪礼》十七篇，看作“节性修身之本”，反不如他《校礼堂文集》（《清经解》卷七百九十七）里《复礼》二篇，《好恶说》、《慎独说》几篇，有价值得多了。不过和音乐有关系的，只有《黄钟说》，论黄钟为万事根本。又有《晋泰始笛律匡谬》一卷，《聚学轩丛书》本（第一集第二种），这书是为批评荀勖《笛律》而作，和本书有互相参看的必要。

近人推重此书，如章太炎先生至以为兼综衍算乐艺之长，（见《清代朴学大师列传》中《章氏论订书》），实则衍算之学，正是本书所极端反对的！他说本书的宗旨是：“不论容积周径，不论六十律及八十四调，盖容积周径，如推步之算秝元虚数，皆无用之说也。”又在《笛律匡谬》里，很分明地说：“乐学之不明，由算数之说汨之也。”假使他稍稍看重衍算，何至于说钱溉亭（著《律吕右谊》六卷《南菁书院丛书》七集第二种）“……皆言算数，甚矣此学之难索解人”呢？可见太炎先生是完全不知道凌氏的学问所在了。但自凌氏此书出版以来，影响实在极大，如江藩的《乐县考》（二卷《粤雅堂丛书》本），陈澧的《声律通考》（十卷《东塾丛书》第三册至第五册），徐灏的《乐律考》（二卷光绪丁亥徐绍桢刊本）都是闻风兴起的。实则本书有他独特的贡献，也有他很附会的地方；并且燕乐的研究，到了现在，实在比凌氏当时不知进步得

---

* 载《民铎》8卷4号，1927年。

许多了！（如《学衡》第五十四期向达著《龟兹苏祇婆琵琶七调考原》，说琵琶七调与印度北宗音乐的关系，实在是凌氏所梦想不到的！）

在没有估定凌氏在乐理学史上的位置以前，应该对于中国近代音乐进化的线索，稍为注意一下。原来中国近代的音乐思潮，以宋代为第一时期。如朱熹说："音律只是气"；蔡元定在《律吕新书》说："分寸之数，具于声气之元"（《本原》一）；又引《史记·律书》的话道："细若气，微若声，圣人因神而存之，虽妙必效，言黄钟始于声气之元也。"又说："百世之下，欲求百世之前之律者，其亦求之于声气之元。"（《证辨》一）又《册府元龟》王仁裕论乐道："神无形而有，处乎声数之间，故昭之以音，合之以算；音以定主，算以求象，触于耳而彻于心，由是而知也。"这里论乐声数之理，就是音乐思潮的第一期。到了明代王廷相、刘濂、季本、何塘出来，对于第一期思潮，起了一个大反动（见朱载堉《乐律全书》卷五候气辨疑第八）。王廷相主张："本之人声，而为正乐之具"（《王氏家藏集》）；刘濂主张："乐声效歌，非人歌效乐"（《乐经元义》）。这个人声为主的提议，在明代乐理学家都没有异议。如李之藻说："人之中声，与天地之中声应"；"八音从律，尤以人声为准"（《頖宫礼乐疏》卷七）。刑云路说："平其心，易其气，徐听人声之高下，上下考之，以求其中声。"（《古今律历考》）唐荆川说："必以人声为主，而截管以效之。"（《荆川稗编》卷四十二乐七）至于朱载堉《律吕精义外篇》说："以人声为律准，虽百世可知也。"这个话里，完全把第二期的音乐思潮都包括在里头了。清代毛奇龄他是由音乐思潮的第二期，跨到音乐思潮的第三期；一方面极力主张"乐之声以人声为主"（《竟山乐录》卷一，又《定声录》卷一引竟山语），一方面自行己意，攻驳古人，而主张他的九声七调的新说。固然西河新说，由后代看起来，实在没有什么价值，但经此一番搅乱之后，那祖述器数的古乐家，便渐渐少起来了。同时康熙作《律吕正义》五卷，虽也不免谈到律数，为后来钱溉亭所本（凌氏云钱溉亭偶有所见，皆取诸《律吕正义》），但他最大的贡献，却在介绍了西洋的五线谱（卷五《续编》），为五线谱输入中国之始。乾隆继之，作《律吕正义后编》，对于朱载堉很是攻击（卷一百十八《乐问》，又《诗经乐谱》亦有同样论潮）。他们都有提倡平民音乐的新倾向，所以都很看重工尺字谱，毛西河不消说了，《竟山乐录》开头便是本于工尺的一梦，他的九声七调，也正好用在近代乐器之上。李光地作《古乐经传》说："元人词曲，犹仿佛乎古者歌笙间合之遗意”（卷五）；乾隆更明白地说：“工尺之说，苟适于用，虽施于大庭可也，而何必古之是而今之非载！”（《律吕正义后编》卷一百十八）自此以后，如江慎修作《律吕新义》（四卷《正觉楼丛书》本）、《律吕新论》（二卷）、《律吕阐微》（十卷），胡竹轩作《乐律表微》（八卷均《四库》本），虽有许多地方不脱旧传派的思想，但他们却不约而同地发见平民音乐——俗乐——的重要。江慎修说“声音自有流变”一段最好：“古乐之变为新声，亦犹古礼之易为俗习，其势不得不然；今人行古礼有不安于心者，则听古乐亦岂能谐于耳乎？故古乐难复，亦无容强复。”（《律吕新论》卷下）因为江氏认识了平民音乐的价值，所以主张“俗乐可求雅乐”，“乐器不必泥古”（同上），并且很大胆地提倡“学士大夫不能胜工师之说”（《律吕新义》卷四）。胡竹轩虽然推崇考亭，但他却是唱昆山调的名家，看他《论歌诗》、《论俗乐》（《乐律表微》卷四），也是很懂得音乐进化的线索的。程瑶田为《词尘》作序说：“乐器之在后世，无以异于其在上古也，后世工人所用之乐器，无以异于上古圣人所造之律也。”自然方成培《香研居词尘》一书（五卷《啸园丛书》本第六函），主张“工尺即律吕，乐器无古今”，更算得第三时期音乐精神的表现了。尚有如徐新田继胡氏之后，作《律吕臆说·管色考》、荀勖《笛律图注》等书（《正觉楼丛书》本），发挥俗乐胜于雅乐，最为透彻。他说得好：“乐固以律为重，然惟三代以上可用，今黍尺难凭，葭灰不验，论乐者只宜理会五声，不必空谈六律。尝谓隋唐以后，俗乐胜于雅乐，俗乐虽俗，不失为乐，雅乐虽雅，乃不成乐。”（《管色考辨异》一条）但我们应该注意的，第三期的音乐，虽同在平民的、社会的、进化的思潮底下，却显然有两派的分别：一派主管笛以立论的，如江永（慎修）、胡彦升（竹轩）、方成培（仰松）、徐养原（新田），又如钱塘（溉亭）把现在的笛以上考律吕，也可算得这派下中人了。又一派主龟兹苏祇婆琵琶七调以立论的，如凌廷堪（次仲）、江藩（郑堂）、陈澧（兰甫），徐灏虽不主琵琶，但对于晋十二笛，更是反对，故可附属这一派内。这两派在第三期的音乐思潮里，有同一样的价值，有同一样研究的必要。并且我们不问凌氏的学说的渊源罢了，如果要穷本考原，作一番历史的研究，那末我可以说，凌氏的学说，除了专主龟兹苏祇婆琵琶七调这一点以外，很多都是从方成培《词尘》脱胎出来的！

照历史分期的原理看来，便知凌氏的新说，是完全代表第三期的音乐思潮，他对于前两期乐理学者，不消说是瞧不起他。所以说：燕乐二十八调，“蔡季通、郑世子皆未之知也”（《与阮伯元书》）；不但如此，他对于同时的乐家，也都无所许可，毛西河、江慎修、戴东原、胡彦升、钱溉亭没一个不受他严格的批评。最不满意的是胡彦升和方成培，甚至于提到宋仁宗《乐髓新经》，而谓方氏“割牛补马，诬己欺人”；并且和钱溉亭都没有看过《宋史律历志》，这就未免太失却学者的态度了（见原书卷五）。据实言之，凌氏的新说许多是得未曾有，我们自应该纪念着他，但如今乐通于古乐一个说法，则通第三期的音乐界，都是这个论潮，而他高足弟子们，竟据为“吾师之说”（见《乐县考》张其锦序），这就未免可笑得很！假使我们打开方成培《词尘》一看，便知《燕乐考原》卷三引《宋史·乐志》房庶的一段话，完全本于《词尘》卷二（页一七至一八），并且《词尘》所说还要痛快得多呢！凌氏一方面讥笑方氏，说他：“颇谈燕乐，乃剌取唐氏《稗编》中所载《乐髓新经》十二均八十四调为图”（卷五），一方面又忘却他的好处，这种态度，把陈兰甫批评他自己的态度，拿来比较一下，哪一个更虚心呢？哪一个更公平呢？（《声律通考》卷九自注）我也并不是有意挑剔前人，实以为凌氏对于方氏《词尘》一书，既资其先路之导，则对于方氏差错的地方，固然不妨订正，对于他精要的地方，也何妨一样采录？至于因答钱溉亭书云：“《乐髓新经》旧有此书，尚见于唐氏《稗编》”；不举《宋史·律历志》而举《荆川稗编》，（案《乐髓新经》见《宋史》卷七十二《律历志》四，并非全文，凌氏“全见”二字，亦殊不确；唐荆川录入《稗编》卷三十八乐三，写明“宋志”两字，方氏岂有不知不见之理?）这也不算什么大错误，凌氏笔之于书，却未免太抹煞他了。方氏著书论词曲，论宋明律吕家，论古乐与今乐本末不远……他的见解，都不在凌氏之下，但现在研究燕乐的，都只知道有一部《燕乐考原》，却不知有一部《香研居词尘》，这是什么原故呢？前清乾隆作《乐律正俗》（附《诗经乐谱》后），其攻击朱载堉处，竟举到私人的事，但是这种无价值的话，和载堉何损？不久江慎修就有一大部《律吕阐微》来推崇他了；可见凌氏虽欲极力排斥《词尘》一书，毕竟是不成功的！

凌氏最得意的论潮，在他反对算律法，而主张琵琶二十八调之说。他很痛快地说：“自隋郑译推演龟兹琵琶以定律，无论雅乐俗乐皆原于此，不过缘饰以律吕之名而已。世儒见琵琶非三代法物，恒置之不言，而累黍布算，截竹吹管，自矜心得，不知所谓生声立调者，皆苏祇婆之绪余也，庸足噱乎！”（卷一）这番话把他和《隋书·音乐志》《辽史·

乐志》逐条钩稽，实在是一种历史事实。虽然徐灏《乐律考》（卷下）不承认此说，但那是徐灏没有历史进化眼光，说“琵琶汉时早已有之”，和崔豹《古今注》（卷中）所说：“短箫铙歌黄帝使岐伯所作”，不是一样地无稽吗？所以凌氏以琵琶来讲燕乐，我一点也没有疑义，（陈兰甫虽然不承认八十四调出于苏祇婆，但也说燕乐之器，以琵琶为首，确不可易，见《声律通考》卷六。）因隋唐音乐的发达，由于印度音乐，间接由龟兹传进来，实无法可以否认。当时称为龟兹七声的，在国粹派如苏夔、何妥、牛弘等都在极力反对，可见是一种新音乐的运动。也许这种新音乐，如陈兰甫所说，不久就混合了万宝常的八十四调，另外成一个新的样法；但无论如何，琵琶七调总算这个新时代的产物，用这种新音乐来演奏歌诗，也恰好起于此时。所以凌氏的话是对的：在龟兹乐输入中国以后，我们只要研究二十八调好了，还要苦滴滴地去考古尺，制律管，干这些虚数做什么呢？但是说到这个地方，我不能无疑于凌氏的，就是他那琵琶七调之说，拿来说明隋唐的音乐，实在再好没有，拿来说明五代、宋的音乐，就有很大的疑问，这或者就是我要写这篇跋尾的根本意思。

原来唐代燕乐以琵琶为首，这在凌氏所举的证明以外，还有许多旁证，如唐崔令钦《教坊记》记挡弹家，以琵琶为首。又杜佑《通典》卷一百四十六原注云：“初太宗贞观末，有斐禅符妙解琵琶，初唯作《胜蛮奴》《火凤》《倾杯乐》三曲，声度清美，太宗深悦之，高宗之末，其技遂盛流于时矣。”可见《宋史·乐志》说唐琵琶曲盛行于时，并不是孤文单证的了。然天下事绝没有但盛无衰的道理，所以就是最盛行的琵琶曲调，到了后来也有改头换面的日子。元稹诗云：“琵琶宫调八十一，三调弦中弹不出”，为什么弹不出呢？这不是失传的铁证吗？唐天宝乐工贺怀智《琵琶谱》序中说：“琵琶八十四调内，黄钟太簇林钟宫声弦中弹不出，须管色定弦，其余八十一调，皆以此三调为准，更不用管色定弦。”既然以管色定弦，便是以管色为主，还能说以琵琶为主吗？《蔡宽夫诗话》（宋胡仔《渔隐丛话》前集卷十六引）说得好：“唐起乐皆以丝声，竹声次之，乐家所谓细抹将来者是也。故王建《宫词》云：‘琵琶先抹绿腰头，小管丁宁侧调愁；近世以管色起乐，而犹存细抹之语，盖沿袭弗悟尔。’”这一段话很重要，唐起乐通是丝声，五代、宋就以管色起乐，所以考唐代音乐，则凌氏的新说，可谓确切不移；但考宋代音乐，便不能不讲究管色了。既然讲到管色，那便江慎修、胡竹轩、方仰松、徐新田等，主张燕乐以管为主的说法，无论怎样讲不通，也总有保留参考的价值，凌氏完全抹煞他们，也就未免近于夸诞了罢！

并且凌氏研究琵琶的起源，知他是从龟兹苏祇婆传来，却不知龟兹文化，还不过是印度文化的产物，是从印度传来的，但印度琵琶又从何来呢？这一问题，只有日本田边尚雄氏曾给我们一个解答。他说："五千年前埃及即有一种乐器，名 Nofre，中有二弦，可以按弹。三千年前此器流传到阿剌伯，因为阿剌伯人盘膝而坐，坐在膝上，故乐器的下盘变得大了，后来亚力山大入波斯，到 Bactria，乃不用手弹而用拨弹，于是一变而为琵琶，流传到印度，大约是二千年以前的了，因此就有许多人以为琵琶是从印度来的，其实他是亚力山大帝国的乐器。"（《东方杂志》第二十卷第十号田边尚雄讲：《中国古代音乐之世界的价值》）可见推本究原，凌氏的新说，实在还没有推究得到家，也早已变成陈说了！何况凌氏的新说，实在也只知其一不知其二，只知琵琶为唐乐之首，却不知管为宋乐之首，而这管也是从印度以次和佛教一并输入，也是埃及发明的乐器；不过输入的时代比琵琶稍后，约在唐天宝时，到了宋代拿他来调声，便成了主要乐器了。陈旸《乐书》有一段最明显的记载道："觱栗一名悲篥，一名笳管，以竹为首，以芦为首，状类胡笳而九窍，后世乐家者流，以其旋宫转器以应律管，因谱其音为众器之首，至今鼓吹教坊用之，以为头管。"（卷一百三十）又沈括《笔谈》有许多地方谈到燕乐的，但他也说："近世乐声渐下，予尝以问教坊乐工，云：教坊管色岁月浸深，则声渐差，辄复一易，祖父所用管色，今多不可用。"（《补笔谈》卷一）可见宋代以管定乐，其源流线索确切明白如此！凌氏这一点没有看到，很笼统地把琵琶七调来包括燕乐，既不知燕乐有唐宋的不同，又不知琵琶和管色各自代表时代，真所谓只知其一，而不知其二的了。

我们再把宋代字谱考究一下，那末凌氏的牵强附会，更易明白了！他在本书卷一里说："字谱之名，当是苏祇婆龟兹琵琶之谱法，隋唐人因之，辽人遂载入史志，郑译以其言不雅训，乃以宫商角变徵徵羽变宫代之；而五声二变，则又以黄钟大簇姑洗蕤宾林钟南吕应钟七律代之；后人遂生眩惑耳。"这话真不知何所见而云然？在《晋泰始笛律匡谬》一书，更下一个极肯定的话道："字谱始于隋龟兹人苏祇婆之琵琶，故唐人因之，而定燕乐；沈括《梦溪笔谈》及《辽史·乐志》皆载字谱，本唐人之旧也。"我真不知凌氏在没有找到历史的证据以前，何以这样地敢于立论？我们知道唐荆川《稗编》（卷四十二头管即古管一条）因《楚辞·大招》有“四上竞气”的话，遂说字谱古已有之；毛西河《竟山乐录》（卷一第一条）更越发荒谬了，说什么：“二八以上，古乐经也”，把《楚辞·大招》和《招魂》两篇，竟看作中国字谱的起源。但无论如何牵强附会之中，却有一个不附会之一点，就是他们所根据以立论的，还是管色谱法，凌氏却变成为琵琶谱法了。徐新田在《管色考》驳《荆川稗编》道：“《楚辞》四上，如果即今之管色，即不应自周秦迄陈隋几及千载，无一人言之？且管色十字皆当以北音呼之，非楚声也。”这话极为的确。可怪的，就是我们中国人没有历史观念，似这样牵强附会的解释，竟能影响了三四百年，如康熙（《律吕正义》卷一《审定十二律高低字谱》）、乾隆（《律吕正义后编》卷一百二十《工尺字谱》）、方成培（《词尘》卷四《论颐管》）、徐灏（《乐律考》卷下《说琴下》）等。直到徐新田才能稍持异议，在这里我不能不佩服他；并且徐新田真不失为一位学者的态度，他在《字谱考》一篇里（见荀勖《笛律图注附录》），一方面说《辽史·乐志》所载的字谱，就是唐之遗声，一方面又疑惑到唐人乐书如南卓《羯鼓录》、段安节《乐府杂录》和《新旧史志》，何以都没有讲到字谱？的确，最早的字谱，实见于《辽史·乐志》和宋《国朝会要》（参考《管色考》一书），然《辽史》是元脱脱等编纂，时代稍晚，并不能拿来证明五凡工尺上一四六勾合十声，即是龟兹苏祇婆的琵琶七调（凌氏以为辽人载之史志，大误）。我们倒可以拿来证明字谱是起于篥栗传入中国以后无疑。至如景祐二年李照所说：“篥筚中去其五六两字，则胡部调曲不可成矣。”五六即是字谱，那不是分明地证明了字谱就是管色的字谱吗？并且宋陈旸之作《乐书》，是在北宋建中靖国间，他的话自然是最可靠的，他说得好：“今教坊所用，上七空，后二空，以五凡工尺上四六勾合十声谱其声。”当我们研究管制，就知道字谱无疑乎就是管的字谱，并且就是宋代的俗谱，不但和晋泰始的笛没有关系，并且和唐代的琵琶，也不发生干涉，凌氏要纠正宋儒的错误，不知宋儒如沈括、朱熹，才真正能纠正凌氏的错误呢！陈澧《声律通考》有几句公平的话道：“字谱始见于宋人书，为前所未有，何由定其为龟兹乐？”又说：“以宋人谈宋时俗乐，断无可疑……若凌氏所疑者，皆不必疑者也。”（卷八）并且管色字谱到了明代早已失传了（同上），因为一时代有一时代的音乐，所以一时代有一时代最方便的乐谱，凌次仲是一个很懂得音乐进化论的人，何以竟没有看到此处？比那反音乐进化论的陈兰甫（《声律通考》卷九有一条驳《宋史·乐志》房庶之论，并谓《燕乐考原》称之于后，实贻误后人！）倒不如了！

因为凌氏没有十分明确的历史观念，所以论到南北曲时，有不少很简单武断的话，如说："今之南曲，清燕之遗声也；清乐梁隋南朝之乐，故相沿谓之南曲。今之北曲，謙乐之遗声也，謙乐周齐北朝之乐，故相沿谓之北曲。"这话直到现在，还有许多人祖述他，但这是事实吧！有这样简单的历史事实吧！胡竹轩说南曲为雅乐之遗声，只好算做一句开玩笑的话；徐大椿作《乐府传声》（《正觉楼丛书》本），说古乐犹存一线于唱曲之中，我们就能轻于相信吗？但是即如凌氏的新说，好像中国隋唐以后除了苏祇婆琵琶七调以外，没有音乐，没有字谱，生声立调都不能出于苏祇婆的范围，所以北曲也好，南曲也好，管色也好，箫笛也好，一不问关白马郑，再不管《琵琶》、《幽闺》，都可以用曲折的方法，认作苏祇婆琵琶的干子干孙。但是"历史"这位先生，忍不住要出来说话了，他知道音乐界都是时时变动的，所以一时代的音乐，都只能占历史上的一个光荣时代，时代过去了，便自然有新声发生，这个新声对于凌氏所说前一代的"遗声"，要不绝地起变动的。

以上信手写来，好似对于本书的作者——凌次仲先生——很不满意似的，实则我始终认凌氏是音乐思潮第三时期的代表人物，对于这个历史的人物，用历史的进化方法去批评，于他是无损的。

一九二六，十一，十六日，在西湖

历史的真意义*
——近著“历史哲学”第一章

从来没有一种严正意义的历史科学，更不要说到“历史哲学”了。尤其是中国过去的史学界，虽然有一个司马迁，要“考之行事，稽其成败兴坏之理……欲以究天人之际，通古今之变成一家之言”（《报任少安书》）；本要建立一种历史哲学，但他所作的《史记》，也不过以人物为本位，那里能够究天人之际？司马迁以下差不多都是把历史来奉承专制君主的，更不消说是没有历史哲学可言。所以我今天在这里讲“历史哲学”，还算做中国史学界里的破天荒的一桩事。

历史是什么？从来没有一个很好的界说，过去的《二十四史》，往往对于一朝代的剧盗——帝王，便大书特书，说了一大篇，而对于全国思想界及社会情形极有影响的事，反置之不理；最使人难受的，就是无论那一朝代历史，都是充满着战争的故事，这些无关社会生命的事情，把他“堆积”起来，难道就是历史吗？不是的。大概过去的历史家的错误，就在于把政治看得太重了，并且所谓政治，特别的是指一朝代的权力而言。英国史学家佛里曼（Freeman）说：“历史就是过去的政治。”（History is past politics）换句话说，除却过去的政治，就应该没有历史了。德国史学家兰克（Ranke）以为史学的目的，是要明了我们对于国家起源和性质的观念，似这种把国家——政治的组织为研究史学中枢，把历史看作“民族之魂”，和中国的《二十四史》、《资治通鉴》把帝室为史的中枢的观念，当然是一样地错误了。

旧历史把政治看得过重，固是错误，新历史家把人类活动的事迹，来包括全历史，也是个顶大的毛病。他们对于历史所下的定义是：“史

* 原载《民铎》6卷3号，后收入《历史哲学》，1925年3月，1926年出版。

者记述人类社会赓续活动之体相也。”就是很有史识的历史学者，仍不过把历史和人一种看法，其余的新史家，把历史进程的原动力，归于“人类”方面的，或“社会”方面的，更不知其数。他们的说法，自也有社会科学的根据，但他们实在把历史太误解作“人类”一部分的了。其实历史所纪录的，应该包括宇宙全体，而宇宙历史是我们计算不来的，把他和人类所自以为那由传说书契传至今日的历史比较一下，实在算不了什么。并且人类不过是宇宙活动之一部分，政治更不过人类活动之一部分，而那专叙述人类活动的历史，只算历史之一部分，那范围更狭窄的政治史，更只算得历史一部分之一部分了。依照德国赫凯尔（Heckel）的意思，这以一部分包括全体的历史是不对的。他在《生命之不可思议》一书的第十八章（页484）曾讲到“一元的历史”，很批评这一层。他说：

> 历史这个名词，常常总被人误解作“文明生活发展中所起的事件之纪录”，——即民众和国家的历史，文明史，道德史之类，这全是一种人类中心主义的感情，以为“历史”两个字，就其严密的科学上意义说来，只能作“人类行事的纪录”用，照这样的〈意〉义，历史和自然是对立的。历史专论道德上自由的现象，自然专管自然法则的范围，这样的说法，好像是并无“自然的历史”这件东西，好像是宇宙发生学，地质学，个体发生学，系统发生学都不是历史的科学了。这种二元的，以人类为本位的见解，虽然还在现代的大学里盛行，国家和教会虽然还保护这尊严的传说，但是早晚必有一种纯粹“一元的历史哲学”代兴，这是一定无疑的。

因此他就说及近世人类发生学表明个人进化和种族进化中间的密切关系，并且以有史前的，系统发生的研究，把那所谓世界历史和脊椎动物的种类史联合到一起。这种一元历史的见解，实在再好也没有了。因为历史之意义，非包万有而并载之不能够算做完全，如果历史只讨究人类进化的现象，而不究及人类之从何而来，那末这个历史，只能算做半截的，一部分的了。所以我对于历史的界说，比较广大一些，我以为历史是有好几层意义：

（其一）历史是叙述进化的现象的——从前的历史家，往往把历史看作人物传一般，以为记下来就是了。现在的历史家才知道注意到发达和进步的趋向，他唤做“历史的继续”。但是这“历史的继续”，因为太看重在历史之社会的经济的解释了，所以结果把过去的历史，都看作社会的或经济的产物，这实在最错误不过，并且完全把历史的意义埋没了。杜里舒（Driesch）在南开大学讲演，实在给我许多的教训，使我知道历史之意义，应该从生物学之进化的解释。他说：

> 欲论历史之意义，不可不知意义二字之作何解释……凡变形情形之有目的者，是为有意义。以自然界之现象明之，若山脉之成，或由火山之爆裂，或由地形之变迁，时而风吹，时而雨打，一切出于偶然，初无目的可言；反之若蛙卵之长成，自受精后为细胞开剖，而终于成蛙，若是者为有目的，二者之为变化同也，然一则为物理的变化，故彼此之积叠为总和的。试分析言之，有特点三：山石堆砌而彼此并无关系一也，风吹雨打原因皆由外起二也，元素之性质，如速率位置等既定则变化可以推算而得三也。以言乎蛙，则为生机体的变化亦有特点三：求达于最后之全体一也，生机体之长成，不能无待于物质条件，如水中之酸素，气候不能在百度表零度下皆是也，然环境虽重，而动力则自内发二也。虽知其元素之性质，无以明其变化，以其中尚有全体化成之动因在三也。吾人更以简单之名表之，山脉之变化为总和的，为偶然的元素所合成。至于生机体之变化，则为全体的彼此互有关系，而其动因则不能不求之于元素之间也。——变化之为总和的，偶然的，吾人名之曰“堆积”，其为全体而有互相关系者，吾人名之曰“进化”，于是所谓历史之意义者决之于历史之为堆积的抑为进化的而已。（见《杜里舒讲演录》第五期）

这“堆积”与“进化”两个名词，实在是杜里舒对于历史哲学的最大贡献，不但为“进化”之概念重新估定一番，下一次新定义，更为混杂的历史开一条新路来。原来堆积是从外面累积的，进化是从内部发展的，如果人类只是陈陈相因，而没有创造而日进不已者在，便历史犹之乎物质之为堆积的，而无所谓生物学之进化了。

从来研究历史哲学的，对于历史进化有几种学说，有的以为“人类的进化，永远是今不如古，他们想像的历史进化是永远下降的”。有的以为“人类进化永远是在那里‘丢圈子’，故他们理想中的进化是一个圆圈”。但是这两种学说，实在都没有生物学的根据，所以都靠不住。如果历史的现象，只是一个圆圈，那末现在所有的，从前都已经有了，反复循环外，无所增进，那和物质的堆积何异？所以我们不讲历史的进化罢了，要讲进化，须从生物学的解释，而认定人类是永远向上的；理想中的历史现象是永远进化没有间断的。不过这种进化，决不是达尔文主义（Darwinism）所能解释，而应该把柏格森（Bergson）杜里舒（Driesch）的“新生机主义”（Neovitalism）来讲明。达尔文在生物学上的功绩，我们自要永远纪念，但进化学说到了现在，实比达尔文当时不知进步得多了。达氏的进化说，惟以因果关系的机械律立论，好比砌墙，一块一块增加，这种进化观念是积叠的，实在不足以说明历史的意义。反之生机主义的进化论，则和他很不相同，他们以为生物之自体，就有一种动力，由这动力向上自由发展，自创新的形状，这就是进化的根本原因。达尔文说明进化，由现在推寻原始以律未来，生机主义者则以进化为由原始而现在而未来而永续的生机流行，姑不论那最原始的生物，是无核的亚未巴，或是一种鞭毛动物，但自从这动植物共同泉源以后，分途猛进，好似爆裂弹一般，化成无数碎片，碎片又为爆弹，裂为无数的碎片，重重劈裂，永没穷期，而这猛进的原因是什么？就是“生机力”（vital force）。这生机力，凡是生物，个个都有，生物即因这生机力的冲迫而分途进行，各各有一定的自主律，是万不能用机械的原则说明的，并且历史进化是一种动的行为，是有生命的东西，尤觉非生机论不能讲明。所以我们讲历史之意义的，也自应该从生机主义的进化，把历史看作由原始而现在而未来的不断的生命之流。

（其二）历史是叙述有言语动物——人类——的进化现象的——生物在进化的长途中，分作二大派：一派变为植物，一派变为动物，两者都由细胞所组成，都有生物的奋发性。然在动物则能自由运动，而普通植物便不能够，可见生机力之强弱，是大有关系的了。而在动物之中，因自求保护的缘故，常生坚壳，如棘皮类动物的硬皮，软体类动物的壳，甲壳类动物的甲，都是最好的例；他如节足类鱼类，古代也多有甲和硬鳞，不过生甲虽然能够保身，也大足阻碍生机，使不活泼，因为生机受了束缚。所以固定而没有进化，就普遍生力言有历史，就其本身言便没有历史了。就中唯节足类和脊骨类虽也经过这个境界，却能拔身出来，所以能够进化到现在最高的境界。而就节足脊椎两类进化的极致而言，则前者是蚁，而后者便是人。蚁类生活状态虽使人惊异不置，但他却没有历史。就中惟脊椎动物中的哺乳类动物，为生物发达最完全的，哺乳类动物发达到完全最高等的，是主兽类；主兽类发达之最完全是人类；到了人类出来而后才有历史之可言了。固然以人类现在的文明发达史和地球生物史比较，短不可言。但如果没有人类，便这生物的一切疑谜也没得解决，生物史也不能够成立。所以我们虽也同 Heckel 一样，很不赞同于一种很误谬的“人类中心主义”，认人类构造和一切自然界的生物相反，但我们不能不承认人类是一切自然界之生物中最完全最进化的动物，也许这一种动物进化到了极点，有如尼采（Nietzsche）的“超人”发生。但无论如何，人类在生物进化当中，占得现在这个地位，不得不说他“生机力”的伟大，所以有那运动自由的手。——手虽然不是工具，但是现在最有用的工具，那一个不是由手造出来的？所以运用手，可以说是人类的特征，但却不是唯一的特征，因为猿类和人一样，也是用手和身体独立的动物。所以归根及［结］底，人类和猿类的分别，仍不能不归到言语发达一层了。我们可以说有言语的动物，惟有人类。言语学始祖 Humboldt 也说：“人之所以为人，是因为他有言语”；这句话并没有错。因为人类言语，据 Heckel《一元哲学》（页 41）所说，实为最新世纪猿类啼声发达之所成，所以惟人为有言语之动物，以后言语在无数年代之中，一天比一天进步，人类智慧高超于一般动物的大部分原因，即为言语发达的结果。由上可见人类自从用后足撑持身体直立着走以后，已经不能不算生物之最进化的。不过这种进化的原因，浅言之即运用手和有言语二事，若问他为什么能够运用手和言语，那就要推源到生机体之进化了。因为真在那里制造工具和言语，倒不是手和口，却是人类的内部原因——生机力。好比人和人猿从比较解剖学研究的结果，不惟极相似，实即相等，二者同具骨节筋肉，同具神经细胞，心脏同具四房，血液依同理流动，同具牙齿三二……但为什么人类有历史而人猿没有呢？这就是“生机力”差异的缘故了。猿类只能用木杖行路，掷石，树枝，及有刺之果实于他敌人的顶上。但猿类的“生机力”不过如此，所以进步也就到此为止。人类则进之能够在利用工具的方面前进，既然知道用石子敲果实，再进一步，即能用石子打击石子，成他所希望的形像，以后就造出刀斧、锯、凿、铇、锤种种工具，从此就有文化史了。又猿类只能发声，最进步也不过如苏门答腊所产人猿之一种 Hylobates Syndactylus 能唱七音阶，但他的“生机力”不过如此，所以进步不过是些叫喊而止。到了人类便用言语来发表思想，最初不过是沟通意思的工具，以后愈演愈高，遂成人类知识的根源，于是就有思想史了。总上所述可见历史实在是人类的产物，实在是有言语动物——人类的产物。在人类以前，自薛藻野草以至牛马猿猴，都没有建立过史学，所以人类实在是成立历史的主源。

总之历史从广义的解释，就全宇宙的生物都从“生机力”分途进化，由细胞而成完具的生机体，所以都有生命史的价值。而从狭义的解释，就只人类有历史。因为只有人类是一种进化到了有言语时代的动物，即有史时代的动物。因为只有人类在这生命进化长久的年代之中，生机力格外奋发，已经造出极复杂的极高尚的文化了。

（其三）历史是叙述有言语动物——人类——在知识线上的进化现象的——研究历史万不能从“堆积”的解释，假使“堆积”可以解释历史现象，那末我们讲人类自然史时，都知道达尔文的眼眶骨凸起，这是猿类的一种标记，如果这样说起来，达尔文岂不是很似猿类，不是人吗？所以从外面的“堆积”来讲史学，是完全不对的。要讲历史，要以“进化”为主，尤其以叙述人类在知识线上的进化，才算内面的解释。这种知识线是由人类全体或其大多数的共业所构成的。在这语句内有三种意义：（一）知识线不是由一个人独力所造，实由一般人共业所造，（二）知识线是（进化），而不是“堆积”，（三）除了知识线外如人种，大人物，民族，国家都和“进化”无关，都和历史没有密切的关系。杜里舒在南开大学的讲演里，说得最好。用不着我再说了。

谓世界人种之分立，有关于进化耶？以吾人所见，人种之发达虽殊，然无特别之差异。以欧洲之哲学上之贡献言之，法有笛卡儿（Descartes）马尔白郎希（Malebronche），英有陆克（Locke）休谟（Hume），德有兰勃尼孳（Leibnitz）康德（Kant），文化学问之发达，纯视个人之天性如何，与种族之界无涉焉。欧种如此，他种可知。谓英德法及其他各国之分立有关进化耶？则德法之世仇，其先出于同源，今德之西部与撒尔脱人（Celt）混，东部则与斯拉夫人同化。以言英人则为盎格鲁撒逊诺曼三种人之混合，若此者皆物质之心理积叠使然，谓为出于天之所命则误矣。各国之分合，殆如蚁蜂之散处，多一国，少一国，与世界之进化，决无影响。

然则历史上之大人物，其种种行为能构成一进化线耶？以吾人观之，所谓大人物者，即其生存，半出于偶然，或以疾病而死亡或以战争而殒命，谓一负担进化之人，而生死之不可必如是，则进化步骤之相继不亦殆亦？

由上所言观之，大人物也，民族也，国家也，皆与进化之义无涉，何也？凡散见于大地而属空间的者，皆以非全体性参杂其间，既非全体矣，尚何进化可言？诚如是地球上人类历史中，果无进化之可言乎？曰，不然。变化之为进化者，独智识线（Wissenslinie）而已。

智识有二面，自其互相授受者言之，固难逃积叠之公例，自其推陈出新者言之，则日新又新进而不已，且流传人间，今古相继，文字一日存在，即智识一日不灭，又以智识虽出于一人，而是非真伪之标准，必以最后之全体为依归若夫种族政治，有此疆彼界之分，而独此一端，则为人类共享之公器，故吾以为欲求所谓进化线，舍智识莫属焉。

此智识线上之贡献者，世界能有几人，以吾人观之，孔子也，老子也，耶稣也，释迦也，亚历斯多德也，奈端也，歌德也，康德也，其殆近之。然特创者固不可多得，而有功于传播或采纳者，要亦合于前所谓学说之传播之全体性，故智识之授受者，虽概以归诸进化之列可焉。

杜氏的历史哲学，归宿在“知识线”的进化上，知识线的进化，又由于人类社会之心理的原因。（他曾屡次说到历史现象不是个人心理学可以从而解释。）这一点实在我完全赞同没有疑义的了。不过杜氏虽知提出“知识线”在历史上的重要，又说人类历史之是否进化，因只是一例，不能比较，所以很难有答案，是不能解决的。这实在是杜氏的自相矛盾处，知识线是进化的，为什么人类历史还不是进化的呢？大概杜氏只知道知识线可以解释历史进化，却不知知识线如何的进化。换句话说，就是过去知识线上的演进史，杜氏还未研究及之，所以不敢有什么正式的答案，其实在这一点上，法国的孔德（Comte）已经有一个很大的贡献了。

过去的历史家很少注意到知识线上，好比中国梁任公在《中国历史研究法》（页 7）上说得好：“隋唐间佛教发达，其结果令全国思想界及社会情状生一大变化，此共见之事实也；然而偏读《隋书》《新旧唐书》，此种印象竟丝毫不能入吾脑也。如元明间杂剧小说，为我文学界辟一新纪元，亦一共见之事实也，然而偏读《元史》《明史》，此间消息，乃竟未透漏一二也。”既然不知注意知识线上的“活的历史”，所以把人类情感所产生的活动相，都把他僵迹化了！自然也不能完满历史的意义了！但是过去的史家如此，现在的史家何莫不然？现在的史家，最注意在历史和人种的关系，这个民族是原住的，抑移住的？这个民族由几种民族混合而成？这个民族最初之活动，以何部分之地做根据？这种要分别这一族，和那一族，把历史看作“叙人种之发达，和他相结相排的故事”；这实在再笨也不过的。更荒谬的，就是从人种上，还要生出许多的意见：这是历史的人种，——能扩充本种以垄断历史的舞台的；那是非历史的人种，——不能自结，至失历史上本有的地位的，历史的人种当中，又要分这是世界史的，那是非世界史的。世界史的他的文化武功，不仅传于本国子孙，并且扩充于外，使全世界的人类受影响，所以在历史上应该特别推崇。似这种把一种民族的同国家的精神贯注在历史里面的“国别史”，也实在应受排斥的。无论这种国别史，断不能完满历史的本义，并且也太不明了于历史的进化之和民族的区分无关。并且在智识线上的代表思想家，实在也没有国家或种族的偏见的。

过去的历史家，多偏于外面的“堆积”的观察，而这外面的现象，常是矛盾而冲突的。因此差不多一切历史的纪录，都成了夸张人类生活的斗争方面，而轻视他的和平方面，他们把各战争各暴行，和各种个人的不幸，详细的记述，传给后世，于是我们根据历史，就以为“战争”就是古代史的常态。其实这种记载，是大错特错的。在这些少数人互相酣战的时期内，那民众的大多数，还是和平地劳动过生活，我们若肯掉转头来看那时候做民众思想的指导者，对于战争一定是处反对的地位。虽然在“堆积”的现象上，那些武人们资本家们，好像只有“嘴及爪的斗争”（beak and claw fight），而在智识线上则各处民众思想家的精神上，实质上，却本于同一的精神，向同一的方向进行。我敢说世界的恶业，全在一般非智识线上的人们作出来的，没有一回是由有思意在智识线上的引导者帮助着作出来的。不信请看前几年引动全欧的大战当中，全欧的智识线上的代表，在那样发狂热的时候，他们也曾不失本色，不辞劳瘁，不避艰难，不畏强御的，为精神，为真理，为人类全体来反对他。到了战后，还发表一篇精神独立宣言，载在巴黎的“Humanite”的报上，这实在在历史上应该大书特书的一桩事的。不信再看几年来在亚细亚境内的军国主义资本的侵略主义下的青年运动，如中国青年的五四运动，六三运动；日本青年的普选运动，劳工运动；朝鲜青年的自治运动；台湾青年的独立运动。在“堆积”的历史里，只见那强者阶级的嫌怨，隔阂，但在“进化”的历史里，因为打破种族和国家的界限，所以在“知识线”上，知道亚细亚青年运动，都是由黑暗向光明的运动，是向同一的方面进行的。总而言之，历史的原动力，决不在于施行残忍政治和激成民族仇怨的强权阶级，或少数的英雄；而在全体社会的知识线上的活动的体相。无论那个时候，强权阶级总是死板板好似铸定的偶像，而在知识线上则理想中必定有一个时代所欲创造而且正在创造的“历史的继续”。虽然在那时知识线上的思想家，表面上，形式上，或有不同，而他们的精神，一定都集中在那光明里成一个线索。这在历史，实是百试不爽的。

并且我们应该宣言，所谓历史的人物，是那些肯在历史的进化中负过责任的人们，是那在生活混乱中间为思想的传达者。无论是宗教家，科学家，哲学家，批评家，文学家，革命家，只要他在历史当中，能为大家指出了一条道路，一个方向，他便是历史界的一盏明灯。我们应该纪念着作一个历史的人物。那些一向占历史中枢的帝王，贵族，军阀，我们应该有胆量，把他赶在“进化史”的外面。

（其四）历史是叙述有言语动物——人类——在智识线上的进化现象使我们明白我们自己同人类的现在及将来——根据知识线上的事迹，我们相信人类是日向进化的途径，但是这个进化不是空间的问题，还是“时间”的问题。没有时间，便历史失其命脉。但于此须知道历史所谓时，应当比如一根很长的铁链，每一环虽有每一环的独立存在，但是前一环和后一环却有互相衔接的关系，我们既然得着过去若干环提携的力量，我们便该当相信自家的创造能力，来光大过去，诱启未来，因为这是我们在智识线上的责任，我们不要错了我们的这个责任。从前也有个反对历史的，如尼采，以为历史只是回忆过去，很妨碍于生活之流动，所以我们要超过历史，摆脱于传统的历史势力。他的话完全对的。因为过去的历史界，对于自神秘的内部所萌出的生命，而欲仅仅以“堆积”讲明他，难怪其束缚生活，倒不如由真的哲学者以创造之手，选择一个最高尚的理想而到达他。所以尼采是对的，他重新估定历史的价值，从人生之根柢上，从浑身一切力之解放之自我的象征上，从自内涌出的力上，历史实在决无保持“现在”的势力，历史自身亦应该上了“进化”的路。从前的历史，看重于凝固的史迹，而忽略纯粹的生命绵延；换句话说，就是看重“堆积”的见解，而忽略了真的“进化”。不知历史是为进化而存在，为生机开展而存在，所以把从过去而现在而未来而不断的生命阐明出来，这就是历史家供给人们以一种改造现状的原理了。

历史家如果能够把过去的僵迹，完全无缺的记载下来，还不算尽了史家的职务，须知史家之所以为史家，在他能够将过去同现在、未来联络起来，如果历史同现在的中间，留一个空间，那可见这个历史家是万要不得了。因为生命的真相，是且进且成，所以由微而著，积小至大，他是时时刻刻的创新，过去的保存无已，所以未来的扩张，也永没休歇。历史的职务，就在一方面仰倚着“过去”，一方面俯恃着“未来”，一个是过去的保存永无穷期，一个是未来的前进不可预测。无如现在所有历史的著作，都好像一个很坏的脑筋，所“堆积”的事实，都不足使我们明了我们的现状，更不足以应付未来的问题，所以只成其为死的历史了。反之 Robinson 在《新史学》说得极好：——

> 我们应该大大的发展我们的“史心”。因为他可以在我们知识上，增加一个重要的原质，而且可以提倡我们合理的进步。从前的现在，自愿作过去的牺牲，如今我们要向到过去，要利用过去，来谋画现在了。（何译本页 22 原本页 24）

现在“史心”（historical-mindedness）的发达可谓盛极了。但是 Robinson 虽提出“史心”，却未必是懂得“史心”的。他曾说“我们思想习惯的变迁，比我们环境的变迁慢得多，我们始终不能适合于我们的环境”（何译本页 21 页原本页 22）。其实这句话，完全倒说了。我们在智识线上的进化，实在比我们环境的变迁快得多了。各时代的思想传达者，都曾告诉我们以历史上光明的前路，但是那些持强权论的，好弄阴谋的，想用一派势力统治人的，总想用黑暗势力来摧残光明，结果光明运动反震天撼地叫将起来，这就是“革命”了。然革命又革命，而黑暗势力仍能在空间时间划一个痕迹，占一个地位，这是谁的耻辱呢？我以为历史家不能不负一种责任。

试看那些反对改造反对革新的人们，总是假托于今不如古，说什么旧制度是怎样的好，我们应该遵守他。似这种保守的心理，自由于他们不知历史的进化的缘故了！真正的历史家，应该告诉我们：人类的进化，是到了这个程度；应该极力提倡进化；极力从种族的偏见解放出来，总之从前的历史家，高唱“德意志超过一切”，现在的历史家，在宛转呼号中间，也梦想世界大同主义的发展。

> （著者附白）我最近做的“历史哲学”，共八章：（一）历史的真意义；（二）历史哲学的进化史；（三）历史哲学的方法；（四）生物学的历史观；（五）历史的一元主义；（六）印度西洋两方哲学之生命派；（七）哲学史的三时期；（八）世界未来之历史的观察。现在先把第一章刊之于此。
>
> 一九二三，七，二〇在西湖陶社

唯情哲学发端*

原来充塞宇宙间，原不外这顶活泼顶流通的“真情之流”；有了在我的“情”，才为宇宙的森罗万象而现，好似这些万象，晃晃样样是能够遮掩过“真情”的。其实这正是天则流行，何尝有个东西是遮掩过“真情”的？“真情”是真实的，不坠分别境界的，所以由此流出来的宇宙万物，也都是真实的，不坠分别境界的。因宇宙万物无一不为“真情”所摄，故此大宇宙的真相，就是浑一的“真情之流”；浩然浡然的在那里自然变化，要间断都间断不了的。程明道说得好：“仁者以天地万物为一体”，于此若有丝毫拣择的心便叫做不仁，便不成本体。本体本自现成，本自实现，并不是超出我意识中的现象世界，即此意识中的现象世界便是：——当下便是。会得时则上看下看内看外看，都莫不是汪洋一片的“真情之流”，就是真生命了！就是神了！何等乐观，何等轻快！所以我们要实现本体，实在用不着什么工夫，只须一任其自然流行便得，只须自己一刹那一刹那间，都能乐于此，聚精会神于此，“勿忘勿助”的契合于此，就自然而然的把宇宙万物都归于浑一的“真情之流”，就自然而然的化理智的生活，复归于真情的生活，而实现我的本体在人间上了！虽然如此，把这番从自家心中流出来的话来告诉人们，人们不懂得，总以为是唱高潮，是无根之谈。果然如此吗？我方且以为这是真知灼见，就使宇宙人生有消灭那一天，这个真情流行变化的道理，是不会换过来的，何况宇宙人生，本没有间断时节。我的话真正是天经地义万无可疑的了，再进一层说，我这套唯情哲学，虽由于心的经验，但也不为无本，大概都具于《周易》中。《周易》告诉我们，宇宙

* 载《民铎》3卷3号，1922年3月。

万物都是时时刻刻在那里变化，而为学的方法，也只是简简单单的要“复以见天地之心”。这么一来，可见《周易》费却多少说话，毕竟是我的；我由千辛万苦得来的，也不过这一些东西，可见我的学就是《周易》的学，——孔圣传来的学，这无可讳言；那末我为什么不应该提倡孔学呢？须知我提倡孔学，原是提倡我自己，我觉得对的，才是对的。

从前的学者研究《周易》，都只注意那“太极”“乾元”这些抽象名词上，所以大家凭着臆想所及，你说是这个，他说是那个；有的竟妄立个宇宙本体，而舍生取灭，念念希求虚无的实现，以为“无”才是本体。这个病痛实在不少，因他都是在名词上显神通，在现前宇宙外，别立什么超越的本体。却不知本体虽是浑然流行于无声无臭之中，不可称不可说，然任举眼前的一个东西，莫不是本体的全体大用了。所以本体是有；就其绝对而言，叫做太极，叫做乾元，都是确有所指，并不是“无”。不然的话，人们还没有亲切分明悟彻本体的时候，则这“太极”“乾元”都是有名无实，一点没有意义，而由推理证得的“绝对”—“无”，也只是割据本体的变现行相的片段，自和原来“太极”“乾元”的意义全不相涉。直截说罢！宇宙本体是由直接证会才得，叫做太极，也只有名，叫做乾元，也只有名，这实在是不可言说的，不可显示的，不可执取的。要说也只有从具体方面着想，总比抽象观念可靠些，因此所以我为方便起见，不妨确指给大家。本体不是别的，就是人人不学而能不虑而知的一点“真情”，就是《周易》书中屡屡提起而从未经人注意的“情”字。我敢说这“情”字便是孔学的大头脑处，所谓千古圣学不传的秘密，就是这个。把他来解释六经，无不头头是道，于此益见我的学和孔学相同，我见得真的是这“情”字，却早就是《周易》的究竟话头了！《易经》“恒”卦彖曰：

> 天地之道，恒久而不已也。观其所恒，而天地万物之“情”可见矣。

又“咸”卦彖曰：

> 天地感而万物化生，圣人感人心而天下和平；观其所感，而天地万物之“情”可见矣。

又“大壮”彖曰：

> 大者，壮也；正大而天地万物之“情”可见矣。

又“萃”卦彖曰：

萃，聚以正也；观其所聚，而天地万物之“情”可见矣。

因为宇宙本体就是存于天地万物的一点“真情”，所以会得天地万物之情，即是见本体了！本体是无往而不在无时而不变的，所以说：“天地之道恒久而不已”。试看《大戴记》“哀公问”篇更明白了！他说：

公曰：“敢问君何贵乎天道也？”孔子曰：“贵其不已：如日月东西相从而不已也，是天道也；不闭其久也，是天道也，无为物成，已成而明，是天道也。”

《论语》也说：

逝者如斯夫！不舍昼夜。——程子注曰：“此道体也。天运而不已，日往则月来，寒往则暑来；水流而不息，物生而不穷，皆与道为体，运乎昼夜，未尝已也。”

因为天地万物的本体——情——是永远在那里变化，没有间断的，好像滔滔不绝的流水一般；所以我特别立一个表记，叫做“真情之流”。这“真情之流”，是有体么？实在没有定体，所以说：“神无方而易无体”（《系辞》）。所以说：“为道也屡迁，变动不居，周流六虚，上下无常，刚柔相易，不可为典要，唯变所适。”（《系辞》）因为天地间“真情之流”都不是由安排思索出来，都正是行其所无事，所谓“寂然不动，感而遂通，天下之故”这话极是！要在永远变化中，讨个客观呆定的本体是没有的，只有这个自然随感而应的“真情之流”而已。所以说：

易无体以感为体。——《世说》“文学篇”曰：“殷荆州问远公曰：‘易以何为体？’答曰：‘易以感为体。’”

“真情之流”本是无思无为，洞然如太虚，随感而应，无不恰好。所以万物化生，无非是天则的流行，在流行中，虽然千变万化却不失其为至善，推之圣人是和本体胖合无间的，故其日用间种种应酬，也是纯然真情流露，当其随感而应的时候，本体也自然沛然流出来了！总而言之，“真情之流”就是本体，周行于宇宙万物之中而无所不在；若就其性质作用上看，却是至大至刚的，是非常纯正的，这种极大壮的状态，人们默识心通可也。复次，情在浑沦之中，而包涵万有，万有都是因聚而有，在流行中，一动一静，一阖一辟，有无终始，都只是聚散而已。所以看明天地万物之所以聚，即可见本体；本体就是存在于天地万物的

“真情之流”，碰着触着，都是这个东西；虽不是天地万物，而实不拒天地万物；在太虚当中，一尘万尘种种的天则都是。

《易经》这一部书，只包括于几个基本观念：（1）卦，（2）象，（3）爻，（4）辞，（5）象，而这几个基本观念是什么呢？一句话来说尽，就是讲明“真情之流”的自然变化而已。所以《系辞》说：

> 始作八卦，以通神明之德，以类万物之“情”。
> 设卦以尽“情”伪。

又说：

> 爻象以“情”言，吉凶以“情”迁，“情”伪相感而利害生。
> 六爻发挥旁通“情”也。（乾）

又说：

> 圣人之“情”见乎辞。

又说：

> 圣人有以见天下之啧而拟诸形容，象其物宜，是故谓之象——释文引京房《周易章句》云：“啧，‘情’也。”

大概《周易》千言万语，都只是这“情”字，更无其他。所谓：“爻也者，效此者也；象也者，像此者也”；见到这里，才是见本体了！盖因“情”是自然的，“伪”是人为的；“情”是直觉的，“伪”是理知的；“情”是优美和乐的，“伪”是溃裂横决的；所以一任真情，自要得中，自能使物性和谐各得其利。所谓“自天祐之吉无不利”也。反之若是打量计算着走，在那纡曲不自然中讨生活，就无论如何，都不对，也不好。圣人的意思，也不外喊着要人逢凶化吉，跳出理知的臼白，而向着“真情之流”的路上走罢了！因为“真情”就是人的本性自然性，所以《文言传》说：

> 利贞者，情性也。

惠栋的《周易述·易微言》道：

> 孟子曰：“乃若其情，则可以为善矣”，又云：“若夫为不善，非才之罪也。”继又云：“人见其禽兽也，而以为未尝有才焉者，是岂人之情也哉？”孟子言性而及情，情犹性也。故文言传曰：“利贞者，情性也。”

又说：

> 彖传屡言天地之情，情犹性也。《中庸》曰："喜怒哀乐之未发，谓之中；发而皆中节，谓之和。"情和而性中，故利贞者情性也。

似惠栋的话，自比一般耳食学者强得多了！然只说到"情犹性也"，还没有胆量承认"情"就是本性。其实在《孟子》书中，"情"字"性"字"才"字，本指一个东西。汉儒董仲舒的《春秋》《繁露》，尚存"情亦性也"的古说(见深察名号篇)，可见情和性只是异名同实。情外无性，性外无情；情就是性，性就是情。后来宋儒分性与情为二，以为性善情恶，这简直不通孟子之书所致，孟子说：

> 乃若其"情"，则可以为善矣，乃所谓善也。若夫为不善，非才之罪也。恻隐之心，人皆有之；羞恶之心，人皆有之；恭敬之心，人皆有之；是非之心，人皆有之。恻隐之心，仁也；羞恶之心，义也；恭敬之心，礼也；是非之心，智也。仁，义，礼，智，非由外铄我也，我固有之也，弗思耳矣。故曰：求则得之，舍则失之；或相倍蓰，而无算者，不能尽其才者也。

原来孟子道性善，指人生来的本体而言，叫做"才"。因本体是真诚恻怛的，便叫做"情"。本体是不会错了的，所以"为不善非才之罪"。而程伊川说："有不善者才也。"（全书十九）真是毫无心得。他们以情为欲为恶，正是佛家思想，而打着孔子招牌；却不知情就是性，恻隐之心，也只是情；羞恶之心，也只是情；恭敬之心，也只是情；是非之心，也只是情：总而言之，存在于自我的底子的，都只是情。情是非常真率的，非常纯正的；当其自然流露烂漫天真的时候，不就是至善是什么呢？可见宋儒性善情恶的说法，实和孟子相违。就是惠栋把情性分作未发已发，也是大错。因为情统本性，一说情便是性了！本性之所以成为本性，就因他是活泼流通，没有间断时节；若有间断，便不是人的"情"。所以说："人见其禽兽也而以为未尝有才焉者，是岂人之情〈也〉哉？"可见人的"情"本来毫无欠缺，虽著了理知，而这天植灵根，依然存在。所以我们所能作的，只须把向外逐物的积习，倒转下来，真情一提起，理知就沉下去，那就复归于"真情之流"了！

我们由这个根本观念——情——来贯通孔家思想，都是很相契合；如孔家主张孝弟为行仁根本，这难道也是私意安排思索得来吗？因在真情的发用流行中，不能没有个发端地方，自然有这个天则。所以“自然亲爱为孝，推爱及物为仁”（皇侃《义疏》引王弼注）。人们只管当下随感而应，自要迸出天则来；见父自然会孝，见兄自然会弟，见小孩抛下井里，自然会匍匐往救：这是何等的“真情”！又如礼乐的提倡，好似稍涉勉强扭捏，其实也只是“因人之情而为之节文”，“因人情以为田”。人的“情”是渊渊浩浩，没有休歇的，然方迟钝些子，便妨碍生机，故礼乐的好处，倒是顺其自然趋势，放开一线，使自家真诚恻怛的一点“情”，都一一流露出来。所以说：“礼之用，和为贵。”只须一任天则流行，自会温良恭俭让，其所应无不恰好，这便是礼了！《乐记》说：

> 合情饰貌者，礼乐之事也。
>
> 先王本之情性，稽之度数，制之礼义，合生气之和，道五常之行，使之阳而不散，阴而不密，刚气不怒，柔气不慑，四畅交于中而发作于外。
>
> 君子反情以和其志，广乐以成其教。乐行而民乡方，可以观德矣。
>
> 乐也者情之不可变者也；礼者理之不可易者也。乐统同，礼辨异；礼乐之说管乎人情矣。
>
> 礼乐负天地之情，达神明之德，降兴上下之神，而凝是精粗之体。
>
> 乐者天地之命，中和之纪，人情之所不能免也。

由此看起来，可见礼乐正是“复情”的一段工夫，并不为着要节制人情，倒是涵养人情，使其自然的诚于中，形于外，自然的还没于“情”的当中；极其所至，就能“负天地之情”，而完满复情的本事了！复次，就孔经来说，《书》和《春秋》，都是史官之事，可不论他；单道《诗》教。孔子以温柔敦厚为诗教，又说：“温柔敦厚而不愚，则深于《诗》者也。”又说：“《诗》可以兴，可以观，可以群，可以怨。”可见《诗》三百篇，都是由真情流露出来，那是不消说的！即就《论语》的“仁”字，《中庸》的“诚”字，也不过名词不同，其实只说一“情”字，就是“仁”了！就是“诚”了！儒家的书，虽然汗牛充栋，除却“情”这个观念，便没有什么！此外最难懂而最重要的，还是孔子自道的一贯之道；晓得这个统之宗，会之元，是指什么意思，那末我所说的“情”，才有下落处了！《论语》说：

子曰："赐也女以予为多学而识之者与？"曰："然！非与？"曰："非也，予一以贯之。"(《卫灵公》)子曰："参乎！吾道一以贯之！"曾子曰："唯"！子出，门人问曰："何谓也？"曾子曰："夫子之道，忠恕而已矣。"(《里仁》)

何晏《集解》注曰：

善有元，事有会；天下殊涂而同归，百虑而一致。知其元则众善举矣，故不待学一而知之。

王弼《论语释疑》注曰：

忠者，情之尽也；恕者，反情以同物者也。未有反诸其身而不得物之情，未有能全其恕而不尽理之极也。能尽理极，则无物不统，极不可二，故谓之一也。推身统物，穷类适尽，一言而可终身行者。其恕乎！

把两家的注，合拢来看，便知这个万殊而一本的真理，总而言之，只是"情"，——只是复归于"情"。人们要复情，先不可不从自己做起；能把自己的一点"情"，涵养得充满无缺，就自然而然的一任真情，推广到家国天下，以至"塞于天地之间"。所以说："有一言而可以终身行之者乎？"子曰："其恕乎！"恕就是如心做去；能够复情，就自会如心来应人接物。这时不识不知，何思何虑，有的只此一以贯之的"真情之流"。依此"真情之流"，更没有许多事了。

最后我敢决定我的哲学——真情哲学，就是孔家的本来面目。不幸孔家哲学，自孟子以后，失传了几千百年；就中唯陆象山王阳明一派下来，颇有可注意的价值。然可惜他只从人性方面着想，在哲学上不过唯心主义的卤莽者。邵康节陈白沙一派虽有些形而上学上的根据，也不济事。我的意思，是要一扫清旧传派的乌烟瘴气，而直接孔孟，把从孔孟以来被诸儒打断的形而上学系统，再组织起来，而且应用到政治，伦理，教育，艺术各方面，用真情的直觉工夫，使宇宙生命化，物质精神化。这么一来，"真情之流"才可完全实现了！神在人间可以实现了！但这是本书的要旨，现在不细说，只将这"唯情哲学"的根本简括如下：

(1) 宇宙本体就是浑融圆转活泼流通永没休歇的"真情之流"。

(2)"真情之流"是无思无为的自然变化，完全是自然的，泛神的，唯心的，变化而一，一而变化。

（3）“真情之流”就是绝对的表示——本有。但这个唯一表示，实止浑然一流，由此而生的一个个表示，也都是活泼泼地，都是圆转流通的，但不能执为物质，而认作有形有体。

（4）在流行变化中，自然迸出天则，这天则本自现成，本自调和，既秘而含藏于“真情之流”；发出来都是自然而然的，神妙不测的，其孰安排是？其孰运行是？

（5）“真情之流”中，无独必有对，所以一动一静，一阖一辟，一感一应都是天则的自然。如没有这相对，双的天则流行，便绝对也不可见；绝对即是这相对中。

（6）“真情之流”是极活泼极流通而稳静平衡的，在活泼流行中，而稳静平衡是其体；于稳静平衡中，而常流不息是其用。体用非二。

（7）我们自己的“人性”，是在那里穿过“真情之流”，所以要我们入于“真情之流”的内部，实不假外求，只须内省的默识便得。如果亲切分明看到自家“人性”，即是见本体了！

（8）科学所分析的“物”，本和“真情之流”浑融为一。由直觉看起来，没有物质这个东西。

（9）人自有生以来，“真情之流”，是没有一回间断的，所以“人性”皆善。

（10）天地万物本我一体，我和天地同流。

宇宙生命*
——真情之流

原来所谓宇宙，只是生这一动，只是“四时行焉，百物生焉”。流行到这里便生这物，流行到那里便生那物，所以《系辞》说：“天地之大德曰生。”生统万物而言，无所不在，无所不通，无所不为之根柢，大的如天地日月，小的如微尘芥子，无不有“生”在那里流行变化，生之力真是伟大呀！所谓：“天地细缊，万物化醇，男女构精，万物化生”，充塞宇宙，何往而不是这顶活泼顶流通的生理充塞住！《诚斋易传》赞曰：

> 孰为天地之德乎？一言以蔽之曰生而已。大哉乾元，万物资始，乾道变化，各正性命，云行雨施，品物流形，此乾之所以示人以易者生也。至哉坤元，万物资生，乃顺承天，此坤之所以示人以简者生也。

“宇宙之生”是什么？就是不断的变化，活泼流转，健行不息，他紧张和弛缓的程度，虽然变化万千，却永远没有时候间断的。所以一剥便复，才尽就生，才间断便接续了。《系辞》说复见天地之心，《横渠易说》发挥得最精致：“剥之与复，不可容线，须臾不复则乾坤之道息也，故言适尽即生，更无先后之序也，此义最大。……复则不可须臾断，故言七日，七日者，昼夜相续元无间断之时也。大抵言天地之心者，天地之大德曰生，则以生物为本者，乃天地之心也，地雷见天地之心者，天地之心，唯是生物，天地之大德曰生也。”这么一来，便知要概括的明白生之意义，生就是不断之流，无时而不移，无动而不变，换句话说，就是一溶和渗透之内质的变化的绵延罢了。所以《系辞》说：

---

* 载《民铎》4卷3号，1923年5月。

生生之谓易。

这个生生之变，好似水流，雪积一样，且进且成，在平时常被人忽略看过，但当我们默识心的经验时候，情形便发觉了！方寂方感，方动方静，方紧张方弛缓，一念一念没有不在那里变异，而申向着不知道的前途申去。须知这人们的内的心理状态，也正是宇宙之生的初步说法，所以宇宙之生非他，只是随时变化的原理，只是如《系辞》说的：

变动不居，周流六虚，上下无常，刚柔相易，不可为典要，唯变所适。

自从孔子川上之叹，子思鸢鱼之说，早已告诉我们以这变化的大道理了！天地间只有一个变化而已，更有何事！其在人方面，就是视听，是言动，是喜怒哀乐；其在宇宙，就"天地位焉，万物育焉"，鸢之飞，鱼之跃，以至鸟啼花落，山峙川流，草木的生生化化，碰着触着，都只是这个道理。我的变化就是天地的变化，所以充塞天地间，生生不已都只是这个本体普遍流行罢了。故《系辞》说：

夫易广矣大矣，以言乎远则不御，以言乎迩则静而正，以言乎天地之间则备矣。

又说：

在天成象，在地成形，变化见矣。

既知宇宙本体是永远在那里变化，还要知道变化是起于极微细，极简单，而累进自积的，无限扩张的（虞翻《易》以乾为积善，即此义）。《中庸》说：

天地之道可一言而尽也，其为物不贰（《易微言注》：不贰一也。荀子曰：并一而不贰，所以成积也，并一而不贰，则通于神明，参乎天地矣）。则其生物不测，天地之道博也，厚也，高也，明也，悠也，久也。今夫天（以下言积）斯昭昭之多（郑注：昭昭犹耿耿小明也），及其无穷也，日月星辰系焉，万物覆焉。今夫地一撮土之多，及其广厚，载华岳而不重，振河海而不泄，万物载焉。今夫山一卷石之多，及其广大，草木生焉，禽兽居焉，宝藏兴焉。今夫水一勺之多，及其不测，鼋鼍蛟龙鱼鳖生焉，货财殖焉。（郑注云此言天之高明本生昭昭，地之博厚本由撮土，山之广大本起卷石，水之不测本从一勺，皆合少成多，自小至大，为至诚者，亦如此乎。）诗曰维天之命，于穆不已，盖曰天之所以为天也。于乎不显文王之德之纯，盖曰文王之所以为文也，纯亦不已。（郑注曰：天之所以为天，文王之所以为文，皆由行之无已为之不止，如天地山川之云也，易曰君子以慎德，积小以成高大是与。《正义》曰此节明至诚不已，则能由微至著从小至大。）

由此可见宇宙本体根本活泼泼地。神化流行，就是所谓“维天之命，于穆不已”。我们最好把不断的流水来比他。《论语》说：“逝者如斯夫！不舍昼夜！”正是这个说法。因为本体是变化无穷，绵延不断，所以由微而著，积小至大，他是时时刻刻的累积，时时刻刻的创新，自过去而现在，过去即现在当中，过去的保存无已，所以未来的扩张增大无已，即因未来的扩张增大无已，所以变化也永没休歇。孔家最注重用力教人的是“温故知新”。我们本体一方面仰倚着“故”，一方面俯恃着“新”，一个是未来的前进，不可预测，一个是过去的累积，永无穷期。《系辞》说：“易无思也，无为也，寂然不动，感而遂通天下之故。”《孟子·离娄章》曰：“天下之言性也，则故而已矣，故者以利为本……天之高也，星辰之远也，苟求其故，则千岁之日至，可坐而致也。”这个故字，就是永不间断的过去累积，就是昼夜相承相恋的“千岁之日至”（见《四书集注》）。孔家又最重一“新”字。《汤之盘铭》曰：“苟日新，日日新，又日新”；《伊尹之训》曰：“终始惟一时，乃日新”；《周易·大畜》曰：“刚健笃实辉光，日新其德”；又《系辞》曰：“日新之谓盛德。”可见宇宙本体这件浑融流畅的东西，他无始无终的经过，都存于现在绵延转起的一念心，无穷无尽的将来，也存于现在绵延转起的一念心，只这一念心累积不已，便日新不已，至于无穷，这就是变化的真象了！

但生之真意义，就是变化，然这变化的原理，是确有所指，究竟是指什么呢？我们知道“伏羲作易，自一画以下；文王演易，自乾元以下；皆未尝言太极，而孔子言之；孔子赞易，自太极以下，未尝言无极，而周子言之”（见朱子《答陆子静书》）。先圣、后圣都是要发明这个道体不出，现在我为方便起见，敢确指给大家；本体不是别的，就是充塞天地间的“真情之流”，就是人人不学而能不虑而知的一点“情”，就是《周易》书中屡屡提起而从未经人注意的“情”字，我从狱中读易彻悟过来的，也只是这“情”字；谈何容易。但有人驳我道：一部《周易》虽不抹煞这个“情”，然而除却“咸”、“恒”、“大壮”、“萃”诸卦，也不是六十四卦，卦卦如此。这话稍加思索，便知其于《周易》一部书，还不能通其意。何则？六十四卦都是要发明天地万物之“情”，然每卦而言，就不胜其言，所以圣人只就“咸”、“恒”、“大壮”、“萃”诸卦，偶发其数，并不是这些卦和他卦特别。如说“观是所恒，而天地万物之‘情’可见矣”，“观其所感，而天地万物之情可见矣”，本有言不能尽之意。《系辞》更明明白白的说：“始作八卦，以通神明之德，以类万物之情”，八卦如此，怎见得不是六十四卦都如此呢？若能因天地万物之“情”，而悟六十四卦生生之理，就知道一部《周易》都只是这“情”字，都只是道着天地万物之“情”。《礼记·祭义》说：“昔者圣人建阴阳天地之‘情’，立以为易”；可见六十四卦三百八十四爻，一阴一阳而天地万物的“情”，便跃然可见。所谓“以阴阳为端，故‘情’可睹也”（《礼记·礼运》），这么一来，足证易以道阴阳，就是所以见本体——真情之流，而“情”是《周易》的究竟话头，也不待详证而自明了！

因为充塞天地间，“真情之流”无往而不在，所以说：“范围天地之化而不过，曲成万物而不遗。”即所见天风、木叶、鸟语、花声，无非“真情之流”的大道理，所谓命，所谓道，所谓太极，总是这一个东西，只就自家默识便见。但于此须注意，孔家讲“真情之流”决不是不变的，恰以野马尘埃之相联络，一动不息，而一般虚无学者所悬想的不变不动的本体，自然只好算作臆谈，和这神妙无方变化无迹的自然变化，决非同物。因为只有时时刻刻的变化是本体，只有作用是性，所以没有本体这个东西，不疾而速，不行而至，贯彻古今内外，也不外这浑一的“真情之流”，要得这浑一的“真情之流”，只须看天地生物气象便得，所以《周易·恒卦·彖》曰：

> 恒，久也，久于其道也，天地之道，恒久而不已也，利有攸往，终则有始也。日月得天而能久照，四时变化而能久成，圣人久于其道，而天下化成，观其所恒，而天地万物之“情”可见矣。

又《咸卦·彖》曰：

> 咸，感也，天地感而万物化生，圣人感人心而天下和平，观其所感，而天地万物之“情”可见矣。

又《大壮·彖》曰：

> 大壮大者壮也，刚以动故壮，正大而天地万物之“情”可见矣。

又《萃卦·彖》曰：

萃聚以正也，观其所聚，而天地万物之“情”可见矣。

原来天地之大，万物之众，他往古来今，出生入死的变化，永远没有间断的，只是这“真情之流”，“真情之流”就是绝对的表示，就天地而在天地，就万物而在万物，就人而在人，无处不是变化，就无处不是表示，《系辞》说得好：“易也者象也”，何等明白！因为“真情之流”就是人人共见的绝对表示，所以决不是“无表示”，如果真个“无表示”，就乾坤毁掉而无以见易，那末“易不可见，乾坤之道或几乎息矣”（《系辞》）。尚从那里去看天地生物气象呢？我们须知道《周易》千言万语，都只道着永恒不息的绝对表示，而否认那无所有不可得的“无表示”，有表示所以“天地变化草木蕃”，无表示所以“天地闭贤人隐”，这个意思很重要。晓得《周易》的根本地方是绝对表示，才能于天地万物中，会得存于天地万物的“真情之流”，而灼然有以实见宇宙本体了。宇宙本体本是悠久，本是活泼，如咸、恒诸卦所说，都是非常的恰切。项安世在《周易玩辞》，也解得妙：

咸曰：观其所感，而天地万物之“情”可见矣。恒曰：观其所恒，而天地万物之“情”可见矣。阴阳之“情”，惟感与常而已。往来无穷者感也，相续不已者常也。

恒曰：天地之道，恒久而不已也。利有攸往，终则有始也，明道在不已，所以能久也。已者止也，止则废，废则不久矣。书曰：终始惟一时，乃日新，惟日新不已，然后能终始惟一也。日月得天而能久照，天即道也。四时变化而能久成，变化即不已也。

又总说之曰：

天地万物之所以感，所以久，所以聚，必有“情”焉，万变相生感也，万古若一久也，会一归一聚也，知斯三者而天地万物之理毕矣。天地之心主于生物，而聚之以正大，人能以天地之心为心，则无往而不为仁，以天地之“情”为“情”，则无往而不为义矣，是以圣人表之以示万世焉。

由此可见我立“真情之流”以为宇宙根本的原理，是完全本于《周易》，并非杜撰出来。但这“真情之流”其实则一，而其名却很多。因其至极无对而为万有的大枢纽、大根柢，便叫做“太极”，《系辞》说：“易有太极”，又唤做元，《文言传》曰：“元者善之长也”，又说：“乾元者始而亨者也”，彼之所谓太极，所谓元，即是一个“情”字，只是天地万物的“情”，在有天地之先，毕竟是有这点“情”，“情”在而有太极，“情”立而至善见，只是一个“真情”一以贯之罢了！王夫之论元最好，他说：

> 物皆有本，事皆有始，所谓元也。——纯乾之为元，以太和清刚之气，动向不息，无大不居，无小不察，入乎地中，出乎地上，发起生化之理，肇乎形，成乎性，以兴起有为而见乎德，则无物之本事之始，皆以此倡光而起用，故其大莫与伦也。木火土金川融山结，灵蠢动植，皆天至健之气，以为资而肇始，乃至人所能，信义智勇礼乐刑政以成典物者，皆纯乾之德，命人为性，自然不睹不闻之中，发为恻悱不容已之几，以造群动而见德，亦莫非此元为之资，在天谓之元，在人谓之仁，天无心不可谓之仁，人继天不可谓之元，其实一也，故曰元即仁也。

又曰：

> 惟以乾为元，而不杂以阴柔，行乎其所不容已，恻然一动之心，强行而不息，与天通理，则元于此显焉。故曰元即仁者，言乾之元健行以始之谓也，故谓之元为至大也。（《船山遗书·周易内传》卷一上）

这么一来，便知乾元与仁，都是“真情之流”的别名，在天地万物就发育峻极的，便唤做元，在人分上就自然随感而应的，便唤做仁。所以孔门之学以求仁为宗，求仁就是所以复情，勘破时就我和天地万物浑然一体。真如日月之照，如云之行，如水之流，活泼泼地都是这浑然一体！譬如“孩提之童无不知爱其亲，及其长也，无不知敬其兄”；不虑而知，不学而能，浑然亲长一体的，就是浑然天地万物一体的“真情之流”了。今人乍见孺子将入于井，怵惕恻隐而不自知觉，浑然孺子一体的，这就是浑然天地万物一体的“真情之流”了。所以程明道说：“仁者以天地万物为一体”；《论语》说：“一日克己复礼，天下归仁焉”；人们日用间种种应酬，充周于未发，条理于发见，都是和天地合德，日月合明，我们不要只于身外求“真情之流”，须知身内都是“真情之流”，浑合无间，本没有内外，这才是“真情之流”的真相！我们何必自己间断分别他呢？于此我请进论“真情之流”的本质，并且连带把三数重要名词，认定他真确的训义是什么。

（一）“真情之流”是自然而然的——天地间流行不息之妙，绝没有一毫人力，完全是自然而然的，不勉而中，不思而得，只是个“情”不容已，所以《礼记·礼运》说：“情弗学而能”，若稍涉人为，便不是“真情之流”了。所以《系辞》说：

> 子曰：夫易何为者也？夫易，开物成务，冒天地之道，如斯而已者也。

又说：

> 易，无思也，无为也，寂然不动，感而遂通天下之故。

又说：

> 天下何思何虑，同归而殊涂，一致而百虑，天下何思何虑。

晓得“真情之流”不是做出来的，不是有所藏而发，也不期然而然，那末“天命”的意义，就容易了解了！《无妄·象传》言“天之命也”，《大有·象传》言“顺天休命”，《乾·彖传》之各正性命，《系辞传》之乐天知命，《说卦传》之穷理尽性以至于命，这个命只是个自然而然，就其自然而然所起的绵延之感，人们便发见自由了。自由没有别的，只是不绝的生命，无间的动作，不尽的绵延；换句话说，就是造化流行；这造化流行，其来路非常之远，浩然浡然，都是“莫之为而为，莫之致而致”（《孟子·万章上》曰：莫之为而为者天也，莫之致而至者命也）。所以是不可预测的，他当下这一动是未定的，因其不可预测所以自由，故自由非他，即是天命之本体，所谓天赋自由是也。天赋自由就没有间断，所谓“维天之命，于穆不已”。

（二）“真情之流”是真实无妄的——天地只是以生物为心，万物欲生，即任其生，所以易以万物发育为真实无妄。《无妄》曰：“天下雷行，物与无妄，先王以茂对时育万物”，这就可证万物之生，不外乎“真情之流”，而“真情之流”只是一个实理罢了。所以又叫做“诚”字。《中庸》说：“诚者天之道也”，又说：“诚者物之终始，不诚然物”。周子《通书》因此立诚为宇宙根本原理，更发挥之曰：

> 诚者圣人之本，大哉乾元，万物资始，诚之源也。乾道变化，各正性命，诚斯立焉，纯粹至善者也。
>
> 故曰一阴一阳之谓道，继之者善也，成之者性也。元亨诚之

> 通，利贞诚之复，大哉易乎！其性命之源乎！

孔家千言万语，讲到究竟，只是一个“诚”字，只是一个无妄，而不可谓之妄。但怎么知道“宇宙之生”是真实无妄呢？王夫之《周易内传》说得好：

> 今岁之生，昔岁之生，虽有巧历不能分其形埒，物情非妄，皆以生征征于人者情为尤显，跽折必喜，箕踞必怒，墟墓之哀，琴奠必乐，性静非无，形动必合，可不谓天下之至常者乎。故动而生者，一岁之生，一日之生，一念之生，放于无穷，范围不过，非得有参差傀异，或作或辍之情形也。其不得以生为不可常，而谓之妄，抑又明矣。夫然其常而可依者，皆其生而有，其生而有者，非妄而必真，故雷承天以动起物之生，造物之有，而物与无妄，于此对时于育物，岂有他哉。

因为生命是真实无妄的，所以《周易》以“情”和“伪”对举，情便不伪了，伪便不情了；这么一来，充塞天地间都是“真情之流”，也就是真实无妄的了。伏曼容因不知这点“情”，所以说：“蛊者惑也，万事从惑而起，故以蛊为事。”（李鼎祚《周易集解》引）乃不料近人章炳麟，更越说越不近情理了！他道：

> 《中庸》曰不诚无物，诚即佛典所谓根本无明，在意根则我痴是也。非有痴相，则根身器界不得安立，焉有物耶？不觉故动，动则生矣，《易》曰大哉乾元，万物资始，乾元者何？动是也，诸法因动而现，故曰资始。此土之圣，唯作易者知有忧患，忧其动而生生无有已时也。（《菿汉微言》）

这话于《易》毫无心得，然而几乎误尽天下苍生了！

（三）“真情之流”是变动不息的——天地万物的变化，都起于一个“动”字，这一动就不住的动，就成为绵延创化的宇宙生命了。所以“动”是宇宙的本体，在发用流行中，一动一静，才静便动，底子只是一个动，这一个动便唤做道。《系辞》说：

> 一阴一阳之谓道。

道便是在阴的又忽然在阳，在阳的又忽然在阴，这不就是“天下之至动吗”？原来道体浩浩无穷，在无穷中，自静而动，永远没有休息时期；所以复卦，言反又言复，终便有始，循环无穷，而根本只是一动。

（项安世《周易玩辞》曰：易之变通，一动一静，而皆名之曰动，圣人之仁，即天地之生，易之动也。）《横渠易说》说得好：

> 道行也，所行即是道，易亦言天行健，天道也。

然尤不如程伊川的话，更推辟深至。《易传》曰：

> 反复往来，迭消迭息，七日来复者，天之运行如是也。消长相因，天之理也，阳刚君子之道，故利有攸往，一阳复于下，乃天地生物之心也，先儒皆以静为天地之心，盖不知动之端乃天地之心，非知道者孰能识之。

又曰：

> 天下之理未有不动而能恒者也，动则终而复始，所以恒而不穷，凡天地所生之物，虽山岳之坚厚，未有能不变者也。故恒非一定之谓也，一定则不能恒矣，惟随时变易，乃常道也。故云利有攸往。

但这一动是什么呢？温公《易说》道："何谓动，动者感物之'情'也。"《童溪易传》（宋王宗传撰）说："夫动而生物者乾之情也，乾之情其所以旁而通之者即乾之六爻也，故继之以六爻发挥旁通情也。"知道这一动，是"情"，就通天彻地，活泼泼地都是"真情之流"了。

（四）"真情之流"是绝对无二的——宇宙发生，只是这一动，这一动便"天地变化草木蕃"，便无在无不在，因之世界的一切事物，一一都不住的动了。然须知这天下之动，虽然千变万化，而根本却主于绝对无二的动，所以《系辞》说：

> 天下之动贞夫一者也。

又说：

> 天下同归而殊涂，一致而百虑。

"真情之流"就是这绝对无二的一动。何以见得呢？项安世《周易玩辞》说："利而贞者乾之性情也，性情指本体言之，利者散而为万，贞者合而为一，已散而复合，已万而复一，言乾性纯一，其情不二。"可见凡天下之动，反复往来上下，都是从这极简单的一元生出来，所以都是归于这虚而一的"真情之流"。孔子说：

> 吾道一以贯之。

《中庸》说：

> 天地之道，一言而尽也，其为物不二，则其生物不测。

《孟子》说：

> 夫道一而已矣。

可见天地万物莫不以一为根本的原理，所以程大昌《易原》论一，说（1）易以一为祖为至；（2）一神；（3）一能无为而无不为。会得这个统之宗，会之元，那么万法从此流出，更没有许多事了！

（五）“真情之流”是本有不无的——孔家没有以“无”言道的，只有《中庸》引诗上天之载，无声无臭，然意乃在有，毕竟不是说“无”就是道。乃韩伯注《易》，竟说：“道者何？无之称也。”（一阴一阳之谓道句下，又《正义》云，以体言之谓之无，以物得开通谓之道，总而言之，皆虚无之谓也）。这话于易无本，不可不辨。须知“真情之流”即是宇宙生命，若这源头果无，便如许的天地，如许的万物，怎能生成出来？所以易的本义，唯在于有，和佛老虚无的思想，绝不相同，由易理看起来，所谓无，不是先有而有这无，也不是有的根基，实在就包含有于其中，所以有无是合一的，一切皆无，一切皆空，实为不可能的一回事！刘巘《周易义》因不知这个道理，说什么“自无出有曰生”。如果生是自无而有，那也自有而无了。然生命的真相，决不是如此，《系辞》说得好：

> 易有太极——《北史》梁武帝问李业兴云：易有太极，极是有是无？兴曰：所传太极是有。

许桂林《易确》说：

> 易有太极，人所共见，故曰易不可见，则乾坤或几乎息矣。

晓得宇宙生命是自有而有，不是自无而有，然后虚无寂灭的学说，便打破了。晓得亿亿万万之年，一定不会有没天没地之日，就是没有没人没情之日，这才算归宿！

（六）“真情之流”是稳静平衡的——天地的造化和人心的寂感，在生机活泼中，自然有个静意，有稳静平衡而默默生息的样子。所以汉儒训情为静，《白虎通》说：“情者静也”；《广雅》也说：“情静也”。近人刘光汉因此便以体用言“情”，他在《理学字义通释》里说：

> 盖人生之初，即具喜、怒、哀、乐、惧、爱、恶之情（故《礼

运》言情弗学而能），有感物而动之能（见《乐记》），然未与外物相接则情蓄于中，寂然不动(人日与外物相接，心有所感而情始发见于外，不与物接则情不呈)，即《中庸》所谓喜、怒、哀、乐之未发谓之中（朱子以未发为性，以已发为情，不知未发为情之体，而已发则为情之用也)。大易所谓其静也翕也（周子《太极图》言一动一静互为其根静也者，即就未发之情而言之也)。汉儒训情为静，乃就情之体而言，非就情之用而言。

这话未是！因为“情”是极活泼极流通而稳静平衡的，在活泼流行中而稳静平衡是其体，然体在用中，静在动中，若于未发前讨个静，作一件东西看便错了。须知“真情之流”原是无动无静的，原自寂然不动，原自感而遂通，然就其发见流行处，这点真情是无所偏倚的，所以唤做静，又唤做“中”。中是什么呢？原来天下的情没有两，便没有一，没有流行，那里有调和？所以调和之妙，都是从流行看得，而所以流行其中的，不出阴阳两个意象，又不是真有阴阳，其妙在合而未分，一动一静之间，有稳静平衡而默默生息的样子，这就是“中”，就是“调和”。所以“中”没有定体，只是当下恬然，颇有天清地宁，万物各安其所的气象，《系辞》说得好：

天地设位而易行乎其“中”矣。

又说：

易简而天下之理得，天下之理得，而易成位乎其中矣。(《周易述》曰：易简即天地之中。)

自从有天地以来，何尝不各安其位？然天地虽各位其位，而“真情之流”何尝不两相调和？可见“真情之流”即一阴一阳之中，便是中，就回环往复，互为终始，而稳静平衡的状态可以想见了。这么一来，便知“真情之流”原不可以分位言，然即就分位中默识出来。后儒分位之说，把一阴一阳认作有形有体的东西，只看到阴阳的两端，而忽略其中间的调和，却不知中间正是天、地、人的至妙至妙处！才过便不是“真情之流”了。

最后，我敢告诉大家，我们的宇宙，就是这本原的，究竟的真实的“真情之流”，决不是一种占有冲动的世界。须知宇宙起的时候，即这真情充塞流行的时候，可见宇宙存在是因“真情”作背后的护持力，活泼泼的真情之流呵！当下便是乐土，我们更何忍毁灭人生，去求那超于人间希望的涅槃？我们所能作的，也只是复归于“真情之流”罢了。

宇宙美育*

石岑吾友：

承赠大作《美育之原理》，看到你说："宇宙乃一大艺术品之贮藏所，所谓宇宙美育，实含有至大至广之精神，辟如天地之无不持载，无不覆帱。"不觉手舞足蹈而叹教育的广阔的全景的时代，涌现眼前了。本来浑然在天地造化一团虚明活泼之中，人们和宇宙是一体的。好比长空，云气流行，没有止极；好比大海，鱼龙变化，没有间隔；这时遍体玲珑，广大无际，洞然天地人物尽在"真情之流"当中，而天地人物的变化就是人们一点"情"的变化，所以宇宙即我，我即宇宙。秋逸兄悬美的人生以为美育的正鹄，这自和我不谋而合，特弟不谓美的人生，可自有其社会耳。看呵！天空海阔，月白风清，鸢飞鱼跃，无非此体，千紫万红，可句可觞，正是充塞宇宙内，都入一声歌，这就是我心中自创的宗教，也许是爱美的人的宗教罢！因为美在宇宙是无处不寄托的，所以美是本体，便是工夫，而"美育隐寓德智体群诸育"，诚如来论。我孑民先生对教育方针之意见曰"世界观教育"惟时时悬一无方体无始终之世界观为鹄。这便是弟讲"宇宙美育"的起点。美哉！美哉！荡荡休休，使国人"优而柔之，餍而饫之，如江河之浸，膏泽之润"，涣然冰释，群趋爱美一途，不能不致谢于诸君子提倡之功了。

弟对教育上的信仰，是如 Herbart 所说："若是文人所不描写的，诗人所不歌咏的，都与教育无关。"那原始时代的诗人，从感性生出的斯歌，斯咏，斯陶，斯舞的"大自然"，自是占教育的全领域了。我知道宇宙万有的本体，决不从人的理智得来，是只能永远缄默去证会的，

* 载《民铎》4 卷 5 号，1923 年 7 月。

所以在一切的自然现象之前，仰观俯察，以直探到处皆有的本体，这不但使人们能够享受美的欢乐，实在使人们大开真情之眼，以与无方体无始终，绝对无比的“宇宙大神”融合为一。所以“神”的观念，实为教育究竟的大目的，而宇宙美育的方法，也不须别求，只是随处体认，便自与“无限”“绝对”的本体——神——渗透，和谐。

复次，人受天地的“真情”而来，浑是一片，美在其中。所谓“仁义礼智根于心，其生色也，睟然见于面，盎于背，施于四体，四体不言而喻”，这种人体的美，善看直有与天地万物上下同流各得其所之妙，虽是形体很渺小的，一任真情，便即天地之神妙万物而无不在。因此我讲美育的第二步，是在反身认识人生内界的美，和本来美性的实现。从前程子再见周茂叔，吟风弄月以归，有“吾与点也”之趣，每教人寻仲尼颜子乐处。白沙先生说：“舞雩三三两两，正在勿忘勿助之间”，似此“江汉以濯之，秋阳以暴之”。孔门提倡美的态度，把人生弄得干圆洁净，敦厚温柔，真是何等家风！何等滋味！美哉乎人生！私欲尽处，真情充塞流行，而一男一女之美——性美——尤使我赞叹不置。

复次，人的生活方式，从本身最近的环圈，扩大出来，而有“相人偶”的伦理生活，这也是和“宇宙美育”有密切的关系，何则？宇宙万有只是“美的意象”，在实际上就是一切“相人偶”的美名，如父慈、子孝、兄良、弟悌，只“慈”字便代表父对子间的大调和了。“孝”字便代表子对父间的大调和了。这“相人偶”的美的生活，凡厚薄亲疏，都各有节文，各为分内的互让互助，在亲人关系里便成“家庭美育”，在农村里便能“出入相友，守望相助，疾病相扶持”。若更把这美念扩到极致，就是最完美最愉快“美善相乐”的大同世界了。《礼运·大同》说：“大道之行也，天下为公，选贤与能，讲信修睦，故人不独亲其亲，不独子其子，使老有所终，壮有所用，幼有所长，鳏寡孤独废疾者皆有所养。男有分，女有归，货恶其弃于地也，不必藏诸己，力恶其不出于身也，不必为己。是故谋闭而不兴，盗窃乱贼而不作，故外户而不闭，是谓大同。”依弟意思，宇宙美育到此才算归宿。Schiller 把美育看作获得政治上的自由的工具，实在先得我心的了。

最后，宇宙美育，不但提高人们的美的认识力，并且引导人们去制造器具和发明物品的。因为自然欣赏的结果，制造者的美感标准提高了。一切制品都受美的评价的支配，自格外精良，格外美丽，并且都是自然的枋本。自然的种种意象都是美的，所以效法自然而成的产物也都是美术品。那抽象的艺术，如音乐、诗歌，其风韵之高，不待说了。就是造形工艺，如华屋、大厦、陶器、手工作物，一切都不是机械工业可比。这时艺术家和手工业，经济生活和宇宙生活，浑成一片，再现一种“艺术美”的世界（参看《周易哲学》[①] 第六章）。从此工艺的基础在于手工，而一切生活上问题，便解决了。所以欲根本要求经济上的自由，也乐得走上“宇宙美育”一途。

由上种种，便知弟讲宇宙美育，实从宇宙观为出发点，且应用到人生、伦理、政治、艺术各方面。包括德智体群诸育，广大悉备，这自和仅仅提倡“艺术教育”的大不同了。（下略）

弟谦之　十二月七日

① 见《朱谦之文集》第三卷。——编者注

三民主义与中国文化之联系*

一

我们是中国人，应该明了中国文化；我们是现代人，应该明了现代文化；我们是中国的现代人，应该明了中国的现代文化；而中国的现代文化就是三民主义。固然三民主义与中国文化的联系，很少有人注意，却是三民主义的真价值，是在于和中国文化发生联系；假如像一般人那样，以为三民主义完全只是西洋文化的产物，那还有什么价值？三民主义的形成，在枝节上有某些是参考西洋文化的，然而根本上却是从中国本身悠久的历史和文化创造出来的。惟其是中国历史文化的产物，所以才能应用于现代的中国。

意大利哲学家克洛采（Croce）曾经说过："一切真的历史，都是现在的历史"；我们可以同样地说："一切真的文化，都是现在的文化"。文化的真意义是在于和现在发生联系，而中国文化和现代发生联系的，不消说就是三民主义。

但什么是中国文化的特质呢？拙著《文化哲学》（二十四年商务出版）和《中国思想对于欧洲文化的影响》（二十九年商务出版）二书，曾举印度西洋和中国的文化相比较，以为文化之根本类型为宗教哲学科学和艺术，因此我就提出了一个最根本的主张：认为印度代表宗教文化，是解脱的知识。西洋代表科学文化，是实用的知识。中国则代表哲学的文化，是本质的知识。我们知道中国不是没有宗教，但是中国宗教是哲

* 载《民族文化》第二期，1942年10月。

学的宗教，所以宗教不能代表中国文化；中国不是没有科学，但中国科学是化学的科学，所以科学不能代表中国文化；而真正可为中国文化代表的，却只有哲学，所以结论就是中国文化之根本为哲学思想。然而我们考察中国哲学思想最发达的周秦时代，即发生许多学派，最重要的是孔，老，墨三家。这三家的思想，原来也可以代表三种不同的文化类型：

老家——宗教型——接近印度的宗教文化；

孔家——哲学型——形成中国之哲学文化；

墨家——科学型——接近西洋的科学文化。

然则我们要问：中国思想之三大派别，那一派才能真个代表中国文化呢？无疑乎只有孔家的哲学思想。老家接近宗教，和印度的宗教文化相调和，但不能代表中国文化；墨家接近科学，和西洋科学文化相调和，但不能代表中国文化；而真正的中国思想根本，我认为只有孔家哲学。试比较之如下：

第一——从知识论上观察——道家主张无知，即注重解脱的知识。第七十一章"知不知，上不知，知病"；《庄子》人间世篇，"闻以有知知者矣，未闻以无知知者也"，这里所谓"不知""无知"，和伪《列子》仲尼篇"无知是真知，故无所不知……无知为知亦知……亦无所不知，亦无所知"相同。因为不知才是真知，所以说："不知深矣，知之浅矣；弗知内矣，知之外矣……弗知乃知乎？知乃不知乎？熟知不知之知？"（知北游）因为他们认为知识这个东西，就是大乱的根源，所以结论便是"绝圣弃知，天下大治"。反之墨家主张有知，即注重"实用的知识"。《墨子》公孟篇对于一切事物要问他"所以然"，贵义篇要求一切知识的实际应用，这就是科学家的态度。还有墨经发端有四条告诉我们以求知的真确方法，特别看重感官的印象。又论知识的来源，为闻知，说知，亲知；真知识是可以有实际的效用，而可以表现于行为上的。但话虽如此，老墨的知识论，一个偏于解脱的知识，一个偏于实用的知识，换言之即前者和印度的宗教文化接近，后者和西洋的科学文化接近，而真正代表中国知识论的，依我意思，却只有孔家哲学的方法论。孔家注重"本质的知识"，其知识论高深处，穷究到宇宙本质深处，系辞"通乎昼夜之道而知"，"知微知彰，知柔知刚"，"知幽明知之故，知死生之说，知鬼神之情状"；口和老庄不易分别，所以说到尽头，亦归宿于"不识不知""无声无臭"的境界。然而这种境界是从体物来的，是兼知行，合内外的，故和老家不格物的致知不同。格物的致知，其工夫至到，则通彻无间，物即我，我即我，真陈白沙所谓“往古来今，四方上下，都一齐穿纽，一齐收拾，随处无不是这个充塞，色色信他本来”。然而这种高深的宇宙本质的知识论，不是任何人都能够领会的，所以说“性与天道不可得而闻”；“未知生，焉知死”；孔家着力教人的还在于人生本质的知识。大学“物格而后知至，知至而后意诚，意诚而后心正，心正而后身修，身修而后家齐，家齐而后国治，国治而后天下平”；这一段就是从人生本质的知识说起。又“古之欲明明德于天下者，先治其国；欲治其国者，先齐其家；欲齐其家者，先修其身；欲修其身者，先正其心；欲正其心者，先诚其意；欲诚其意者，先致其知；致知在格物”。这一段则从社会本质的知识说起，国父孙先生称之为“我们政治哲学的知识中独有的宝贝”，也就可见它的价值了。

第二——从宇宙论上观察。接近宗教的对于宇宙观主张“无论”，接近科学的接近“有论”，而哲学的宇宙观，却是“有无合论”，即“生命论”。如以老家为例，老子虽不是宗教家，却具宗教家的解脱知识，而以宇宙的本体为“无”。《老子》第一章“无名天地之始，有名万物之母”；第十四章“天下万物生于有，有生于无”；《庄子》齐物论“有有也者，有无也者；有未始有无也者；有未始夫未始有无也者”。天下万物都是从无而有，而又从有而无，宇宙万物不过气形生死这些过渡的变相罢了。所以这种思想很容易走上厌世主义。“生者假借也，假之而生，生者尘埃也，死生为昼夜”；这完全接近于解脱的知识。反之墨家的宇宙观恰好相反，明鬼篇云：“天下之所察知有无之道者，必以众之耳目之实，知有与亡为仪者也；试或闻之见之，则必以为有，莫闻莫见，则必以为无。”这种“有论”，很接近西洋文化底实用的知识。至如墨经对于时空所下的定义，认空间是无穷之大，时间是无穷之长，更不消说完全是科学的宇宙观了。孔家却不这样，他主张“有无合一”之生命宇宙观的。孔家只认宇宙生命是自有而有，不是自无而有，所以对于虚无寂灭的宗教宇宙说，根本反对，以为亿亿万万之年，一定不会有没天没地之日，就是没人没情之日，所以宗教之解脱的知识，是用不着了。同样他也和墨家不同，墨家偏于科学的宇宙观，故有即为有，和孔家“有若无”的态度不同。墨家所用的是形式逻辑“有，有也”的公式，孔家用的是哲学方法——辩证法——即“有，无也”的公式，所以结果在宇宙观上，墨家成为“有论”之唯物的宇宙观，而孔家则成为“有无合论”的生命宇宙观了。

第三——从人生论上观察——接近宗教的，倾向于“退后”的人生态度，接近科学的倾向于“向前”的人生态度，而哲学家则抱生命本位的人生态度。老家“以退为进，以与为取”，在消极中求积极，和印度文化底真消极仍不相同。墨家主张积极为义，“摩顶放踵利天下为之”，（孟子）又主张功利，兼爱下云“用而不可，虽我亦将非之，且焉有善而不可用者”；这种“有所为而为”的人生态度，和西洋接近；而主张非攻，却又与征服的人生态度仍不相同。然无论老家的向后要求，或墨家的向前要求，总之是把人生打成“手段”和“目的”两截，只有孔家才是为生活的本身而生活的。所谓“乐天知命”，所谓“天行健，君子自强不息”，《中庸》所谓“仁者人也”，仁即是人生，麻木不仁即非人生，孔家因看重真人生，所以对于非人生活，以为不值得过的，在必要的时候，宁愿把身命牺牲了。所以“志士仁人无求生以害仁，有杀身以成仁”；杀身成仁即是杀身成人，即是真生命的实现，这是何等伟大的代表中国民族文化的人生观！

第四——从社会论上观察——试分为政治，法律，经济三方面。先从政治论上观察，接近宗教的主张“无治”，因为宗教是解脱的知识，所以印度文化不谈政治，而印度的贤哲，也从未企图征服世界。在中国老家的政治观虽不同印度，但却有个理想的乌托邦，使人们复归于无为无治的状态。《老子》八十一章“小国寡民，使有什佰之器而不用；使民重死而不远徙；虽有舟舆无所乘之；虽有甲兵，无所陈之；使人复结绳而用之；甘其食，美其服，安其居，乐其俗，邻国相望，鸡犬之声相闻，民至老死不相往来”；这正是他们政治的理想境。反之接近科学的，对于政治是倾向于严格的外力统治，墨子开明专制的神权政治，就是好例。但到了别墨又倾向于法治思想。经说上“君以约名者也”，既有了首长，同时就设有法律，而法律是保护人民的，这就很近于西洋德谟克拉西的政治了。然而老家偏于“无治”，墨家偏于“有治”，而于“无治”与“有治”二者之间，兼有他的长所，却只有孔家的政治哲学。孔家以人民为基础，“民之所好好之，民之所恶恶之”（《大学》）；“选贤举能”（《礼运》）；这是民治思想，却与墨家完全外力统治不同。孔家以政治为“正治”，所谓“政者正也，子帅以正，孰敢不正”（《论语》）；而极其所至，便能做到“无为而治”，却又与老家的“无治”不同。“孔家最有系统的政治哲学，在外国的大政治家还没有见到还没有说到那样清楚的，就是《大学》中所说的格物致知诚意正心修身齐家治国平天下那一段话；把一个人从内发扬到外，由一个人的内部做起，推到平天下止”，——大同世界。无怪国父孙中山先生要大加赞叹不置了。（见民族主义第六讲）

次从法律上观察——法律在各时代各地方都是代表阶级社会的，就中，印，欧而论：

（一）印度——宗教阶级社会——法律是“神力”的代表；

（二）中国——哲学阶级社会——法律是“抽象力”的代表；

（三）西洋——经济阶级社会——法律是“货币力”的代表。

印度的宗教社会以婆罗门为支配阶级，武士平民奴隶为被支配阶级，所以印度的“戒律”——是“宗教的法律”，也是拥护神官阶级的婆罗门的。中国没有宗教，当然没有宗教仪式的阶级，接近印度文化的老子，说：“天之所恶，孰知其故”；“天网恢恢，疏而不失”（第七十三章）。

这显然和印度不同，已经带上了哲学意味。但藉“天力”裁判，又不能不说是接近宗教文化的特点。反之西洋历史，开端就是经济的阶级社会，西洋的法律，是“拥护资产阶级”，而看重“法”与“物”的关系。接近西洋文化的墨家，据巨子腹䵍所说：“墨子之法，杀人者死，伤人者刑，所以禁伤人也”；实是法家的源泉。墨经所下“法”的定义，也和法家相同，这就是接近西洋法理地中国文化的好例。但说到孔家的法律，如孟德斯鸠（Montesquieu）在《法意》第十九卷所说的“礼”，就是哲学的法律，也就是中国文化的精华所萃。又《论语》里仁：“能以礼让，为国乎何有，不能以礼让为国，如礼何?”《周礼》春官：“三田礼典，以和邦国，以谐万民”；这可以看到孔家的法律观念。孔家认定人性根柢的谐和的管理。所以“礼义廉耻”可以代表中国法律哲学的传统精神，而庆赏刑罚，即所谓“治众之法”，反之成为法律之第二义了。

三、从经济论上观察——依照文化社会学来解释，则中国，印度，西洋实即代表三种不同的经济类型，如下表：

	印度	中国	西洋
社会形态	宗教的经济社会	哲学的经济社会	科学的经济社会
生产形态	农业社会	农工业社会	工业社会
生产力	自然力（土地生产）	人力（劳动生产）	物力（机械生产）
生产要素	自然	劳力	资本
经济心理形态	绝欲论	节欲论	利欲论

详细的说明，见拙著《文化社会学》。这里可以注意的，就是老家接近宗教，主张绝欲论，反对物质文明，重农轻工，他们的理想社会是农业社会。所谓“小国寡民，使民重死而不远徙”；所谓“彼民有常性，织而衣，耕而食”；这是和印度的宗教社会很相近了。墨家接近科学，主张“利欲论”，节用篇所谓“示之以利，是以终身不厌”。这派重视工业，对于舟车，纺织，机械守御等，无不注意。《韩非子》右篇载“墨子为木鸢，三年乃成”；《墨经》六篇中，有许多是论算术，几何，光学力学的话，这是接近西洋科学的经济社会的好例。孔家兼重农工，《尚书》洪范八政中，“食”“货”两项，最可代表中国之经济思想，为一方面重农，一方面重工；一面像《孟子》所说“使有菽粟如水火”，一面像《礼运》提倡“货恶其弃于地”。又孔家经济心理，亦为典型的中国经济心理，既非绝欲，又非唯欲，乃是抱着调和持中的节欲主义，而这也就是中国的经济文化和印度西洋不同的地方。

总结起来，中国以哲学代表文化，中国哲学虽有孔老墨三家不同，但无论从方法论上，宇宙论上，人生论上，社会论上去观察，都很明指示，真正代表中国文化的，只有孔家哲学，只有孔家哲学乃为中国文化的基本原型。

二

我们研究的新题目，决不到此而止，我们既已知道中国文化的特质，是哲学思想，中国思想的代表是孔家哲学，但我们接着要问中国这一套孔家的哲学的文化，是怎样经历传到国父孙中山先生呢？

考察中国哲学的文化，可以分为三个时期，第一为胚胎期（周秦）；第二为过渡期（汉唐）；第三为发展期（宋迄今）。

①胚胎期　即中国哲学文化的创始时期，孔子以后可以颜，曾，思，孟为代表。

②过渡期　从汉到唐，首先有阴阳家的出现，这派的代表作如董仲舒的《春秋繁露》，刘向的《洪范五行传》，杨雄的《太玄经》等。次之到魏晋时代，有清谈家的出现，如何晏，王弼这般人专尚清谈。最后到隋唐时代，又有中国佛教的兴起，如所谓华严宗，天台宗，禅宗等。在这全期间约一千多年，可称为中国文化的黑暗时代。

③发展期　宋代可算中国的文艺复兴期，由复兴期再几度变迁演

进，以至现在，中国的哲学文化，才成一个大的汇流，由国父孙中山先生继承正统。为明白起见，以图表之如下：

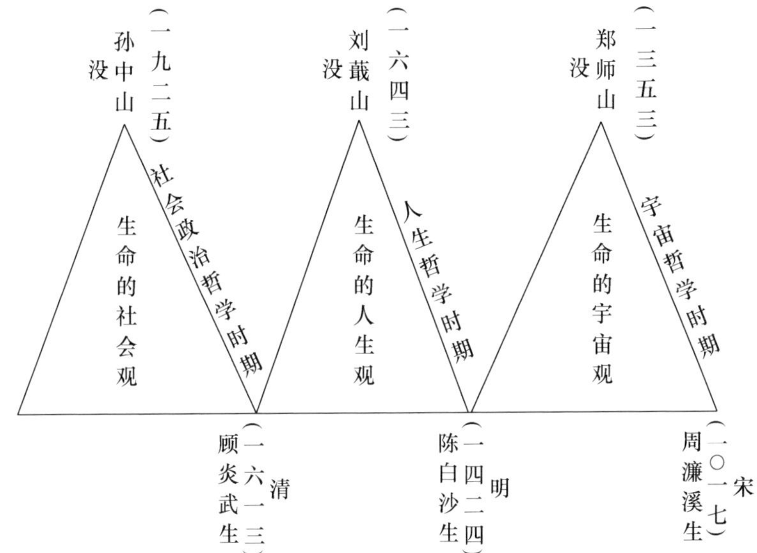

原来中国正统哲学的发展，很特别的是有三个“山”为界限的，第一阶段从一〇一七年周濂溪生，以至一三五三年郑师山没，是宇宙哲学时期。第二阶段从一四二四年陈白沙生，以至一六四三年刘蕺山没，是人生哲学时期。第三阶段从一六一三年顾炎武生，以至一九二五年国父孙中山先生没，是社会政治哲学时期。在这三时期中，中国哲学文化的发展，第一期以《周易》为复兴的旗帜，提倡生命的宇宙观。第二期以《中庸》为复兴的旗帜，提倡生命的人生观。第三期以三礼《春秋》为复兴的旗帜，提倡生命的社会观。而囊括中国正统哲学，发挥之，光大之，形成中国的现代文化，却只有我们伟大的国父孙中山先生。试略述之如下：

第一阶段——宇宙哲学时期（宋代）

中国生命哲学，在中古黑暗时代之后，而辟一闳大幽渺的“生命宇宙观”，这一点我不能不说是宋儒的最大贡献了。自然有些人以为宋儒是受佛法影响的，但那只是反对的影响。从宋儒理学兴起之后，思想界起了一大革命，把从前支配于佛法观念之下的真空观，完全推翻，而极力肯定宇宙生命的实在。他们反对佛学，就是要标榜他们的“文艺复兴运动”，他们要由复古得解放，所以提出生命派的孔子，做他们的目标。这种情形，和欧洲文艺复兴的情形，是很相似的。当时理学诸儒，革新儒家的面目，到处聚徒讲学，要把生机剥尽，死气沉沉的学术思想界，从新宇宙里复活过来。他们的运动，实在有元气淋漓的新气象！

这一期提倡古学复兴，最重要的书，就是《周易》了。他们的代表著作，如周濂溪（敦颐）的《太极图说》、《通书》，邵康节（雍）的《观物内外篇》、张横渠（载）的《正蒙易说》，程明道（颢）的《语录》、程伊川（颐）的《易传》、朱晦庵（熹）的《易本义》等，差不多都和这一部讲宇宙生命哲学的书，发生很密切的关系。他们的学说有一个共通点，就是“新宇宙的发见”。就是一种泛神主义，他们都认天地万物皆自然而然，“天地之大德曰生，天地絪缊，万物文生”；这种“宇宙之生”，就是他们最重要的观念。他们要教人观天地生物气象，教人大着心胸，广求宇宙间的道理。天空海阔，山峙川流，鸢飞鱼跃，充塞这个宇宙内，无非生意春气，只是“四时行焉，百物生焉”。这种生命的哲学，自和一切虚无寂灭，茫茫冥冥的空论者大不同了。他们都是泛神主义者，以神为生命永久的主宰，宇宙即神，神即宇宙。这种哲学，到了朱晦庵，总算是集大成了。他这个人魄力极大，没有一个人再能于宇宙观有所发明，他的弟子力量都不如他。并且他的时代，也渐渐由宇宙哲学而移入自我哲学时期，出了一位陆象山（九渊）也是了不得的人。他说：“宇宙便是吾心，吾心便是宇宙”。他的学说，只注重人生方面，认朱子格物方法，很是支离；当时就有朱陆异同的争论。自宋到元，杨慈湖弟子遍于大江以南，而李屏山（纯甫）的《鸣道集》，自号“中国心学”。格外可看出元代是由宇宙哲学到自我哲学的过渡期间。但话虽如此，元代学术虽有朱陆两派与朱陆之调和派，但仍以朱子学派为正宗，此派学脉传至郑师山，便不能再有发展；过此就是明代，就是我们所认为近代哲学的第二时期了。

第二阶段——人生哲学时期（明代）

明代哲学应以陈白沙王阳明为代表。《明儒学案》说“作圣之功，至白沙而始明，至文成而始大”；又说，“无姚江则古来之学脉绝矣”；可见白沙阳明确可代表这一代生命人生观的思潮。但这思潮，实起源于陆象山和杨慈湖。陆象山告诉我们以一个“主观的宇宙”，所以说“万物皆备于我”；“宇宙便是吾心，吾心便是宇宙”。到了慈湖，这种特色格外推到极端，他著一部“巳易”说“易者已也，非他也；天地者我之天地，变化者我之变化，非他物也”。又说：“在天成象，在地成形，皆我所为也”。这种极端主我思想，影响到明代哲学很大。陈白沙说“人争一个觉，才觉便我大而物小，物有尽而我无尽”。王阳明出来，因备尝艰苦的结果，一旦忽恒圣人之道，吾性自足，于是即提倡一种人命的人生哲学，把人生的价值，看得和天地一般大。天地只这一点生意，人生也只这一点生意；所以随感而应，对于宇宙内飞潜动植纤细毫末的东西，看他得所，就油然而喜，和自家所得一般；看他失所，就罔然而悲，和自家失所一般；这满腔子恻隐之心，他叫做“良知”。“良知之在人心，无间于圣贤，天下古今之所同”，不过既然讲到良知，自然引起认识论上的问题；即因认识上不同的种种见解，以后遂成为种种不同的阳明学派；即唤起种种不同的对于人生问题的解决方法。大概可以分做两派：

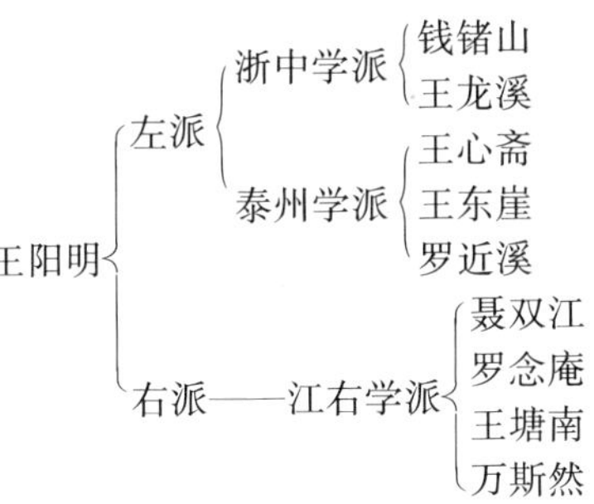

这左右两派中，左派主动，右派主静；左派主张本体即是工夫，近于顿悟；右派主张由工夫达到本体，近于渐修。两派都是富于人生的意趣的。右派应以江右学派为代表，其根本观念，是在实现一个冻解冰释的人生，能够日间常是闲闲静静，欣欣融融，便情感自然幽美和畅，而人生的意味，也格外浓厚了。“左派”以浙中学派与泰州学派为代表，其人生态度，在于不停歇不呆坐着的全身全灵的“动”，——生命的动。越努力越有生趣，越发能体验自己的快活，反之生命不动，由于有欲，有欲便不能与外面的生命相应和，那真是烦恼的原因了。所以这派有一个中心观念，就是实现快活的人生，他们叫做“乐”字。他们以为“乐是心之本体”；“吾人欲寻求仲尼颜子之乐，惟在求吾心之乐”。所以说“须见得自家一个真乐，直与天地万物为一体，然后能宰万物而主经纶”（王心斋）。所以说“君子坦荡荡，小人长戚戚，一日坦荡，便做了一日君子，一时忧戚，便做了一时小人”（王一庵），所以说“生意活泼，了无滞碍，即是圣贤之所谓乐，却是圣贤之所谓仁。故人之初生，自有天然之乐趣，故曰仁者人也”（罗近溪）。由上可见这一派的根本哲学就是人生——生命的人生观，这就是中国近代哲学第二期的特色了。但话虽如此，明代哲学注重人生，注重主观的冥想，而忽略于客观的考察，对于当时社会政治的情形，未免太隔膜了。传至末流，如颜山农，何心隐，李卓吾一派，学说更趋于极端，于是自然而然地，起了反动，而有“东林学派”发生。这派一方面反对阳明学派的空谈误国，一方面用学术团体名义，来实行政党式的活动。这派重要人物，如顾泾阳（宪成），顾泾凡（允成）高景逸（攀龙）钱启新（一本），都对着当时政治上的恶势力，拼命奋斗到死。而在王学自身，也有反动，如最后结束王学的刘蕺山（宗周）一派，特标出“证人主义”，也总算是趋向实践方面了。由这种种反动所以接着就有明末清初的“经世学派”出来，于是中国思想遂由人生哲学时期一转而入于社会政治哲学时期了。

第三阶段——社会政治哲学时期（清代至今）

中国生命哲学依照历史进化的法则，从第一阶段的生命宇宙观，进至第二阶段生命的人生观，再进至第三阶段生命的社会政治哲学，这正是生辩证法之论理的必然的发展，而以明末清初的“经世学派”开始。经世学派的元祖是昆山顾炎武（亭林），他攻击晚明学风，有一段责备阳明最痛快的话道：“以一人而易天下，其流风至于百有余年之久者，古有之矣，王夷甫之清谈，王介甫之新说，其在今日，则王伯安之良知是也。孟子曰天下之生久矣，一治一乱，拨乱世反诸正，岂不在后贤乎！”从他以后，第二期告一结束，而经世学派便开始了。他生平最得意的著作，是那三十二卷的《日知录》，这部书的内容，卷八至十二，都是讲政治的，卷十三至十七都是关于社会问题的。他自己说著这部书的宗旨是：“意在拨乱涤污，法古用夏，启多闻于来学，待一治于后王”。顾氏同时的几位经世学者，如黄梨洲（宗羲）王船山（夫之）颜习斋（元），他们都是从明学里反动出来，都一样注全力于政治社会方面的。黄梨洲提倡“民权主义”，有一部有价值的书，为《明夷待访录》，开头“原君”一篇，对于向来所认为天经地义的纲常，君主，从根本上怀疑起来。又《原法》篇，极力攻击后世“所谓法者，一家之法，而非天下之法”；这是何等彻底的政治思想！王船山提倡，“民主主义”；他论政治的专著《黄书》《噩梦》二书，以为君主不过为保护民族而有，是由民族自己合意选择来的，所以历代君主，须要以本族的人来作本族的代表。他一方面从过去历史研究的结果，知道历代曾经受异族蹂躏，一方面又切身抱着“故国之思”“遗民之痛”，自然对于历来卖国的君主们，痛恨极了。他很勇敢地提出民族自决主义，把气候的和土壤的差异，来断定中国与异族间的差异，可算他独创的见解。因要贯澈这个主张，他便倾向于民主主义，对于二千年来专制君主的政治而起一大革命。还有就是颜习斋，李刚主提倡“民生主义”。颜习斋的代表著作，是存学存性存治存人四篇，而以“存治”一篇，为最重要。存治开首便谈“王道”，又讲并田道“天地间田，宜天地间人共享之，若顺彼富民之心，即尽万人之产而给一人，所不厌也，王道之顺人情，固如是乎?况一人而数十百顷，或数十百人不一顷，为父母者使一子富而诸子贫可乎?”他的理想社会，是“不安本分者无之，为盗贼者无之，为乞丐者无之，以富凌贫者无之”；这种议论，便是民生主义的根本精神。他的门人李□（刚主）作存治篇后序，也说：“夫使天下富贵，数百年皆一姓，数功臣享之，草泽贤士，虽如孔孟，无可谁何，非立贤无方之道，不公孰甚，欲治平何由?”还作了好几种讲政治的书，如拟太平策，瘳忘编，平书订等，由上所述，王船山的民族主义，黄梨洲的民权主义，颜习斋李刚主的民生主义，实为后来国父孙总理的三民主义所本。但是在满清政府的压制下，这种经世学派对于清廷的反感很深，因此大受猜忌，自文字之狱兴后，“经世学派”便不能不改头换面，把那激烈的论调隐藏起来，当时文字之狱有好几次，最重要的，是曾静吕晚村之狱，晚村也可算经世学派的大师，他的书里，有论赈饥的(卷八)；论保甲的(续集卷四)，曾静即因见其所评时文中，有论井田封建的话，很表同情。而且还上书岳钟琪力言夷夏之防，数雍正帝九大罪，劝他革命，结果被拿到京，吕留良剖棺戮尸，曾静到乾隆初亦被杀，“经世学派”经这一次摧折之后，大家钳口结舌，避去政治问题不谈，而从事于文献学的研究。结果在考证学上却得到意外的贡献，在纯哲学上也产生了唯情主义。所以我认清代三百年学术史中，“经世学派”时代之后，便继之以“唯情哲学时代”。这时代的代表思想家，就是惠栋，戴震，焦循，阮元。惠栋的《周易述》，戴震的《孟子字义疏证》，焦循的《易通释》、《论语通释》，阮元的《性命古训》、《论孟论仁篇》、《释顺篇》，都是极端抱唯情哲学思想的。但到乾嘉以后，政治的权威，渐渐弛缓；而中外交涉，适于此特发生，无形之中，把经世致用的思想，又重新唤出来了。这一派就是所谓“今文家”。今文家学问的中心，在“春秋公羊传”，真所谓“其中多非常异义可怪之论”（何休《公羊传注》自序）自常州派今文经学家出来，就特别表彰这本书，以成立他们的政治思想。著名的学者代表如武进庄存与（方耕），著《春秋正辞》，刘逢禄（申受），著《公羊春秋何氏释例》，又龚自珍（定庵）的《五经大义始终论》，魏源（默深）的《默觚》，戴望（子高）的《论语注》等，他们都是应用公羊春秋里的“张三世”，“通三统”，“异内外”，“受命改制”诸义，来诋排当时的政局的。这派和清初经世学派的思想不同，在今文家主张维新，经世学派主张复古；今文家主张井田封建必不可复，经世学派主张井田封建可复。好比顾炎武看重乡村，魏源反转过来，看重城市，这就是极端的例。最后清末南海康有为先生，可算今文家的集大成者。著有《新学伪经考》，《孔子改制考》，《大同书》等。以为六经都是孔子托古改制。他最大的贡献，就是把公羊义例来讲礼运，谓“升平世”为“小康”，“太平世”为“大同”。把“大同”一段认为孔子的理想的社会制度。但康氏只是个保皇党和反革命反共和的复辟党，他要分别什么大同小康，一面把大同认为孔子的理想政治，一面又甘心作伪，拿小康一段，来拥护溥仪复辟，做他反动思想的根源，所以在这一点，只有我们国父孙总理的三民主义，影响全国，为中国现代文化之最高准绳。他不但接受了经世学派的根本观念，加王船山的民族主义，黄梨洲的民权主义，颜习斋的民生主义，而综合为一大生命的政治哲学；而且根本推翻了二千年来腐儒所根据的小康思想，而大胆地提倡由国民革命到世界大同。孙总理早年曾经匿名翻刻黄梨洲的《明夷待访录》等书，为清廷官吏所举发，并加以禁止，原奏疏藏故宫博物院，略见《伦敦被难记考订》一书所引。不但如此，孙总理所受中国政治哲学的影响，据民族主义第六讲所述，已极明显，而这一套生命的政治哲学完全实现，是什么景象呢？这就是礼运的大同世界。因此国父孙总理也从中国数千年已经开辟的东西中，选择那最有价值的“大同”两字，做政治哲学的最高目标。他留遗的东西中，写得最多的笔墨，就是“天下为公”四个大字，这就可见他对将来的心愿了。而且特可注意的，就是翻读中山全书在“孙文学说”里，在“三民主义”里，在“军人精神教育”里，在“社会主义谈”里，都只有大同二字，没有小康两字。我们知道，本来礼记孔本礼运大同是有错简的，所以清代汉学家，主张将《礼记》礼运与《孔子家语》礼运第三十一相对勘；知道家语无“小康”二字，却有“礼之所兴”，以下二十一字，可见《礼记》之误。这种比较的研究法，在清代《日讲礼记解义》（卷二十四），《礼记义疏》（卷三十），已发其端，姜兆锡的《礼记章句》，任启运的《礼记章句》（卷九之二），杭世骏的《续礼记集说》（卷三十九案语），发挥得更为透澈。他们都主张把家语来参定原文，根本取消“大同”、“小康”之别，这是很对的。不幸康有为虽是一个经生出身，却不甚读书，故对于清代汉学家这一段考证的公案，根本就没有注意到。国父孙中山先生虽不是经学家，也没有工夫从事这些琐屑的考证，而睿智过人，竟得到与清代考证家相同的结论，这不能不说是一大奇迹。而这也可以看出三民主义暨总理遗教对于中国文化是有如何深刻的体验无疑了。

三

最后，我们更应该注意到，国父孙总理三民主义的哲学礼系，是归结于大同世界，但怎样才能从三民主义而到达这个最高的大同理想呢?在这里他曾提出而常被人忽略过去的，就是“大亚洲主义”。我们可以这样说，三民主义是以“大同”为理想目标，而以“大亚洲主义”即为其实现这个目标的方法。依国父孙总理的指示，世界的革命运动，本有两大营垒，“像俄国的一万万五千万人，是欧洲世界主义的基础；中国四万万人是亚洲世界主义的基础”（民族主义）。又在“大亚洲主义”讲演里，告诉我们：“欧洲的文化，是专用武力压迫人的文化，是霸道的文化；亚洲的文化，是用仁义道德感化人的文化，是王道的文化”。中国四万万人的责任，就是“恢复亚洲民族的地位，只用仁义道德做基础，联合各部的民族”。但在这里可注意的，就是所谓“亚洲也有道德很退步的国家”，正是指日本。日本的人民自从被军阀出卖以后，日本便在亚洲大陆，施行其侵略的帝国主义，它无疑乎已经转化为亚洲的霸道文化，而不能为亚洲世界主义的基础。而且恰好相反，欲实现亚洲世界主义，首先必须打倒日本帝国主义。打倒日本帝国主义，正是所以实现亚洲世界主义的基本条件。换句话说，欲由三民主义到达世界大同，其第一的任务，在先建立亚洲世界主义的基础，而欲建立亚洲世界主义的基础，必须先“对日抗战”。抗战的最后胜利，就是亚洲世界主义的胜利，也就是孔子所希望的大同世界的初步实现。所以归根结底，国父孙总理的三民主义哲学，无论从体系上，目的上，方法上说，均可看出其为中国民族文化的正统。我的结论是：三民主义就是中国历史文化的一大产物，就是代表中国的现代文化，他不但适应中华民族的特性和现代的需要，而且如“抗战建国纲领”所指示“三民主义暨总理遗教，为一般抗战行动及建国之最高准绳”。完了。

中大研究院学术讨论会演讲

什么是现代*

现代是经济时代

什么是现代？我简单的答案，现代即是“经济时代”。

1933年我在《文化哲学》说及：“现代是以科学团体为中心，也就是以同样性质之经济为中心。即为经济支配一切的时代，所以构成现社会文化之根柢者，不是宗教，不是哲学；也不是政治，不是法律，实是那使人类现生活成为可能之科学团体，与经济组织。”这是根据书中文化之本质的类型，所得来的结论。所谓知识生活上的宗教，哲学的时代，社会生活上的政治和法律的时代，已经过去。而横在眼前的现代，却是在知识生活为“科学”，在社会生活为“经济”的时代。

在《文化哲学》出版的次年——1934年，德国大经济学家Werner Sombart著《德意志社会主义》，其第一卷为“经济时代”，他把现代文化生活的特征，归纳成为一个总概念：“经济时代”。他说明这一个文化阶段的特质是：“在这个时代中，经济和经济的，以及与其有联系关系所谓‘物质的’重要，实已征服一切其他价值而取得霸权的地位，并且经济的特质，已经在社会和文化的一切其他疆域上，盖上它的标记”，他拿出多方面的事实，和统计的方法，去求得证明。由是，我们可得“现代——是经济时代”这第一个答案。

---

* 载《现代史学论文集》。

现代是资本主义经济时代

假如继续要问："现代是什么经济时代?"我简单的答案："现代是资本主义经济时代"。

资本主义社会的好处，在它增高劳动生产力，如"机器的使用，化学的应用于手工业和农业上，蒸气航海的实施，铁路和电报的创设，全大陆的开凿……"，这些在经济领域内的一些积极的建设的事业，都是现代经济的特征。再就他生产和管理方法来论，如采用最好的计算和管理制度等等，也可见科学底造诣，是为从前各时代所没有的，固然资本主义制度的显著的弊端，为社会的阶级斗争，分配的私有化，不合理的劳动，和恐慌与失业等；直到资本主义发展到现代，而更加明显，从苏俄无产阶级的共产的革命开始以后，似曾告诉我们经济的演化，已经有新意义的新时代发生。然而现代的苏俄实不是共产主义国家，而且是否为真正社会主义国家，这在 John Gunther 所著《欧洲内幕》中，还表示怀疑。实际来说：苏俄的经济是"在资本主义所成就的基础上，实现那高度的劳动生产力"（Lenin)。是："无产阶级国家的特殊政策，允许资本主义存在而操最高权于无产阶级国家手中。预计资本主义原素和社会主义原素的斗争，预计社会主义原素的作用日益长大起来，制服资本主义原素，预计社会主义原素克服资本主义原素，预计消灭阶级，建立社会主义经济的基础"（Stalin)。所以严格来说，只算得国家资本主义的经济，就社会主义经济的性质来说，只是过渡的军事社会主义经济；对于资本主义经济时代，虽发生反作用，而其本身仍不脱于国家资本主义的母胎，为资本主义经济之内在的矛盾产物。所以我的答案可以说："现代就是资本主义经济的时代"。

现代是军火资本主义经济时代

由是，会更进一步的问："现代是什么资本主义经济时代呢?"我简单的答案："现代即是军火资本主义的经济时代。"

原来，资本主义的发展，依我的意思，可分三大时期：即第一时期为工业资本主义，第二时期为金融资本主义，第三时期为军火资本主义，马克思（Marx）看到工业资本主义，他的《资本论》仅说明产业革命后的经济社会，可算是以商品生产概念为中心组成的生产经济学，而于信用经济则付之不论（他自己宣告把信用经济划出该书范围以外），即就《资本论》最后一卷《资本制度生产底总过程》中，关于信用经济的结论来看，也不过以银行所借与产业资本家的货币资本，是由于把别人货币在自己手中集积着这样概念，这样看法，不过是一种旧的概念而已。因此，他很能明确地解释工业资本主义的一切，而看不到后来发生的金融资本主义的特征；对信用的经济学，只能作简单的，幼稚的预测，是无可讳言的。等到列宁（Lenin）才更进一步的看到金融资本主义，他的《帝国主义论》，和他所常引用喜尔科丁的《金融资本论》，都是从信用经济学理论出发，而看到由信用概念统一构成的经济社会，即金融资本主义社会。同时，这金融资本主义和前者的工业资本主义，各有其不同的特征，试分别表列之：

分类 内容 时期	工业资本主义	金融资本主义
资本政策	工业资本政策	财政资本政策即银行资本融合工业资本政策
生产性质	自由竞争，生产力的膨胀，物价低平	垄断：生产力的发达停止，物价的低减停止
经济单位	各个制造家在国内和国外市场互相竞争	托辣斯、辛狄加及银行资本组成国际垄断的大组合，瓜分全世界
对内政策	自由的有产阶级，拥护宪法，自出贸易……	托辣斯、辛狄加等拥护掠夺的侵略政策
对外政策	军事征掠，划分势力范围，强迫商场，垄断原料	努力巩固半封建的贵族军阀门户，开放共同经济征掠，移植资本
银行性质	借贷经营期	工商经营期
交换性质	货物输出	资本输出
工业性质	纺织工业	生产的钢铁工业

由此可见金融资本主义时代，即资本帝国主义时代，确为喜尔科丁、Lenin在经济学上的新发现，然而资本主义的发展，决不是到了第二时期金融资本主义便完结的。Lenin虽然看到了，1914—1918年欧洲大战的经济原因，是由于金融资本主义，却不曾看到1939年世界大战的经济原因，是由于资本主义发展到军火资本主义时代，所以他所提出

“资本主义最后阶段的帝国主义论”未免时代太早，依我意思，则在金融资本主义经济以后，更应加上军火资本主义新经济阶段；在工业资本主义时代以货币资本为主体，尚较停滞，进之，金融资本主义时代，则银行之发行信用货币，已与作用于社会生活上之货币资本无关，银行可从自己手中任意发出信用货币，而付于产业资本家；所以社会生活更形活泼，近代的新民主政治（经济民主主义），几乎即是建立于这活泼的金融资本主义之上，因为金融资本主义时代，为着保持银行资本的安全，比较倾向和平的经济机构，所以表面上尚有心于裁减军备，但时至现代，经济时代已经走上了制造浪费的毁灭与经济机构；不是金融资本统治军火资本，而是军火资本统治了金融资本，现代每一个大军火商人，都有他自己的军火银行；如法国的巴黎联合银行，美国的摩根财团，德国的德意志银行，没有一个不是军火商人所设的金融机关（参阅 G. Selbes《战争、军火与利润》）。这可以说是银行史的第三个时代，也可以说就是军火资本主义统治了金融国际，所以依我意思，以为资本主义发展，应分为三个时期即是：

（一）工业资本主义时代——以绵织业为主时代。

（二）金融资本主义时代——以银行业为主时代。

（三）军火资本主义时代——以军火业为主时代。

在政治上的反映，即工业资本主义产生民主政治，金融资本主义产生新民主政治（经济民主主义），军火资本主义产生独裁政治（法西斯与纳粹政权）。现代乃为军火资本主义时代，军火商人在现代支配国际的金融与政治，收买了社会舆论，像金融资本主义以保持某限度的国际和平来发展银行业似的，军火资本主义必须挑拨最大限度的战争来发展军火工业，而且很有趣地，如 John Gunther 在《欧洲内幕》（第九章）中所揭发似的，“军火商人在其营业上，丝毫不存着国籍的偏见……他们在发生战争之际，向双方交战国售卖军火，售给友邦，也售给敌国”。贪得寡耻的军火商人是要求战争的，“假如他们不承认这件事，那便是作伪，战争对于他们，就像乳汁之于婴儿，他们靠着战争才会肥胖，就像猪要吃谷才能肥胖一样”。因此，全世界的军火资本主义者，虽然国籍不同，但他们相互之间，皆有相当的连系，而且各自努力造成拥护战争的政治机构。就德国来说：克鲁伯（Krupp）公司的主持者实是希特勒（Adolf Hitler）政府的后台老板，国社党的运动所以成功，是因有军火资本主义为其基础，他们把他们所有的报纸，一概赠与希特勒，以供宣传；他们为希特勒与国社党征收营业捐款，而在希特勒获掌政权以后，曾公开宣言："军火的制造者，就是和平的维持者。"而他自己也就摇身一变而为克鲁伯公司的重要股东了。就意大利来说，墨索里尼（Benito Mussolini）于 1919 年组织法西斯蒂，其经费即出自实业联合会与冶金业联合会，包括许多军火公司。法西斯教育："小学生左手执书，右手执枪"，这正是军火资本主义统治的思想反映。就日本来说，军火资本主义者三井集团，他也正是扰乱东亚和平的罪魁，因为军火资本主义者要从战争中榨取利润，所以制造战争，而其结果，遂造成了 1939 年第二次的世界大战，而这也就是第二次世界大战的经济背景。还有可注意的，就是资本主义第三期的发展，在政治上的反映，即造成不可避免的"独裁制度"，不过就中也有"民主独裁"与"国家独裁"之分；民主独裁代表民营的军火资本主义势力，国家独裁代表国家经营的军火资本主义势力，后者以德国为好例，前者以美国为好例，苏俄则名义上为"民主独裁"（民主主义），实际上却为"国家独裁"，所以就现代西洋政治来看，在军火资本主义的统治下，简单说只有"独裁政治"存在。美国罗斯福的继任总统，很明显地指示美国政治机构上之变迁，大有非此不足以适应环境之势。但话虽如此，即在军火资本主义时期的现代当中，也不是没有矛盾的，这种矛盾现象，一方面表现为军火资本主义，如德、意；一方面表现为军事社会主义如苏俄。军事社会主义只算得社会主义的开端，不能算得社会主义的原型，苏俄没有军火商人来分战争的利润；然而苏俄政府本身即为军火资本主义的集团，不过这种特异的军火资本主义，实造成了特异的色彩，即是"军事社会主义"，所以在这一点来看，苏俄现阶段的经济在世界军火资本主义中，也有可以发生反作用的可能，而他也是第三期资本主义经济时代之内在的矛盾产物，却是无可疑义的。所以我的答案是："现代就是第三期资本主义经济时代——军火资本主义的经济时代。"

总之，我们已经明白现代是一个什么时代：现代乃是经济时代，乃是资本主义经济时代，乃是第三期资本主义经济时代——军火资本主义时代。

这种对于现代的明确的认识，实为我们历史家尽其责任的起点，现代历史家不能不注意到"这个时代"和"这个地方"。

我们是中国人，我们是现代人，我们是现代的中国人，我们对于"现代"，应该认识它，应付它，改造它！我们既已明了认识了"现代"

是军火资本主义性质以后，我们对于现代史，——尤其是中国的现代史，便应该有超于过去，寻常的解释方法。我近来拟一历史专题："国际军火流氓与中国内战"，我们如果知道中国三十年来的国内战争，都是国际军火资本主义从中掺纵的结果，我们便应该不分党派，团结起来；我们如果知道"日本侵略中国"，如 James A. B. Scheler 所说："如果没有美国军火的供给，是不会发生的"（《日本内幕》）。那为消除美国人良心上的不安，我们便应该大声疾呼（如本日，五月六日报纸所载："我新任外长郭泰祺向全美演说"的消息），"吁请美国停止军火输倭"。不然，则在国际军火资本主义之下，美国实为日本在亚洲大陆施行屠杀的帮凶，我们实不能饶恕这种国际军火资本主义的存在。不但如此，明了了第三期资本主义即军火资本主义的性质以后，我们也就可以明了现代的欧洲史，比如就是现在搬演的法国投降一幕，据一位英国无线电广播批评家，凭新闻所报告，他特别证实了法国三百家富族，以及他们的政治代言人，曾经牺牲掉国家，却保全他们自己私有的利益，实则只从军火资本主义的利益来看。法国军火商人的希民陀 Schneider 公司，根本即有间接援助希特勒运动的嫌疑，这正是军火国际主义之自然结果。举此一例，可概其余，总而言之，统而言之，"现代"乃为军火资本主义的经济时代，所以现代的历史，也只有用军火资本主义的经济史观民生史观，才可以完全解释。

然而，这种新的解释确是很少有人注意，甚至 Lenin 因为时代太早，也没有看到这一点，他的信用经济学理论，确然比 Marx 生产经济学理论前进一步，但他仍无从知道，最现代的经济学，又从信用经济学理论，进到国防经济学理论，实际即是对于军火资本主义分析的理论，我们不赞同国际的军火资本主义，然而为着打倒日本帝国主义的敌人，我们确然需要更多的军火物质之援助，我们新任外长向全美发表广播，要求美国停止以军需大炮，飞机，供给日本，同时要求美国，予中国以更多之作战的武器与作战之资源与机械，然而这种矛盾的解决，一方面固须有待于"民主国家"军火商人的觉悟，不从战争国家取得利润为目的，而以保护反侵略国家，争取和平为目的；一方面仍须有待于我们强有力的政府的继续努力，造成作战武器与作战资源的自给自足的时代。我们有了自给自足的作战能力，然后才能组织平和的军队，联合世界上反侵略国家以改造现代，而达到世界大同。然而谈何容易，我们努力罢！

三十年五月六日于国立中山大学

后 记

上边记述的是朱谦之先生在五月六日于中山大学文学院一篇讲稿。

在这“枪炮比奶油重要”，甚至于“枪炮比面包更重要”的现世界里，确然，整个世界的命运和生死权，都操在几个帝国主义国家的军火商人底掌握中，一个国家的升浮或低沉，一个民族的生存或毁灭，都给这班流氓所摆弄。世界的政治、经济和文化诸问题，他们都是个操持者，他们把生产的钢铁工业，移作破坏性的钢铁工业，利用生产的劳动力，驱作杀人利器的制造工作，他们尽使侵略的魔王，干那些打家劫舍的勾当，他们没有敌友，他们没有国籍，也没有所谓人道主义的良心，纯粹资本主义的形式，所异的却是从前以工业或金融为中心的，到现在已换上“军火”罢。

要怎样认识“现代”，便该先首认识这时代的特征，和这时代的主动者——军火。

朱师这篇讲词，便把各国的事实，归纳成了上述讲词里的三个答案，这答案，便是我们对现代的认识；进而找方法去对付、改造的指标。历史家是真理的火把，时代的明灯，是文化的播殖者，是往古的传达人……对这正视现实的“现代”的解释，真不可忽视啊！

历史上，虽曾有过不少军火商人操纵或影响动乱的例。但这种现象的发展，却以这个时代，这个世界，表现得最真切。在这还没有脱离，而更不断的膨胀底资本主义的经济时代里，所操纵时代的却是一班军火商人；反复说来：“现代”，实是军火资本主义经济时代。

一般人——尤其是社会主义派的经济学者，以为帝国主义阶段是资本主义的最后形态。他们认为工人与资本家的对立，殖民地与帝国主义的对立，社会主义与帝国主义的对立，以至于帝国主义与帝国主义的对立，均足为资本主义国家崩溃的原因，但自 1914—1918 的大战以后，资本主义更复澎湃。“当大战期中，军械制造者的获利”，在战后更得到了新的发展。等到 1939 年的大战，这正是军火资本主义发生矛盾，而所引起的帝国主义与帝国主义间的冲突；除了这个经济的原因以外，我们实难找出更恰当的说明。

伊里奇在《帝国主义是资本主义底最高阶段》中，也曾说过：“帝国主义发展到了那个时期的资本主义，当时独占和财政资本的统治是结合了。资本的输出，获得了卓越的意义，世界开始被国际托辣斯所划分，大地上所有领土，被最强大的资本主义国家所划分是终结了。”他所谓当时，便即在1917年以前的战前和大战期间，他们看错了当时的大战，便终结了资本主义国家的生命，殊不知在当时的金融资本主义以后，还没有完全丧失了资本主义的形态，加以战后，军火商人获得了很多的利润，去寻求自身的发展，在现代，已驾越了金融资本主义的信用经济之上，形成了军火资本主义的新的体系。

我们可以拿出更多的事实证明：

英国政论家杜德（R. Palme Dutt）在《世界政治》书中，曾指出现阶段诸特征，关于经济方面说：“……尤其可怕而堪注目者，则为军火工业的相对向上，以及战争准备的重要性”，这已明显地指示，军火工业的相对向上是形成这现代的资本主义经济时代的最重要的因素了。故“为和平而努力的各国政治家，当然地忧虑着这样的一个局势：只有制造军火是唯一活跃的贸易”（见1935年6月出版之《经济家》）。

我们试检讨所谓战时景气是什么？军火工业的大量生产和流通，便是那所谓“繁荣”的主要原因，军需股票的行市之上涨，更是很好的例子，苏联的世界政治经济研究专家波察斯德夫（Dm. Buchavsteff）在他们所著的《世界第二次大战的准备问题》一书曾载：“德国曾利用自己的军火出口贸易作为扩充军火生产的方法”和“战后，军需生产虽被禁止，在国际军火贸易中德国仍然占有显著的地位”。他们并引国际统计年报作证明：“1930年，德国出口的军火达三百万金元。”在军火入口国中，指明德国是主要的军火供给者。又如：“1929年在13个国家的军火入口中，都指明德国是军火和军需品的主要供给者，1930年，有22个国家向德国购买军火，1930年东三省事变的前夜，中国入口的军火，日本占百分37.5%，德占25.7%。这种种的现象，实非1918年以前所轻易看到的。”

在流行的法国杂志 *Revue de deux mondes* 外交栏主笔 Rene Pinon 他曾晓得许多军火工厂的秘密，揭发在他的论文里的两个最大的炮厂作这样的描写说：“德国的克鲁伯（Krupp）和法国的希尼陀（Schneider）公司，为着把其高贵的生产品供给瑟尔培（Cerbe）政府进行的热闹斗争”，并指出说：“由洞察我们时代历史的活生生实际状况，和认识其秘密发动方的意义来说，那么再比研究一切大工业契约的种种有意思是没有的了”。这些事件，便是：“报纸上的政治运动；外交上的威胁，许诺和恐吓，收买”。像这样操纵战争的例，不知凡几，以这种军火资本主义的特征来解释“现代”的战争，以至于其他财政资本所采用的种种手段，将是再切合不过的。

同时，在1939大战没有发生之前，军火公司股票市价的激增，也可作军火资本主义时代说明的例像：“1935年，英国13家主要军火公司（飞机制造公司不在其内）的股票价值总额，增加了1 670万磅，即股票市价从1120万磅，增加到2 790万磅，即增加了149%。在1935年4月1日至1936年2月26日的期间，维克阿姆斯脱郎（Vickers-Armstrong）军火公司的股票市价，从9先令9辨士，涨到25先令6辨士（票面为6先令8辨士）；白朗（John Brown）军火公司的股票市价，从5先令1.5辨士，涨到22先令6辨士（票面为六先令），赫特菲尔兹（Hadfielieelds）军火公司的股票价值，从9先令涨到23先令（票面为10先令），维克阿姆斯脱朗军火公司的纯利润，1933年为543 364磅。1935年增加到928 105磅，普通股息从4%增加到8%，外加从公积金内拨付的50%的股本红利。”何况在这以后更有加无已的递增，无疑的，“现代”已是军火资本主义驾驭于金融资本主义时代之上了。故“由于准备战争希望与战争而来的滚滚黄金，就已经倾入军火商人的荷包了”。“我们已与死亡订立契约，我们并与地狱表示一致”（参见《世界政治》二章四节）。这种“现代”的呼声，完全是由于军火资本主义所发轫出来的啊！

最近，我们可看到Mary Testa在MM杂志上所发表了一篇关于意大利的问题的文章说：“从1939年9月起至1940年6月止，在法西斯蒂党中，也有显然反对（意大利）参战的，墨索里尼甚至为这事发表公开谈话，赞成参战和希特拉的力量主要地存在于那些最可以从战争中得到利润，而其经济利益又与法国工业联系着的工业界中。”又说：“蒙提卡蒂尼化学工业托辣斯的首领和维斯可沙工厂的大股东杜奈迦尼；塔尼兵工厂大股东齐亚诺（和他的岳父墨索里尼一起）；菲爱特工厂老板阿格尼亚，和其它诸如此类的独占企业家，都属于主张参战及亲希特勒集团。这是不足惊异的，因为自从意大利帝国主义向外发动冒险之后，这些企业家们得到巨大的利润。阿比西尼亚战争以后，蒙提卡蒂尼托辣斯的资本从600 000 000里拉，增加到1 300 000 000里拉。这一托辣斯的准备基金和利润，在这些年月中增加到1 095 000 000里拉；也就是说，两倍于它开始时的资本，塔尼和菲爱特公司也获得同样的利益。”（译文

见文摘《战时旬刊》第七十八、九号）

从这两段的事实中，我们更可以证明如下数点：

（1）参战的目的，是军火资本家想求得利润。

（2）反对意大利参战的虽弥漫于内部的布尔乔亚阶级，军人，甚而至于法西斯蒂党中人，但究敌不过几个军火巨头的参战的主张和亲希特勒集团。

（3）塔尼兵工厂大股东，便是墨索里尼的替身。

（4）军火利益的增加，足以操纵一切金融。

（5）军火商人以利益为前提，不顾全大局。

这都可以作“现代”是军火资本主义的强有力的证据。

拉杂写来，仅就手头所得到的资料，和所知的例证，来作解释“什么是现代?”底答案的补充。作记后记一篇。

黄庆华　五九国耻纪念，铁岭深夜

文化社会学纲要*

（一）社会学之史的发展，是依照下列次序：（1）生物学的社会学；（2）心理学的社会学；（3）特殊科学的社会学，或经济学的统计学的社会学；（4）文化社会学。很明显地，现代的社会学实为文化社会学的阶段。

（二）现代文化社会学是有两大派别：（A）人类学派，以美国 Ogburn 等为代表。（B）历史学派，以德国 Max Weber 等为代表。据作者个人的企图，以为最有价值的文化社会学，乃在综合此历史学派与人类学派的两种方法的所长，而试创造一种新型的文化社会学。

（三）文化的内容虽甚复杂，其发现于文化史上，却是很有条理的，有法则的。法国 Comte 站在史的心理主义的立场，提出“三阶段法则”；而在德国，则 Hegel 站在史的论理主义的立场，提出“三分辩证法”均可以解释文化。而将此两家学说互相补充，即可建立一种较可靠之知识文化类型如表：

	孔德	黑格尔	知识文化类型
第一阶段	神学阶段	“没自的”	宗教
第二阶段	形而上学阶段	即自的	哲学
第三阶段	实证的或科学阶段	对自的	科学
第四阶段	“艺术的阶段”	即自且对自的	艺术

但文化不但有知识文化之四阶段四类型，还有社会文化之四阶段四类型，依孔德知识之三阶段法则，在社会生活上说即为军事，法律，产业之三阶段。用文化哲学术语表之，即政治阶段，法律阶段，经济阶

* 载《社会学讯》第八期。

段，加上教育阶段，即成为社会生活之四阶段，同时即为社会文化之四类型。

（四）人类生活的表现，一方面表示为人类之知识生活的文化，一方面表现为人类之社会生活的文化。因此文化学中，因研究的对象不同，可分两大部门：一个研究 Culture 即知识的文化生活者为文化哲学，一个研究 Civilization 即社会文化生活者为文化社会学。

（五）人类文化的类型，依我研究结果，实包含下列八种，即是：

知识生活上为

1. 宗教　2. 哲学　3. 科学　4. 艺术

社会生活上为

5. 政治　6. 法律　7. 经济　8. 教育

前者为文化哲学研究的范围，后者为文化社会学研究的范围。

（六）文化社会学和文化哲学一样，均应用类型学的方法。所不同者文化哲学为知识的文化类型学，说明知识文化的本质及其类型，对于宗教哲学科学艺术等各种知识生活均加以根本研究。文化社会学即社会的文化类型学，则说明社会文化的本质及其类型，对于政治法律经济教育等各种社会生活均加以根本研究。

（七）我为文化社会学下如次之定义“文化社会学即是社会文化类型学，实包括三种方法：类型学的方法，历史学的方法与人类学的方法。合此三种方法组成一种特别的学问体系，藉以说明社会文化的本质及其类型，对于政治法律经济教育等均加以根本研究。又分析社会文化之地理上分布，求得其变迁进化的原则，以比较中外社会生活历史，并据以改造现在，预测将来，以建设未来之文化社会，这就是我们文化社会学这一门学问建立的真正鹄的”。

（八）文化类型的分析，一面是将各种文化不同的类型加以区别，一面更将各种文化进化的阶段明白显示。换言之，即一面将知识的社会的文化各分为四个类型，一面即表示此各四个类型的发展，即为历史之四个阶段，如下两图：

	第一时期	第二时期	第三时期	第四时期
宗教	宗教的宗教	哲学的宗教	科学的宗教	艺术的宗教
哲学	宗教的哲学	哲学的哲学	科学的哲学	艺术的哲学
科学	宗教的科学	哲学的科学	科学的科学	艺术的科学
艺术	宗教的艺术	哲学的艺术	科学的艺术	艺术的艺术

	第一时期	第二时期	第三时期	第四时期
政治	政治的政治	法律的政治	经济的政治	教育的政治
法律	政治的法律	法律的法律	经济的法律	教育的法律
经济	政治的经济	法律的经济	经济的经济	教育的经济
教育	政治的教育	法律的教育	经济的教育	教育的教育

（九）人类文化全体，原应作二重的分类。即一关于知识文化，即人类社会思想的渊源。一关于社会文化，即从这些社会思想的渊源表现而为客观的各种社会制度。社会制度原来就是人类用以支配与实现社会思想及满足人类知识生活的手段。换言之，即一种社会制度实包括一个概念(Concept）与一种结构（Structure）如政治制度，就其概念来说，可依照政治概念之史的发展，而有“宗教的政治概念”、“哲学的政治概念”、“科学的政治概念”、“艺术的政治概念”，但就其结构来说，则政治具有一种特别的权力，它是一种有特定的土地人口与统治机关的社会组织生活。又如法律制度，就其概念来说，也可依照法律概念之史的发展，而有“宗教的法律概念”、“哲学的法律概念”、“科学的法律概念”与“艺术的法律概念”，但就其结构来说，则法律乃是社会控制个人或团体行为的规范力，它是一种应用惩罚与奖励来满足人类正义与安全愿望的社会秩序生活。推之经济，教育亦然。但就结构来说，则经济包括工业组织，财产与实物的特质如衣食住行用具职业等，这是社会生存的制度集中于饮食及谋生的兴趣而代表社会的生产力的。教育则实具一种特别的人类的爱力，它是一种社会文化制度，包括许多不相关联的文化形式，知识的与物质的，此种制度集中于文化的兴趣。由上可见社会文化的四类型，就其文化结构来说，政治、法律、经济、教育均为独立之一种特殊社会文化，与别的不同。若就其文化概念的形式上说，则此四类型的文化，均按着历史的发展，而依次不断抽取知识文化以构成其各自的文化概念。这就可见社会文化对于知识文化类型实有其依存的关系。不是社会文化类型决定知识文化类型，乃是知识文化类型决定社会文化类型。

（十）从整个的人类文化体系上看，有目的底方面，又有手段的方面，而社会文化和知识文化实形成了目的和手段的关系。即就社会文化类型言，是以知识文化为目的，以知识文化类型言，是以社会文化类型为手段。人类社会生活即在于依据各种社会制度而无意识中却为知识生活而工作，即为达到人类文化之最高价值而工作。不但如此，就知识文化与社会文化两部门来看，其关系也是对称的，这就是说：宗教为政治文化的原型，政治为实现宗教文化的手段。哲学为法律文化的原型，法律为实现哲学文化的手段。又科学为经济文化的原型，经济为实现科学文化的手段。艺术为教育文化的原型，教育为实现艺术文化的手段。

（十一）就政治文化的类型言，政治之所以成为政治，是依据社会权威而存在，这就是所谓“权力”。此种权力从其知识文化的本质联系上看，则宗教乃其知识生活之原始基型，从其与知识文化的历史联系上看，则此政治类型实有其独特的文化历史。即第一时期为“宗教的政治”，第二时期为“哲学的政治”，第三时期为“科学的政治”，第四时期为“艺术的政治”，而以“艺术的政治”为政治文化的最高目标。又从其与社会文化的本质联系上看，则军事乃其社会生活之原始基型，从其与社会文化的历史联系上看，则此种权力在其发展之中，最初表现赤裸裸的军事的权力，这是“政治的政治”。次之藏于法律的面具之下，表现为法律的权力，这是“法律的政治”。再次隐于经济的烟幕之内，再表现为经济的权力，这是“经济的政治”，然而经济的政治实为政治的最后堡垒，而经济的发达又必然地达到以其理论为目的。排除政治手段及其一切工作，于是更进一步，权力组织乃脱离发达政治手段和经济手段，而成为一种完全自由的文化组织。换句话说，其外壳在本质上仍保留政治组织的形式，即“教育的政治”形式，而实际上“教育的政治”，即是非政治的爱的世界。这就是一切政治类型的自己历史。

（十二）次就法律文化的类型言，法律之所以成为法律，是依据社会正义而存在，这就是所谓“规范力”。乃是文化社会控制个人或团体的规范力，是跟文化历史的进化而变迁的。在法律史之第一时期：宗教时期，法律是“神力”的规范力。法律史之第二时期：哲学时期，法律是“抽象力”的规范力。法律史之第三时期：科学时期，法律是“社会力”的规范力。法律史之第四时期：艺术时期，法律便是“文化力”的规范力了。然而无论何时，法律始终以规范为特质，而一部法律思想史，也就可说就是关于法律规范力之观念发展史了。就此规范力与知识文化之本质的关系言，则哲学实为法律之知识文化的原型，哲学和法律的关系，尤其是与哲学中道德之关系，可以说只是内部的和外部的关系，两者同属规范的世界，不过前者为人生的规范，后者为社会的规范，前者诉之内的良心，后者诉之外的秩序罢了，而人类法律的最后目标，则在“爱”的规范之实现，这就是将法律的规范力，完全倾向于

“爱”的规范力，将来刑罚可以不用，而完全用教育的感化，将来只有学校而无监狱，在国际间也只有文化而无战争，这就是所谓纯粹“教育的法律”时代。

（十三）次就经济文化的类型言，经济之所以成为经济，是依据社会福利而存在，如政治之依于社会权威，法律之依于社会正义似的。经济这个东西，是以一种“生产力”而向着社会福利的倾向走的，社会权威，以宗教为内容，政治为形式，社会正义以哲学为内容，以法律为形式，同样地社会福利也是以科学为内容，经济为形式，而这种内容和形式底关系，实际即是目的和手段底关系，政治、法律经济在其本身内只见到手段，而不见到目的，换言之即政治以一种“权力”达到宗教化之社会权威为目的，法律以一种“规范力”达到哲学化之社会正义为目的，同样地经济以一种“生产力”达到科学化之社会福利为目的，因此所以在整个的文化体系上，我说：知识生活的宗教，哲学，科学，艺术是目的底体系，而政治，法律，经济，教育，都只是手段底体系，在手段的体系中反映着社会生活的目的，这就是社会权威，社会正义，社会福利，乃至于整个的社会文化（教育的目的），社会生活的根本条件，需要“权威”，需要“正义”尤其需要“福利”，因此经济类型乃成绝对必要。固然许多人误会经济即是社会，经济史即是全部的文化史了，其实经济之文化类型是无论那个时期都结合于一定的文化社会的体系之中，无论那个时期都渗透于其他各文化类型之内，因此倘若不懂经济，即无法理解一个社会之生产力形式，不懂经济史即无法研究一个庞大的文化部门，然而不能因此便说经济即是整个的文化，但是经济制约虽不足以说明人类过去所有的历史，却可以说明现代历史之一阶段。为什么？因为现代即是“经济时代”，好似社会史之政治时期，政治属于社会文化体系中之优先地位，政治为“政治的政治”，法律为“政治的法律”，经济为“政治的经济”，教育为“政治的教育”。又如社会史之法律时期，法律属于社会文化体系中之优先地位，政治为“法律的政治”，法律为“法律的法律”，经济为“法律的经济”，教育为“法律的教育”。同样地在现代社会史之经济时期，经济在相互依倚的关系中，也自然进于优先地位，因之现代的社会文化体系，政治为“经济的政治”，法律为“经济的法律”，经济为“经济的经济”，教育为“经济的教育”，当然在经济时代，来讲经济决定论，经济史观实有充分理由，然而不要忘却这只是经济时代的一种生活方式，并不是所有文化史上，社会史上之生活方式。

（十四）就现代经济之文化类型言，现代即是军火资本主义经济时代，原来资本主义的发展是可分为三大时期，即第一时期工业资本主义，第二时期金融资本主义，第三时期军火资本主义。工业资本主义的特征，在资本政策上说是工业资本主义，在生产性质上说是自由竞争，生产力之膨胀，物价低平，在政治性质上说是民主政治，在银行性质上说，是借贷经营期，在产业性质上说，是纺织业。金融资本主义的特征，在资本政策上说是财政资本政策，即银行资本融合工业资本政策，在生产性质上说是垄断，生产力的发达停止，物价的低减停止，在政治性质上说是新民主政治（经济的民主主义），在银行性质上说是工商经营期，在产业性质上说，是银行业。军火资本主义的特征，在资本政策上说是军火资本政策融合金融资本主义政策。（现代每一个大军火商人都有他自己的军火银行。）在生产性质上说，是垄断与竞争之新综合，在政治性质上说，是独裁政治。在银行性质上说是军事工业经营期，在产业性质上说是军火业。若专就生产关系而言，工业资本时代发生经济阶级斗争，其矛盾为资产阶级与无产阶级对立，其结果为阶级争取自由，即剥削之反面，金融资本时代发生民族阶级斗争，其矛盾为国际资本阶级（帝国主义）与国际无产阶级（殖民地半殖民地民族）对立，其结果为民族争取独立，即垄断之反面，军火资本时代发生世界文化斗争，其矛盾为征略阶级（法西斯阵线）与反侵略阶级（民主阵线）对立，其结果为人类争取和平，即战争之反面。而且从工业革命时代开始，机械技术的发展从动力上看，也可分为三时期即（1）煤力时代（2）油力时代（3）电力时代，蒸汽力产生了工业资本主义社会，油力时代产生了金融资本主义社会，电力产生了军火资本主义社会，现代已经是电力支配我们的时代了，电力不但已经造成高度文明，且在各方面支配全人类的经济生活，在消极方面如美国富勒少将（J. F. C. Fuller）一个预测“电力不可免地它必被应用为战争的武器，结果使战场上的危险日渐减少，而后方的危险则日渐增加，危险之从战士转移到平民身上，大概将引起对于战争的强烈的反动，结果终于会建立世界上普遍的和平”。

（十五）次就教育的文化类型言，如以人体作譬喻，社会文化之第一类型：政治，可比形貌，社会文化之第二类型：法律，可比筋骨，社会文化之第三类型：经济，可比肌肉，那么社会文化之第四类型：教育，就可比精神了。所以就社会文化的类型学言，教育文化的类型，实居最重要的地位，固然教育也和政治，法律，经济一样，都只是文化中手段的体系，而非目的底体系。但在手段的体系中，政治反映着社会权威，法律反映着社会正义，经济反映着社会福利，教育反映的，就是社会文化。社会生活的根本条件，需要权威，需要正义，需要福利，更需要文化，四者实在相反相成，一个也不得缺。就其与知识类型的关系说，权威为宗教之社会产物，正义为哲学之社会的产物，福利为科学之社会的产物，文化则为艺术之社会的产物。就各社会类型之相互关系说，权威产生正义，正义常依存于权威；正义产生福利，福利常依存于正义，福利产生文化，文化常依存于福利。若就其层套的关系说，则正义为主时代亦有权威，但为正义的权威，福利为主时代，亦有权威，正义，但为福利的权威与福利的正义，在文化为主时代，亦有权威，正义，福利，但为文化的权威，文化的正义，文化的福利，而这就是所谓教育的时代了，所以就教育文化的类型言，教育之成为教育，即依据于社会文化而存在，是以文化为基础的，因此和文化的关系最为密切，但教育本身却不就是文化，它是以一种“爱力”来达到艺术之社会文化为目的，这种“爱力”，就其本质上说，即是一种“生命力”，用几句话来包括教育，即是：“生命是教育的本质，文化是教育的基础，爱是教育的方法，美是教育的目的”。

（十六）文化哲学，把智识分为宗教、哲学、科学、艺术，上述的顺序，同时说明了知识文化价值的上升。同样文化社会学，把社会文化分为政治、法律、经济、教育，上述的顺序，同时也说明了社会文化价值的上升。如专就社会文化价值而言，一种社会文化总是一种力学的机构，然而政治所代表的是“权力”，法律所代表的是“规范力”，经济所代表的是“生产力”，教育所代表的是“爱力”，这其间已可看出在文化类型的进展中，权力性格的减少，和爱力性格的增加。教育的文化价值就是“爱”，而其知识原型是艺术的文化价值，就是“美”。爱与美的交织，造成未来的文化社会。我们现实的文化社会乃是必然的世界，然而人类社会所向的目标，乃在到达文化之所以成为文化之自由的世界。

中国哲学与启明运动*

17、18 世纪欧洲的启明运动是标志着上升的资本主义和衰亡的封建制度的两种思想体系的矛盾斗争。因为处在这过程中，上升的资产阶级乃是欧洲的革命因素，所以他们的思想和封建制度不能相容，他们反对封建的特权者，反对封建的社会制度，反对僧侣，反对上帝；积极方面，主张资产阶级的自由权利，并且拥护自然神教或机械唯物论甚至无神论，这即是西洋文化史上的“哲学时代”，也就是欧洲哲学接受了中国理学影响的时代。关于这点赖赫淮恩所著《中国与欧洲》中有专章 The Enlightenment 述它，又罗菩泰姆所著《传教与京廷之耶稣会士》亦有题为 Jesuit Sorces of the Rêve Chinois of the Age of Enlightenment 之第十八章①，这“Rêve Chinois”二字意即理想的中国。现在试从客观的历史事实，应用新观点，来证明这个结论，而且特别证明了宋儒理学对于欧洲哲学的影响。

一　所谓“理性时代”

法国启明主义者达朗贝（D'Alembert）曾论及 18 世纪的思想状态，以为 15、16 世纪为文艺复兴与宗教改革的全盛时代，17 世纪为笛卡儿哲学的胜利时代，那末 18 世纪的特色是什么呢？他的答案就是“哲学的时代”。② 康德在 1784 年 11 月《柏林月刊》（Berlinische Monatss-

---

* 载《中国哲学对欧洲的影响》第二章，1957 年 3 月。

① 赖赫淮恩：《中国与欧洲》，第三章，75～98 页。罗菩泰姆：《传教与京廷之耶稣会士》，第十八章，277～288 页。

② 见千代田谦：《西洋近代史学史序说》，373 页引。

chrift）曾发表一篇《对于启明问题的答案》（Beantwortung vler Frage Was ist Aufklärung），他给“启明”下一个定义：“启明就是有自主独立之精神状态，是依于个人有勇气使用其理性的自由”①。士罗塞（F. C. Schlosser）著《十八世纪史》（Geschichte des 18 Jahrhundert），以哲学为观点，认为“这个世纪为启明时代即是哲学时代”②。圣西门说得更明白了。他在《工艺论》（L'Industrie）的第二意见书中，述及“18世纪哲学的性质，是一种反神学的精神；在18世纪，哲学家本身的活动以外，不论任何地位的人均从事于哲学的职务（I'oeuvre philosophique），而其最大的结晶即为号称反神学（antithéologie）的百科全书”③。因为18世纪文化的特点，是想以哲学的文化来推翻中世纪的宗教文化，也就是想以理性的权威来代替上帝的权威。因此在这个时期，大家都非常尊重理性，尊重自由，应用理性的批评，而称之为理性时代，实际就是资产阶级革命时代。恩格斯在《反杜林论》中描写得最好：

> 现在呢，曙光第一次出现了，[理性的王国]来临了；从今以后，迷信、偏见、特权与压迫，应当让位于永恒的真理，永恒的正义，从自然界本身所产生出来的平等、以及不可剥夺的人权。……
>
> 我们现在知道，这个理性的王国，不是别的，正是资产阶级理想化的王国……理性的国家，卢梭的“社会公约”，在实践上已经成为、而且只能成为资产阶级的民主共和国。十八世纪的伟大思想家们也与其先驱者一样，总不能超越他们本身时代所形成的界限。④

理性时代在历史上最明显的表现，可从两方面观察出来：

（一）法国的理性派，从笛卡儿开始，经过百科全书派的唯物论无神论，影响到政治革命。

（二）德国古典哲学从莱布尼茨（G. W. Leibniz）、沃尔弗（Christian Wolff），到康德、费希特（J. G. Fichte）与黑格尔之观念论的哲学，影响到哲学革命。

---

① 田中经太郎译：《启蒙とば何の问题に对する解答》，见《康德著作集》13：一般历史考其他，39～52页。

② Merz：《十九世纪欧洲思想史》，第二编上册之一，162页。

③ 手塚寿郎：《サシンモ伯とオ——キエスト，コムト》所引，见《商学研究》第七卷第二号，127页。

④ 恩格斯：《反杜林论》，人民出版社，1956年版，14页。

(A) 反宗教的哲学精神

1. 理性的崇拜

18 世纪法国哲学是法国革命的预备，在这个时候法国处处都是哲学，在悲剧中、小说中、历史中、政治经济中，每人多少都是哲学家①，然而 18 世纪法国哲学家之最伟大的却不能不数到伏尔泰了。伏尔泰继承笛卡儿左派的培尔（Pierre Bayle），对于当时的宗教攻击不遗余力，《圣教史略》记其历史道：

> 伏尔泰深恶圣教会束缚人之自由……不惟攻击圣教会，且疾视君长，力倡平权之说。……时普鲁士王腓特烈二世方倡无宗教说，闻伏尔泰名，召入朝中，恨相见之晚。……以巴黎人拒之不纳，忿甚，仇教思想更甚于前，所著谤教书多种，多出此时。……伏尔泰心犹未满，联合同志者二三十人，内有狄德罗，达朗贝等，作一大字典，卷帙浩繁，凡攻击教会、鼓吹革命之词理，无不备载。此书与其他谤教书，由巴黎印行，流传各国，遗害社会，人比之洪水之灾云。伏尔泰见其书流传日广，大喜曰："昔耶稣以十二门徒立教，教中人每夸其奇，今我以一人灭之，岂不更奇。不出二十年，将使基督教无复踪迹之可寻。"②

这一段反对派的话，确可以见当时"反宗教运动"的潮流，是从这一位法国大革命前的一大思想家伏尔泰提倡出来的。伏尔泰反对宗教即是拥护理性，他攻击教堂，对于那些自称基督代表的人，骂得痛快淋漓。攻击《圣经》以为"只是一个有疯狂的无知者在一个极坏的地方写的著作"。《旧约》如此，《新约》亦然。"要把这些荒唐的故事，当作自然的事来相信，一定要有一种与我们现在所有的一切理性相反的理性，否则是不可能。"③

我们再来一看法国革命时代雅各宾党的新纲领，即是一种哲学的宗教。法国泰纳（Taine）曾有一段妙文，描写他们的信仰。他们宣言："在今日以前，一切都受宗教的管辖，今日以后，却是理性管辖的时代了。我们同志都是百科全书派的信徒，我们尊重理性，把它作为一种宗教。从前的宗教时代已告结束，我们应用此哲学的宗教，即理性的光

---

① 利维-布律尔：《法国哲学史》，14、67 页。

② 萧若瑟：《圣教史略》，卷十，341～342 页。

③ 彭基相：《法国十八世纪思想史》，14～26 页。

明，来为历史上开一新纪元。”[①] 然而罗伯斯比尔（Robespierre）还不及阿贝尔（Hébert）来得彻底，阿贝尔和他的党徒，曾参加庆祝理性节，即以理性的崇拜代替上帝的崇拜，在圣母院大礼拜堂中举行了一种崇拜理性仪节，饰一美丽的女伶为理性女神。[②] 理性！理性！不就是法国的革命的口头禅吗？

2. 哲学判决了上帝的死刑

把法国革命时代的雅各宾党和德国的观念论哲学比较一下，则如德国海涅（Heinrich Heine）在他的名著《德国宗教及哲学史概观》（Zur Geschichte der Religion und Philosophie in Deutsch Land）中所说“思想界的伟大破坏者康德，在恐怖主义上，是远为罗伯斯比尔所不及的”[③]。为什么？他说：

> 据说幽灵只要瞥见死刑执行人的剑，便吓得要命。……那末现在突然拿出康德的《纯粹理性批判》来，要叫幽灵多么惊恐啊！这本书，是将德国的理神论处以死刑的剑。
>
> 公平地说……世人拿罗伯斯比尔和康德比较的时候，实际是对他表示了过分的敬意。圣翁诺列街（Rue Saint-Honoré）的伟大的俗物罗伯斯比尔，在关于忠君制的场合，发作了破坏的激怒，接着起了杀逆的痫瘢，非常可怕地痉挛着。可是在最高存在的问题上，他却就拭干嘴上的白口沫，弄净手上的血，穿起带有闪光纽扣的青色美服，还在广幅的胸衫上插着花束了。
>
> 实际上，如果孔尼斯堡的市民理会了这思想的整个意义的话，那末他们对于康德，较之对于死刑执行人——单单处决人的死刑执行人，将愈会感到毛骨悚然的恐怖了。——但良善的人们，只是把他当作一个哲学教授，所以当他在固定时间出来散步的时候，老是亲切的问候他，而且对准他来校正怀里的时表。[④]

---

① Merz：《十九世纪欧洲思想史》，第二编下册之二，397～380页。

② 《汉译世界史纲》，下第三十六章，797～798页。

③ 《德国宗教及哲学史概观》，142页。《海涅散文著作集》，英文辑译本（Heine's prose Writing. Edited by Ernest Rhys，1887）133页："Immanuel Kant，that arch-destroyer in the realms of thought，far Surpassed Maximilian Robespierre in terrorism…"

④ 《德国宗教及哲学史概观》，140～142页。《海涅散文著作集》，172～173页："It is Said that the spirits of darkness tremble with affright when they behold the Sword of an executioner How then，must they stand aghast When Confronted with Kant's Critique of Pure Reason! This Book is the Sword with which in Germany，this was decapitated. …"

法国革命判决了帝王贵族的死刑，德国哲学家则用那无生气的干燥无味的文体来写哲学，以判决上帝的死刑。康德告诉我们，我们对于物自体是毫无所知的，我们称呼为神的不过只是虚构，由于自然的错觉而成立的。虽然以后他用实践理性把曾一度被理论的理性杀死了的有神论复活起来，然而如海涅所说："康德恐怕还是为了警察的缘故，而甦生了神的吧！"然而当他做大学校长的时候，曾领导全校，齐到教堂，他不肯进去，中途跑了，这可见他鄙视宗教的态度。从费希特的《知识论》直至黑格尔的《历史哲学》，都是看重理性过于宗教。费希特好像法国革命时代的拿破仑，代表一个伟大的意志，伟大的自我。[①] 他的《知识论》竟于1798年，因无神论的事件而被人控告，神在费希特是没有存在的，神不过是作为纯粹的行为，作为事件的秩序。如海涅所说似的，"这种观念论比较着最粗野的物质论，是更无神的，更受咒咀的理论。在法国被称为物质的无神论，如果拿它来和费希特的先验的观念的结果比较一下，那末还有可宽恕的敬神的地方吧。"[②] 虽然费希特末了也背叛了自己哲学而投降敌营，然其后继者谢林（Schelling）的自然哲学，尚支持着斯宾诺莎（Baruch Spinoza）的泛神论[③]，到了黑格尔，哲学革命可算告终结了。哲学侵入了各种科学之中[④]，这是一个由哲学而科学的过渡时代，也正是以哲学清算了宗教的时代。黑格尔的文化类型说是如下图式：美术——宗教——哲学，而以哲学为美术与宗教的综合，哲学超过宗教，哲学上的绝对即"上帝"之代名词。有一次他对德国青年说："我们就是上帝"，这不是戏语，黑格尔本是哲学家，他和康德、费希特一样带着很浓厚的反神学的精神的。

3. 理性时代是从哪里来的？

所以，我们可以说：18世纪时代是"反宗教"的哲学时代，就是理性时代。但我们要问，这个理性时代是从哪里来的？问题的关键就在这里，当在下文试论：

(B) 希腊呢？中国呢？

1. 文艺复兴与启明运动

18世纪的哲学时代，换言之即反宗教的哲学运动，其思想曾经受

① 《德国宗教及哲学史概观》，162页。
② 同前书，178页。
③ 同前书，190页。
④ 同前书，198页。

过希腊和中国的影响。在欧洲文艺复兴时代，受希腊的文化影响较深，中国的重要发明是欧洲文艺复兴的条件之一，但到了启蒙时代，中国文化和希腊精神都同样被推崇。于此我们要问，在这样崇拜中国文化之下，有没有人提出抗议呢？当然有的。

2. 费内龙与魁奈所见不同

希腊主义者，如法国大主教费内龙（Finelon）就是好例。[①] 他在少年时代，即已崇拜希腊文化，到了晚年，觉得要救欧洲，非接受古代希腊文化的指导不可。但是 18 世纪初年欧洲学者均倾心中国文化，把古希腊的文化扔在一边，因此费内龙就取了一种坚决地反中国的态度。当礼仪问题发生的时候，他始终抱着怀疑的态度，不表示什么。他在 1712 年出版的有名的《死人的对话》（Dialogues des morts）中有《孔子与苏格拉底》一章，借苏格拉底的名义来反对中国文化。他将东西大哲人孔子和苏格拉底相比较，以为孔子够不上做“中国的苏格拉底”。因为孔子希望将哲学教训全人类，这实是错误，苏格拉底则没有这种野心。苏格拉底说，“我立意不著书，甚至觉得自己已经谈得太多了。”（I have deliberately abstained from writing，I have even talked too much.）孔子一派主张要使全部人民变成哲学家，然而这是不可能的。即使多数的中国人有好些优点，然而同时也不能没有缺点。他于是进而攻击中国的古代历史，认为出于荒谬伪造。中国虽先欧洲发见了印刷术、火药、几何学、绘画、陶器的制法，然而故步自封，一点进步也没有。而且中国的建筑缺乏平衡，绘画没有结构，漆的发明则由于自然的环境。费内龙甚至以为中国民族的老家，并非中国人，实为巴比伦的后裔，其文化实从巴比伦传来的，他举出三种证据。他的结论自然是苏格拉底胜过孔子，希腊文化要比中国文化高明多了。然而很矛盾的，就是他否认了人类教化的可能性，而他自己的话却说“我爱自己不如爱家族，爱家族不如爱国家，爱国家又不如我之爱人类”。那末依费内龙所说，不是一样地抱着孔子的博爱主义，而以启发人类为最大目标吗？所以费内龙的矛盾有人加以批评[②]，而且费内龙提供希腊来和中国文化对抗以后，号称“欧洲之孔子”的魁奈在他 1767 年所著论文《中国专制政治论》（Despotisme de la Chine）中，即提出相反的论调，认为希腊的哲学大大不

① 参考平诺：《中国与法国精神哲学的形成》，390～396 页；赖赫淮恩：《中国与欧洲》，107～108 页；后藤末雄：《支那思想のフランス西漸》，317～318 页。

② 后藤末雄：《支那思想のフランス西漸》，322～323 页。

如中国。[①] 他的同志博多（Baudeau）更明白地说“公平善意和自然的秩序，在希腊各共和国间始终是没有的。希腊中所载的全是破坏人类和平快乐的陈迹。……现代纯正的思想家决不会再附会希腊的哲人和政客，承认这种政治组织为人类的杰作，而模仿它”[②]。由上可见 18 世纪的欧洲，其哲学文化有两大来源。18 世纪的哲学时代，无论从何方面来看，都可认出有中国哲学文化的影响，直到 18 世纪末年，欧洲学者宣传中国文化仿自希腊，如迈纳斯（Christoph Meiners）等在 1778 年所抱论调，然而不久在法国学者哈革（Joseph Hager），于 1806 年尚著书主张希腊的宗教实受中国的影响。[③] 不过由 18 世纪而至 19 世纪，这时欧洲科学文化即希腊文化已渐压倒中国文化，所以 18 世纪末 19 世纪初一般人已不相信希腊文化为受中国文化的影响，反而相信中国文化为受希腊文化的影响；这么一来，情形一变，中国哲学已不能影响欧洲思想界，而欧洲的科学反而影响了中国思想界了。但这是后话，仍抹煞不了 18 世纪欧洲所受中国文化影响这一个历史的事实。

那末理性的观念从中国来的，还是从希腊来的呢？我可以肯定的说，有些是从中国来的。黑格尔在《历史哲学》里，说到理性支配世界可想起两种形式，一是希腊哲学家之“Nous”支配宇宙说，一是宗教家对于神意的信仰说，但他反对这两种形式，以为两者都不是“哲学的理性观”，把它推翻了。而理性之“变化的范畴”，黑格尔以为“这就是东方人所抱的一种思想，或许就是他们的最伟大的思想，他们的形而上学之最高的思想”[④]。又说“中国人承认的基本原则为理性（reason）——叫做道；道为天地之本，万物之源”；不过中国的理性观，由他看来，是和直接有关国家的各种学术研究并无联系的。[⑤]

3. 18 世纪欧洲的理想国

我们现在倒要注意一下，这种中国的理性说是怎样传到欧洲的。

我们知道，“异端”的孔子哲学，在欧洲方面虽有耶稣会徒极力介绍，极力证明它和基督教之相一致，但并不曾因此在宗教上发生了什么影响，有的，也只是反对的影响。我们现在来说中国理性说之影响欧

---

①② 赖赫淮恩：《中国与欧洲》，105 页。

③ 戈尔逖：《中国学书目》，第一卷，697 页。

④ 黑格尔：《历史哲学》英译本，76 页：“This is a grand conception; one which the oriental hinkers attained, and which is perhaps the highest in their metaphysics.”

⑤ 同前书，142 页。

洲，当然不是指宗教文化来说，而是专就哲学文化的影响来说。从宗教的见地来看哲学，哲学不外是一种异端外道，而从哲学上看，则此宗教所认为异端的孔子，却正是哲学的老祖宗；所认为邪说的“理”“理性”，正是哲学的正统派。18 世纪欧洲的思想界既为反对宗教而主张哲学文化的时代，当然对于此非宗教的孔子和他哲学的理性观，要热烈的欢迎他、崇拜他。因为罗马教会证明了孔子学说为“异端邪说”，则欢迎此异端邪说，即所以攻击罗马教会的本身，如法国大思想家伏尔泰即为好例。他是反宗教运动的急先锋，同时就是介绍中国哲学文化的先觉者。他拿着从耶稣会的学院肄业得来的关于中国哲学的知识，即以此知识为武器，拿来攻击教会，攻击耶稣会。18 世纪中法国教会的衰落在思想战线上很多出于这一位中国文化的信徒之力。耶稣会士介绍中国思想原意是为自己宗教的教义辩护的，无如中国原为哲学的先进国，介绍它的哲学文化，理性文化，并不足为宗教的思想辩护，反而给予反宗教论者以一种绝大的武器，这当然不是耶稣会士所能预先料得到的。自此以后，宗教思想在欧洲即不能占其原有的势力，宗教时代竟为哲学文化的时代所代替。“异端”的孔子在欧洲抬起头来，如赖赫淮恩在《中国与欧洲》一书所说：“那些耶稣会中人，把中国经书翻译出来，劝告读者不但要诵读它，且须将中国思想见诸实行。他们不知道经书中的原理，刚好推翻了他们自己的教义；尤其重要的，就是他们不但介绍了中国哲学，且将中国实际的政情亦尽量报告给欧洲的学者，因此欧洲人对于中国的文化，便能逐渐了解，而中国政治也就成为当时动荡的欧洲政局一个理想的模型。当时欧洲人都以为中国民族是一个纯粹理性的民族了。”①

在某些人眼里，“中国”变成 18 世纪欧洲的理想国家，中国的孔子变成 18 世纪欧洲思想界的目标之一，孔子的哲学理性观也成为当时进

---

① 赖赫淮恩：《中国与欧洲》，88 页：“This Latin translation of the six classical books I present to you, dear reader, not only that you may become acquainted with what the Chinese have written, but that you may put into act what they have rightly thought……of particular importance were the details given by the Jesuit Fathers concerning practical political matters in the Chinese Empire. On the one hand they helped forward the advocacy of enlightened despotism by Philosophy, while on the other they gave a backbone to the physiocratic movement the movement which, in anticipation of the Revolution, attempted to bolster up once more this time from the economic side the Absolutism of the Seventeeth century. Here, is the domain of political theory, as in almost all the departments of science, China became the corner stone of debate, a disturbing phantom in an age already sufficiently agitated.”

步思想的来源之一，其影响遂及于法、德、英各国；虽然各国所受影响不同，而要之以异端的孔子作他们反对宗教主张哲学的护身牌，却是一致的。孔子学说成为时髦的东西，引起了欧洲一般知识界人士对于孔子著书的兴趣，大大耸动了人心。这么一来中国文化便脱出了耶稣会士研究的范围，而反吸引着耶稣会以外知识界人士，尤其是一般学者读了那些不完全的译本，不求甚解，而大为感动。在 17 世纪已有人著书立说，以宣传中国哲学自命。如 1688 年所著《中国哲学家论孔子道德教的书函》（Lettre sur la morale de Confucius，philosophe de la Chine，Paris）和《中国人孔子之道德》（La morale de Confucius philosophe de la Chine，Amsterdam）两书，1729 年更有 M. D. S 所著《中国的政治道德概论》（Idée générale du gouvernement et la moraler des Chinois，Paris）都是无名或匿名的。匿名的原因为的是避免当时政府严厉的检查制度，但据今人研究的结果，知道第一书为西门孚舍所著[①]，第二书为新教牧师布律恩所著，第三书为当时财政家及《学者杂志》主笔西劳埃特（Etienne de Silhouette）所著，可见影响是很大了。最有趣的，则为 1788 年在伦敦刊行，在巴黎发售的一部伪书，现为巴黎国立图书馆所藏。此书名 Le code de la nature，poème de Confucius，traduit et comnenté par le P. Parennin（巴多明译注孔子的诗篇：《自然法》）。

孔子没有此一书，是不消说的，作者却假托当时耶稣会士巴多明的名伪作。案巴多明为康熙朝来华之法国耶稣会士，曾进讲自然科学，特别是医学，又为将中国文化介绍给欧洲之颇有贡献的一人，故假托其名，且故意把孔子的格言变成诗的形式，使读者发生深切的印象。如下一例：

人之初，性本善；
霍布士之叹息，欲何为？
…………
…………[②]

这是利用孔子一派的性善说，来反驳霍布士的性恶说的。但这书虽

① 案此书据后藤末雄：《支那思想のフランス西渐》，277～278 页，为当时货币检查局长 Cousin 所著。兹据平诺：《中国与法国精神哲学的形成》，465 页改。

② 后藤末雄：《支那思想のフランス西渐》，280 页。又同著者《西洋人の观たる支那》亦可参看。

假，而所受中国哲学人性本善的学说的影响却是真的。据摩尔利（Morley）所著《狄德罗与百科全书派》（Diderot and the Encyclopedists）指出“十八世纪之思想精神”即不外此：

> 人性本善，世界能成一优美可爱的处所；而目前世界之祸患乃恶劣教育、恶劣制度之结果。……盖惟深信人之品格与境遇可以无限地更化为善，则对于人类环境之改造，始有普遍与坚忍的努力。①

剑桥大学教授李约瑟（Needhem）讲演《中国文明》也说：

> 当余发现十八世纪西洋思潮多系溯源于中国之事实，余极感欣忭。彼十八世纪西洋思潮潜流滋长，固为推动西方进步思想之根据，十七世纪中叶耶稣会教友，群将中国经籍译成西文，中国儒家人性本善之哲学乃得输入欧洲。吾人皆知彼启蒙时期之哲学家，为法国大革命及其后诸种进步运动导其先河者，固皆深有感于孔子之学说，而曾三复致意焉。不论个人表现与人类真正性格距离至何种程度，吾人对于社会进步之理想，唯有依赖人性本善之学说，方有实现之望，而此种信心，吾人固曾自中国获得也。②

这话只是代表现代西方学者对于我们中国哲学的一种看法，可是在18世纪的法国，这不只是抽象的看法，而是社会发展学说中之一进步因素，正如马克思和恩格斯在《神圣家族》中所指出的“关于人性本善和人们智力平等，关于经验、习惯、教育的万能，关于外部环境对人的影响，关于工业的重大意义，关于享乐的合理性等等的唯物主义学说，同共产主义和社会主义之间有着必然的关系”③。再从实际的情形来看，例如上述假托巴多明译注的《自然法》一书，据巴黎国立图书馆目录，当时巴黎大僧正朱格（Lecler de Juigné）即藏有此书。又在大革命时路易十六王妃马利·安团（Marie-Antoinett）藏有《中国哲人孔子之道德》及《耶稣会士书简集》。由此可见孔子哲学在这时影响之大，不但传到僧侣阶级，且及于王侯贵妃之间，多人都拿它来做幌子。而且依据

---

① 摩尔利：《狄德罗与百科全书派》，第一卷，第一章，5页。此据浦薛风：《西洋政治思潮》上册，323页译文。又E. R. Hughes: *The Great Learning and the Mean in Action*, p. 25也有同样论调。

② 见《大公报》1942年8月31日，李约瑟氏讲演《中国文明》。

③ 《神圣家族》见《马克思恩格斯全集》第二卷，166页，1957年人民出版社版。

各书重版的数目，也可见其影响的时间很久。欧洲 18 世纪是所谓哲学的时代，是资产阶级哲学开始对于宗教文化之扬弃而发生了的哲学时代。固然这种哲学文化的产生，从一方面说是欧洲当时一定物质基础上的上层建筑，有它独特的前后相承的发展规律，即使受中国的影响，也必须通过自身的社会经济条件才起作用；但从另一方面来说，却不能否定它是受了中国文化影响，而为中国哲学文化的传播。所以孔子的思想在这时便成为某些人反对宗教文化之一个武器，孔子哲学的研究也不限于宗教界，尤其在当时一些自由思想家之中。即因这个原故，遂使中国的哲学文化成为 18 世纪欧洲思想所吸取的外来成分，正如马克思所说："理论一经掌握群众，也会变成物质力量。"①

(C) 宋儒理学传入欧洲的影响

我们知道，从 16、17 世纪以来，耶稣会士来中国传教的结果，他们一面把欧洲科学文化传到中国，一面把中国的哲学经典介绍到欧洲。他们为什么把它介绍到欧洲呢？他们想从那里找出"天""神""上帝"这些名词，来附会基督的教理和中国的完全相符。（黑格尔在《历史哲学》曾说及此，以为"在中国——'天'的意义无非是'自然'而已。耶稣会徒当真顺从了中国的称呼，把基督教的上帝叫做'天'，但是因为这个缘故，他们被其他天主教派上控于教皇了"②。他所指出的就是所谓礼仪的论争。）欧洲教士们以为中国所讲的"天"，和基督教所讲的上帝根本不同，因而大加攻击，从 1645 年至 1742 年，中间论争达 100 年之久，参加这次论争的著述，依戈尔逊《中国学书目》第二、四、五卷所列，共有 260 种之多，未发表的尚有数百种。最可注意的就是当时的宗教家，除耶稣会士以外，均注意中国哲学和欧洲的不同，他们认为中国儒学是无神论的，基督教是有神论的，而在一般知识界人士，则即以不同于基督教的"理学"来作他们启明运动的旗帜。

本来在华西洋耶稣会士虽极力将原始儒学的思想与基督教相调和，但对于宋儒理学则处于批评的立场来攻击。如罗明坚的《天主实录》，利玛窦的《天主实义》，就是着重原始儒家思想，而对于宋儒理学的"理"和"太极"，则认为唯物主义的流毒，而加以严格的批评。利玛窦指出宋儒所讲的"理"和"上帝"根本不同，而他著此书的目的，本来

① 《黑格尔法哲学批判导言》见《马克思恩格斯全集》第一卷，460 页，1956 年人民出版社版。

② 黑格尔：《历史哲学》，英译本，138～139 页。

就是以宋代理学派的唯物主义倾向为批评对象的。其后龙华民著《灵魂道体说》力斥道体太极之非。艾儒略的《万物真原》和《三山论学纪》也站在基督教的立场，反对宋儒的理学。他在《万物真原》里说："理不能造物"。在《三山论学纪》里说"太极之说总不外理气二字，未尝言其为灵明知觉也"；"物物各具一太极，则太极岂非物之元质，与物同体者乎?"他以为理就是法则，有东西才有法则。利类思的《不得已辨》也极力主张"理不能生物"。汤若望的《主制群征》亦于宋儒之太极阴阳诸说加以反驳。卫匡国著《真主灵性理证》，更根本推翻了宋儒的理气论。1673年陆安德著《真福直指》简直只认太极不外是物质的元质。这还来得客气一点，到了1697年，比利时人卫方济著《人罪至重》，竟指宋儒为俗儒。批评周子、张子说："俗儒以生前身安、死后神散为归"。至1753年，比利时人孙璋著《性理真诠》，为耶教哲学中有数的书籍。他把儒家分为原始孔家和宋儒，前者称为先儒，后者称为后儒，其对宋儒理气二元说，攻击不遗余力。如卷二"总论太极"、"辨理非万物之原"、"驳《西铭》万物一体之说"、"辨性理诸书"，卷三"驳汉唐以来性理一书诸谬说"各条反复论难，不厌其详，在他看来，理气太极都不过是卑陋的唯物主义。①

总之，从1586年罗明坚的《天主实录》、1603年利玛窦的《天主实义》，到1753年孙璋的《性理真诠》，他们都认为宋儒理学是唯物论的、无神论的，拥护原始孔家而攻击宋儒。他们把中国思想传到欧洲，不是想介绍宋儒理学，实在想将原始孔家传进去，以附会其教义。但欧洲一般知识界人士是不能分别哪是宋儒的，哪是原始孔家的，因此，在接受原始孔家的时候，宋儒理学也夹带着接受过去了。

宋儒思想传入欧洲，可分两方面来看，一是有意的接受，一是无意的接受。

1. 有意的接受

这方面的接受如（一）竺赫德《中华帝国全志》1736年版，第二卷中有宋朱熹（Tschu Hi）所著《论文选录》②，"关于建公立学校使人民得幸福的方法"（《劝学篇》），译者殷弘绪。（二）邵康节的《六十四

---

① 详见本书《耶稣会士对于宋儒理学之反响》一篇。

② 朱熹：《论文选录》见1736年版第二卷，319～322页。又见于Edward Cave英译本（北京大学藏）第一册，383～384页：Extract of a Treatise by Chuhi，one of the most celebrated Doctors in China，who lived under the tenth dynasty called Song。

卦圆图方位图》及《六十四卦次序图》(即《经世衍易图》)于 1703 年 4 月 1 日由白晋介绍到欧洲，是寄给莱布尼茨的，现藏德国汉诺威(Hannover)图书馆。(三)狄德罗在《百科全书》中，关于“中国哲学”(Philosophie des Chinois)一篇是他自己写的，讲述中国思想从战国前孔老，一直到明末，可算中国哲学的简史，对于宋儒理学，尤其是程明道、程伊川，均有介绍。(四)叔本华所著《自然之意志》(1863 年)，曾举 1826 年在《亚细亚时报》第二十二册所载《中国之创世论》一篇论文，其中述及朱夫子(Tschufu tze)即朱熹(Tschu-hi)的哲学。

2. 无意的接受

这一方面的接受比有意的接受影响更大。如(一)《天主实录》的拉丁文本 Vera et breris divi narum rerum expositio 本有护教的意思，书中注意的是辩驳在中国通行的几种教派，却无意的将宋儒理学传入欧洲。又利玛窦《天主实义》亦经若克(Jacques)译为法文，载于《耶稣会士书简集》中。(二)龙华民根本反对中国哲学，以孔子及孔子学派为唯物论，曾发表《灵魂道体说》，又用西班牙文著《关于中国宗教之几点疑问》，于 1701 年由耶稣会反对派译成法文(Traité sur quelques points de la religion des Chinois, Paris)；又熊三拔关于中国人对于天主天使灵魂等说的见解，曾为龙华民书中所引。(三)马若瑟未刊信札中 Essai sur Le monothéisme des Chinos, 1728 年寄自广东，其中述及理气问题(6～7，21～27 页)、无极太极问题(10～16 页)、道与理之关系问题(16，22 页)，据波提埃 1861 年巴黎刊本，所引汉文字多旁加罗马字注音。(四)方济各会士栗安当于 1701 年发表《关于中国传教事业之几个要点的评论》(Traité sur quelques points importants de la mission de la Chine)。此书和龙华民等书均以宋儒为中国哲学的代表，拿来作为攻击的目标。(五)耶稣会士的著作以外，如布卢刻(Brucker)、部尔芬革(Bulfinger)、莱布尼茨的著述中，对于宋儒理学亦曾说及。

在这些著作里，攻击最烈的要算龙华民。依他的意思：(1)中国哲学为无神论。(2)中国所谓“理”是有缺点的，即有“物质”的缺点，故“理”称之为“神”，不如称之为“第一物质”。(3)中国所谓“天”为物质的天，即苍天，与“上帝”的说法不同。(4)将《书经》中所讲祭祀之礼，分作四类，即上帝、六宗、山川、群神，这些各有特别精神，而中国注释家则均认为自然的原因。（5）他引孔子“非其鬼而祭之，谄也”一语，认为中国人和斯多噶学派一样，只知有物质的、有形的一个神，此神充塞宇宙之间，产生宇宙，且与其他下级之神共同支配宇宙。（6）中国人的所有宗教，不过一幕喜剧而已。次之，栗安当为耶稣会派的敌党，对于宋儒理学更攻击得不遗余力。他对于孔子“天何言哉！四时行焉，百物生焉，天何言哉！”虽不直接反对，但对于后人的注释则指摘其误谬之处。他攻击中国哲学的最大理由：（1）中国人一方面以理、太极或上帝含有神的性质，另一方面又不认其有灵明知觉，这种信仰是很矛盾的。（2）古代和近代的中国人，在上帝的名义下，崇拜物质的天，更进而崇拜一般人所不能了解的“理”，——称之为“德”，为“理”，而牺牲一切。（3）依据报告，知道孔子和其他古代圣人均可认为上帝的化身，和上帝是同一的。① 由上所述可见他们反对中国哲学，即是反对宋儒的理性观，反对宋儒即是反对唯物论与无神论，似乎是宋儒理学的厄运，现在看来却正是宋儒理学的幸运。

3. 异端之理学与欧洲理性时代

为什么呢？我前面说过，因为哲学文化从宗教的见地来看，哲学不外是一种异端外道，从哲学上看，则此宗教所认为异端的孔子、异端的理学，却正是哲学的老祖宗。18 世纪欧洲的思想界即为反对宗教而主张哲学的时代，当然对于此非宗教的中国哲学，要热烈地欢迎它，提倡它；而这一百年来关于礼仪问题的论争，即为中国哲学西传欧洲之绝好的机会。罗马教皇所认为异端的中国哲学，因为耶稣会士的媒介而传入欧洲，它不但给欧洲思想界以一大刺激，给欧洲思想界以“反基督教”、“反神学”、“反宗教”之理论渊源，而且在欧洲哲学的新发展中起了影响。

但即在这里，也不是没有例外，中国思想在欧洲，一方面有法德两国之正面的影响，一方面却有英国之反面的影响。然而即就英国来论，在 18 世纪时代，英国所受中国思想的影响，仍有正面的和反面的分别，19 世纪以后才倾向于全然反对的了。在此反面的影响尚未形成以前，英国思想家文学家中，尤其是提倡古代学术、信仰自然宗教的人，对于中国文化均抱亲善的态度。如天朴尔（Sir William Tem-

① Longobardi: Traite sur quelques points de la religion des Chinois Paris. 1701 北京图书馆藏。又参见平诺：《中国与法国哲学的形成》，312～313 页；五来欣造：《儒教の独逸政治思想に及ばせゐ影响》，408～422 页，莱布尼茨对于龙华民、栗安当之批评。

ple)、廷达尔（Mathhew Tindal)、艾特生（Joseph Addison)、蒲伯(Alexander Pope)[①]，乃至文学家如哥德斯密（Goldsmith)、窝尔波尔(Walpole)、柏西（Thomas Percy）等[②]，或极力赞美中国，或以中国为题材，甚至批评中国文化的，如《鲁滨逊飘流记》著者笛福（Daniel Defoe)，在他冷酷的严厉的批评以前，在1705年的《凝结集》里，对于中国文化，也曾表示过敬意。[③] 然而从大体来看，中国思想在英国的影响，比较大陆方面，不无有相形见绌之感，这究竟为的什么呢？推其原因，有如下数端：

（1）英国是一个功利主义学说的产生地，从文化地理上看，可算西洋科学文化的摇篮，对于当时从科学文化不发达的中国来的中国思想，不能如德法两国之容易接受。不信，我们请看英国学者对于中国文化的恶评，大多数都是站在科学文化的立场上，如华吞（William Wotton)、洛契叶尔（Francis Lockier）的中国批评即为好例。

（2）法国和中国的接触较早，其中间媒介为天主教徒，来往的都是具有一定程度的知识分子。英国和中国的接触较迟，其中间媒介为航海家和商人，他们都不易领会中国。因此法国学者对于中国文化能深表同情，而英国的著作家则对于中国文化，常有不留情面的攻击，如丹波亚尔（William Dampier)、安孙（George Lord Anson）等旅行记，均为好例。

因有这些原因，英国所受中国思想的影响，比较法德两国便大相悬殊。英国只在文学方面接受了中国的材料，却不曾在哲学方面留下很深的痕迹。在英国，孔子不过是一个“可敬的人”，此外没有什么了。

我现在讲中国哲学对于欧洲的影响，乃是专指法德两国而言。我更希望读者注意一点，在18世纪法德学者，无论反对或欢迎中国哲学的人，都是以宋儒的“理气说”来做对象。一方面有人认中国哲学为唯物

① 天朴尔主张古代学术胜于近代，中国适为古国。廷达尔反对默示的宗教，而中国的信仰，如教士所言，是自然教。艾特生表面反对自然教，心中却很相近。蒲伯深信耶稣会士有自然教的倾向。以上均为18世纪英国比较重要的人物，而表同情于中国文化者。参见陈受颐：《鲁滨逊的中国文化观》，《岭南学报》第一卷第三期，10～18页。

② 参看方重：《18世纪的英国文学与中国》，《文哲季刊》第二卷第一号，第二号；范存忠：《约翰生、高尔斯密与中国文化》，《金陵学报》第一卷第二期。

③ 笛福在《凝结集》中说：“中国是古国，人民明慧、有礼而且最为伶俐”；“中国是一个充满学者、文人、艺术家和幻术家的国度”。虽然陈受颐说他此处把中国赞得天上有地下无的样，也就是一种最尖锐的嘲讽，但法国批评家 Paul Dotlin 却认为作者的前后思想矛盾。

论无神论而加以攻击，一方面即有人承认了中国哲学为唯物论无神论而大加欢迎。又一方面有人认中国哲学的理气说为异端外道，一方面即有人拥护此理气说而对于中国哲学加以新的解释。前者的影响可以法国麦尔伯兰基之攻击中国哲学为例，后者之影响可以德国莱布尼茨之拥护中国哲学为例。这种攻击或拥护对法国百科全书派的哲学思想和德国古典哲学都受到一些影响。

二 启明运动之先驱——笛卡儿

18 世纪启明思想的发达，其来源不能不推及 17 世纪笛卡儿哲学的胜利时代。笛卡儿及其学派虽有人误认为文艺复兴期的哲学（如桑木岩翼《哲学史概观》第二编第二章）实际却是启明哲学的元祖。文艺复兴，在 14、15 两世纪，虽表现着一种自动的不断的批评精神，却还没有领导的学说体系。但到了 17 以至 18 世纪，便受了一种新哲学的大影响，进入所谓革命的时期。这新哲学法国孔德只认为消极哲学，实际隐藏着辩证法和唯物主义的萌芽。新哲学可直溯到 17 世纪中叶，笛卡儿的哲学可为代表。利维-布律尔（Lévy-Bruhl）说："近代哲学到了笛卡儿，转入一个新的时期。"[①] 恩格斯在《费尔巴哈与德国古典哲学的终结》中论近代哲学也追源于从笛卡儿到黑格尔[②]，这决非过言。法国学派不消说了，17 世纪后半期，法兰西以外的两派哲学，如斯宾诺莎、莱布尼茨，虽然耳目一新，但均不过笛卡儿和亚里士多德混合成功的哲学。我们现在既已公认莱布尼茨为德国启明哲学的先驱，也应该无疑地承认笛卡儿为哲学时代理性主义的元祖。

(A) 笛卡儿对于中国文化的态度

1. 外来文化之接触

但当我们研究一下笛卡儿思想的来源，便发现了很重大的事实，就是这唯理主义的哲学，是如利维-布律尔所说，不是传承的，是突起的。因为他与传统的学说太无关系，所以有人称他的哲学，也和数学家俾俄（Biot）称他的数学一样，"是不用母亲生产的儿子"（Proles sine matre creata）。[③] 事实果然如此吗？笛卡儿哲学是从那里孕育出来，我的答

---

① 利维-布律尔：《法国哲学史》，1 页；彭基相汉译本，1 页。

② 见恩格斯：《费尔巴哈与德国古典哲学的终结》，人民出版社 1959 年版，16 页。

③ 利维-布律尔：《法国哲学史》，第一章，3 页。

案，是很受外来文化接触的影响。笛卡儿思想的来源虽得不到整个的事实来下结论，我们总可以注意以下两点：第一，他从1604至1612年都在拉夫雷士（La Fleche）地方一个耶稣会派的学校修业，因此一生总对于耶稣会派特别关心。这时正是罗明坚的《天主实录》（1586年）和利玛窦的《天主实义》（1603年）以拉丁文本传入欧洲的时候。第二，他虽然是法国人，但在1618年即离开法国，一生差不多都住在荷兰，他的全部著作差不多都是在荷兰写的。这时，荷兰正在和东方交易，与葡萄牙人争夺市场。据《明史》卷三百二十五《和兰传》的记载。据发隆丁（Valentyn）《荷兰东印度公司史》所述，则1603年，即当笛卡儿7岁时（明万历三十一年），荷兰人才到中国领海，泊于澳门。1624年（天启四年）即笛卡儿21岁的时候，中国才允许荷人自由贸易。所以他"恭逢其盛"，在1631年曾给巴尔扎克（Balzac）一封信，述及他在荷兰的生活情形：

> 如果你看到果园中生出果实来，就要感到快乐。……那么你以为我在看到各种船只带来印度的一切产品和欧洲的一切珍奇时，没有同样的快乐么？在这个地方，人生的一切安适品和人们所欲望的一切珍宝，都很容易找到，在全世界上你还能找到这样一个地方么？①

我们知道当时东方各国通称印度，言印度可以包括中国及南洋群岛，笛卡儿在荷兰常常看到各种船只带来印度的一切产品，中荷文化的接触也就很容易明白了。

2.《方法论》中所见之中国

最可注意的，就是他对于中国文化的态度，在他名著《方法论》（Discourse on the Method of Rightly Conducting the Reason and Seeking Truth in the Sciences，Tr. by John Veitch，Everyman's Library 570，1934）中，有下列的几段话：

（1）一个人若是从小生长在中国，所表现的性格一定和在德国和法国不同。（Part Ⅱ，p. 14）

（2）在实际上，在中国人当中，也同在我们当中一样也有聪明人。（Part Ⅲ，p. 19）

---

①《大英百科全书》中Abraham Wolf所作《笛卡儿》条，见关琪桐译：《笛卡尔方法论》卷首所录，1～12页。

（3）我们不能占有中国。（Part Ⅲ，p. 21）

在这儿段里，至少也可以看出笛卡儿当时因在荷兰的关系，知道了一些东方各国如印度、中国、波斯的知识。他虽提及中国时兼提波斯、墨西哥乃至番族人，不一定赞美中国，却承认在中国人当中，也有和法国一样聪明人的存在。因为笛卡儿曾经自己说他成功的原因，是因离开他的国家，或以前所读的书①；可见他的哲学，无疑地很受外来文化接触的影响。

3. 笛卡儿哲学之新评价

实际笛卡儿哲学里面的唯物主义倾向，以及他着力教人的“Reason”一语，和那一样聪明的中国人所讲的“理性”，正是一个东西。笛卡儿哲学是法国哲学最优秀的成就，同时也是较先接触到东方世界的第一人。

(B) 笛卡儿学派的中国哲学观

1. 所谓笛卡儿学派

笛卡儿哲学的最大难点，在他二元的形而上学，他惟理的哲学体系，一方面是革命的，一方面又是保守的；在革命的方面，他不仅攻击前人的权威方法，而且创造了新的哲学方法——怀疑论。所以制宪会议（Assembleé Constituante）证明法国大革命的精神，就是笛卡儿精神的渊源之一。② “我思故我在”，我能怀疑一些事物，只有一个地方万无可疑。这个便是“我”，我在这儿疑，故怀疑的我是存在的。这样笛卡儿把“我”作怀疑的基础，便产生了许多大胆的思想家，来批评一切，否认一切。这么一来，笛卡儿的哲学便变成一种以个人解放为出发点的资产阶级的革命哲学了。然而尤可注意的，就是这种哲学和唯物论、无神论的关系。朗格《唯物论史》（F. A. Lange Geschichte des Materialismus）③ 曾经告诉我们：法国最坏的一个唯物论者拉美特利（La Mettrie）说他自己的唯物论是出于笛卡儿，这位哲学家本来全用不着灵魂，却因为怕僧侣，才把灵魂加入他的学说中去。朗格又说，“甚至于18世纪初叶，唯物论者之名犹未普遍的时候，唯物论者已常被称为Mechanici，即机械论者，这是值得注意的。然而这种机械的自然观，是不能不推源于笛卡儿的”。恩格斯在《费尔巴哈与德国古典哲学的终结》中称“按照18世纪唯物主义者的意见，人是一架机器，正如笛卡儿心目

① 《方法论》，Part Ⅰ，p. 9.

② 《法国哲学史》，8页。

③ 《唯物论史》，上卷第三章，235～240页。

中的动物一样”[①]。不但如此，赫胥黎在所著《方法与结果》（Method and Result）中，有一篇《论笛卡儿的方法讲话》，也曾指出这位哲学家被称为无神论者的事实。“笛卡儿自始至终都是一个很好的旧教徒，他自己矜夸地证明了上帝与人的灵魂之存在，他的老朋友们耶稣会徒把他的书籍编成禁书目录，当作一个他的努力的酬报看，称他为无神论者；而同时荷兰的新教牧师们又宣布他是耶稣会徒和无神论者；他的书很少逃出狱吏的焚烧，瓦利里（Vanini）的命运是在他的眼前徊绕；伽利略的恶运很惊恐了他，使他差不多放弃了那大有利于世界的真理之追求，而被驱去度那于他一无所补的逃亡生活。”[②] 由上所述，笛卡儿哲学又可以说是一种唯物论和无神论的哲学了。

但就这位哲学家的保守方面来说，在他所著《关于第一哲学的一些沉思》（Meditationes de Prima Philosophia，in qua Dei existentia et Animae immortalitas demonstratur，1641）即所称《沉思集》[③] 中，又最容易看得出来。这本书最主要的论旨，在证明上帝的存在和人类灵魂的本性，他证明了“不但宇宙的创造需要全能的神明，就是宇宙的保存，也时时刻刻需要全能的神明”。因为上帝的真实才可以说明物质世界的真实，上帝的存在才可以说明物质世界的存在，所以他在献给巴黎神学院的教士们的献辞中，历引《圣经》里面《智慧书》和《给罗马人书》的话，来证明我们对于上帝的知识，是最容易明白的，只要一考察我们自己的心理就可以明白了。虽然笛卡儿的整个学说，显示了很大的进步作用，却是他教人以上帝的存在，对天主教作了重大让步，因而他的哲学也就带着很浓厚的唯心主义色彩了。

a. 右派　巴斯噶（Blaise Pascal）

17 世纪法国哲学家的思想都是自笛卡儿哲学来的。然而笛卡儿二元的形而上学便不能不影响到他学派的分裂。因为他还是一个好的天主教徒，所以由他可以引出巴斯噶在《思想》（Pensées）一书所发挥的“使已失的灵魂，复返到基督教的信仰”之神秘哲学。

b. 左派　培尔

但笛卡儿的方法论终竟是以怀疑为起点，所以由他以后，也可以引

---

① 恩格斯：《费尔巴哈与德国古典哲学的终结》，18 页。又马克思《神圣家族》（《马克思恩格斯全集》第二卷，166 页）说，笛卡儿的唯物主义成为真正的自然科学的财产。

② 《方法与结果》，谭辅之译，137～168 页：《论笛卡儿的方法讲话》，此据 166 页引。

③ 《沉思集》六篇，为笛卡儿之第二部大作，有关琪桐汉译本，原书是用拉丁文写的。

出如培尔对于“神圣”的批评。同在笛卡儿的信徒中，一方面有人希望将笛卡儿的哲学与正宗的教义相合，一方面却有人借笛卡儿的名义，来提倡“无神论社会”的假设。[①]

以上两派最好的对照，可在他们对于中国哲学所见的差别认识出来。因为中国哲学在当时法国，确是一种外来思想，甚至于异端邪说。所以拥护基督教的右派：巴斯噶，便不得不极力反对中国。而在攻击基督教的左派：培尔，也自然拿中国的哲学思想做他有力的护身符了。

2. 巴斯噶与中国古史年代问题

巴斯噶对于中国知识的来源，是从 1658 年在华耶稣会士卫匡国所著《中国上古史》一书中来的。[②] 这书可算当时欧洲最可靠的一部中国史，关于中国古代的叙述，上溯伏羲以前。伏羲时代当西历纪元前 2952 年，伏羲以后的事迹均可认为信史。但依中国历史家所说，则宇宙开辟当在大洪水以前的数千年，这显然和当时法国年代学者菩绪埃 (Bossuet) 的《世界史论》(Discours sur I'histoire universelle) 和《圣经》所载不能相同，因此著者对此极力解释，反而引起法国批评家的注意和批评。就中以拥护圣教自命的巴斯噶，更不能不提出抗议。在他名著《思想》中，便提出一种对于中国史的怀疑论：

> 在这两个中哪一个更接近事实，《圣经》的记载还是中国的历史？这是不成什么问题的。我告诉你《圣经》内有些使人迷惑，有些又使人启发，这话已可把你的理由推翻了。你说中国缺乏明了，我的答案，中国缺乏明了，但却存在可以发现的明了，让我们把他发现出来罢！[③]

巴斯噶是一个以《旧约》为指准 (figurisme) 的主张者，对于《圣经》以外的史书，如希腊人所作《伊利亚》(Iliad)，埃及人或中国人所作本国的历史，都要研究它是怎样发生出来的。他研究的结果是怎样呢？“古往今来世界各处便有许多宗教，但是这些宗教既无使我信服的道德观念，又没有充足证据引起我的注意。例如伊斯兰教、中国宗教、古代罗马教，都没有真理的证据，也没有一定确实的方针，因此……我

---

① 培尔提倡无神论社会的假说，为全 18 世纪所讨论的题目，见利维-布律尔：《法国哲学史》，122 页；汉译本，78 页。

② 参看平诺：《中国与法国精神哲学的形成》，347～348 页；后藤末雄：《支那思想のフランス西漸》，50～52 页。

③ 巴斯噶：《思想》，W. F. Tratter 英译本，163 页，《万人丛书》874。

对于这些宗教只好一概拒绝。”这位中国史的反对论者，甚至以墨西哥的历史传说来比拟中国古史，认为一样无稽。实际他却是一个不折不扣的旧教的拥护者，《圣经》的辩护者，这种反对论不过证明他是笛卡儿的右派罢了。

3. 培尔所见之中国无神论

反一面来看中国思想的拥护者培尔，却又正是一位基督教的反对者。恩格斯在《费尔巴哈与德国古典哲学的终结》中指出法国约当1685年“那时自由思想家培尔的活动已经很积极”了。培尔在《关于彗星的不同意见》(Pensées diverses sur la compéte，1682～1684)文中，站在科学的立场，举出中国人的迷信[①]——占星术，以为天文学尚未发达之一例证，他所得中国的知识是从泰米诺（Thévenot）和塔弗尼埃（Tavernier）等游记中得来的。但他在1697年发刊的有名的《历史的批评的辞典》(Dictionnaire historique et critique，5，vols.）却很分明地指出中国思想之无神论的倾向。这本书的影响总算尽可能是最大的了。郎格《唯物论史》告诉我们：“他在这里曾把各种知识说得最易于使人容认，这种知识的饶丰吸引了不少学者。他对于科学问题的讨论方法又如此使人爱悦，所以，皮相的读者亦不免为其魔力所吸引。”[②] 他大胆、明白，新鲜而有生气，所使用的辩论体裁以后为伏尔泰及百科全书派所采用。尤其他在辞书中所登载的中国论，虽不公然攻击基督教，实际却利用孔教的无神论，来有意使读者去打倒基督教及以基督教为基础的专制政治。他最先注意到天主教士中之礼仪问题的争论，如一方面有1682年阿诺（de M. Arnaud）著《耶稣会派的实践道德》(La Morale pratique des Jésuites）来攻击耶稣会士的立场，一方面又有1698年哥俾恩（Le P. Le Gobien）著《关于承认基督教的上谕史（附）孔子教祖先教的礼仪之说明》(L'histoirede I'edt de I'Empereur de la Chine en Faueur de la Religion chrestienne：un Éclaircissement donneé *à* Monseigneur le Duc de Maine sur les Honneurs que les Chinois rendene *à* Confucius et aux Marts）来辩护耶稣会士的立场，由此两书内容之互相矛盾，可见在华传教士间意见的龃龉，因而证明了一种宗教之分裂的现象。在耶稣会士的敌党方面，主张儒者所谓“天”、“上天”都不外肉眼

① 参看平诺：《中国与法国精神哲学的形成》，314～327页；后藤末雄：《支那思想のフランス西渐》，53～54、531、538～540页。又《费尔巴哈与德国古典哲学的终结》，47页。

② 《唯物论史》上卷，359页。

所见苍天的意味，儒者本不信灵魂，所谓天地山川之灵都不外意味着自然物的活动力而已。在耶稣会士方面，则以为古儒与近儒不同，孔子承认真神，而近儒则误解孔子的教理，遂至坠于无神论。殊不知即在耶稣会士之中，以研究孔教著名的龙华民，承认孔子曾为道德与政治留下不朽的名训，然而不幸对于真神及其教理则在全然不能理解之列。所以中国人所信仰的至高至善的存在“神”，实为构成世界物质的中心，换言之，神即是世界尽美尽善之“天”的中心而已。培尔又根据卢培儿（La Loubére）所著《暹罗游记》（Du Royaume de Siam，1691）和方济各会士阿雷俄内萨（le P. Aleonessa）所著《神史》（Mercure historique，1699）各书，以为中国人的教理承认东西南北、星、山川、植物、都城、沟渠、家灶，一句话来说尽，即认万物为神，不过在神灵之中有善恶二灵的分别。人类有灵魂，为一切生活活动的根本，太阳亦有灵魂，发生太阳的性质与作用，宇宙之中，森罗万象，莫不有灵，集合此诸种灵魂而形成固有的活动，这就是自然界的大调和。在此，全智全能的存在，或无限的摄理，便成为不需要了。在《辞典》中“Spinoza”注下说及：古代的中国人承认万物之灵中，以天为最灵，天能支配自然，即自然界中其他之灵非顺天不可。然诸灵亦有相当之力，能以自力活动，形成和他灵不同的自相。此无数的小小非创造物为大哲学家德谟克利特（Democritus）伊壁鸠鲁（Epicurus）所认为真理者，在东方这种思想却极其普遍发达。又在“Sommona—Codon”注下说及：儒者尊重古说，认苍天之灵、其他万物之灵，均为缺乏智力之一种动的物质，而将人类行动之唯一判断者归之于盲目的运命，运命有如全智全能的法官，天网恢恢，祸福自召，而其结果自然合于天理天则。由此可见儒者毕竟和伊壁鸠鲁的思想不同，伊壁鸠鲁否认摄理，肯定神的存在，儒者则肯定一种摄理，而否定神的存在。他又将中国人的泛神论和斯宾诺莎的泛神论相提并论，以为两者均为无神论，而中国人的无神论尤为彻底，暗中即以攻击耶稣会士的立场。他又以基督教和佛教的静寂主义相比，利用儒者对于佛教的攻击论据，来间接推翻基督一派的静寂主义。最有趣的就是他虽屡屡引用李明、哥俾恩等著作，但对于他们主张儒者承认天为造物主即真神一点，则有意忽略过去，反而参照了反耶稣会派的著书，承认儒教为无神论，这究竟为什么呢？我们知道培尔在少年时虽曾一度改宗耶稣会派，但不久就再信新教，为反抗路易十四对于新教徒施行严厉的法律，更倾向于无神论，而提倡所谓“无神论社会”的假设。

他既然公言社会的构成可以无须宗教，故在《历史的批评的辞典》中，即以当时喧传欧洲的中国来作他理想的社会的典型。中国社会在他看来，即是无神论的社会的实例，中国哲学无疑也就是无神论的哲学了。他憎恶耶稣会派，甚至抱着和沈漼、杨光先的同一论调，主张中国皇帝应该留意耶稣会士的阴谋，不使传教才好。在1702年，他在《中国通讯》里，更确说有一无神论之宗教。培尔的思想虽为笛卡儿派，但从其怀疑论引出的结果，却和这方法的创立者不同。他的思想暗伏了一种反基督教的哲学，所以伏尔泰特别佩服他，赞颂他为“人类的骄子”，利维-布律尔说他的著作，“简直成了18世纪无信仰者之无穷的宝藏”[①]，只有他才是18世纪法国革命哲学的真正先驱。用马克思在《神圣家族》中称赞他的话：

> 比埃尔·培尔不仅用怀疑论摧毁了形而上学，从而为在法国掌握唯物主义和健全理智的哲学打下了基础，他还证明，由清一色的无神论者所组成的社会是可能存在的；比埃尔·培尔“对17世纪说来，是最后一个形而上学者，而对18世纪来说，则是第一个哲学家”。[②]

(C) 麦尔伯兰基论“理”与“神”之异同

在笛卡儿学派中，巴斯噶信仰有神，提出中国史的反对论，是属于右派；培尔主张无神，提出中国思想的拥护论，是属于左派；但更可注意的，却是笛卡儿学派的中派，一方面被人称为“他能在上帝中看见一切的事体，看不见他自己的疯癫”[③] 的，一方面又“毫无例外地被神学派责备为背弃基督教”的麦尔伯兰基了。[④] 他和培尔一样，主张中国哲学为无神论；但他不赞美中国，和巴斯噶一样，对于中国的思想取着反对的态度。据说当他的哲学传到中国，为中国人所赞赏的时候，罗萨利主教（Evéque de Rosalie）兼中国之教皇代理主教利翁（Artus de Lionne）即托其起草如下一篇论文：《关于神的存在及其本质：中国哲学者

---

① 利维-布律尔：《法国哲学史》，129页；汉译本，79页。

② 《马克思恩格斯全集》，第二卷，162页。

③ 利维-布律尔：《法国哲学史》汉译本，31页；引当时人著名的话。又下一引语见马克思：《第179号科伦日报社论》，《马克思恩格斯全集》第一册，114～115页，人民出版社；文中马勒伯朗士即麦尔伯兰基之异译。

④ 参看平诺：《中国与法国精神哲学的形成》，329～333页；后藤末雄：《支那思想のフランス西漸》，305～306页；利维-布律尔：《法国哲学史》，23～48页。

与基督教哲学者的对话》(Entretien d'un Philosophe chrétien avec un-philosophe Chinoissur I'existence et la nature de Dien),发表于1703年至1708年之间。在1703年礼仪问题争论最烈的时候,利翁回到罗马,提出这个题目的动机不过劝诱麦尔伯兰基讨论礼仪问题,对于耶稣会士的主张加以抨击而已。但麦氏在对话里面主张中国人为无神论者,这对于耶稣会士未免太不客气了。所以耶稣会机关报 Trévoux 的记者,也指摘出这对话中,麦尔伯兰基在上帝之中看出"理智的扩张",因而这位哲学家所讲的无神论的思想也就不值得一驳了。

麦尔伯兰基证明中国哲学与基督教哲学的不同,实受中国近代哲学即宋儒理学的影响。依他意思,中国哲学与基督教哲学的不同,即由于中国哲学所主张之"理"与基督教所主张之"神"的不同,现在试分三段说明如下①:

1. 基督教"神"之本质

基督教之神为完满无缺之无限的完全的实在,因之此无限是不受任何局部的限制的。而且万有皆为神所创造,由神而创造,在神本体之中,即包含此创造物所有之真的现实性。反之物质为最不完全最下等的实在,而其所有之现实的、完全的性质均包含于"神"之中。"神"是没有物质之不完全性质与限制的,神绝不是"无",因在实在里面"无"是绝对不能存在的,何况具有无限的完全的"神"是不受任何限制的原故呢?我的手不是别人的手,我的椅子不是我的屋子,我的精神不是他人的精神,换言之,我的手包含了无数的"无",手的性质以外的东西都只是"无"。然而"神"如前所述,是绝无所谓"无"的,因此神之所在,便知神之性质是实在的,要之"神"是可以说是无往而不在的了。

人类是有限的东西,所以对于无限的东西"神",无论如何,是不能明白其性质的。假使"无限的东西"的属性,有限者可以理解出来,那么这个属性早已不是神的属性了。人类可以证明是如此,但为什么如此,却不能说明出来。我们现在所能证明的只是证明有限者,对于神的属性无论如何不能明白,因为我们实在没有可以说明它的理由。

2. 基督教"神"之存在的证明

本来"什么也不思想"和"一点也不思想"一样,又"什么也不认

---

① 译文根据后藤末雄:《支那思想のフランス西漸》,306~315页。

识”和“一点也不认识”一样，所以精神所直接认识的东西，一定是一些什么东西，即是非有一些实在的东西不可。在此，精神之直接认识是有重大的意义的。为什么？因当人们睡眠的时候，又或许多场合，甚至觉醒的时候，还如梦幻一般不识自己的存在，这是共知的事实。但精神所直接认识的东西可就不然，精神的直接对象，即在梦中，也带着很多的现实性。因为在“无”里面，才没有何等差别的存在，要是精神之对象为“无”，则在梦中自没有差别的存在，因此精神所直接认识的东西不可不为现实的存在。

还有，我思“无限的东西”，而且直接认识了“无限的东西”，所以无限的东西是存在的。为什么呢？因为假使“无限的东西”并不存在，则我什么也不能认识，因之我一点也不能认识了。在这里我既认识了什么，若说不认识，这分明是一种矛盾。

依据论理，精神之直接对象为“无限的东西”，这即是“神”，精神在直接认识这个“无限的东西”的时候，“无限的东西”即基督教之“神”，是必然地存在着。

3. 中国哲学之“理”与基督教哲学“神”之异同

第一，中国哲学家不过承认物质与“理”二者，彼等以“理”为最高的真理，是睿智，是正义；依彼等主张，此“理”永久存在于物质之中而形成物质，又存于吾人所见支配物质之极有条理的秩序之中。人类精神不过物质有机化与纯化，而“理”则所以启发从此物质发生的精神，人类只要构成一切社会关系之各种真理与永久不变的法则，便不能不于最高的真理之中，认识此“理”。又人类无论何人，均非顺从此“理”不可。

中国哲学家所谓“理”，是指最高的正义而言，较之基督教“神”的观念，不如谓为接近于有力之帝王的观念。因此中国人所谓“上帝”，也不过表示某一个存在，特殊的实在或“有限的实在”的意味罢了。

然而基督教“神”的观念，如前所述，决非某一个存在之谓，“神”即是万有，在他单纯的本质之中，又包含了反映此本质的万有属性，而为其唯一的实在。从此意义来看，则神可以说是某一个存在，实际“神”一方面是单一，同时一方面又是万有，这就是“神”的特征了。

第二，中国哲学家如前所述，以“理”为睿智，为永久的法则，由此二者而引导人类，支配万物；基督教徒亦认此睿智为在“神”之中。中国哲学谓“理”存在于物质之中，因而确信物质的存在，然而基督教徒认“神”与物质为全然不同的存在，“神”创造物质，就此点来说，“理”与“神”便有重大的差别。

吾人伫立原野，张目一望，周围的物象，其动静、远近、形状、大小，无不映于吾人眼帘。吾人因色彩的不同，便能认识这些物象，这个原因不外由于物象与受此物象印象之肉体机关的作用。但是由基督哲学看来，这种作用实由于神的活动。又中国哲学家的思想，不将精神和它的机关分开，将此作用归之于精神的活动。

基督教徒不能承认中国哲学家以精神看做物质之有机化、纯化的说法。由中国哲学家看来，那些小物体的运动，即那些动物生机的活动与相结合之脑神经的振动，是和知觉作用、判断、推理，换言之，即与各种思想，都只算一回事。然而这种主张，从基督教神学看来，是没有法子承认的。基督教哲学主张，思想与物质为全然不同的实体变化，因而大脑、小物体的振动、思想三者，遂成为全然不同的东西。

第三，中国哲学家主张“理”不能在物质之外，无论所说是指“理”只存在于构成宇宙物体的形状之中，或是说“理”不过为物体间之秩序与配列也好，总之，“理”这个东西不能不认为无价值的。然而中国哲学家又以“理”为最高的法则，为睿智，若如前所述，“理”为物体间之秩序与配列，则“理”较之物质应居劣等。何则？实体这个东西应比实体的种种配置较为高等，因为不灭的东西总较高于会灭的东西的原故。但中国人不单以“理”为配置物质的东西，且以其能予物质各部以极有条理的秩序，以睿智称之。就此点来说，中国哲学之“理”与基督教之“神”似乎很一致了，却是基督教哲学主张“神”为独立的存在；反之，中国哲学家则否定“理”之独立性，始终主张“理”为依存于物质中者。加之，彼等所谓“理”与“神”不同，是无智能的，因之亦不能知道自己的本质或自己的行动，如是则“理”之本质不过止于物体的形状与其配置而已。何则？物体的形状与其配置，离开物体的存在即不能存在。又无论物体的形状也罢，配置也罢，两者全然无智慧可言，例如圆形的物体，不过指明物体有此形状，而此圆形是不能知道自己的形状的。

中国人一见很好的作品，即认此作品之中有“理”，若依此说，谓此作品的创作者为“理”所启发，照此意味，中国人的思想方法和基督教徒的思想方法相同。又若谓此作品的创作者，其思想之中有“理”，作者为此思想所启发，这种主张可以说和基督教徒对于“神”的看法完全一致了。即使作品不幸毁灭，而启发创作者的思想仍然存在。因此，“理”决不只为构成此作品之部分配置而有，同一理由，亦非只为创作者脑髓中的各部配置而有，“理”是一切人类公共之“光”，物质的配置不过是个体的变形，此等配置即使变化，乃至消灭，而“理”是永久不灭的。故“理”为独立的实在，不但从物质独立出来，且从极优秀性质之崇高智慧中独立出来。

然而中国哲学家视理极为劣等，一方面谓“理”为无灵明知觉，一方面以“理”为无上之贤明，这种论断分明是矛盾冲突的。又中国人以为“理”能启发众人，给人以贤明与智慧，而“理”本身则无智慧可言。但是“理”很分明地是应一定目的，配置了物质的各部分，例如人类为易于望见远方的原故，将眼配置于头之上部。中国哲学家因否定“理”之智慧，竟谓此种配置乃在无意识中行之。何则？“理”只不过为仁爱之本质的盲目的行动所驱使而已。中国哲学家虽确信“理”为睿智，为最高的正义。对于“理”的尊崇，曾力争着，以“理”为“贤明的东西”、“正义的东西”。为什么？因有“贤明”才能做出“贤明的东西”，有“正义”才能做出“正义的东西”；因之“贤明”本身当较之“贤明的东西”更有优越的价值，“正义”本身亦较“正义的东西”为更有优越的价值的原故。

但是这种观念是和基督教“神”的观念不相容的。从基督教的哲学来看，神本身是独立的存在，神即是贤明本身，至善本身，因之神也可以说就是“贤明的东西”、“正义的东西”。然而中国哲学家为抽象的观念所误，“贤明的贤明”在彼是不存在的。“贤明”虽然做出“贤明的东西”，而自己自身却不是什么“贤明的东西”，一句话来说尽，中国哲学所认识的存在，只是抽象的形状和性质，以为只有抽象的贤明、正义善良是存在的。

总之，中国哲学家以“理”为依存于物质，“理”不是如“神”为永久不变的完全存在，不是如“神”为精神与物质所由产生，故“理”非不灭之物。总而言之，中国哲学实不过为无神论罢了。

麦尔伯兰基对于中国思想之特殊的解释，当然是受中国哲学尤其是宋儒理学的影响。虽然有人如后藤末雄在所著《支那思想之法国西渐》中，批评这种解释不见得就是东方哲学之正确解释；在伊川、朱子均未明言“理”在物质之中，物质之有机化、纯化，即为精神。因之他以为麦尔伯兰基对于中国哲学的批评，分明是将那时法国正在抬头的无神论，尤其给法国哲学以很大影响的霍布士的唯物论与中国近代的哲学思想相混淆。实际亦何尝不是如此。宋儒理学如周濂溪、邵康节、张横渠本具唯物主义的因素，即在距离唯物主义远些的程朱派，尚且如程颐说，“凡眼前无非是物，物皆有理”；朱熹说，“天下未有无理之气，亦未有无气之理”。这就可见宋儒理学本有唯物论的倾向，麦尔伯兰基对于中国哲学的看法，决不是无的放矢。而中国哲学所以在18世纪的欧洲，变成为唯物论和无神论，变成为革命的哲学，这一位笛卡儿中派的麦尔伯兰基的解释，对于法国百科全书派是有一定的影响的。

三　莱布尼茨与宋儒理学之关系

笛卡儿为法国启明哲学的元祖，斯宾诺莎和莱布尼茨则为德国启明哲学的元祖。德国的启明哲学实充分的含在斯宾诺莎与莱布尼茨的哲学里，而斯宾诺莎与莱布尼茨的哲学，实直接受影响于笛卡儿，间接受影响于中国，不，就莱布尼茨和中国哲学的关系来看，实在已经很直接的了。在这两位17世纪末叶的大哲学家中，关于莱布尼茨所受中国思想的影响，已有好些著作去叙述它，斯宾诺莎则知道的人很少。就斯宾诺莎说，虽得不到整个的事实来下结论，但他也实为东西哲学文化交通史中有关系的人物。斯宾诺莎主张一种很有名的泛神论，他说神不是创造世界的，因为他就是世界，世界就是神，神不但是万有的普遍原理，亦是万有的总和，万有都不过神的变化。神是想象中最抽象的统一，最高的自由，最真实最普遍的本体。这种用几何学方法来证明泛神主义，实际即为对于中古宗教文化提倡反抗之急先锋。所以恩格斯在《自然辩证法》一书导言中也承认它的极大功绩说，“从斯宾诺莎一直到伟大的法国唯物论者都坚持从世界本身说明世界”①。但是斯宾诺莎这种思想是从哪里来的呢？只有康德于1794年6月在《柏林月刊》杂志中所揭载的宗教哲学论文，题名《万物的归宿》（Das Ende aller Dinge）就中一段，述及斯宾诺莎的泛神论受到过中国老子的影响。

> 因此沉思的人遂进入神秘主义。在此境界，人类理性不能理解自己本身乃至任何事物，相当于感觉世界之知的生活，在此世界的界限内，与其说喜欢限定自己，不如说更喜欢耽于玄想。这么一

① 恩格斯：《自然辩证法》，人民出版社1960年版，8页。

来，便发生以虚无为至善的老子奇怪的教义，即因感着与神性融合，抛却自己的人性而没入于神性的深渊里面，以此意境为最高无上的宗教。感得这种状态的中国哲学家为求此虚无境界的实现，曾努力瞑目静坐于暗室之中。于是由此泛神教（西藏及东方其他民族）及其形而上学的升华，遂发生了斯宾诺莎的学说。这两种说法，都是和那以人类精神为从神性出来（又还没神性之内）的古代的流出说，有姊妹的关系。①

在斯宾诺莎时代，老子有无译本还成问题（西文的老子《道德经》，据宋君荣说，卫匡国有译本曾寄到法国，又傅圣泽也有拉丁文及法文合译《道德经详注稿本》，时间都在斯氏之后。《道德经》最早可见之译本为 1750 年教士的拉丁文译本，现存伦敦印度事务局。18 世纪始有法德文译，19 世纪才有各种不同的译本）。然而初期教士与旅行家的著作中，也可以给斯宾诺莎以一种启示，如当时具一般唯物论观点的一本急进的书，名 Theophrastus reaivious，其中提出“向后，到自然去！”的口号，斯宾诺莎虽反对这个口号，却显然接受这一书中学说之若干成分②，这本书即可以说是带着很浓厚的东方的色彩。而且莱布尼茨受中国影响是在 1689 年最初和耶稣会士的接触，和斯宾诺莎的时代相差不远（斯氏论《宗教与国家》一书是 1670 年匿名发表的）。斯宾诺莎和天主教徒的往来，可见于他答复旧日学生，后改宗天主教之部尔格（Albert Burgh）的一封信。他说：

你自以为到底找到顶顶好的宗教，或者宁可说顶顶好的老师，而决定完全信托他们了。那么你怎样知道他们是过去现在未来所有的教师中顶顶好的教师呢？古代近代所有的各种宗教，这里也有，印度也有，全世界到处都有，你曾否通通研究过了呢？就算你已把它们相当的研究过了，你怎样知道你已拣得那顶顶好的呢？③

这是一个最好的例证，来证明斯宾诺莎曾和天主教徒辩论宗教的问题，而且涉及印度字样，印度这时在欧人是包括中国的。还有就是 1676 年莱布尼茨曾与斯宾诺莎在荷兰会面，莱布尼茨既有机会和中国

---

① 见日译《康德著作集》13：一般历史考其他，105～106 页。

② 德波林（Deborin）：《近代物质论史》，第四章，104 页。

③ Will Durant：The Story of Philosophy，Chap. Ⅳ，p. 175；汉译本：《古今大哲学家之生活与思想》，第四章，250 页。

的文化接近，号称“流浪的犹太人”的斯宾诺莎，怎么就不会接受中国文化的影响呢？大概中国文化之传入欧洲，最初一期还是美术的接触，所谓“罗柯柯运动”。依赖赫淮恩所说，则此“罗柯柯的精神是和中国的老子最相接近，潜伏在中国瓷器、丝绸美丽色彩之下的，有一个老子灵魂”[①]，又马弗利克（Lewis A. Maverick）有 A Possible Chinese Source of Spinoza's Doctrine 一文，刊于 1939 年法文《比较文学杂志》第三期，页 417～418，此文我未见，据罗菩泰姆《传教与京廷之耶稣会士》简单的说明，知道斯宾诺莎所受中国影响，是从发楞（Bernhard Varen）所著 Descriptio Reoni Japoniae 中所述中国的宗教而来[②]，那么将斯宾诺莎和老子的思想联在一起，无疑是可能的说法了。

因为斯宾诺莎的泛神论和中国思想发生密切的关系，所以法国无神论者培尔在《历史的批评的辞典》中将斯宾诺莎的无神论和中国的无神论相比，尤其倡导中国人的无神论，暗中加入反耶稣会的一边。[③] 还有夫累勒则发见了斯宾诺莎和孔子教的关系，以为孔子有一秘密教义传给弟子们，这教义的职分，在纯洁无疵的道德，并不是玄学，也不是宗教，这秘密教义显然地发见为斯宾诺莎主义所追随，所以中国思想可以说是泛神或无神主义。[④]

但是德国哲学时代的先驱者，在斯宾诺莎以外，更重要的却是学贯中西的大哲学家莱布尼茨。在中国思想之老子影响以外，更重要的却是孔子哲学乃至宋儒理学的影响。老子的精神虽在“罗柯柯运动”中到处表现，而老子著作，当时还没有完全译本，刚好在这个时候，中国的经书和孔子已逐渐介绍过去，于是孔子遂为欧洲学术界所倾倒崇拜，孔子遂成为欧洲 18 世纪启明运动的大师，而我们的哲学家莱布尼茨，就是首先承认这种文化大足贡献西方文化发展的第一个人。

(A) 莱布尼茨之中国文化观

莱布尼茨与中国哲学的关系，在欧洲当时学者均无异议。1727 年曼肯尼（Johann Burcharci Menckenii）所著《中国哲学史》（Historia philosophiae Sinensis Brunsvigae）曾经指出“繁荣文化国（republique litteraire）的必要条件”共六项，这是莱布尼茨的理想，同时即为中国

① 赖赫淮恩：《中国与欧洲》，76 页。

② 《传教与京廷之耶稣会士》，352 页。

③ 后藤末雄：《支那思想のフランス西漸》，535 页。

④ 平诺：《中国与法国精神哲学的形成》，344～346 页。

的理想。[①] 1737年卢多维西（Carl Günther Ludovici）著《评论莱布尼茨哲学之全部发展史》（Ausführlicher Entwurf einer vollsändigen Historie der Leibnitzischen philosophie），在序言末了一节，主张“莱布尼茨与沃尔弗两人世界观的发展史，是有二重来源，一个是柏拉图的影响，一个是中国哲学的研究”[②]。乃至古劳挨（G. G. Guhrauer）是一个对中国文化不持好感的人，但在他所著《莱布尼茨传》（G. W. Freiäherr V. Leibniz）中，仍不得不承认“在欧洲为无道德、无秩序所包围的时候，这位哲学家不是以中国为社会组织的典型，梦想着中国小孩一般地敬神之纯粹文化的黄金时代，而受诱惑吗?”[③] 近来莱布尼茨的研究者，如法国巴卢西（Jean Baruzi：Leibniz et l'organisation religieuse de la terre，Paris，1907）以中国为莱布尼茨的指导精神。[④] 五来欣造著《儒教の独逸政治思想に及ばせゐ影响》极力证明莱布尼茨的理神论、道德观与政治观所受中国的影响。[⑤] 最简单明了的，论及莱氏根本哲学与中国的关系，当推赖赫淮恩在《中国与欧洲》一书下面的一段：

> 莱布尼茨实为承认中国文化大足贡献西方文化发展的第一个人。他的《单子论》极其和中国儒释道三教的德性论相同。他所提出的“预定的调和”又极像中国的“天下之道”。莱布尼茨和中国的哲人一样，深信实际世界有其统一性，精神上有日新又新的进步，所以非常乐观。他们都以为宗教的任务在于创造知识，目的在于教成对于社会有用的行为。这就是欧洲启明运动的福音。他们以为道德就是快乐，快乐为所有思想的最高目标。[⑥]

1. 莱布尼茨与耶稣会士

莱布尼茨是一个极博学的人，哲学、神学、法律学、政治经济学、语文学、论理学、数学，无论何方面，均能自成一家之言。同时他又不但为理论家，且兼为实行家，交际极广，现藏汉诺威图书馆的他的书信和当时有名人来往的，实达1 054位之多，其中有32位是各国的王侯皇

---

① 五来欣造：《儒教の独逸政治思想に及ばせゐ影响》，459页。

② 同前书，456～457页。

③ 同前书，461～462页。

④ 同前书，435页。麦开尔：《莱布尼茨与中国传教》，154页。

⑤ 五来欣造：《ライプニッツと儒教》，见《儒教の独逸政治思想に及ばせゐ影响》，第二编，第四章，273～473页。

⑥ 赖赫淮恩：《中国与欧洲》，79页。

妃。他的足迹所经，有马因兹（Mainz）、巴黎、伦敦、汉诺威、柏林、维也纳、罗马等地。以这样博学多才的人来提倡中国文化，其影响之大是不消说的了。据五来欣造的考据[①]，莱布尼茨什么时候才开始注意耶稣会派虽不大明白，但从 1672 至 1676 年当他流寓法国的时候，法国还没有派传道队往中国去，这时似乎还没有和耶稣会士往来与从事中国的研究。据丹麦哲学史家霍甫丁（Höffding）的主张，他研究孔家是始于 1676 年在汉诺威图书馆的时候；他自己说在 1678 年已读过《孔子传》，看到中国人之以理为神和自己的哲学很相近似。德国麦开尔（Franz Rudolf Merkel）在所著《莱布尼茨与中国传教》（G. W. von Leibniz und die China-mission，Leipzig，1920）中，则主张莱氏很早即已研究中国哲学，他手边有很早的著作，如 1660 年斯彼基利阿(Th. Spigelius) 所著《中国文艺论》（De re literaria Sin-ensium）与 1667 年刻射所著《中国图说》；在莱布尼茨 1669 年起草的《关于奖励艺术及科学德国应设立学士院制度论》（Bedenken von Aufrichtung einer Akademie oder Sozietät in Deutschland，Zu Aufnahmen der künste und Wissens chaften）中，已可看出对于中国考察所得的结论。还有 1679 年柏林谬勒（Probst Andreas Müller）计划出版的 Clavis Sinica，莱氏对之大感兴趣，观于他的笔记中所引起的许多问题，便知这个时候他对于中国已有很好的知识。麦开尔的考据，又为赖赫淮恩在《中国与欧洲》中所引用。[②] 但据小林太市郎所著《中国思想与法兰西》[③]，则在 1666 年莱布尼茨在所著《结合法》一小册子中已经举中国及埃及的文字为例来作说明，那时他还是 19 岁的青年，这思想发生还在前一年，即 18 岁的时候。他后来想到这事就非常欢喜，曾写信述给鄂尔敦堡（Oldenburg），后来又由汉字组成法的暗示，发展为《真实记号法》（Caractéristique réele)，在他给鄂尔敦堡的信里仍然举埃及、中国的象形文字为例。又 1676 年 3 月 26 日亲笔所写书中，也说到中国文字，由此可见莱布尼茨的理论思想很早就和中国发生关系。1675 年他写信给科尔培（Colbert)，赞美这位宰相是“所有各地方各时代之真的发见者”；又说“欧

---

① 五来欣造：《儒教の独逸政治思想に及ばせる影响》，403 页。

② 赖赫淮恩：《中国与欧洲》，88～93 页引麦开尔原书共七次之多，可见赖赫淮恩实以麦开尔为依据者。

③ 小林太市郎：《中国思想与法兰西》，104、116～117 页，依据 Gerhardt 所著 Die Philosophischen Schriften von G. W. Leibniz 一书。

洲传教士的几何学，正确得惊动了中国官吏”[①]。1675 年是法国派遣白晋等六个耶稣会士来华之前十年，说者认为莱氏可能也参与了这派遣计划。当《中国之哲人孔子》在 1687 年出版时，他很感动地写信给黑林·赖恩腓尔（Landgrafen Ernst von Hessen-Rheinfels），称为“今年在巴黎发行中国哲学者之王孔子的著述”。又关于此书所采录的中国年表，他觉得非常重要，由这表看来，伏羲、黄帝和洪水时代很相近，但是除犹太史之外，所有历史以中国史为最可信，至少黄帝的存在是决无可疑的。[②] 这就可见他一向对于中国文化的态度了。

莱布尼茨和耶稣会士直接发生关系，却在 1689 年以后。他在幼年时代，对于耶稣会取着反对的态度，但在 1689 年，当他旅行罗马为汉诺威王朝搜集史料的时候，无意之中会见那由国返欧的耶稣会士闵明我，8 个月的往来使他深悉中国情形，从此以后，莱布尼茨便倾向于援助耶稣会士的一边了。现在为说明的便利起见，可将莱氏和耶稣会士的关系，分两方面来观察：

a. 与莱氏往来之耶稣会士

（1）闵明我

意大利人，1669 年来华，康熙十年在广东，钦取来京，佐理历法。二十二年随驾往北塞，二十四年奉旨往香山澳迎取熟练历法的安多，二十五年执兵部文泛海，由欧洲往俄罗斯会商交涉事宜。二十七年南怀仁病故，钦天监监正员缺，奉旨顶补，未回任前，由徐日昇、安多代理。二十九年与三十一年为探询闵明我回华信息，清廷前后派遣苏霖（Joseph Sueanez）、安多等往广东迎接，并下谕若闵明我带有精通历法的西人，着取来京听用。三十三年闵明我回华复命，奏陈遵旨会商各情，得赏赉甚厚，仍令治历供职，以上各情均见《正教奉褒》[③] 中。可见闵明我从中国回到欧洲，实有两大使命，第一与俄罗斯会商交涉事件，第二聘请精通历法的西人。因此道出罗马，刚好此时莱布尼茨正在编纂勃伦斯维克公爵（Duke of Brunswick）的家史，搜集史料数年（1687—1690），路径所经，值在罗马与闵明我邂逅相遇，停留八个月，往来甚密。后因南怀仁逝世，闵氏奉旨顶补钦天监监正员缺，所以他又匆匆离欧返华，原拟由俄罗斯陆路通过之计划失败，乃改出印度，在果阿时有

① 小林太市郎：同前书引平诺书，339 页。

② 同前书引 I. Davillĕ：Leibniz historien，425 页。

③ 《正教奉褒》，72、85、93、109、117、118 页。

一封信给莱布尼茨，书中述及他们在罗马时所讨论的问题："足下所提出研究的问题极为重大，非得同僚的帮助，不易答复。彼等散居中国各地，于五重要地域从事搜集宝贵的知识材料。我从今以后，愿将一切所得传达给欧洲，同样亦希望足下努力将其他知识的阐明告诉我们，作为彼此的交换。"

这封信不消说给莱氏以很大的鼓励，只要注意他在《中国最近事情》中绪言所述，他和闵明我的关系便很容易明白了。①

（2）白晋

法兰西人，1687年（康熙二十六年）与洪若瀚、李明、张诚、刘应等同来华，二十七年奉旨与张诚留京备用，二十八年奉召与张诚、安多等每日至内庭［廷］轮班讲授几何、测量、天文、地理、格致诸学，以供职勤劳，历年赏赐甚厚。二十九年与张诚、安多等扈从巡视塞外。三十八年又与张诚，奉旨扈游西湖、虎丘诸名胜。四十七年奉旨与雷孝思等往蒙古等处绘图，以上各情均见《正教奉褒》中，白晋以亲臣而接近中国最高统治者，故在1697年著成《中国皇帝传》一书，描写康熙的风格为人，以呈献于路易十四，此书后收录于莱布尼茨《中国最近事情》之第二版（1699年），由法文译成拉丁文，并附当今中国皇帝的肖像，译文即出于莱氏的手笔。大概白晋和莱布尼茨的关系，即从这一年10月开始，这年白晋因奉康熙钦命回法，招聘西方优秀的有学问的教士来华，同时带了康熙帝赠与路易十四的汉籍49册，收藏于巴黎王家文库，即现在的国立图书馆。1698年（康熙三十七年）秋冬，白晋偕同耶稣会学者如马若瑟、雷孝思、巴多明等10人再来北京②，这时莱布尼茨和白晋已常有书信往还。1701年11月，白晋寄莱布尼茨《易经》之六十四卦图，莱氏以为可与1678年他所发明的"二元算术"互相发明，乃与白晋通信讨论，这些信件现存于德国汉诺威图书馆中，尚未出版。据五来欣造研究所得③，考定之如下：

（一）1697年10月18日，白晋归返巴黎，第一次和莱氏通信，说及从弗查斯（Verjus）及其他学者处闻莱氏大名，且曾拜读《中国最近事情》序文，极其钦佩，附赠所著《中国皇帝传》，并述此次为法兰西

---

① 坂口昂：《ライプニッツの〈支那の最近事〉につソて》，见内藤博士还历祝贺《支那学论丛》，856～880页，此据869页引。

② 石田干之助：《欧人の支那研究》，183～184页。

③ 五来欣造：《儒教の独逸政治思想に及ばせゐ影响》，435～453页。

王家文库带来了300卷的中国书。

（二）1697年12月2日，莱布尼茨在汉诺威复函感谢白氏通信和寄赠著书，尤其希望以后热心关于中国的通信。在此复函里，莱氏除评论中国的历史、文字、数学及政治等外，提出一种普遍的文字说。

（三）1698年2月28日，白晋从法国罗射（Roscher）地方与莱氏一函，最初提到《易经》的传说。

（四）1699年9月11日，白晋从北京发函，并附赠莱氏以中国法律书，说及中国近代哲学不如古代哲学的有用。

（五）1701年11月4日，白晋的一封信与莱氏讨论中国文字，并送给他以《易》六十四封圆图，和圆图内包含按八卦配列六十四卦方图，这木板图后由莱氏附上号数，其中希腊字则为白晋所加，现藏汉诺威图书馆。

（六）约1701至1702年间，莱氏一函评述他所发明的二元算术和伏羲《易图》的配列关系。

（七）1702年11月8日，白晋复函，论及此事。

莱布尼茨和耶稣会士的关系，除上述闵明我、白晋以外，当推张诚、安多、苏霖诸人，在《中国最近事情》中，即登载有他们从北京发出的书信或报告，详见下文。又17世纪末年（1700年）来华之法人杜德美（Pierre Jartoux）亦曾与莱氏通信。因为闵明我、张诚、安多诸人，在礼仪问题争论中均站在赞成派一边，看《正教奉褒》所载康熙三十九年十月二日所上奏疏便知。[①] 因之莱布尼茨受此影响，在理论方面也就接近耶稣会，而反对闵明我派的主张了。

b. 与莱氏辩论之传教士

（1）龙华民

意大利人，于1597年随布道会中人来华，先往韶州，1609年被召入北京，次年继利玛窦为中国区耶稣会会长，对于礼仪问题和利氏意见

---

① 黄伯禄：《正教奉褒》，123页，载康熙三十九年十月二日闵明我、徐日昇、安多、张诚等奏疏，略称："谨奏为恭请睿鉴，以求训诲事。窃远臣看得西洋学者，闻中国有拜子及祭天地祖先之礼，必有其故，愿闻其详等语。臣等管见以为拜孔子，敬其为人师范，并非祈福祐聪明爵禄而拜也。蔡祀祖先，出于爱亲之义，依儒礼亦无求祐之说，惟尽孝思之念而已。虽设立祖先之牌，非谓祖先之魂在木牌位之上，不过抒子孙报本追远、如在之意耳。至于郊天之礼典，非祭苍苍有形之天，乃祭天地万物根源主宰，即孔子所云'郊社之礼所以事上帝'也。有时不称上帝而称天者，犹主上不曰主上而曰陛下，曰朝廷之类，虽名称不同，其实一也。前蒙皇上所赐匾额，御书'敬天'二字正是此意。远臣等鄙见，以此答之。"

完全不同。曾发表《灵魂道体说》，又著《关于中国宗教之几点疑问》(Traité sur quelques points de la religion des Chinois)，有1701年巴黎刻本。据费赖之《入华耶稣会士列传》本传所述，知此书原为西班牙文，载于那发累泰（Navarrete）神甫所撰 Tratados historicos，politicos，ethicosy religiosos de lamonarchia de China（Madrid，1616）一书中，经巴黎外邦传道会西塞（de Cicé）主教译为法文，法文译本重刻于莱布尼茨集中，附有注释①，此亦可见龙华民与莱布尼茨的关系。莱氏因读龙氏的著作，发现他以中国哲学为无神论，实犯重大错误，乃不惜一一加以批评，尤其纠正了前书对于宋儒理气说所见的错误。

（2）栗安当②

案萧若瑟《天主教传行中国考》，“清朝顺治年间，栗安当神父由福建北上，至山东济南府驻足，是为方济各会士传教山东之始。康熙时，会士来者愈多，山东教务即由会士接受，耶稣会士渐不复至”③。又康熙年间杨光先控告天主教，栗安当亦被押送广东。④ 可见他虽然是耶稣会的反对派，有时也和耶稣会站在同一战线。莱布尼茨因读其1701年所著《关于中国传教事业之几个要点的评论》(Traité sur quelques points importants de la mission de la Chine）乃指摘其错误，以拥护中国哲学为己任。

由上所述莱布尼茨与中国文化的接触，实以耶稣会士为其媒介，因与闵明我等往来，才有《中国最近事情》中所见之中国文化观；因与白晋往来，才发生《书简集》中所见之中国文化观；因读龙华民、栗安当的著作，才发生莱氏之宋儒理气观。现在试以次述之。

2.《中国最近事情》中所见之中国文化观

1697年莱布尼茨用拉丁文出版了一部《中国最近事情》(Novissima Sinica，Historiam Nostri temporise illustrutoura，Inquibus de Christianisms publica nunc primum antritate propagats missa in Europam relatio exhibetur，deque favore scientiarum Europaearum ac moribus gentis et ipsius praesertim Monarchae，turnet de bello Sinensium-

① 《入华耶稣会士列传》，81～82页。

② 栗安当为方济各会士，五来欣造：《儒教の独逸政治思想に及ばせゐ影响》，408页。“セントマソー”误为闵明我会士；又后藤末雄：《支那思想のフランス西渐》119、125页两处均以栗安当误写作“要妥当”，均为极大错误，应加纠正。

③ 《天主教传行中国考》，260页。

④ 《正教奉褒》上册，57、60～61、65页。

cum Moscis ac pace constituta，multa hactenusignota explicantur，Edente G. G. L. Anno MDCXCVⅡ）详名为《中国最近事情——现代史的材料，关于最近中国官方特许基督教传道之未知事实的说明，中国与欧洲的关系，中华民族与帝国之欢迎欧洲科学及其风俗，中国与俄罗斯战争及其缔结和约的经过》，书名末题 G. G. L 编辑，经考证研究的结果，因本书有闵明我与莱布尼茨的一封信，和卷首编者的自白，互相印证，才知此三个字的隐名，即为莱布尼茨拉丁名 Godefridus Guilelmus Leibnitius（Gottfried Wilhelm Leibnitz）的缩写。此书内容本文六项，共 174 页，均为在华耶稣会士的通信，卷头语《致读者》只 24 页，是莱氏当作绪论写成的。全书目次[①]如下：

一、卷头语

二、北京学会长葡萄牙人苏霖关于 1692 年起敕许基督教在华自由传教的报告书。

三、今上钦命在华所印南怀仁天文学的选录。

四、1693 年 12 月 6 日闵明我从果阿寄莱布尼茨的书函。

五、1695 年 11 月 12 日安多从北京所发的书函。

六、1693、1694、1695 年俄罗斯使臣（Murcovy）的中国旅行小记。

七、1689 年 9 月 2 日及 3 日张诚从中俄边界尼布楚所发书函，述及在此地中国人与俄罗斯人战争及最后缔结和约的经过。

但最可注意的却是卷头语之一部分，所以丢同（Dutens）在《莱布尼茨全集》页 78 以下所收，也只以此一部分为限，因在这里包含了莱氏的东西文化观，和中国道德政治的赞美论。他劈头即告诉我们：

> 全人类最伟大的文化和文明，即大陆两极端的二国，欧洲及远东海岸的中国，现在是集合在一起了。我相信这是有命运在安排，最高摄理恰好配合了这个事实。即使最有教养而最隔膜的二民族，便于互相携手，使介在此二民族间的大帝国，渐渐改善了它的生活状态。何则？联合中国与欧洲的俄罗斯民族，在北冰洋海岸，仍不脱野蛮风气，现在为着支配元老会议之君主自身的奖励，已渐渐和

---

① 坂口昂：《ライブニッツの〈支那の最近事〉にフッて》，见内藤博士还历祝贺《支那学论丛》，865～880 页。此处所述全书内容见 871～873 页。谢扶雅曾据之作《莱布尼兹与东西文化》，载《岭南学报》第一卷第一期，惟苏霖误作 Saulis，安多未写汉名，均应纠正。

我们从事文化竞争，这决不是夸大的话。①

这是把中、欧文化沟通的使命让给俄罗斯人去担负的。他接着便比较东西文化，看出欧洲文化的特长是数学的、思辨的科学，即在军事上面，中国也不如欧洲；然而一说到实践的哲学方面，则欧洲人到底不及中国。所以说“我们从前谁也不曾想到，在这世界上有凌驾我们的民族存在，但是事实上，我们却发现了中国民族了”，这就是指那中国文化所特长的道德与政治的哲学。

从道德方面来说。

即在此领域，中国民族实较我们为优，即使工艺和技术方面，我们和他相等，又思辨的科学更较为优越。却是在实践哲学方面，换言之，即生活与人类实际方面之伦理及政治的纲领里面，我们实在相形见绌了（这是必须忍受的屈辱）。为什么？因为中国民族为公众安全与人类秩序起见，在可能的范围内成立了许多组织，较之其他国民的法律真不知优越许多。实在人类的最大害恶，即从人类而来，又复归于人类本身，人人相对如狼的谚语尚不足以形容。由于我们的无限愚昧，加以不幸的自然遭遇，还不够，我们又对于自身不断地创造苦难。要是理性对于这种害恶还有救药的话，那末中国民族就是首先得到这良好规范的民族了。中国在人类大社会里所获得的效果，比较宗教团体创立者在小范围内所获得的，更为优良。他们服从长上，尊敬老人，无论子女如何长大，其尊敬两亲有如宗教，从不作粗暴语，如或有之，便科之以欧洲杀亲之罪，处以绞刑。因此在彼等社会，习惯已成自然，无论对于同辈或下级的人，都竭力讲求礼貌，由我们不惯这种形式束缚的人看来，简直就是奴隶。尤其使欧人惊异的，中国农夫与婢仆之辈，日常谈话或隔了一日会面的时候，彼此非常客气，其殷勤的程度胜过欧洲所有贵族。至于中国官吏，更可想象而知。彼等谈话间，从不侮辱别人，亦不得将其愤怒、憎恶、愤激之情现于辞色。可是在欧洲即或殷勤，或恳切谈话，也不过最初接近的几天，一到彼此相熟，便毫不客气，一不客气很快便会变成讥讽，愤怒，乃至结怨成仇。反之，中国人间，无论邻人也罢，婢仆也罢，因为生活习惯的缘故，总是常常保持着一种礼貌。

① 五来欣造：《儒教の独逸政治思想に及ばせる影响》，423～435页节译。

从政治方面来说。

那大帝国的君主，由于彼自身的伟大，虽则为人，却如神一般受人崇拜，一切唯命是从，这不是很可惊异的吗？这位皇帝，圣德与圣智都极端发达，遵守道德，尊敬圣贤，臣下望尘莫及，高高在上，这不是很可惊异的吗？

还有他处不易发现的事实，如在欧洲现在全数的伟大君主，对于内阁和会议，不免有所忌惮，中国则所忌惮的却是历史；同时对于子孙的敬意，亦如宗教一般。为要避免彼所设史官对彼不名誉的事实的记载，彼自身的行动便须加以检点。

现在中国的康熙帝可以说是空前的伟大，他对欧洲人极其宽大，但为保持其皇位尊严的缘故，不曾宣言公认基督教。但是很明白地，如果不允许基督教的话（这是由于传教士的努力）则此君主之伟大而有益的思想，即将欧洲工艺与科学输入中国，便不会成功。由此一事，可见彼实较彼之一切顾问官更具远大的见识。依我意思，此伟大的圣智，实在于中国人的圣智之上，加入了欧洲人的圣智。何则？中国学术方面，在彼幼年时即受普通以上教育，只要注意到彼试验中国官吏，那一种严格的考官的态度便明白了（这是表示一个学者的最高程度）。但当基督教徒呈递请愿书的时候，彼却照着订正大学者所写请愿书的程度，依其自身文字，很妙地把自己的思想表现出来。

如此他为人民精确地知道科学与判断不至误谬起见，乃因耶稣会士比利时人南怀仁的指示，注意于欧洲科学。这时欧洲科学的趣味在帝国里尚未经人注意，因之关于事物的知识及理解，彼较之一切中国、满洲人，不知优越许多。这恰如将欧罗巴的塔放在埃及三角塔的上面。使我想起在罗马时，耶稣会的杰出人物闵明我怎样对我赞美这位君主的德智，几疑为一种闲话。为什么？因为这位皇帝对于人民的正义、仁爱，还有谦逊等道德，惊人的知识欲望，几乎是不能相信的。他可以不顾同胞亲王及国内高贵人物的景仰崇拜，却与南怀仁共闭一室之中，如师生相对，每日耗费三四小时，以从事机械学、数学的研究。因此彼竟能了解欧几里得《几何学》的证明，学会三角术的计算，对于天文现象也可以用数学来表示出来。不但如此，依 Ludovicus 师（Ludovicus le Comte，李明）回国发表关于最近中国的报告，则此君主曾亲著《几何学》作为教科书，

> 教导王子们以此科学的真理要素。他的希望是使自己家族能在世袭的帝国中输入科学，即他死了以后，还可依此使人民得到幸福，我以为在人类中是没有比这个更为优美的行为了。

因为作者认为康熙帝是理想中最贤明的君主，故在1699年本书的第2版，增加了拉丁文译的白晋的《中国皇帝传》共128页，译者即他自己。这就可见莱氏对于中国政治是如何崇拜的情形了。①

由上莱氏赞美中国的道德与政治，结果便以为在实践哲学方面，中国实远胜欧洲，但在思辨科学方面，中国又不如欧洲远甚；所以，为人类的一般幸福和交换双方的文化起见，莱氏极表同情于传教士的行为。因为"它可以将中国数千年努力的结果输入欧洲，同时又将欧洲所有的输入中国"（1697年12月2日给弗查斯的信）。用马弗利克的解释就更明白，就是"他希望传教士教中国人以启示的宗教，同时中国人教欧洲以自然宗教、道德与政治"②。所以莱氏满怀希望地又说："中国传道者能够教给我们以自然神学的应用与实行，作为我们传授他们以启示神学的交换条件，因此中国便有遣送传道师来欧洲的必要了。"③

3.《书简集》中所见之中国文化观

莱布尼茨一生为事业而忙，所著《神正论》（Theodicée）以外，没有很大的著作。遗稿《人类悟性新论》（Nouveaux essaissur Iéntendement human）1765年才发现出版；1714年的《单子论》（Monadologie）和1687年的《形而上学论》（Discours de Métaphysique）都只能代表他思想的一部分。实际来说，莱氏却是极博学多能的人，他的全部遗稿大部分尚未发表，现存于汉诺威图书馆的，只就札记中备忘录一项，已有1万5千余通；至于与人往来的书信，经汉诺威图书馆馆长菩登曼（Bodemann）的初步整理已有目录（Hannover，1889）一册，还有札记目录（Hannover，1895）一册，又库土拉（Louis Couturat）所著《关于莱布尼茨写本目录》（Paris，1903）亦可参考。在这些札记与书信之中，最可珍贵的是与中国文化发生关系的一些书信，如与法郎克（A. H. Francke）往来的书信，与白晋往来的书信。法郎克因莱氏影响成为提倡中国文化、中国思想之最有力的同志。他们往来的书信，有1697年7月9日法郎克与莱氏函，同

---

① 坂口昂：《ライフツツの〈支那の最近事〉にンンフ》，见《支那学论丛》，873～876页，康熙帝の传记。又关于此书，麦开尔：《莱布尼茨与中国传教》，37～58页亦有专章述及。

② 马弗利克：《中国为欧洲的模范》，19页。

③ 赖赫淮恩：《中国与欧洲》，80页。

年8月7日莱氏与法郎克函，同年8月14日法郎克与莱氏函，同年9月30日莱氏与法郎克函，1699年4月6日莱氏与法郎克函，同年8月12日法郎克与莱氏函，均收入麦开尔所著《莱布尼茨与中国传教》附录中[1]。现在只就他与白晋往来的书信来说，从1697年10月18日最初通信至1702年11月8日最后复信，往还共七次，见五来欣造《儒教の独逸政治思想に及ばせゐ影响》中。[2] 在这些未曾发表的书函集中，莱氏对中国文化的观察实有很大的贡献。兹根据五来氏所著书，略述之如下：

六十四卦与二元算术 1701年11月4日白晋寄给莱氏的信，依据信中所述，知道莱氏曾提及二元算术问题，并送从“0”至“32”的数表，白晋认为这和易卦配列相同，这种数学从“32”以下，还可引申下去，最后并送莱氏以《易》六十四卦圆图，和圆图内包含按八卦配列六十四卦的方图，这就是现藏汉诺威图书馆、曾由莱氏附上号数、并由白晋加上 αγω、καγτω 希腊字的木版图（第一表）。

莱氏研究此六十四卦图之数学的配列顺序，结果发见了和他在1678年发明的“二元算术”（Arithmétique binaire ou arithmétique dyadique）完全相同。[3] 莱氏为发明微积分的数学家，其二元算术原理在丢同的《莱布尼茨全集》第一卷第一部页207、201及库土拉所著《莱氏逻辑学》（Logique de Leibniz）的附录里均有记载。大意以“0”与“1”表示一切数目。由“0”与“1”引申，便可表示宇宙万有的数，这和《易经》以“阴”与“阳”引申，表示宇宙万有原理者，极相吻合。试将二元算术以“0”与“1”为数之起点，演之如次（第二表）。

把此数表与宋儒邵康节演六十四卦次序图比较一下，六十四卦用阴阳二符号，顺次递增，“- -”即是“0”，“—”即是“1”，引申之如“000000”即䷁坤卦，“010010”即䷜坎卦，“101111”即䷍大有卦，依此类推，如第三表。

第三表以二元算术之数学记之，从“0”至“63”即合六十四卦的数目。第四表以“黑”“白”分阴阳，▨即为阴，▧即为阳，例如艮卦，“白黑黑白黑黑”，以易图表之为䷳，以二元算术表之即为“9”数。又如复卦，如表为“黑黑黑黑黑白”，以易图表之为䷗，以二元数学表之

① 麦开尔书，214～224页。

② 五来欣造书，435～453页。

③ 罗菩泰姆：《传教与京廷之耶稣会士》，252页，述莱布尼茨亦称他的二元算术（binary arithmetic）得力于中国的八卦（Pa Kua）。

即为“32”数，依此类推。先懂得这个秘诀，便对莱氏的二元算术很容易明白了。案二元算术的体系，如第四表以下所列。

第五表右边第一行表示从“0”至“63”之数，第二行以下所列数字，与第三表演算图相同，惟读法不同。又第六表从“0”算起，第五表则从“1”算起，有些不同罢了。如第六表以“--”换“0”，以“—”换“1”即成第七表，与第一表相同。由此可见易图六十四卦的配列，与二元算术完全吻合。因此莱布尼茨在得到六十四卦图木版图的时候，即在上面应用二元算术，加以号数的记号，以为易的配列顺序，和他在数学上的新发明可相印证，而大加赞叹不置。

我之最近不可思议的发见，换言之，即因读三千余年前伏羲——中国最初君主且为有名哲学家之一——的古代文字，发见秘密，对中国人实在是一件愉快的事，可以先许我们入国罢！因为中国人在二千年前便已失却这文字的秘密读法，在这书里，包含着不可思议的神秘（mystere cabalistiques），我从来未曾用过的新的计算方法。居然由我去发现了，这新方法能给一切数学以一道新的光明，因此方法，人们可以解决了许多困难。就关于这方面的材料来考察，我以为古代伏羲已得到此方法的关键，只要注意文字本身，或传教师刻射的《中国图解》，或柏应理及其他的著述，都很容易明白的。就是从中国人《易经》六十四卦的文字，也可以看得出来。这就是白晋送给我一本中国书的附录，却正和我给他所说明的原理完全符合。

约 1701 至 1702 年间，莱氏给白晋的一封信说：

再提到大函的重要问题罢！这就是我的二元算术和伏羲易图的关系。人们都知道伏羲是中国古代的君主，世界有名的哲学家，和中华帝国、东洋科学的创立者。这个易图可以算现存科学之最古的纪念物，然而这种科学，依我所见，虽为四千年以上的古物，数千年来却没人了解它的意义。这是不可思议的，它和我的新算术完全一致，当大师正在努力理解这个记号的时候，我依大函便能给它以适当的解答。我可以自白的，要是我没有发明二元算术，由此六十四卦的体系，即为伏羲易图，耗费了许多时间，也不会明白的罢！我之发明新算术是在二十年前，我认为以“0”与“1”表示的算术，较之从来所有的更进于完全之域，是有不可思议的效果的。但在我没有做到更成功以前，暂仍不愿发表，又以种种事情和思想关系，妨碍了不少工作，因此在任何的印刷物上始终不曾发表出来。正在这个时候，为贡献大师，以解释中国古代的纪念物，而收重大效用，真不知喜欢得怎样似的，这其间一定是有天意。若更得适当的人，作再进一步的研究，在大师的解释以上，加上新的方法，那末更可以因此唤起中国皇帝及重要官吏的注意了。

接着莱氏便讨论六十四卦圆图和圆图内所含方图的关系，以为圆图和方图是一样的，可以由圆图来说明方图；且以为圆图之作，说不定是模仿地球的。圆图的排列，一方面从右下方“0”与“1”开始，到右方的最高处，接近中心线上之 011111 即“31”数；另一方面从左下方“100000”即“32”开始，到左方的最高处即“63”数。莱氏以为邵康节圆图顺序所以这样不规则的缘故，是因与伏羲方位图的不规则相符合的结果。因为这一封信曾提及邵康节，且完全以邵康节的图学来说明二元算术与六十四卦的关系，这不是很容易看出他和宋儒理学的密切关系吗?

易图之宗教上的意义　莱氏主张中国的古代信仰与基督教相同，以易图为例。在给白晋的信里说：“关于二元算术，说起来不外 0 与 1 的作用，即‘无’与‘一’的作用，这种算术的最大功用，乃在宗教上可用为创造的象征。即在万物之初，只有一神，只有虚无的存在，而没有任何物质的存在。这个虚无是相对的，非绝对的，换言之，即依不完全的程度，在被造物中存在本质的制限；而此限制对于纯粹实在，即纯粹活动的将来，不外一种进步的否定，这恰似圆为圆周所限制一样。我相信，中国学者照此考察出伏羲智慧和我们一致的时候，他们也很容易相信这个伟人是表现着万有创造者的神，神依其创造万有，而从虚无里产生出来。如上从中国古典引出了阁下重要之教理问答一条，是很有讲给皇帝听的价值的。”莱氏又将八卦来附会基督教的《创世记》，以为“八卦即中国所认为根本的八线图，在伏羲是拿来显示创造的。万有皆从‘1’与‘0’而来，这个关系就是《创世记》的故事。因为‘0’可说是先天地而生的虚空，次之七日之中，每日均表示着存在之物与创造之物。最初第一日‘1’是神的存在，第二日‘2’即第一日所造天与地的存在，(在 000010 中，1 为天，0 为地。)最后第七日为万有的存在，因之最后一日即最完全的一日，所谓安息日。因此一日创造功成，万物皆备，所以‘7’的写法应作与‘0’无关的‘111’”。这样以易图说明基督教义，可谓尽附会的能事了。

普遍文字说　莱氏热心中国知识，曾劝告克罗西（Le Croze）以研究中国语文有无限的用处。在 1697 年他答白晋一函更提倡普遍的文字说，依他意思用哲学的符号来表示抽象的必然的真理，这是最合于科学的，而且这种普遍文字，对于言语隔膜的远方民族实有不可思议的效用。为此，他很想利用中国文字。1701 年后因讨论二元算术与《易经》六十四卦的关系，又提出此点，以为伏羲画卦，含有文字学上的极大意义，我们最大的希望在把这种文字引申下去，以发明新文字。这种普遍文字的计划，虽在莱氏一生尚未具体实现，但提出普遍文字而注意及于思想计算与数的关系，因而特别赞扬易卦文字，这一点却值得我们去注意了。

由上可见莱氏所受《易经》的影响，即它的二元算术甚至最有名的《单子论》，其中根本主张均和《易经》的道理相合。他从 1699 年开始为巴黎学院会员，1701 年他把二元算术的研究送给学院，在它的末尾不忘附载从《易经》六十四卦来解释这数学，认为应该使中国人知道此二元算术为欧洲科学之优秀所在，同时也使中国人知道中国世界观之悠久神圣传统，如《易经》是和此科学相一致的，这就对于基督教之中国传道大有所帮助了。1709 年他给菩塞（P. des Bosses）的信里又述此希望。他在劝彼得大帝从俄国的学院派遣对华传教团时，又重述了一遍。莱氏这样看重二元算术是为什么呢？原来二元算术即是一种辩证法。莱布尼茨的哲学虽然是建立在形而上学的基础上的，却包含着显著的辩证法和唯物主义的因素。列宁在《哲学笔记》中曾经说过："因此，莱布尼茨通过神学而接近了物质和运动的不可分割的（并且是普遍的、绝对的）联系的原则。"① 莱布尼茨说"自然界中的一切都是相似的"。列宁批道："这里是特种的辩证法，而且是非常深刻的辩证法，尽管有唯心主义和僧侣主义。"② 又莱布尼茨看来，物体是在自身中具有活动力，具有永不静止的活动原则的实体，列宁批道："大概马克思就是因为这一点而重视莱布尼茨，虽然莱布尼茨在政治和宗教上有'拉萨尔的'特点和调和的趋向。"③ 事实上莱布尼茨虽然也和《易经》一样主张有神，但所谓神是变化的、发展的，是自然神教之神，正如费尔巴哈所说：

① 列宁：《哲学笔记》，1960 年人民出版社版，427 页。
② 同前书，431 页。
③ 同前书，428 页。

"他用自然主义来限制自己的有神论"①；所以马克思在写于1842年的一篇论文里②竟说："莱布尼茨如何被布朗施威克农民起了个绰号'Löwenix'（不信教的人），并且被英国人克拉克（Clarke）和牛顿的其他拥护者责备为无神论。"尽管莱布尼茨的哲学体系和《易经》一样存在着某种神秘主义和唯心主义的成分如所谓预定的调和，所谓乐观哲学，认世间万事皆为前定，都是尽美尽美的；但《易经》既然在形而上学的基础上包含着许多自发辩证法和朴素唯物主义的因素，那么莱布尼茨受其影响，怪不得更显出它的进步作用了。

(B) 莱布尼茨之宋儒理气观③

17世纪法国哲学家马勒伯朗士以中国哲学为无神论，而加以批评；但在另一方面，却有德国大哲学家莱布尼茨，对于此种无神论的批评取辩护的态度。不错，宋儒理学是很容易为欧洲学者、宗教家误解为无神论或唯物论的。裴化行所著《天主教十六世纪在华传教志》④ 说及《天主实录》一书的著成，"因为罗明坚和利玛窦知道中国学者受到宋朝理学派唯物主义的流毒，开始便解释天地间有一真主，随后就明天主的存在、天主的本性及其奥妙"；这是何等明白地注明耶稣会士对于宋儒理学所取反对的态度。龙华民所著《关于中国宗教之几点疑问》和方济各会士栗安当所著《关于中国传教事业之几个要点的评论》都是极端的例子。他们所攻击的孔门教理，即是宋儒之理气二元论，然而宋儒之理气二气元论终究是和唯物论、无神论不同，又笼统地不分古儒与近儒，也容易使人发生反感，所以即在耶稣会士之中，葡萄牙人鲁德照即有《驳龙华民神甫汉文天主名称及礼仪问题等主张》之文一篇（见Sommervogel；Bibliethéque所引）。不消说，哲学家的莱布尼茨读了龙华民与栗安当的著作以后，更要起而为儒教辩护。他虽不知道理气二元论是宋儒的学说，却无意之中为儒教辩护，即为宋儒的理学辩护。他

---

① 列宁：《哲学笔记》，438页。

② 见《第179号"科伦日报"社论》，《马克思恩格斯全集》第一卷，115页，人民出版社。

③ 参看麦开尔：《莱布尼茨与中国传教》中"Li""Ki"（112页以下）各项；平诺：《中国与法国精神哲学的形成》第二编第二章"Les Philosophes"333～340页"Leibniz"；赖赫淮恩：《中国与欧洲》中"The Enlightenment"一章，75～98页，或德文原本"Aufklaruun"一章，84～97页；五来欣造：《ライブニッツと儒教》第五节第二款，儒教の的自然神学に対する彼の见解，406～422页。

④ 《天主教十六世纪在华传教志》，265页。

为此起草一篇给法国当时摄政的顾问累蒙（M. de Remonde）的长篇书函，1715 年 4 月 1 日所发，现收入丢同之《莱布尼茨全集》第四卷第一部页 169～210，及科陀尔（Kortholt）之 Epistulae ad diversos 第二卷页 414 以下。莱氏这篇著作在礼仪问题上，无疑地是站在主张儒教之“天”与基督教之“神”为同一的耶稣会派一边；然他实更进一步，主张宋儒之“理”与基督教之“神”完全相同，这就已经超出耶稣会士的学说范围，而为莱氏的特殊贡献了。通信全篇分为四部分，第一部论中国人之神的观念，第二部论被创造物、第一原理、物质及精神；第三部论人类之灵；第四部则是关于《易经》的解释。现在试将与本题有关者略述如下①：

1. 理

第一，理即是神，决不是物质。由莱氏看来，中国人确知精神的本体，但不认这个本体是和物质完全分离，这好比基督教徒中主张天使持有肉体一样。“中国人关于神的见解，依中国人的感情，赋予神以形体，认为世界之灵，这正如古代希腊、亚细亚的哲学家以神与物质结合，而肯定其存在一样。”但我们不能因此便认中国的“理”为物质论。中国人之祭六宗、山川、群神，虽有似于信奉偶像教，然亦不过如古代欧洲学者及教父赋予鬼神或天使以一种形体而已。所以“我们不能同意于龙华民及其所引熊三拔的话，以中国人附身体于精神之上，便不认其知有精神本体”。“而且中国古代著者主张‘气’即物质的生产，应属于‘理’即第一原理之下，这不是错误，不过应加以说明；只要注意近代中国哲学家以神为最高知识，位于物质之上，就很容易明白了。所以要确认中国人知有精神本体，便先须承认‘理’即规范为最初的创造者，万物的原理，相当于我们的神。这个‘理’决不要认做如物质之为被动的、粗重的、和一切绝缘的，乃至无规范的东西”。于是莱氏更进一步，对龙华民之理的解释下一批评。龙华民谓中国哲学之“理”，因有最完全的特征，一见似乎可以解释为神，但理是有一种缺点，即有物质之缺点，故理称之为神，不如称之为第一物质（Premiére matiére）。但是莱氏驳他：“即使中国人由于忽略的结果，而陷于矛盾论调，可是仍不能因此便下中国之理称之为神、不如称之为物质的轻易结论。我们可以暂且停止讨论，先注意在这两个断定之中，那一个更为明白，在那里是否

① 五来欣造：《儒教の独逸政治思想に及ばせる影响》，406～422 页。

尚有第三种的解释？又中国人所谓‘理’，谓为带第一物质的性质，不如谓其带有更多之神的性质。何况在此两说之中，神的解释，和他们学说之其他部分，更容易联络起来？那末我们为什么还不肯承认理即是神呢？”

第二，理是太极或上帝，决不是无生命、无感情，乃至无灵明知觉的东西。依照栗安当的批评，以为中国人一方面以理、太极或上帝含有神的性质，另一方面又不认其有灵明知觉，这种信仰很明白是矛盾的了。但莱氏驳他：“要是有这样矛盾，为什么不取肯定善的性质方面，而排斥恶的性质方面的办法呢？理、太极或上帝是最初的统一，纯粹的善，造成天地的原理，即使同时自身不包含万物，但为互相沟通（Pour se communiquer）的缘故，而创造万物，那末不能不说创造便是他自身的知识，一切万有便是他的本质，又可以说是他的性质。理、太极即上帝，预见一切，处理一切，又不能不说是有全能的知的性质了。中国人所以不至矛盾，即因对于这些大事没有将他认为无生命、无感情、无灵明知觉的东西。即使在他们的学说中发见矛盾，那也不过教派的不同罢了。”

第三，理是最高的统一，一即一切，决不是部分的。莱氏因反驳龙华民，得到如下的结论：“中国有‘一切即一’与‘一即一切’的谚语，可互相对照。依此谚语的意思，则神为最初的一，其成果的完全即在于其原因之中，决不在乎形式；换言之，即此一切的一‘神’，决不是完全的物质。成果的完全，由于流出（emantion）而有，因为这个成果是神直接的成果。神常因成果而接近现在，依据他们的受动性，并在其所具有的完全之中，显示了自身。因此我们可以说神是充满一切，神即万有，万有即神；神为圆，同时又为圆心，因为神是无处不有圆心的圆的原故。这‘一切即一’的公理，以龙华民所说为证，中国人所谓理为完全的统一性是不可分的，而更无可疑了。因为分割尚不可能，当然更无所谓部分的了。”莱氏更从泛神论的立场上，指出“有些人虽不以理为第一物质，却认理为第一形相（Premiére for me），这第一形相即世界之灵（Âme du monde）。古代多数的哲学家，阿维罗伊（Avero ëstes），或某种意味上的斯宾诺莎，均以特殊之灵为世界之灵的变化，好似第二物质为第一物质的变化，如此则特殊之灵不过在世界之灵的某部分中发生作用。这种学说并非不能成立，各物各有自己，各有自己的个性，特殊物质不过第一物质变化的结果，因为后者实持有部分的原故。然而第一形相，即是纯粹活动，是无所谓部分的，因为第二形相，不从第一形相产生（produit de）而依于第一形相产生（Produit par）。我们不能否认有些中国人犯此错误，但是古代中国人的著述中却找不到证据，只有龙华民从近代官吏（儒者）得到材料，才有这种说法，我们却相信中国古代经典，承认与理不同，而又从理产生出来的本体存在，是无所谓矛盾的”。

2.“理”与“气”之关系

次之，莱氏论及被创造物、第一原理、物质及精神。在这一章，他就宋儒所说“理”与“气”的关系，订正龙华民的学说，以为“理”即“太极”，气为第一物质，是太极所创造的。他的结论，谓“理”是永远的，具有一切可能的完全性，一句话来说尽，“理”即我们所谓“神”之意义。因为理与上帝是同一事物，所以我们很有理由，以上帝一名称呼它；而且利玛窦不是说过，中国古代哲学家以上帝为最高的存在，这不是证明了中国人是有神的知识吗？

莱氏更以次论及上帝与道的关系。以为中国人崇拜天，以天为神，理支配一切，即是天之自然法则；这个法则又可称为天道，天道与理是同一的。虽然第一原因存在宇宙万物之中，理却是宇宙中最完全的东西，所以高高在上，而此在天之理，效用极大。中国人崇拜上帝，不是如栗安当所称“物质的天”，而是支配天的法则，即是“理”；所谓“天命”，所谓“天则”，即是我们所谓理性之光。逆天是违反理性的行为，顺天即是服从理性的法则，不但没有丝毫恶意，而且就其根本来看，是纯粹基督教的。

次之更论及在上帝下位的所谓“鬼神”。依莱氏解释，以为中国古代哲学家以鬼神为天地最高君主的大臣，支配下位物体，又为诉于人民想象力的原故，为特别物，创造了许多相当的鬼神名号。因为他们说一切即一，此唯一的原理“德”，到处表现于特殊物的异象之中，即如四季之神，山川之神，和支配天的上帝是同一的。在此，莱氏便介绍了自己的哲学说，以与中国哲学比较，以为中国哲学将一切归于自然的原因，这种合理的态度很值得赞美。他最后对于中国人信仰的结论是：“我不想在任何点上批评中国人的信仰，概括地说，我的意思以为他们哲学家的企图是在尊崇理，即最高的理性。此最高理性到处表现着、活跃着，在粗重的物体里，又依下级鬼神而间接表现于有道德的大臣的灵魂里。这些哲人对于最高圣智所特别表现的对象亦加以敬意；然而各人均依照法则，而尊敬其适合于自己身份的对象物，如皇帝祭天地，贵族祭山川，学者崇拜大哲学家、大立法家的精神，又各人对其家族中有道德的灵魂，亦须表示敬礼。”

3. 人类之灵

次之更进而论及人类之灵，反对龙华民和栗安当的说法，因为两人均认中国误于儒教的无神论，以为中国人的宗教不过一部喜剧。依莱氏意思，则中国古说确实承认灵魂为永生不灭，但不谈天堂与地狱之说，只有道家才说及地狱与极乐世界，近代中国学者均不睬来世，以一笑置之；然而君主为管理人民，在赏罚之外，更提倡神道设教，又为崇德报功之故，而有祖先崇拜的遗风而已。

总之，莱氏对于中国的自然神学，大体上是取辩护的态度，而认理即神说和他的哲学相同。他根据宋儒的“理”建立了它的哲学中心，所谓“理由律”。他用种种名称如云“我的大原理”，或“最高秩序之法则”，或“一般秩序的法则”，或“神之主要企图或归宿”，而要之其和宋儒理学的关系是很明白的。关于这点小林太市郎所著《中国思想与法兰西》[①] 书中颇有发挥。他并指出莱布尼茨在他著《单子论》以前从“理由律”建立它思想全体系的基础，这是已经周知的事实，可是理由律是从那里来呢？在莱氏 1670 年所写的书都只言及对称律，但在 1687 年《中国之哲人孔子》出版以后，在那里《大学》《中庸》及《论语》均有朱子注的拉丁文译本，莱氏读了这书以后，才发明“理由律”(Principe de Raison)，这分明是受了宋儒程朱所说“理”的影响，故以“理由律”为其哲学全体系的核心。由此影响更可见莱氏和宋儒理学关系之密切。

末了更应该注意的就是莱氏不但是一个大哲学家，受了中国哲学的影响；而且是一个实行家，要积极地提倡中国学术。所以在他发见中国人理神的信仰以后，便格外注意沟通中西文化。他极力主张当时应该设立学会，设立包括异教徒的世界教会，最先网罗世界的全部知识，编纂百科全书辞典。这个计划他记载在他 1676 年 2 月在巴黎时所写日记里，并且他曾将此种希望寄托于俄皇彼得大帝，想从西伯利亚方面，和中国接近。又于 1697 年 10 月 12 日致书于东方学者罗道福（Ludolf），希望俄皇能使欧洲与中国相结合。不但如此，他因主张中国文化与欧洲文化

① 小林太市郎：《支那思想のフランス》，118～122 页。

应互相交换，欧洲应该接受中国的文化，所以竭力计划在法国、德国、奥地利、俄罗斯设立学士院，其中均设有中国学研究之一部门。据福兰阁（Otto Franke）所述："它最初的结果就是普鲁士科学会的建立，随后又有德雷士登（Dresden）科学会之建立，再后又有彼得堡和维也纳的科学会的建立。普鲁士学会已在1700年产生出来，维也纳学会已在1704年产生出来，至于彼得堡学会则延至他死的时候。"[①] 这些学会不过几年就出版关于中国文化的书籍不少，而且从事于蚕桑的培养，成绩也很不错。莱氏还很注重中国医学，指出中国医学的优越性，在1669年所草在《关于奖励艺术及科学德国应设立学士院制度论》中他说，"在医学方面，中国的规程不论如何愚蠢奇僻，而它总比我们的要好些"。他还写信给传教士敦促他们翻译那些优于现代法律的中国古代法律和天文学与医学著作，并要求他们解决一些中国医学上的问题。莱氏这种对于中国狂热的求知欲，几乎把中国的物质文明理想化了。[②]

(C) 莱布尼茨之影响——沃尔弗

莱布尼茨的中国文化观影响很大，尤其重要的是赖赫淮恩书中所特别注意的两大哲学家，法郎克（A. H. Francke）和沃尔弗都是在莱氏的影响之下而提倡中国思想中国文化的。法郎克还偏重于传道事业方面，他于1692年曾在哈尔大学讲授东方语言，1707年在哈尔（Halle）设立一东方神学院（Collegium Orientale theologicum）并设有中国哲学研究一科；不过他的贡献仍在教育方面，对于莱布尼茨沟通中西文化的计划似乎尚少尽力。只有沃尔弗和莱布尼茨一样，极其崇拜孔子哲学，而且影响比他的先生更大。沃尔弗对于中国哲学的兴趣，是非常偶然地通过莱布尼茨对中国文化各领域的赞叹所引起的。沃尔弗在一本于1717年在莱比锡发表的作品Actaetuditorum中公开了对莱布尼茨生平和作品的评价，在此评价中，他强调了莱布尼茨对中国文化的兴趣以及莱布尼茨和在中国的传教士的通信（捷·A·茨米普耐尔：《中国老子与沃尔弗》页60，《哲学译丛》1962，5～6号）。莱布尼茨用外国语著书，影响不过少数的政治家和学者，沃尔弗则完全将孔家思想用德语遍布于大

---

① 赖赫淮恩：《中国与欧洲》，83页。又Franke：Leibniz und China，见Aus Kultur und Geschichte Chinas，S. 313～330，关琪桐译《莱布尼茨与中国》，见《中德学志》第二卷第一期。

② Franke，同前书，316页；《莱布尼茨与中国》，10页。

学知识思想界，收到很大的效果。他有一次在1721年7月12日在哈尔讲演《中国的实践哲学》(Oratio de Sinarum philosophia practica)①，这在德国哲学史上可算一桩大事，同时也是使欧洲学者了解中国哲学的重要文章。因沃尔弗的提倡，其结果在他哲学的全盛时代，中国哲学竟得到普遍的影响了。赖赫淮恩所举两人以外，五来欣造著书中②更举及两人，一为沃尔弗弟子彪芬革（Bűffinger）关于中国哲学的著述(Specimen Doctrinae Veterum Sinarum Moralis et politicae; Tauquam Exemplum philosophiae Gentuim ad Rempublicam Appli-catae; Exerp-tum libellis Sinicae Genti ollassicis, Confucii sive Dicta, Sive Facta Complexis, 1724, Frankfurt)。此书内容论及中国之道德及政治哲学，中国教育与欧洲哲学神学及道德的比较，最后附录关于中国文学的短篇论文，在这本书里彪芬革特别赞美中国道德和政治相结合的一点。其次，卢多维西（Carl Giinther Ludocici）在其所著《评论莱布尼茨哲学之全部发展史》序言末了有重要的一段，述及研究莱布尼茨与沃尔弗的世界观，须先研究柏拉图和中国的哲学。这不是很容易看出，莱氏和沃尔弗哲学在德国当时实有很大影响，结果将中国的哲学完全介绍给德国的一般知识思想界吗?

最可注意的，自然还是沃尔弗的学说③。1707年他因莱布尼茨的介绍，得充哈尔大学的数学教师，同时讲物理学及哲学，后因德文及拉丁文著述的成功颇享大名，因为同事的嫉忌，不久便与同大学的神学家们发生冲突。当时大学方面以虔诚派的正统神学派占势力，他们以为理性只是信仰的仇敌，尤其是教授朗格（Johann Joachim Lange）觉着使学生听沃尔弗讲义很是危险，法郎克也抱同样见解，因此呈请政府明令禁止沃尔弗讲演哲学。沃尔弗也不肯示弱，对于这些神学教授不断地下批评，因此不幸的大事件便忽然发生了。当1721年朗格教授升任大学副校长的时候，沃尔弗照例对继任者献一祝辞，他乘此机会试用拉丁语讲演《中国的实践哲学》，极力赞美儒教，稍带着轻视基督教的倾向。这么一来，便给反对派以攻击的口实，结果政府便命令他在48小时内，

① 此书附关于Intorcetta, Couplet, No ël等笔记：法译本译者J. H. Formey收入1748年La belle Wolffienne。

② 《儒教の独逸政治思想に及ばせゐ影响》，456～457页。

③ 五来欣造：《クリスチセン、ゥオルフと儒教》见同上书第五章，474～528页；赖赫淮恩：《中国与欧洲》中The Enlightenment一章，或德文原本Aufklarung一章，93～96页。

迅速退出哈尔大学及普鲁士国境。关于这件事情，德国蔡勒（Zeller）曾把他和费希特从耶拿大学放逐事互相对照，他说：

> 在德国哲学史上有两件很相似的事情，就是沃尔弗在哈尔大学被逐，和费希特之离开耶拿讲坛。这两件事情中，尤以前者的意义格外重大。

又霍甫丁在《西洋近世哲学史》中，也有简单的叙述。[①] 他说："沃尔弗因为他的学说，曾完全使其走入暂时苦恼的境地，因为国王腓特烈·威廉一世（Friedrich Wilhelm I）以其学说中包含有宿命论，而解除了他的大学教授职务，甚至限其于48小时内离开国境。"但霍甫丁还没有明白说出沃尔弗之离开哈尔大学，完全是为着提倡儒家学说的结果。关于此事的经过，以巴托美斯（Bartholmess）所著《柏林学士院哲学史》（His toire philosophique de I'académie de Berlin）所记为最详尽。沃尔弗与虔诚派的正统神学派的冲突，实际即为理性论哲学与信仰的冲突，换言之即哲学与宗教文化的冲突。哲学史家蔡勒曾注意于这种冲突的原因，他以为这种冲突从莱布尼茨时代已经开始，不过莱布尼茨与虔诚派的创立者斯培纳（P. J. Spener）虽发生冲突，影响很小。沃尔弗则以本国文字作通俗宣传，而且他的哲学精神根本和正统派神学绝不相同。正统派神学主张超自然主义的信仰，沃尔弗则用数学的方法，每一事物均须找出理性的根据。他要将超理性的变为理性的产物，超自然的变成自然的信仰，这当然和虔诚派的正统神学发生正面冲突，结果便不得不引起绝大的学潮了。本来在哈尔大学之中，沃尔弗和朗格私人的感情就不很好，如大学助教一职，沃尔弗推荐他的弟子吞密格（Thümmig），朗格则为其子力争，结果沃氏是胜利了；又朗格怂恿沃氏弟子斯特勒拉（Strähler）著《关于神世界灵魂之沃尔弗思想的批判》均为好例。但是沃氏学说在德国当时实为支配一时的新思想，颇受学生欢迎，1721年7月21日《中国的实践哲学》的讲演又指摘朗格，称之为"滥作者"（polygraph），当然更引起神学教授们的反感，所以在这事件发生以后，哈尔神学部的教授便立刻召集会议，对于沃氏的演讲辞提出二十七条的误谬之点，且加以面责。1725年沃氏将演辞公开发表，并作答辩，乃神学部的教授们又运动分科大学长法郎克作友谊的忠告，要求沃氏交出原稿，竟遭拒绝，事情总算一时平静下去了。却即在那

① 《西洋近世哲学史》，118页。

时，大学方面学生因对新副校长不满，要求沃氏复任，因此朗格非常愤怒，一意运动宫廷，驱逐沃氏，结识了一位侍臣中有名的滑稽家干达林（Gundling），把沃氏学说形容得非常可怕。当时国王腓特烈·威廉一世，本是一介武夫，他除了军队、宗教、金钱以外，什么也不知道，因轻信谗言，大为震怒，遂于1723年11月8日下一阁令，命沃尔弗于48小时以内离开哈尔及普鲁士国境，并附言，如不听命即处绞刑。同时放逐者还有吞密格和另一位教授。沃氏教职以朗格的亲子代之，于是沃尔弗的反对党大告成功。朗格原意只想限制沃氏讲学及著书的自由，接到国王严令，反而狼狈至于废寝忘餐者三日三夜，表面的胜利终抵不过内心的不安，何况这种胜利也只是暂时的呢！马克思在1842年一篇文章里曾用讥笑的语气来批判朗格说："不学无术也没看到它是在充当告发沃尔弗的约阿希姆·朗盖的角色。朗盖认为沃尔弗的先定学说似乎会使士兵临阵脱逃，削弱军纪，以致瓦解整个国家。"[①] 对于这不学无术的朗格和政府的压迫，那时第一流学者均抱反感，而表同情于沃尔弗方面，从前不注意他的学说的人这时也开始注意了。于是关于沃氏哲学的内容、价值或基督教的问题，遂成为学界议论中心，因此而著的书差不多有200余种，而其中有130种反对他，有90种是赞成他的：一方面有人攻击，另一方面有人拥护，攻击的有乌布萨拉（Uppsala）大学，拥护他的有赖德（Ryde）、波伦亚（Bologna）、斯德哥尔摩（Stockholm）等大学。瑞典国王聘他为摄政的顾问官，彼得大帝则招聘为圣彼得堡学士院副院长，不就则畀以年金，甚至某处炼铁工人华格纳（J. V. Wagner）也取笔援助沃氏，而攻击朗格。这种论争继续至20年之久，而在当时青年人物总是狂热地站在沃氏一边。沃尔弗被哈尔大学驱逐，不过10年之间，舆论把他推举出来，其结果他的哲学更为有名，甚至于支配那个时代了。

照实来说，沃尔弗学说主张孔子哲学和基督教并不冲突，这只算莱布尼茨中国文化观的引申，不算什么创见，然而当时德国政府和学校当局，竟认他的演辞近乎无神论，把他驱逐出境。这一放逐倒把孔子哲学格外得到意料不到的成功。沃尔弗既离开哈尔大学，因黑斯卡塞尔（Hessekassel）国王的同情，即被聘为马堡大学教授，为该校学生所热烈欢迎，沃尔弗在这个大学工作共17年，可算马堡大学最光荣的时代。

① 《第179号"科伦日报"社论》，见《马克思恩格斯全集》第一卷，128页。

在那样规模很小的大学，却拥有 100 名以上的听讲者，因而他在经济上也富裕起来，收入很多，同时又蒙宫廷的优遇，生活非常幸福。1740 年普鲁士国王腓特烈·威廉一世逝世，他的承继者腓特烈大帝（Friedrich der Grosse）是后来世间的雄主，一向赞美沃尔弗学说，为表示他尊重思想自由的缘故，他特别聘请沃尔弗回哈尔大学，并任以宫中顾问与柏林学士院职务。又 1739 年腓特烈·威廉一世因沃尔弗曾出版伦理学，以第一卷进献皇太子、第二卷进献国王，颇感以前措置的错误，遂下令普鲁士各大学均讲授沃尔弗的学说，因此沃尔弗对于孔子哲学更有发挥的机会。由此事实，更可证明中国文化在启明时代是有重大的影响无疑了。

沃尔弗是德国启明思潮的开创者，他对于中国文化的观察，即所著《中国的实践哲学》一书，当然很值得我们注意。在此演说辞中，可分为三大部分：第一叙述中国的政治道德，即实践哲学的发达史，尤其注意孔子在中国的地位。第二，儒教与基督教的比较，即以中国实践哲学的原理“自然性”或“理性”来和基督教的原理“神之恩惠”相对照，以明其性质的差别。第三，讲明中国人的道德原理和作者所持的道德原理相同。①

在第一部分里，沃氏最先证明儒教为中国的传统精神发生在孔子以前。中国最古的君主同时即哲学家，或受支配于哲学家，要是如柏拉图所说哲学家的君主必为国家造福的话，那么中国人很早已经实行了。从伏羲、神农、黄帝、尧、舜以至夏、商、周三代，中国均保有最完全的法律和政府。尧、舜传贤而不传子，这时是中国的黄金时代，夏启以下，君主世袭，这可以说中国道德坠落的原因。孔子则渊源所自，实发端于古代君主，叙书、传礼、删诗、正乐，因史记而作《春秋》，他虽不是一个创造者，却是中国圣智的复兴者。中国人之尊崇孔子，有如犹太人之于摩西，土耳其人之于穆罕默德，基督教徒之于基督一般。不但如此，中国人纪念孔子，对他学说之尊崇，几乎不能令人相信，且有过于吾人之尊崇阿波罗神。又孔子的权威，有如昔日毕达哥拉斯或亚里士多德的权威，由他的弟子看来，孔子就是理性的代表，把他来和基督、穆罕默德比拟一下，就知道他的价值了。

---

① 五来欣造：《クリスチセン、ゥオルフと儒教》第二节，第二款～第五款，505～523 页。

在第二部分里，沃氏将儒教与基督教相比较。前者以自然性为基础，后者以神为恩惠为基础，但神之恩惠并不是和自然性相冲突的。依人类的自然性而接受神惠，只有增加力量的好处；依神惠而得的知识，也自然而然和人的自然性相合。因此理性与信仰可以互相调和，儒教和基督教也正是相反相成。柏应理的报告曾举一个基督化的中国人为例，告诉我们："基督教教义的结果补充了孔子的微言大义，与儒者不完全的哲学。"同样地基督教也有缺点，因此沃尔弗便暗示以儒教的道德原理，来补充基督教之所不及。

在第三部分里，沃尔弗极力为中国的理性主义张目，以为只有理性才是真正的道德原理。又论中国的教育制度，以为在中国的幸福时代，即在吾人赞赏的贤明君主之下，在此帝国常有二种学校，一为儿童学校，一为成人学校。儿童从 8 岁至 15 岁，理性尚属幼稚，只好实行感觉教育，及至理性发达，抱着高尚的目的时，才许进入成人学校。所以儒教学说的主要点，由沃氏看来，只是理性的教养，"古代圣人的主要任务，即在使理性达到完全的领域"。

虽然沃尔弗和莱布尼茨一样，只能间接从翻译的书籍里面得到中国的知识，如他自己所说，是完全依据于卫方济《中华帝国经典》一书，可是他对于中国的认识，有时超出译者的见解之上。如以 20 年研究中国的卫方济，主张其书中所述不外指示家族与国家之浅近道德，沃尔弗则更进一步，宣言"我反对这种说法，在直观的一瞥之下，我发现了此等著述实隐藏着圣智的真理，只有学术才可以发现出来"。他又说及"许多人都说因为言语隔阂关系，很难接受中国科学，这不算一回事，因为在我们的学派中，已经发现有可以补充它的地方。但是这是一种武断的论调，只要我们更深一层来观察，便可发现，无论在道德政治之任何方面，我们都不能和中国人的原则相比较。在孔子的著述中，虽有方法论上的缺点，缺乏欧洲人雄辩之风，却是如果我们放大眼光，把握他们的一般法则、辨别出他们将地上政府建立于天上政府之确实的原则上面，那末便很容易发现他们是怎样具有最深的见解和最崇高的思想努力了"。

总上所述，可见莱布尼茨的影响，经过沃尔弗而更加扩大起来，沃尔弗用德国语言很普遍地宣传中国哲学，他的见解又在耶稣会士卫方济之上，所以影响更大。一方面影响于腓特烈大帝，使他倾向于哲人的政治理想，一方面因尊重理性的原故，在沃尔弗等人的思想影响之下，发生了德国观念论的哲学。观念论实际即是理性论。《纯粹理性批判》的著者康德，他就是从哈尔来的舒尔兹（Schultz）的弟子，是沃尔弗的再传弟子，这可以说明德国古典哲学也可能间接地受到了中国哲学，特别是理学的影响。

印度佛教对于原始基督教之影响*

一

原始基督教史的研究，显然可以分三个时期。第一以吉本（E. Gibbon）所著《罗马帝国衰亡史》（History of the Decline and Fall of the Roman Empire）为代表，此书最有价值的地方，即在叙述原始基督教与犹太教之关系两章。第二以蒙孙（Theodor Mommson）所著《罗马史》（The History of Rome）为代表，此书才开始注意原始基督教与希腊的关系。第三以里利（Arthur Lillie）所著《原始基督教所受佛教的影响》（The Influence of Buddhism on Primitive Christianity）为代表。从此才知道原始基督教义，皆直接间接得自印度，而我在《文化哲学》中很重要的结论，也得到充实的证明了。

《文化哲学》曾从文化类型的分析，认为印度是宗教文化的代表，中国是哲学文化的代表，西洋是科学文化的代表，而这三种文化实互相影响。专就西洋文化来说，西洋文化史之第一时期——宗教时期，是受印度文化的影响，西洋文化史之第二时期——哲学时期，即十八世纪：理性时代，是受中国文化的影响。关于后者，我已著成专书——《中国思想对于欧洲文化之影响》（商务印书馆）——关于前者，就是我现在所提出的论题，要从客观的历史事实，来证明这个结论。

所谓西洋的科学文化，实孕育自希腊的母胎，而西洋人的宗教，却是直接间接从世界大宗教发生地印度来的。为要证明这点，最好是引黑

* 载《珠海学报》第二期，1949年。

格尔（Hegel）的一段话。他在《宗教哲学》中推崇基督教，谓为登峰造极；但他也曾对他的学生说："欧洲人的宗教——属于超越的部分，来自一个很远的渊源，从东方特别从叙利亚（Syria）；但是属于此地的目前的科学与艺术——凡使一切生活满足、使生活优美的——我们皆直接间接得自希腊。"（Caird：Hegel. Chap. I. p. 7，贺麟译：黑格尔页七）这是不错的，不过黑格尔虽证明了欧洲人的宗教，出自东方，却还没有胆量来证明是出于他所认为停滞在"自然精神性"底原始阶段的印度，所以在理论上，还有让我们加以特别讲明的余地。

印度佛教和基督教的关系问题，似乎讨论的人已经很多了。一九二二年哈斯（Hans Haas）所著《佛教与基督教之相互关系问题书目》（Bibliographie zur Frage nach d. Wechselbeziehungen zwischen Buddhismus und christentum，Leipzig），其中虽参杂以基督教以前东西交通之间接名料，但单就其所搜集的文献来看，只著者的人名，已达五百数十人之多。还有矢吹庆辉氏所著《西洋人の观たる印度》，也对于本文供给很多有力的资料。所以今日来讨论这个问题，并不是什么创见，只不过是我从文化哲学的观点，旧话重提罢了。

这个问题的提出，最初应该感谢的，是叔本华（Schopenhauer）所著《意志与观念的世界》（Die Welt ale Wille und Vorrtellung）。他说："所有基督教中的真实东西，均可断定为和婆罗门教、佛教一样，这好似从遥远的热带原野所吹来的花香，在《新约》全书中，竟可看出印度圣智的痕迹"。又"《新约》书中之基督教的不灭性，实相当于印度的精神，这大概是从印度来的"。次之勒农（Renan）的《耶稣传》里面，也注意到敬虔派（Essenes）禁肉食、饮酒、女色，颇与婆罗门的行为相似，是否受了佛教的影响？因为在巴比伦，早已传布佛教，尤其Boudasp（即 Bodhisattva 菩萨），是很有名的智者，同时为拜星教（Sabism）的创立者，在耶稣时代，佛教的感化，早已到达巴勒士登（Palestine）了。又赛得尔（Rrdolf Seydel）从一八七二年至一八九七年所著的几本书，很热心的讨论佛教对于基督教的影响，以为现存福音书元本的所谓诗的福音书，实受佛教传说的影响。因此所以在传说之中，有很多竟和佛家相类似的部分。又里利（Arthur Lillie）一八八七年著《基督教国中之佛教》（Buddhism in Christendon）亦曾断言两教之历史的关系。又一八八七年顷，Dean Mansel、Hilgenfeld、Bohlen等人，均主张基督教以前，佛教传播于巴勒士登；其所经的路程，佛教怎样在巴勒士登发生影响，Lillie 前著书之第七第八两章，有详细的叙述。Lillie 关于这个问题，还有一八九三年所著《原始基督教所受佛教的影响》（The Influence of Buddhism on Primitive Christianity），一九〇〇年《佛陀与佛教》（Buddha and Buddhism），一九〇九年《印度之原始基督教》（India in Primitive Christianity）等著作。前世纪末宗教学的创立者牟勒（Max Müller）虽缺乏历史的根据，却已看出基督教所受印度思想的影响。还有达特（Dutt），以为佛教的那兰陀时代，这时基督教仅能免于北方蛮族的侵入，所以各种制度均受佛教的影响。印度为授者，西洋的宗教则不过受者罢了。

二

从传布上观察。原始基督教和佛教的关系，只要注意于在犹太的敬虔派（Essenes）和在亚历山大城的德尔巴多派（Therapente）这两派，和印度思想发生如何接触，因之由这两派，原始基督教和佛教发生了怎样关系，这在今日仍为不断争论的问题。固然在《新约》全书里面，似看不出轮回与遁世修行的思想，但在四福音书及经外圣书的“Logia”，与佛教经典实有许多相类似的说话和说话的方式。佛陀和基督的生活，两相比较，亦有许多相似的地方。当然最值我们注意的，就是路德提倡新教以前的基督教宗派了。依海涅（Heinrich Heine）在《德国宗教及哲学历史》第一章中所述，则在路德提倡新教以前，罗马天主教中有两大宗派，即摩尼教（Manicheans）和格诺西斯派（Gnostics），两派底思考方法浸透在基督教诸民族底全生活里，教义虽有不同，而均出自东方，尤其是印度。这就是说：“一方摩尼教徒从古代波斯底宗教获得这教理，这教理中阿尔莫兹 Ormuzed——光——是和阿里曼 Ahrimand——暗——敌对着的。他方……这格诺西斯的世界观，是古印度的东西，具有神底化身的，禁欲精神的自我内省的教理。这教理产生了禁欲的冥想的僧侣生活，这僧侣生活其实是基督教底观念之纯粹的精华。”（页二九—三〇 C. G. Leland 英译 The Works of Heinrich Heine Vol. V. pp. 7-8 Germany till the time of Luther）这是一点不错的，格诺西斯派如神智（Gnosis）、世界创造者（Demiurgus）等思想，实和印度思想相类似，巴得塞尼（Bardesanes 西历一五五—二三三）是一位后期格诺西斯派的学者，曾著一本关于印度宗教的书，很明白地探究印度思想中之先天灵魂、业论等问题。西历一二〇——一三〇间，在亚历山大城的 Carpocrates、Basilides，也曾提倡轮回说，这都是很明白受印度思想的影响。至于摩尼教的始祖摩尼（Mani）相传曾游历印度，摩尼教可以说是印度佛教与基督教的混合物，传入东方至七世纪顷，竟与佛教同化，这摩尼教在欧洲称为 Bogomils、Albigenses，传布的时候，间接即是佛教思想的传播。由上事实，不是证明了原始基督教确曾受了印度佛教很大的影响吗？

三

从教义上观察。轮回与隐遁的思想，实为印度佛教的思想，同时也成了原始基督教的思想，轮回与转生之说，其原始的形式，虽在世界各野蛮人中可以看出，但将这种思想体系化的，却只有印度。古代民族如埃及、叙利亚、小亚细亚、希腊、意大利，均未见有此思想发生。又关于隐遁生活，古代民族中，也只有印度认为是一种重要的宗教行为。在基督教寺院中从事禁欲生活的犹太人，以及欧洲人，从前均无此种习惯；只有埃及人的隐遁生活，是否为本地的产物，抑为外来思想的影响，这在 Moncrieff 与 Preuschen 间，发生了相反的意见，似乎很难决定。但是从埃及的古代宗教来看，却看不出隐遁或禁欲及冥想的宗教生活，其后受希腊文化影响的时代，才发见这种仪式；很明白地，这乃是受印度发生的东方宗教的余波。彼塔哥拉斯（Pythagoras）与柏拉图（Plato）的轮回思想，是希腊所自创，抑为印度产物，至今尚无说，但有许多学者，是主张从印度发生的。

印度的轮回隐遁思想，以波斯、巴比伦，及埃及为媒介，而传入欧洲，形成了原始基督教义。原始基督教反对现世幸福即禁欲思想，还有主张“人类堕落”“上帝恩典”这些谦卑的教义，也正是印度宗教文化的特征，然而算不得西洋文化的特征。白壁德（Iroing Babbitt）《论欧亚两洲文化》，说得最为清楚：

> 耶稣与其门徒诀别，告之曰：“即以我之安赐尔。”又曰：“凡劳苦负重者就我，我赐尔安。”释迦成佛所言宗教虔修，成功之情形与此正同。(《白壁德与人文主义》页一一四——一一五)
>
> 耶稣使徒约翰之“道”，见于其所撰之《约翰福音》，耶稣解决此“道”之问题之方，厥为主张（或言明或默认）上帝之理知实隶

属于上帝之意志之下。耶教之所以不失为亚洲之宗教者，正以此也。(同上页一二八)

彼拉多曰："真理何欤?"彼拉多之为此问，适见其为欧洲之人而已。(即欲以理智解决一切)耶稣于他处答之曰："我即途也，真理也，生命也。"(见《约翰福音》第十四章第六节)耶稣此答则亚洲人之态度也。(同上页一二九)

由上所述，可见基督教文化实不足以代表西洋文化，反之正足以代表西洋文化史之第一时期，即宗教时期所受于印度文化的影响，为绝无可疑的了。

四

从宗教的仪式上观察，原始基督教也有许多受印度佛教影响的。姊崎正治和爱德曼（Edmunde）合著《佛教及基督的福音》（The Buddhist and Christian Gospels）里，曾将佛教的开创者佛陀和基督对比，以为两圣人在修道中所受的诱惑，现身所显露的金光，水上步行，甚至于些少食物可以饱满众人等奇迹，佛陀和基督两传记，很多共通的事迹，这不能说没有什么关系。而且就基督教会来说，也和佛教寺院一样，应用蜡烛、香、念珠、钟等。又两教僧侣们，均须遵守童贞、剃须等习惯，这难道都是偶然相合，而没有直接的历史关系？要是有历史的关系的话，当然佛教在前，基督教在后，而基督教乃受佛教影响，是无可疑的了。

五

由上从传布上、教义上、宗教仪式上各方面观察的结果，很明了原始基督教和佛教的关系。现在试从历史方法论上着眼，应用文献、民俗、考古各方面的史料，再为补充研究一下。

第一，从文献史料上观察。因为印度人历史的观念甚为缺乏，所以印度的文献史料，皆充满神话寓言，而对于东西交通史迹、国王年代先后，均不注意。例如纪元前三二六年（周显王四十三年）希腊马其顿亚历山大王的东征，为印度人与希腊人文化交通之始，而印度文献中，竟无一言记载，寓言诗歌之中，亦绝无一字提及。但话虽如此，在亚历山大王东征的纪念地，即纪元前第三世纪（秦始皇初年）希腊人梯俄朵都斯（Diodotus）所建的大夏国（Bactria 即今之 Amu Draya 流域），却留下很重要的文献史料，证明了印度佛教西传的史迹。原来此大夏国，在尤梯代莫斯（Euthydemus）时代，尝征入印度，据印度人的记载，此印度的希腊王朝，共经八十二年，历八个君主，其中有弥兰王（Milinda，Menander 杂宝藏经称为难陀王），即位凡三十年（西元前一四〇—前一一〇年）。弥兰王曾从高僧那先（Nagasena 杂宝藏经称为那伽斯那），问杂佛教的教义；现存巴利文之“Milinda-Panha”（弥兰王问经）与东晋（三一七—四一九）失译之《那先比丘经》即为明证。此书于一八八九年经 T. W. Rhys Davids 英译为“The Questions of King Milinda”一书（见 The Sacred Books of the East，Vol. XXXV）。由此文献，可见希腊思想和印度思想之互相接触，而其结果，弥兰王乃改信佛教，这是一段佛教的光荣史迹。晋译原文如下：

> 太子名弥兰，弥兰少小好喜经，学异道，悉知异道经法，难异道人无有能胜者。弥兰王父王寿终，弥兰即立为国王。王问左右边臣言，国中道人及人民，谁能与我共难经道者。……王即乘车，与五百骑共往，到寺中，王与野恕罗相见。……时那先者，诸沙门师。常与诸沙门共出入，诸沙门皆使说经。那先时皆知诸经要，难能说十二部经。
>
> 那先问王，言名车何所为车者，轴为车耶？王言轴不为车。那先言辋为车耶？王言辋不为车。那先言辐为车耶？王言辐不为车。那先言毂为车耶？王言毂不为车。那先言辕为车耶？王言辕不为车。那先言轭为车耶？王言轭不为车。那先言舆为车耶？王言舆不为车。那先言扛为车耶？王言扛不为车。那先言盖为车耶？王言盖不为车。那先言合聚是诸材木著一面宁为车耶？王言合聚是诸材木著一面不为车也。那先言假令不合聚是诸材木宁为车耶？王言不合聚是诸材木不为车。那先言音声为车耶？王言音声不为车。那先言何所为车者？王便默言不语。那先言佛经说之如合聚是诸材木用为车，因得车人亦如是。合聚头面耳鼻口颈项肩臂骨肉手足肝腑心脾肾肠胃颜色声响喘息苦乐善恶，合聚名为人，王言善哉善哉。（参照 The Question of King Milinda. Book II. Chap. I. pp. 43-45）

依 Gunningham 所著《古代印度地理》一书所说（引见 Davids 英译本序言页 XI），这弥兰王之名，至今尚传布于佛教各国。可见此书虽不足为印度佛教对于原始基督教影响之直接证据，然而因此而印度佛教很早即传入希腊，“希腊人实为一切宗教的介绍人”（坂口昂：《希腊文明之潮流》页一九六），我们试研究一下东方印度的各种思想之盛行于希腊罗马，和犹太本国从亚历山大王侵入以至耶稣出现三世纪间，这时怎样为希腊罗马势力所支配（同上页一九八——一九九），于是由希腊人之东方宗教的憧憬（Kautsky《基督教之基础》第三章页二〇七—二〇八曾述及许多希腊人曾专为研究那里所流行的各种哲学和宗教学说而东游印度的），流风传入犹太之巴勒士登，于是而原始的基督教便出现了。

六

从民俗学史料上观察。这一点 Frazer 所著《旧约圣经的民俗学》（The Folklore in the old Testament）早已提及，以无原书，无从征引。现在只须注意考茨基（Kaursky）所著《基督教之基础》及其所引普夫来得勒（Pfleiderer）的考证，便很容易明白了。

> 照路加所载基督降生的故事，也有些佛教的色彩。普夫来得勒曾指出，福音书的作者，断不能凭空把这段故事捏做出来，虽然它是一段绝无历史根据的故事，他必然是取之于“那些为他所知道的”传说中，也许就是取之于为一切西方的亚洲民族所共知的古代传说中。因为我们在东方的印度救主释迦牟尼（生于纪元前五世纪）的幼时的故事中，也看见同样的传说，其记号有时极相酷似的传说。他也是为处女王后摩耶（Maya）的神奇的产儿，她的白璧无瑕的身体，也是因为一道天光而得孕。当他出世的时候，也有许多天神出现。并且唱着下边的赞美诗：“一个奇异的英雄，一个无可比较的英雄，已经出世了。万国欢腾，尔充满仁慈，今日尔把尔的慈受散播于全个宇宙的一切事物之上。让欢欣和愉快参入于一切生物之间，会到它们可以安宁，可以自主，可以快乐。”释迦牟尼的母亲，后来也把他带到神殿去，以顺从他们的法律的习惯；他在那里为那个因得预觉而由希马拉雅山降临的老隐士（仙人）阿西他（Asita）所见；阿西他预断这个孩子就是佛，一切罪恶的救主，自由、光明和永生的指导者。……最后这个王子的知识、体魄和美观怎么样日臻完备的记载，又正和路加第二章第四十节和五十二节所说及小孩耶稣的话，刚刚一样。

此外还有种种提及日渐长成的释迦的幼年的智慧的例证。据说，这个孩子有一次曾在宴会中失踪，他的父亲找了很久，才看见他站在一班神圣人物当中，忘形于虔心的冥想中，并且规劝他的惊讶的父亲去寻求较高尚的东西（汉译本《基督教之基础》中引普夫来得勒《原始基督教》及《基督教的起源》二书）。

七

Pfleiderer 据此传说史料，指出基督教取自印度佛教的元素。Kautsky 引此以证明东方印度的各种见解，实为最有影响于原始基督教的教义和各种传说的一种势力，这大概也可以说是一种定论了。

从考古学史料上观察。最重要的就是纪元前三世纪，以宣扬佛法著名的阿育王（Asoka）的碑铭了。阿育王为旃陀罗笈多（Chandragupta）之孙，孔雀王朝（Maurya Dynasty）第三世（一译阿输迦王，以前佛典又译作无忧王，《法显佛国记》作阿育王），他即位于纪元前二七二或二七三年，卒于前二三二年（秦始皇十五年），在位时保护佛教，尝召集佛教大会于华氏城（玄奘西域记作波吒厘子城）结集佛典。并派遣僧人至叙利亚、埃及、马其顿、锡兰、西藏、伊庇鲁斯（Epirus）、比奴阿（Binua）乃至印度全土，传布佛教。其布教范围，包括亚非欧三大陆。此事中国文献如《大唐西域记》，第十世纪时克什弥尔国诗人 Kshemendra 所著“Bodhisatwavadena Kalpalata”中，均略有记载，而以此时代所遗留之法敕碑及纪念碑的建造等遗迹，为最值得我们注意。最近十余年间欧洲学者从 Orissa、Mysone、五河地方（Punjab）、孟买海岸（Bomby Coast）及其他地方发见许多在摩崖、石柱所刻的法敕、纪念碑文，其价值之高，在碑文史上，可与 Malta 的碑文、Rosetta 石，及 Behistun 石等价值相比；即就石柱头的雕刻物言，亦为印度美术史上现存最古的遗物，甚可珍贵。尤其是这碑文第十三中，发见刻有邻邦诸国名、王名等，给我们研究印度佛教西传史以很好的资料。其原文及地名考释如下（参照泥勒教授梵文原本《阿输迦王石刻》，民国二十二年云南教育厅编译处邓永龄译。页二六— 二八，矢吹庆辉：《西洋人の观たゐ印度》页一六——一七）：

摩崖训十三（据萨钵尸迦刻石）

……善见王愿尽人离障制心，平等自乐。王以法胜为最胜，故王于诸邻国，凡六百逾缮那之地，如臾那王安提乐闼，及此国西四王徒罗梅耶、安提喀尼、马迦、亚历山大，及南方鞠呾、盘呾、他墨磐尼，及其王国内；并臾那、廉波那、那钵喀之那比提及钵迦、比提尼迦、安达罗、补哩帝等处，王均说法事。彼等信从无违。彼处王固未尝遣使，而彼等已闻王勤说法，于是遵法遵法。王因此普胜而有喜乐，此胜盖因法胜故乐也。虽小果犹可乐。善见王甚至太果，希之他世，为此刊石。

安提乐闼（Antiyoko 即 Antiochos Theos）领有叙利亚及西亚细亚之 Yavana，即希腊王，在位纪元前二六一—二四六年。

徒罗梅那（Turamaya 即 Ptolemaios Philadelphos）埃及王，在位纪元前二八五—二四七年。安提喀尼（Antikina 即 Antigonus Gonatas）马其顿（Macedonia）王，在位纪元前二七八（或二七七）—二三九年。

马迦（Maka 即 Magas）施勒尼（Cyrene）王，纪元前二五八年卒。

亚历山大（Alikasudara 即 Alexander）伊庇鲁斯（Epirus）王，在位纪元前二七二—二五八年。

五王之名外，尚有如鞠咀（Cola）、磐咀（Pandya）、他墨磐尼（Tamba－Panni）等诸王之地，及臾那（Yavana）、廉波那（Kamboja）、那比提（Nabhapamti）、钵迦（Bhoja）、比提尼迦（Pitinika）、安达罗（Andhra）、补哩那（Pulinda）等诸名。就中臾那一名，在南方所传佛教文献，所记派遣传道师事迹的诸国名中，作 Yonakoloka（臾那世界），即 Yona（Yovana 为爱奥尼亚 Ionia 之转名）。此臾那世界，前人以为即史那世界，即是支那，为当时印度佛教传入中国之一证。但据今人将“善见律毗婆娑”（Samanta Pasadika）的汉译本与巴利原本对照研究，知道臾那世界，不是中国，而为希腊人殖民地的大夏（Bactria），又传道于信度河边阿波兰多迦的臾那人法护（昙无德 Yonaka Dhammarakhitta），也已证明是为希腊人。即在此派遣僧人中，很明白地是有希腊人的传道师的存在。由上考证，不是证明了在纪元前第三世纪，印度佛教已经传播四方，而间接给原始基督教以很大的影响吗？

还有在孟斐斯（Memphis）地方，发见的印度数字，证明了此处曾为印度人的殖民地。托雷密（Ptolemy）的墓石上面，雕刻着车轮、塔、三叉戟的记号。荷拉斯（Horus）的神像，在莲华上面，表现着印度的样式。凡此种种，均可见印度文化很早即已传播西方。而在纪元前五三八年，犹太人曾为巴比伦的俘虏，这也是很著名的事实。埃利俄特

(Charles Eliot) 在所著《印度教与佛教》(Hinduism and Buddhism. Vol. III) 中对于西洋与印度之文化交通，曾有很详细的叙述。依他意思，若使印度文化可以影响巴比伦，则自亦可以影响犹太。而且当波斯王薛西斯 (Xerxes) 与希腊战争的时候，其军队中即有印度人，印度与基督教诞生地的直接间接的文化交通，这不但是考古学上的事实，而且就是历史学上铁一般的事实了。

八

总结起来，由上所述文献、民俗、考古，各方面的史料，使我们越发相信印度佛教对于原始基督教的影响。从前罗马史家塔西佗 (Tacitus) 在所著《编年史》(Annals) 第十五卷第四十四章，曾述及当时罗马人的见解，他们之逮捕基督教徒，"是藉口他们犯过痛恨人类之罪" (见 Everymans Library 274 英译本页四八六—四八七。"A number of Christians were convicted, not indeed, upon clear evidence of their having set the city on fire, but rather on account of their sullen hatred of the whole human race")，这痛恨人类的罪名，无疑就是原始基督教徒所受印度佛教影响的最大的证据了。

民国二十九年三月作于云南澄江

三十七年十二月十四日录正于广东石碑

景教碑中之景教思想*

(一) 景教碑中之"景"字及其意义——碑文中之基督教思想成分——与天主教的合致——特点之点——与基督新教的一致点

景教流行中国碑出土 330 余年，至今尚为世界研究景教之第一文献，尤其传入中国的景教思想，借此碑而传。景教既为基督教中的异端，则分析研究此异端的中国景教思想，实有其新的意义。首先教碑上屡见"景"字，教称景教（"真常之道，妙而难名，功用昭彰，强称景教"；又"明明景教，言归我唐"）；教会称景门（"天姿泛彩，英朗景门"；又"更效景门"）；教堂称景寺（"于诸州各置景寺"；又"重立景寺"）；教主曰景尊（"景尊弥施诃"），又曰景日（"悬景日以破暗府"，潘绅注："景日喻救主"）；教规曰景法（"法非景不行"）；其传播曰景风（"景风东扇"）；其作用曰景力（"我景力能事之功用也"），曰景福（"家殷景福"），曰景命（"阐九畴以惟新景命"）；教徒曰景众（"颁御馔以光景众"；又"时法主僧宁恕知东方之景众也"）；教士曰景士（"白衣景士"）；僧之命名者有景净、景福、景通等。这一个"景"字，据阳玛诺《碑颂正诠》的解释，谓"景净士将述圣教，首立可名曰圣教景教也。识景之义，圣教之妙明矣。景者光明广大之义"。但近人研究，即此景教名称已经表示其对于其他宗教有协调的倾向。原来中国基督教是于 635 年从波斯传来，当时叫做波斯教或波斯经教，次则称"弥施诃教"

---

* 载《中国景教》，第七章。

或“迷师诃教”，最初其寺院称波斯寺，其僧侣称波斯僧，后天宝四年（745 年）始改称其寺院为大秦寺，其僧侣改称大秦僧，同时波斯经教亦定名呼为景教（Mingana：The Early Spread of Christianity in Central Asia and the Far East，Manchester and London，1925，第 12 页）。这自命为景教的理由，据佐伯好郎所举四点：①当时弥施诃教徒说弥施诃是世之光，景字第一字义即光明之义。②景字通京，为日与京二字合成，而“京”有“大”字之意。“鲸”之“京”意味着大鱼，“京都”之“京”亦为大都，故景有大光明之义。③对于佛教的政策，当时长安颇有属于佛教密宗特征的“大日教”的势力，景教为扶植势力故加以利用，“大日教”或“日大教”民众看来是易于接受。④对于道教，道教的主要经典有《黄帝内外景经》，这《景经》与景教相似，可以给予暗示（参照 The Nestorian Monument in China，Introduction，第 127～130 页；《景教之研究》，第 552～553、984～990 页）。照以上所说则①②两点，是与当时流行中国的袄教、摩尼教相混，以两教均崇拜太阳；③④两点对中国原有宗教之佛道二教亦有混水摸鱼之感。所以即就景教名称，已经看出传入中国的最初基督教所取“机会主义”的传教方法，和后来明清之间来华耶稣会士所取的“机会主义”传教方法没有两样，而且是为其先驱的。尽管如此，景教在适应和吸收东方封建伦理的道德观念之外，究竟保留了其为基督教的特点。虽然景教是基督教的变种，而据景教碑上的教理分析来看，所宣扬的基本上和天主教还是一致。樊国梁的《燕京开教略》（上篇，第 13～16 页）曾力主景教即天主教之说，谓“景教碑乃罗玛圣而公会之传教士所立”，举出四证，虽均不足为据，但景教与天主教之关系仍有蛛丝马迹可寻，则无疑义，如据徐宗泽的《中国天主教传教史概论》（第 88～90 页并注）所举如下：

论天主三位一体——粤若常然真寂，真言天主之本体，寂言天主之本性；先先而无元，言天主无始无终；窅然灵虚，窅阬也，虚纯无杂也，言天主之灵靡所弗知，自彻厥体；后后而妙有，总玄枢而造化，妙众圣以元尊者，其唯我三一妙身，三位一体；无元真主阿罗诃欤，阿罗诃即希伯来文 Elohim，古经上称天主之名，叙利亚文则曰 Alana，或 Aloho。佛教有阿罗汉名，不可相混。

论天主造物及原祖性体之完美——判十字以定四方，鼓元风而生二气，暗空易而天地开，日月动而昼夜作，匠成万物，然立初人，别赐良和，令镇化海，浑天之性，虚而不盈，素荡之心，本无希嗜。

论原罪及其害处——洎乎娑殚，魔鬼也 Satan（今译撒旦），施妄钿饰纯精，闲平大于此是之中，隙冥同于彼非之内。是以三百六十五种，言异教之众，肩随结辙，竞织法罗；或指物以托宗，或空有以论二，或祷祀以邀福，或伐善以矫人，智虑营营，恩情役役，茫然无得，煎迫转烧，积昧忘途，久迷休复。

论天主降生——我三一分身，景尊弥施诃，Messia 默西亚也又，书弥尸诃或弥失诃，戢隐真威，同人出代。神天宣庆，室女诞生于大秦，景宿告祥，波斯睹耀以来贡。

按此处分身二字，研究景教者之解释不一，有谓此即聂斯托尔之异端，分身解说耶稣有二性而二位；有谓分身在中文书中并不解说性及位，是混言天主降显于世，隐其无穷之尊贵而为人也。

论救赎——圆周全也二十四圣先知圣人有说之旧法，古经也，理家国于大猷，设三一净风无言之新教，陶良用于正信。制八境真福八端之度，炼尘成真；启三常信望爱三超性德也之门，开生灭死。悬景日光大之日即天主受难之日以破暗府，古圣所也，尘网于是乎悉摧，棹慈航以登明宫，真福所天堂也，含灵于是乎既济。能事既毕，亭午升真。经留二十七部，新经，张元化以发灵关，正道之要枢。

论圣洗瞻礼祈祷等——法浴水风，言圣洗之礼，涤浮华而洁虚白，印持十字，融四照以合无拘。击木震仁惠之音，东礼趣生荣之路。存须所以有外行，削顶所以无内情。不畜臧获，均贵贱于人，不聚货财，示罄遗于我。斋以伏识而成，戒以静慎为固。七时礼赞，大庇存亡，七日一荐，洗心反素。

实则景教之与天主教合致，李之藻《读景教碑书后》早已论及，如云“景宿告祥，异星见也；睹耀来贡，三君朝也；神天宣庆，无神降也；亭午升真，则救世传教功行完而日中上升也。至于法浴之水，十字之持，七时礼赞，七日一荐，悉与利氏西来传来规程吻合。而今云陡斯，碑云阿罗诃；今云大傲魔魁，碑云娑殚”。即由景教碑文所述教理，可以见景教教义原来即是基督教义，虽与天主教有小异，而毕竟大同。从大同处看，两教同拜天主，同尊耶稣，同讲天主创造天地和人，同说三位一体，同信耶稣降生救世神话。景教作为宗教，是基督教的一种，当然不出此例，我们如果只强调其与天主教之异而不见共同，便要犯了错误，其实许多只是名词不同，乃至译音不同，景教碑以外其他景教经典如《三威蒙度赞》、《尊经》中均可参证。而且据钱念劬《归潜记》说，碑额两旁有基路冰（即 cherubim 有翼的天使），正中有十字纹，这就是基督教的特征。至于碑文中所载之教仪与教规，如七日一荐即七日礼拜，行洗礼，敬十字无不相同。即就每日所诵经来说，德礼贤《中国天主教传教史》（第 11 页）即称“《三威蒙度赞》这是一篇对于天主圣三的颂赞，和东叙利亚式的《荣福经》一般无二，这是一篇经文，天主教的司铎们在举祭时候，差不多天天要念着的，便是现在，也还念着”。可见景教虽为天主教所斥为异端，而毕竟同出于一源，是有其一脉相通之处的。

然而景教也有其特异之点，和天主教不同，据佐伯好郎（Saeki：The Nestorian Monument in China，第 112～115 页，参照张星烺：《中西交通史料汇篇》第四册，第 116～120 页译文）所述聂斯托尔派与罗马加特力教分离以后，其特殊之点可略举如下：

1. 不拜玛利（Mary）不承认玛利亚为天主之母（Mother of God），此点最与希腊（即东罗马所奉，今俄国亦奉之）及罗马天主教相异，欧洲信徒攻击聂派为邪说者，亦即以此。

2. 不用偶像保留十字架，此亦与希腊、罗马两派殊异，然据景教碑文阿罗本入唐时，似又持经像同来也。

3. 不承认罗马派之死后涤罪说（doctrine of purgatory），然自其圣徒名簿观之，聂派似容许奉祀祖先也。景教碑有“七时礼赞，大庇存亡”之语。

4. 反对化体说（theory of transubstantiation），然承认圣餐（Eucharist）时，耶稣基督实来光临也。

5. 行监督制，教士共分八级：

Ⅰ. 监督（episcopate）…………	（1）教务大总管（catholicos or patriarch）
	（2）总主教（metropolitan）
	（3）主教（bishop）
Ⅱ. 司祭（presbyterate）…………	（4）司祭（presbyter）
	（5）副僧正（archdeacon）
Ⅲ. 执事（diaconate）………………	（6）助祭（deacon）
	（7）佐祭员（sub-deacon）
	（8）读经师（reader）

6. 司祭以下五级皆可娶妻，最初即大总管、总主教、主教等亦皆

可娶妻，此制或受波斯祆教僧制之影响也。其在中国之主教及僧人皆娶妻，可于景教碑上之叙利亚文见之。例如“助祭亚当（Adam）为总主教叶嗣布锡德（Yesbuzid）之子，而总主教叶嗣布锡德乃僧人米理斯（Milis）之子也”（以上为叙利亚文之译语），既有子则必有妻也。其人远从万里外来中国传教，古代陆道交通尤为艰苦，不便携带妻女，必与中国妇女通婚姻也。两国教堂之出家主义（monasticism）袭自东方人，独身不娶不嫁主义发源于埃及，故亚历山大港之锡利耳派（Celibacy）之独身不娶不嫁主义必受之埃及人也。印度佛教之悲观主义，甚早即传至美索不达米亚，基督教不无受其影响，然波斯之祆教徒视独身主义为不可思议之事，聂斯托尔派既抵波斯，受波斯主之保护，必又受祆教之影响，而允许僧人牧师娶妻也。

7. 聂斯托尔派斋戒时期，多而严谨，景教碑所谓“斋以伏识而成，戒以静慎之固”也。其戒斋时期如下：

甲　四旬斋（lent）复活祭前四十日间。

乙　圣徒斋（the fast of the Apostle）自圣灵降临节后第一月曜日至立夏后第一星期日。

丙　圣母迁徙斋（the fast of the migration of the Virgin）在八月间。

丁　也里牙斋（the fast of Elijah）

戊　通告节斋（the fast of the annunciation）在三月二十五日天使 Gabriel 通告圣母玛利亚以耶稣降生，行纪念祭也。

己　尼尼微斋（the fast of the Ninevites）

庚　圣母斋（the fast of the Virgin）

8. 茹素，教务大总管不食肉，其下不禁。

9. 教务大总管，由管长三人之互相选举而决定。

10. 多半宗教书籍皆用叙利亚文，然希腊文、拉丁文以及各地土语皆不禁止。拉丁教会专用拉丁文，希腊教会专用希腊文，而在中国之聂斯托尔派则用汉文以举行礼拜，可于 1908 年（光绪三十四年）法国伯希和教授（Prof. Pelliot）在敦煌石室发现之《景教三威蒙度赞》见之也。

由上所述景教特异之点，又可见景教与罗马天主教及基督教新教有其同也有其异，因其同故亦称为基督教，被认为基督教传入中国之始；因其异所以天主教徒斥之为异端道理，谓“此异端寄生于中国，不即消灭，为圣教之传扬不特是一阻碍，且为信德之一致，是一扰乱”（徐宗泽《中国天主教传教史概论》第108～109页）。然此被排斥之异端景教，其不拜圣母玛利亚之说与基督教新教同。又无论新教、旧教乃至景教，他们无不遵奉1600余年前罗马帝国官方教条（The Official Dogmas）所规定之尼西恩信条（The Nicene Creed）与使徒信经（The Apostles' Creed）与阿塔内西恩信条（The Athanasian Creed），但关于此等信经或信条的字句的解释及其解释权问题，新教主张可以基督教信者各自主观之灵的经验来解释，因而强调福音无拘束主义、信仰自由主义，而反对天主教之罗马教皇绝对至上主义与教皇无误论（infallibility）。又天主教规定信徒必须服从教皇（pope）、司教（bishop）、司祭（priest）的指导，新教则否认此罗马教皇之绝对的权威，乃至否认其解释圣书的传说即圣传的权威，即因新教在耶稣基督之外，不认有介在神与人之间的仲保者，因而亦认圣母玛利亚的介在无其必要，这反对圣母玛利亚崇拜主义，基督教新教很明显是受了景教的影响。话虽如此，景教与基督教新教虽同为从天主教之绝对权威中分离独立出来，而后者不过作为一个分派，而景教则被判为异端，究竟分派和异端不同。欲知异端之所以成为异端，更须注意景教在东渐之时，所受当时流行于波斯和中国各异教之重大影响。

（二）景教与波斯各种宗教思想的混合——摩尼教的特点——景教与摩尼教相同之点——火祆教的影响

景教是从波斯传入中国的，其在波斯时曾受摩尼教与火祆教二教的影响。

摩尼教创自波斯人摩尼（Mani，Manes，生于215或216年），与祆教不乏相类之点。1269年宋代僧人志磐所撰《佛祖统纪》卷三十九及卷五十四中述波斯之苏鲁支云，“初波斯国之苏鲁支立末尼火祆教”；案苏鲁支即Zoroastra，盖此混火祆与摩尼二教为一。摩尼教之来中国，据蒋斧说当在周隋之际，盖依敦煌《摩尼经残卷》（北京图书馆藏）及《长安志》光明寺后改大云经寺之记载。沙畹及伯希和于1911—1913年撰《摩尼教入中国考》不采其说，谓摩尼教以694年始入中国，最初记载摩尼教之书为唐玄奘之《西域记》，其记波刺斯国（即波斯）云：“天祠甚多，提那跋外道之徒为所宗也”；此提那跋即摩尼教之 Dênâvarî。玄奘所记 630 至 640 年间之波斯摩尼教，不久即入中国，据《佛祖统纪》卷二十九云：“延载元年（694）波斯国人拂多诞持《二宗经》伪教来朝。”然则摩尼教与景教输入中国的时期实相差不远。其教乃公元第 3 世纪波斯国内的一新宗教，本集合祆教、佛教及基督教而成。据岑仲勉综合所得资料，其教义是：

严行制欲主义（《统纪》三五云：“男女不嫁娶，互持不语。”）

不祭祖（陆游《渭南文集》五，称摩尼教“以祭祖考为引鬼，永绝血食”。）

不茹荤（《国史补》云：“其法日晚乃食，敬水不茹荤，不饮乳酪。宋绍兴四年王居正言两浙有吃菜事魔之俗。”）

不饮酒（《释门正统》三九，“其法不茹荤饮酒”。）

白衣白冠（见《统纪》四一及五四，元代禁令亦有“白衣善友”之名称。）

死则裸葬（同前《统纪》“病不服药，死则裸葬”。）

但他认摩尼教“盖波斯型之基督教而又兼犹太及佛教色彩者”（《隋唐史》，第 312～313 页），则不知何所见而云然。摩尼经在波斯本土曾受祆教正统派的峻烈的迫害，一度传播西方，又受基督教正统派的压迫，传至东方，又蒙唐末会昌的禁压。但其汉文经典，据《夷坚志》称如《二宗经》、《三际经》曾收入《道藏》中，又现敦煌发现之摩尼教经典尚有《摩尼光佛教法仪略》、《下部赞》、《摩尼教残经》三种收入《大正大藏经》卷五十四。据《摩尼光佛教法仪略》出家仪第六中述二宗三际之教义云：

初辨二宗。

求出家者须知明暗各宗，性情悬隔，若不辨认，何以修为？

一初际，二中际，三后际：

初际者，未有天地，但殊明暗，明性智慧，暗性愚痴，诸所动静，无不相背。

中际者，暗既侵明，恣情驰逐，明来入暗，委质推移。大患厌离于形体，火宅愿求于出离，劳身救性，圣教固然，即妄为真，孰敢闻命？事须辨析，求解脱缘。

后际者，教化事毕，克妄归根，明既归于大明，暗亦归于积暗。

二宗各复，两者交归。

摩尼教和景教有相同之处：其一，即其人多长于科学技术。《册府元龟》卷九七一载开元七年（719）吐火罗上表献解天文人大慕（此名亦见《摩尼教残经》）云："其人智慧幽深，问无不知……知其人有如此之艺能，望请令其供奉，并置一法堂，依本教供养。"景教碑立于781年2月4日所称"大耀森文日"即为摩尼教译名。沙畹《摩尼教流行中国考》云，"景教之教语固为古叙利亚语（Syriaque），及第景教徒由伊朗（Iran）至中国，据西安景教碑所载人名，其间不乏波斯教师，如Mahdad Gusnasp或Msihadad显为波斯人名。此碑建于781年之耀森文日，卫礼已于1871年鉴定此耀森文即杨景风所记之耀森勿，经吾人考定即古波斯语Ev-sanbat，今波斯语Yaksanbah之译音"；这就可见在七曜历上景教与摩尼教之关系。其二，景教与摩尼教同用佛教术语。摩尼教所用如无明、业轮、三轮、三灾铁围等皆佛教术语之转用。但如《下部赞》中列举十二尊之名，其七者信心净风佛，此云净风，即指三位一体中之圣灵，与景教之净风同。又十者知恩夷数佛，夷数即Isa，即耶稣Jesus，此亦与景教相同。又关于人类起源及历史问题，据腓利斯特（Fihrist）所传摩尼教义，很明白是一部分取自《旧约》圣书，这也可见其与基督教的关系。其三，景教与摩尼教、祆教同称三夷寺，舒元舆《重岩寺碑》（此碑建于824年）所云："亦容杂夷而来者，有摩尼焉，大秦焉，祆神焉，合天下三夷寺，不足当吾释氏一小邑之数"（《全唐文》卷七二七《唐鄂州永兴县重岩寺碑》）；文中大秦即景教，祆神即祆教。因而与景教同出于波斯，故常易混淆，如《尊经》目录中之第一四《三际经》，及第一六之《宁恩经》即为摩尼教经典，而混于景教目录中者。

次言祆教。此教创于苏鲁阿士德（Zoroaster），当时可称波斯国教。其教圣经名《阿维斯塔》（Avesta），教之主旨注重化畜牧为农耕，很符合封建社会的需要。祆教传入中国较景教为先。《西溪丛话》载贞观五年有传法穆护何禄将祆教诣阙闻奏，敕长安崇化坊立祆寺，号大秦寺，又名波斯寺，可见早期祆、景两教混淆不清。穆护即教士，乃古波斯文magus之音译（英文作magi）。因其教以火代表善神而崇拜之，故又称拜火教，日为光明之原，故亦拜日，其余月星辰诸天体，皆在崇拜之列。《旧唐书》卷一九八："于阗国事祆神"，又同卷："波斯国俗事天地日月水火诸神，西城诸胡事火祆者，皆诣波斯受法焉。"据冯承均《景教碑考》，以为《新唐书》于阗传，“贞观九年于阗遣子入侍”，而景教阿罗本之来中国，即是随于阗王子入朝者（见第 56～57 页），如此假说属实，则景教之与袄教的关系实极密切。还有就是景教自司祭以下五级皆可带妻，此带妻主义亦分明是在波斯受了袄教的影响。古代波斯除穷人以外普遍实行一夫多妻制，袄教以不娶妻为罪恶，即反映此思想。景教受其影响，故景教碑上叙利亚文，译称“助祭亚当为总主教叶嗣布锡德之子，而叶嗣布锡德乃僧人米理斯之子”。这就可见中国景教之主教及僧人皆娶妻，而推究其起源，则在 485 年在斯宾所开景教总会已承认僧侣与僧尼之婚姻，又 499 年于总会规定“上自教祖，下至小僧道士均可从圣书而结婚养育子孙”。固然在《哥林多前书》第 7 章第 9 节已经有“倘若自己禁止不住，就可以嫁娶，与其欲火攻心，倒不如嫁娶为妙”之文，但是把这僧侣带妻主义为适应环境而订入景教法规，却无疑是受了波斯袄教的影响的。

（三）景教传入中国后与中国思想的混合——道教思想的影响——佛教思想的影响——儒家伦理思想的影响

唐代是儒道佛三教的鼎立时代，景教传入中国后即极力顺应中国固有之宗教迷信和宿命论思想，不但袭用道、佛二教经典的词语、模型与形式，而且为布教传道的保护方便，简直接受了为封建社会统治阶级服务的“尊君”的儒家思想，以代替天主教之教皇至上主义。现在先从其与道教的思想关系说起。

景教碑开首即叙述基督教教义，采用了道家所常用的语句，几疑乎是出于道家者之手。如：“粤若常然真寂，先先而无元，窅然灵虚，后后而妙有，惣玄枢而造化，妙众圣以元尊。”又如“无元真主”；“鼓玄风而生二气”；“浑元之性，虚而不盈”；至于“真常之道，妙而难名，功用昭彰，强称景教”；与颂“真主无元，湛寂常然”；这就完全是《老子道德经》“道常无名”与“有物混成，先天地生……吾不知其名，字之曰道，强为之名曰大”的语气了。碑文中引贞观十有二年秋七月诏曰：“道无常名，圣无常体，随方设教，密济群生。大秦国大德阿罗本远将经像，来献上京。详其教旨，玄妙无为，观其元宗，生成立要。

词无繁说，理有忘筌，济物利人，宜行天下”一段和《唐会要》第四十九卷所载全同，惟大秦国大德阿罗本作波斯僧阿罗本，由此可见唐之历代君主所以欢迎景教，正因为认景教教义与道德之言相合。碑文云：“宗周德丧，青驾西升。巨唐道光，景风东扇”；更分明影射周末老子乘青牛车西入流沙的故事，而景教东来，比于再兴老子之教。阳玛诺《碑颂正诠》云，“青驾西升，谓老聃也，言周德丧而道人西去，唐道光而真教乃东矣”，即因此故。清乾隆时耶稣会士宋君荣（Gaubil）以为此碑作者是道教徒；美人李提摩太（Timothy Richard）与佐伯好郎均认为景教碑书字之吕秀岩，即金丹教祖纯阳祖师吕岩洞宾，其说虽不足信，然亦可见景教士在当时为扩张宗教势力，竟不惜以道教附会基督教义，运用了机会主义。至如《序听迷诗所经》之以道家之“天尊”称基督教之“天主”；《志玄安乐经》说“无欲无为”，“能清能静”，其为应用道教的修养方法，也不待详证而自明了。

然而更可注意的，就是来华的景教士不但附会道家之言，更借助于当时号称极盛之佛教的思想形式。景教碑、《三威蒙度赞》等屡屡援用佛典名词，例如“妙有”、“慈航”、“世尊”、“僧”、“大德”、“法王”、“慈恩”、“功德”、“大施主”、“救度无边”、“普救度”之类术语，《志玄安乐经》亦一见而知其模仿佛教经典形式。现即以《三威蒙度赞》首段为例：

> 无上诸天深敬叹，大地重念普安和，人元真性蒙依止，三才慈父阿罗诃，一切善众至诚礼，一切慧性称赞歌，一切含真尽归仰，蒙圣慈光救离魔。

又以《序听迷诗所经》为例，经中屡言及佛，盖即以佛称天主。据羽田亨所举：

> 诸佛及非人平章天阿罗汉谁见天尊。
>
> 人急之时，每称佛名。
>
> 谁报佛慈恩。
>
> 突坠恶道，命属阎罗王。
>
> 此人凡一依佛法不成受戒之所。
>
> 先遣众生礼诸天佛，为佛受苦，置之天地，只为清净威力因缘。

且景教人名之汉译者，普通皆称僧，作景教碑文的景净亦称僧，立碑时景教法主宁恕亦称僧；碑下方僧业利、僧行通、僧灵宝称僧，碑侧列名的 65 人也都冠以僧字，如僧宝达、僧惠明、僧灵寿、僧景通、僧德建之类，皆乍见未有不认为其出于佛教者。至如景教碑中所列教士汉名，如曜轮、曜源即今译若翰或约翰，明泰即今译玛窦或罗太，宝灵即今译保禄或保罗，来威即今译诺厄或挪亚。又如《尊经》之诸经目录，有法王名 22 人，瑜罕难法王即圣约翰（约翰），卢伽法王即寺路加，牟世法王即圣梅瑟（摩西），摩矩辞法王即圣玛尔谷（马可）。又有译义者如千眼法王与报信法王则仿佛似护守天神与嘉俾伦尔天神，而用字亦多为佛经中所常用的字眼，尤其景教碑作者景净，也曾同时参与佛教经典的翻译工作。据日本东京帝国大学梵文教授高楠顺次郎发现唐德宗时（780—804 年）西明寺僧圆照所辑《贞元新定释教目录》卷十七《般若三藏续翻译经纪》文曰：

> 法师梵名般刺若（唐言智慧），北天竺境迦毕试国人也（言罽宾者之化用名）。……洎建中三年，届于上国矣。至贞元二祀，访见乡亲，神策正将罗好心即般若三藏舅氏之子也。……好心既信重三宝，请译佛经，乃与大秦寺波斯僧景净，依胡本《六波罗密经》译成七卷。时为般若不闲胡语，复未解唐言，景净不识梵文，复未明释教，虽称传译，未获半珠，图窃虚名，匪为福利，录表闻奏，意望流行。圣上睿哲文明，允恭释典，察其所译，理昧词疏。且夫释氏伽蓝，大秦寺僧，居止既别，行法全乘，景净应传弥尸诃教，沙门释子弘阐佛经……

又《大唐贞元续开元释教录》卷上文同。虽然景净受佛教徒排斥，而曾一度参加佛典翻译，则为历史真实。正因为景净与佛教有关，故景教碑中竟可将希伯来文之 Eldhjm，译作梵文之阿罗诃 Arhat，以见于建碑前 102 年唐高宗时（679）杜行觊译《佛顶尊胜陀罗尼经》中佛之阿罗诃，作为景教经典中之阿罗诃。又《尊经》虽非景净所作，而其末尾称“大秦本教经都五百三十部，并是贝叶梵音”；又云：“余大数具在贝皮夹，犹未翻译”；此处并用“贝叶梵音”，可见景教徒之喜欢混淆景佛二教，其意在利于宣传可知了。

景教不但采取道家习用的词汇，模仿佛教经典的形式，而且强调儒家思想之忠孝二道以为其传教张目。景教碑极力宣扬帝王功德，宣扬以帝王将相为历史的原动力之荒谬观点。他们赞美唐太宗“赫赫文皇，道冠前王”；赞美高宗“人有康乐，物无灾苦”；赞美玄宗“皇图璀灿，率土高敬”；赞美肃宗“止沸定尘，造我区夏”；赞美代宗“德合天地，开贷生成”；赞美德宗“武肃四溟，文清万域”；又说“道非圣不弘，圣非道不大，道圣符契，天下文明”。据阳玛诺《碑颂正诠》，“言国主助圣教之广，圣教助国主之光，盖圣教流行之益，缘帝王从奉；居高作倡，大道广敷，教法相资，而皇猷熙奏也”。又云：“帝王之势，譬之宗动天然，昼夜恒运，枢纽九重，力能带下强之同动……此帝王从宗圣教，上行下效，而异端邪说，不能而阻之也”（第 62～63 页，上海土山湾印本）。这不但可见景教是为封建统治阶级服务，而且这种传道方法也为明清之间来华耶稣会士所继承。《序听迷诗所经》中关于忠君思想有云：

为此普天在地，并是父母行据。此圣上皆是神生，今生虽有父母见存，众生有智计，合怕天尊，又圣上，并怕父母。

又云：

众生若怕天尊，亦合怕惧圣上，圣上前身福私（利）天尊补任，亦无自乃天尊耶。属自作圣上，一切众生，皆取圣上进止，如有不取圣上（进止），驱使不伏，其人在于众生即是返逆（叛逆）。

又关于孝道思想说：

第二须怕父母祗（祇）承父母，将比天尊及圣帝，（所）以若人先事天尊及圣上，及事父母不阙，此人于天尊得福不多。此三事一种，先事天尊，第二事圣上，第三事父母。

第二愿者若孝父母并恭给，所有众生，孝养父母恭承不阙，临命终之时，乃得天道为舍宅。（第三愿者，所有众生）为事父母，如众生无父母，何人处生？

虽则基督教从摩西以来（如《旧约》圣书《出埃及记》20 章 12 节及《申命记》5 章 16 节）从不反对孝养主义，然而将孝养主义与祖先崇拜合一，则实为景教所受儒教思想的影响。景教碑文“七时礼赞，大庇存亡”；景教徒既为生存者祈求息灾延命，又为死亡者祈求冥福。祈祷书中所称《尊经》即是牌位，正是祖先崇拜的思想表现。景教徒以尊君事父相号召，这种与中国传统思想的妥协精神，正是中国景教的特点。羽田亨曾考得“《新约》中说掌权的应当服从（《罗马书》十之三，《提多书》三之一等），视帝王为当权者，即当敬事服从，这是教义所许。然以帝为神生，实神所命，又说：‘无自乃天尊耶，属自作圣上’，事圣上即是事神之说，却非本来之教义”。又“此派之三位一体思想受他派非议，至宣布为异端，不得不退避东方，而此教派至于说帝王神生，神所显现，事君父同于事神，则变化可谓非常，此之变化谓由于东传所经，不如谓有在中国发生之可能性”。(《关于景教经典〈序听迷诗所经〉》见内藤博士还历祝贺《支那学论丛》，第 17～79 页。）至于《志玄安乐经》所云：“行吾此经，能为君王安护境界，譬如高山，上有大火，一切国人无不睹者，君王尊贵，如彼高山，吾经利益，同于大火”；这就完全把宗教力量和政治力量结合起来，更进而为中国的统治阶级服务。同样景教碑中的政治观念，也只可能是封建统治思想的表现。

阳明学在日本的传播*
——中外思想交流史话

日本阳明学开创于中江藤树（1608—1648；庆长十三年—庆安元年），而追溯其源于禅僧了庵桂悟（1424—1514；应永三十一年—永正十一年），桂悟乃五山大老，曾以八十三岁之高龄，奉足利义澄之命，远使中国，与明一代儒宗王守仁相遇，临东归时，王守仁作序相送，文载师蛮《本朝高僧传》。案斋藤拙堂《文话》云："尝于山田祠官正住准人之家，见所藏王阳明《送日本正使了庵和尚归国序》一幅，字画稳秀，神采奕奕，无疑为其亲笔。"此文《王阳明全集》未载，录之如下：

> 世之恶奔竞而厌烦拿者，多遁而之释焉，为释有道，不曰清乎！挠而不浊，不曰洁乎！狎而不染，故必息虑以浣尘，独行以离偶，斯为不诡于其道也。苟不如是，则虽皓其首，缁其衣，梵其书，亦逃租繇而已耳，乐纵诞而已耳，其于道何如耶？今有日本正使堆云桂悟字了庵者，年逾上寿，不倦为学，领彼国王之命，来贡珍于大明；舟抵邓江之浒，寓馆于驲，予尝遇焉，见其法容洁修，律行坚巩，坐一室左右经书，铅采自陶，皆楚楚可观爱，非清然乎！与之辨空，则出所谓预修诸殿院之文，论教异同，以并吾圣人，遂性闲情安，不哗以肆，非净然乎！且来得名山水而游，贤士大夫而从，靡曼之色，不接于目，淫哇之声，不入于耳，而奇邪之行，不作于身；故其心日益清，志日益净，偶不期离而自异，尘不待浣而已绝矣。兹有归思，吾国与之文字交者，若太宰公及诸缙绅辈，皆文儒之择也，咸惜其去，各为诗章，以艳饰迥躅，固非贷而滥者，吾安得不序。皇明正德八年癸酉五月既望，余姚王守仁。

---

* 载《文汇报》，1962年4月1日。

此序作于王守仁提倡良知之说以后，时年四十二，可算中日思想交流史上的一重要插话；但无疑乎桂悟以八十七岁的高龄，很难说其传了阳明之学，不过日本学者则一向重视此历史文件，井上哲次郎称："桂悟亲与阳明接触，为哲学史上决不可看过的事实。"（《日本朱子学派的哲学》，第636页附录）川田铁弥称："如桂悟禅宗之外，兼传程朱之学、余姚之学，论知行合一之义，为日本王学倡导之嚆矢，其在斯人乎。"（《日本程朱学的源流》，第64页）武内义雄则简直在讲阳明学时，即从了庵桂悟开始（《儒家的精神》，第200页）。此亦可见此序的重要性。尽管如此，日本阳明学派并不直接受王守仁的影响，而实接受了阳明学左派的影响，则为历史的事实。王守仁从开明地主的挽救明代社会危机的意愿出发，建立了自己的主观唯心主义思想体系，虽反对统治阶级所倡导的程朱理学，具有一种新的意义，但基本上是站在封建剥削阶级立场。而阳明学左派则不然，它站在市民或农民立场，成为当时进步人士的民主启蒙思想的先驱。王守仁与王学左派之间的分歧，恰似中国阳明学与日本阳明学之间的分歧，最明显的分界线是王守仁反对农民起义，而日本的阳明学者大盐中斋（1794—1837；宽政六年—天保八年），即为农民起义的先锋。正因为日本阳明学是具有人民性的内容，所以认为直接受王守仁的影响，不如认为是左派王学的一支。尽管他们思想之中有好些地方充满着神秘主义的唯心主义；尽管他们所用语句，仍不免代表封建意识形态的东西；而在骨子里，无疑包含着革命的辩证法思想因素，在日本独特的历史条件下，应该承认其有独立光荣传统之哲学史的位置。

固然日本阳明学在和中国哲学接触之下，也不能没有分派，即一为具有强烈的内省性格的德教派，一为以改造世界为己任的事功派，如中江藤树开始从王龙溪《语录》出发，是属左派王学之一系统。他的弟子，有熊泽蕃山之主事功派，又有渊冈山之主内省派，而以蕃山的左派为日本阳明学的正传。而且即就德教派之为日本王学的右派而言，也和中国所谓王学右派，如罗念庵、聂双江之与朱子学合流者不同。日本王学右派如梁川星岩、春日潜庵均受刘宗周（蕺山）的影响。星岩崇奉刘宗周，在《纵笔》中首云：

> 朱或能包陆，陆不能包朱；念台皆淹贯，可谓大丈夫。

又《春雷余响》卷八称刘宗周云：

> 文成首倡致良知，末弊纷然生儗疑；以实救虚虚救实，蕺山学旨恰其宜。

春日潜庵奉阳明之学，其言云：“姚江良知之教，真辟千古之秘，既简且尽”；又云：“后儒学圣人之道，若胶柱鼓瑟而已，及姚江出始得闻琴声之正。”然彼又深深崇奉刘宗周，与池田子敬书云：

> 顼襄（潜庵名）得明刘蕺山先生所著《人谱》。先生名宗周字起东，所谓念台先生者也。先生精忠大节，鼎革之际，不食二十余日而卒，襄尝考其生平，悚然敬叹，潸然悲慕，乃思吾不得见其人，得见其书，则我亦当努力以造古人之域，今获其书可以慰吾怀矣。若蕺山之学，以姚江为宗，以致知为要，而以慎独为主，作《人谱》以授学者，其用功之精，条分缕析，一以贯之。夫姚江致良知之教，本于孟子，委曲明鬯；然而末学之弊，徒知良知而不知致知，狂肆放荡，变良知为私知，《人谱》一书可以救其弊；然而姚江之学，确然信而不惑者，方今天下寥寥也。王门诸子如龙溪、心斋非不闻致良知之旨，然而往往不能无弊，如东廓、两峰，念庵之于姚江，皆不失师旨，而至蕺山，得姚江之粹，忘其大节，不食而卒，岂偶然哉！慎独之功熟而致良知者然也。襄常读书，每观古人之伟功俊节，慨然思慕，乃问其平生之学术文章，不得则咨嗟者累日不止，皇皇然如饥饿之不得食。夫蕺山一代名儒，大节如此，学术如此，而《人谱》一书，其生平之学术具备于此，今既获之，吾心当如何耶？若天下之人，信之与否，何足道哉！

日本右派王学，实际是刘宗周的信徒。还有佐藤一斋门下的池田草庵，也极尊信《人谱》，参之《小学》来教导学生，尝说：“大节如刘子，学识如刘子，得如刘子其人则可谓无遗憾矣。”这都是王学右派极恳切的自白。他们不同意龙溪、心斋，而同意东廓、两峰、念庵，是站在右派立场，然而他们的归结，乃在主张刘宗周的证人一派，这就可见其和中国的右派王学性质不同了。日本阳明学无论左派也罢，右派也罢，均极看重实践，不贵空谈无用之学。尤以左派的大盐中斋、西乡隆盛、吉田松阴与明治维新时草莽志士，他们虽也不免近于浅薄，而均能突出地显示他们的时代觉醒的人民性思想，站在时代前面，奋勇前进，百折不挠；他们的杰出思想甚至体现了和革命主义相吻合的辩证法思想，可说是日本阳明学的最大特色。他们虽从中国王学左派如浙中的王畿、泰州的王艮、李贽学得革命的辩证法，而就其实践的运用上，又青出于蓝；即在唯心主义的形态中，把辩证法之合理的内核，即革命的辩证法，更向前推进了。

日本左派王学之所以生气勃勃，我以为在其阶级根源之外，更应该归其原因于它们所用的辩证法。阳明学的辩证法，虽充满着神秘的色彩，但剥下这神秘主义外壳，去发现那合理的核心；把那头脚倒置的观念论辩证法，反转过来未始不可以改造为革命的逻辑，是持有否定之否定的成果的。例如《四句教》所云：

> 无善无恶心之体，有善有恶意之动，知善知恶是良知，为善去恶是格物。

在实际生活中分析出善与不善的矛盾，由矛盾而扬弃了。“无善无恶”是“无”，“有善有恶”是“有”，“知善知恶”乃至“为善去恶”是经过有与无的把握而终于达到“生成”的阶段。阳明学的辩证法是“无——有——生成”之辩证法，是把辩证法原理应用在道德方面。辩证法是研究客观世界和人类思想的运动之一般规律的科学，由辩证法所见现象，一切皆变，一切皆动，一切不存在又存在，存在又不存在，“无善无恶”不终为“无善无恶”，将会变成“有善有恶”，“有善有恶”不终为“有善有恶”，而将变成“知善知恶”乃至“为善去恶”。“为善去恶”是从“有善有恶”本身走向它的否定，是元来“有善有恶”所达到更高的形态，所谓至善的境界；然而此至善的境界，毕竟是从“无善无恶”通过“有善有恶”之变化而来，达到至善，也只是复归更高形态的“无善无恶”。阳明学的“四句教”，实际就是“无善无恶”之螺旋形的发展，是“无”之辩证法。在我看来“无”之辩证法，是和“佛教辩证法”接近，而为近代辩证法之两个来源之一。

现在谈谈希腊人的辩证法，以黑格尔《大逻辑学》第一部的说明，当即指希腊巴门尼底之“有”之辩证法，佛教徒的辩证法，也即为黑格尔所称“从东方尤其佛教出来”的“无”之辩证法，黑格尔以“有”“无”“生成”之三个范畴，揭穿了存在之谜，这就是恩格斯所称“一直到很晚的最近，才由近代哲学把它发展完成的”辩证法，是属于新的辩证法的思想体系。恩格斯虽没有讲到阳明学的辩证法，但就佛教徒之“无”的辩证法来看，阳明学的“四句教”，正是佛教徒之“无”的辩证法的继承。希腊人的辩证法的公式是：“有——无——生成”，佛教徒的辩证法的公式是：“无——有——生成”；希腊人的辩证法是“有”中有

"无"，自有而无，所有变化不出"有"的范畴；佛教徒的辩证法是"无"中有"有"，自无而有，所有变化不出"无"的范畴，这是辩证法思想的两个不同体系。依"有"之辩证法，其特质在主动，在发展，依"无"之辩证法，其特质在主静，在复归。东方哲学如老子之"有生于无"；周敦颐之"无极而太极"；朱子答袁枢诗"若识无中含有象，许君亲见庖牺来"；乃至王守仁的"四句教"，均为"无"之辩证法的实例，这应该和枯槁寂灭的佛教徒的辩证法一例齐观的了。固然阳明学的辩证法到了右派手里，例如聂双江之"归寂以通天下之感"；罗念庵之以静为圣学嫡传，"当极静时恍然觉吾此心中虚无物，旁通无穷"，这种"复归无"的辩证法，几乎和佛教徒无二；然而在王学左派，尤其日本的左派王学，虽亦应用了"无"之辩证法，然活而不死。他们虽也说"无"，而且说"空"，但与佛教徒顽愚之空，绝不相同，正如大盐中斋在《儒门空虚聚语·自序》所云：

> 佛教不入中国以前，孔子既空空，颜子屡空；佛氏入中国后，其亦言空，于是我空与彼空混焉，而论其极，则我空与彼空本一物，只有死活之异耳。譬之果实，我空则寻常人家之李实也，其仁虽固空，然活而不死，埋之地而时至，则生芽焉，生干焉，生枝叶焉，收生花实焉，生机次第发出即如此。彼空乃王家经赞之李实也，其仁固亦空，然死而不活，虽埋之地而时至，不生芽焉，不生干焉，不生枝叶焉，安收生花实焉，生机槁寂断灭如此。是故儒中之圣贤，古尝有克己复礼，以全乎本然之空，而中也仁也，皆无恙焉，孝弟忠信、喜怒哀乐、齐家治国平天下之事，尽自此空出，以获遂位育之功者矣。佛氏之徒侣，大抵凿心刳性，终为槁寂之空，而中也仁也皆灭矣，故孝弟忠信、喜怒哀乐、齐家治国平天下之事，不能发出，岂亦获遂位育之功也哉。(《日本伦理汇编》第三册本，第443—444页)

这就是说左派王学的"无"之辩证法，是从无中生芽生干生枝叶，所谓孝弟忠信、喜怒哀乐、治国平天下之事皆自此出，所以是活而不死。例如一粒麦，埋在适宜的土上，它自会生长、开花、结实，最后又产生原来的麦粒，可是并不只一粒，而是加了无数倍，这就是所谓"仁"，当然和佛教徒之"无"的辩证法，又不知相去几千万里了。而这大盐中斋的辩证法，事实上也即为日本左派王学所共同用的方法，是和活动主义结合的辩证法，是革命的逻辑，是在其生存的真正了解中同时亦含有否定的了解。日本阳明学即因持有此自发的辩证法因素，因而成为在马克思主义辩证法以前思想准备时期之一重要的哲学流派，其中代表人物均以王守仁的四句教相号召，在不断地改善良知的基础上，进行自我改造与世界改造，尤其是1837年日本农民和无产市民联合起义的领导者大盐中斋，即通称大盐平八郎者，简直是对于封建统治者的一个晴天霹雳。虽然阳明学还停滞于反动的复古思想，停滞于神秘主义的唯心主义，但就这一派的实践来看，应该肯定他们所采取的斗争思想方法，应该承认他们在哲学里具有完成一种观念论辩证法之特殊的历史意义。

与石岑先生之哲学通讯*

石岑吾友：

（上略）人自祖先以来，本有真情的，自知道怀疑以后，才变坏了！拆散了！所以弟近来倒转下来极力主张信仰，只有信仰使人生充满了生意，互相连结着，鼓舞着，不识不知，完全听凭真情之流，这是何等的汪洋甜蜜呀！而且由怀疑去求真理，真理倒被人的理知赶跑了，怀疑的背后，有个极大的黑幕，就是“吃人的理知”，而无限绝对的真理，反只启示于真情的信仰当中。没有信仰，没有宇宙，没有人生，乃至人们亲爱的，更亲爱的，都要把他捣碎成为“虚无”，可怜悯的人们呀！怀疑的路已经走到尽头处了！为什么不反身认识你自己的神，为什么不解放你自己于宇宙的大神当中呢？

要问弟近来思想的下落，只有稳当快活四字，从前的宇宙是有广袤的物质充塞住，现在看起来，却是浑一的“真情之流”，浩然淬然，一个个的表示都是活泼泼地，都是圆转流通的，但不能执为物质，而认作有形有体，而一切有形有体的东西，都还没于“真情之流”了。这时宇宙哪！万物哪！都和我一体，我和天地同流，何等的稳当快活！不错呀！动也快活，静也快活，自家一笑一哭，都和流水一样轻快，手之舞之足之蹈之，把大地山河作织机，可谓痛快极了，自由极了，反之从前否定一切，打破一切，把自己闭在狭窄的围墙里，那也是自由吗？痛快则痛快矣，只可惜痛而不快，可见以怀疑看世间则充天塞地无非间断，以信仰看世间则照天彻地，无非“真情之流”，要间断都间断不了的啊！

我是对着自己的神忏悔过的，神告诉我，信得自己完全无缺，就眼

---

* 载《民铎》3卷3号，1922年3月。

见得宇宙完全无缺，信得自己是神，就上看下看内看外看，宇宙都是神了！这么一来，遂使我闭住理知之限，而大开真情之眼，我如今一变而为乐天主义者了！人道主义者了！和平主义者了！很相信这个世界，便是最圆满的世界，而工作于这世界的人们，都是神之骄子，由神的真情而流出的，所以我们都是同胞，平等平等，若于此有丝毫怀疑的心，便叫做不仁。

当我默识游神于宇宙当中时，就能看明宇宙是个顶活泼顶流通的“真情之流”，主宰这“真情之流”的，便是“神”，神当真情洋溢时，就为宇宙的森罗万象而现，所以宇宙就是神了！神就是宇宙了！因神的真情流露没有穷期，所以宇宙的绵延，也不休歇，而人们要返于神的，也用不着什么工夫，只须扩充自己的一点“情”，由信仰的向上努力，自能渐渐地和神的真情合为一体，这是无须疑的，因此我们所能作的，就是绝对信仰的态度，唯有绝对信仰皈依于宇宙大神，才能摆脱物质的牵制，化理知的生活，复为真情的生活。

的确，我现在绝不愿流血的革命了，我和世界语学者的宣言一样，“我们不愿意带上假面具，去抢富贵人的财物，也不想倚靠法律，去抢小百姓的铜子，总而言之，不愿意杀人的生命，只是有必要的时候，和大家有益，也情愿将自己的生命牺牲了！”因为我近来相信人自有生以来，“真情之流”是没有间断的，所以“人性”绝对是善。渊渊浩浩地都是要求快活，要求平衡，都能自找安心立命的路走的，但在流行发用中，为什么有恶呢？原来善才迟钝些子，便觉妨碍生机，便叫做恶，其实恶是不可能的，恶只是小善，只须一任扩充便得，也不能不扩充的。由此可见世间根本没有坏人，他们一时不自知罢了，才自知便接续了，便扩充了，所以《周易》说：“复以见天地之心。”神的真情，怎忍得世间有个坏人？我们和神合德的，也不愿世间有个坏人，这不愿就是性善的证据了！所以在这个乐观的基础上，我敢毅然决然主张绝对自由的真情生活，——无政府而又得调和的社会。我的朋友们呀！我恳求你，不要怀疑，不要想打破一个东西，甚至一微尘都不须打破，这些形形色色，都要信他本来，让你真诚恻怛的一点“情”，眷恋神罢！这么一来，就能把宇宙的一切，都化于真情之流，都复归于神的当中，而人们的不自由，不幸福，也自然而然的得个解脱，而实现真情生活在人间上了！

最近的证语，大概如此，要问其详，一言难尽。但要申明一句，我是一向快活自由的人，不受任何方面的拘束，这种思想与其说是研究周易哲学的结论，不如说由参澈自己的变化得来。活泼泼的真情之流啊！当下便是乐土，我们更可忍毁灭人生，去求那超于人间的希望的“涅槃”？所谓思想改变，如是如是。祝你康健。

劳动节的祝词*

这回三十周的劳动节，使我无产阶级的朋友们，更决心，更大胆，去联合多数的工人，共同干那阶级斗争。我们假使回想近年来罢工怠工的成绩，何尝不值得纪念，然而这屡次同盟罢工的结果，究竟刮净了资本阶级没有？究竟全世界里最大多数的劳动者都得救了没有？如其不然，一个的劳动者没有享受相当的生存幸福，或一个不劳力而掠夺人的寄生虫存在一天，那末这回劳动节，就是含有血和泪的忍痛，好似给我们以良心上的责罚，使他为着自己责任，他只得暗地羞惭。虽然如此，我们难道退怯不成？当知二十九周的劳动节，已给我们以无限光明，已诏示我们以偌许希望，假使从此努力，一点一滴的把种种因袭的制度根本推翻，那末一九二一年的纪念日，一定有更美满的完成在后，反证这回劳动节，虽不是完全得到胜利，却是胜利的发端，因为最后的胜利，还在将来，便是理想中三十一周的劳动节，那时候共产实现，高级的社会完全消灭，这才是我们无产党的解放目的达到了。

从前的劳动阶级，因为志气窄小知识缺乏的原故，除却减短做工时间和增加薪金以外，更不敢有所妄想，直到如今，才觉得这些唠叨的解决总不算数，所以要从根本上着想，将劳动者环境，求个根本的改善，就非直接行动不可。何则劳动保护法的制定，表现上似能够保护了劳动者，其实骨子里纯以资本家自身幸福为前提，就是现行的代议政治，也只是资本家的牢笼手段，但可惜现今的劳动者，都已经彻底觉悟了，都否认那政治家的劳动政策，而主张直接行动了。故此现在的劳动问题，并不是改善劳动条件的问题，也不止要改正工场组织，更不是由劳动所

---

* 载《北京大学学生周刊》第十四号，1920 年 5 月 10 日。

得的分配问题，实在是劳动者要直接管理工场，把从前由资本家掠夺去的生产机关，一切收回社会公有，然后按着自由的原则，共同生产，共同消费，这就是叫做直接行动，这才是近来劳动问题的真意义，劳动节的真精神！

这回劳动节使我们勇气百倍的，就是社会革命的成功已操左券了。在前时候，虽也觉得资本家与劳动者间的利益根本冲突，然而许多怕事的懦夫，——政客们不必说了，就是社会党里也有很怕社会革命的——总想在两阶级当中，求个妥协调停的地位，但自李宁、托罗斯基振臂一呼，把从前所认为空想的阶级斗争竟实现起来，于是劳动者才如梦乍醒，知道社会革命必不可免，而阶级斗争实是解放无产者的方便法门。虽然广义派的革命计划，在无政府学者看去，本来就不彻底，但从这方面看去，总算是无产者解放的初步，而社会革命的动机既开，自然由此浩浩荡荡，将红色的旗，代替白色的旗，一发不可御，这不是劳动者的胜利是什么？这不是社会革命的过渡是什么？

我们再睁眼去看现代社会运动的趋势，除却英国的消费组合，较为稳健外，其余如法国的工团主义，美国的 I. W. W. 都是含有革命的性质，革命的工团主义不消说了，就是美国的 I. W. W.，他的主义为革命的产业组合主义，也是要依着激烈手段，舍却和平的或妥协的而取革命的态度，由此可见，在现今社会运动的劳动团体里，已渐渐脱却从前温和的色彩，而亦可见火烧眉毛的社会革命，已是刻不容缓的了。但就中不可不注意的，我们是信奉无政府共产主义为理想的，虽从社会革命入手，却断不以集产派的施设为然，我们所要求的，是各尽所能各取所需的新社会，假使这新社会一日不实现，就是社会革命的路程一日未完，我们努力罢！集产党已经告厥成功了！我们难道自甘落后？须知这回劳动节，仗着各国工党的气焰，赤卫军的势力，已经很够使劳动者眉飞色舞，然而最后的解脱，和普遍的胜利，究竟还要靠着无政府革命的实施，看呵！看呵！一九二一年的五月一日再看是谁的劳动节？是谁的胜利？

我最后所希望于劳动者的，从此更不妥协，更不退转，更不从事于政治活动，然后拿极激烈，暴动的革命手段，去和资本家永远为敌，假使资本家死了，那才算无产者生的时候，无产者要再生么？请对着劳动节宣言，从今后一面企图社会革命，一面脚踏实地去运动世界的总同盟罢工。

无政府革命的意义*

我们当着自己良心，向诸君宣誓，我们断不是像诸君所说的那杀人不眨眼的破坏狂 Clastomania，在我们破坏的运动背后，还有新理想的建立，可惜诸君没有看到罢了！诸君呀！须知无政府主义者都是抱定绝对诚实的态度和人类的习惯的虚伪挑战，只因我们信奉真理，所以对于政治，哲学，宗教上认为天经地义的东西，像什么政府哪，家庭哪，资本制度哪，这些限制个人的偶像权威，我们都认他和真理反背，现在简直是要废弃他了，而且要求诸君也出来否定他，推翻他。

我们最不满意的，是那些被恐怖情绪弄成麻木的改良家，因为他是虚伪的朋友，和黑暗势力，也可以调和妥协起来。我们呢？是愿为人类的幸福尽力奋斗，到死不懈；我们唯一的手段，就是用革命去换平安，我们凭着良心的使命，已经明确了解革命是我们当为的事情，故此吾们断不退去，就这样的认定目标，和心地坦白的朋友努力做去。

我们极端的主张，是要把现社会一切的旧制度，旧风俗，都把他完全破坏，根本推翻。我们所标的纲领，是以无政府共产主义为目的或手段，因为要实现这种理想，所以非要普遍革命不可。而这种革命，便就是无政府革命，这自然和那一切误谬的方法，像什么普通选举，什么社会政策等大大不同。诸君呀！当知政治革命的时候已经过去了！就是广义派的革命，也不过是社会革命的开端，却永不是我们所理想的世界大革命。何则？我们都是采取共产方法的。所以对于那将经济力放在政治力前面的广义派，实在不敢恭维，依我们的意思，既然肯定革命的意义，就应该从根本上着想，而主张无政府，无国家，无法律，无宗教，

* 载《北京大学学生周刊》第十七号，1920 年 5 月 23 日。

无军队，无监狱，无婚姻制度的社会革命来。

我们说的无政府革命是有几种意义：(1) 这种革命和普通的革命不同，因他不是以区区的政治自划，国界自划，所以这种大规模的运动，就是世界的普及革命。(2) 复次无政府革命实以劳工为革命的原动力，由他直接行动，把一切生产要件，如田地、矿山、工厂、机器等等，都收归社会公有，因而废除私有财产制度。(3) 无政府学者都是反对那些想依靠国家的权威，去实行种种改良革命的方法，他以为国家这个东西，实在是社会的障碍物，我们既要革命，就不要改良他，简直废弃他才好。(4) 无政府学者，更不承认什么强权，他以为政府和法律都是最不公平的东西，论到任务，只是保护资本，维持强力，察他发达历史，也和资本制度同其运命。故此无政府革命发生的时候，第一步就是首先把这些迫人服从的冷怪物，一一芟除，然后垢秽磨光，而人类才能够向着自由的路上走。

我们努力罢！互助，共产的新社会，在我们面前，但现在怎样到达他呢？我们都知道，根据于各种经验，这种社会，是不能不实现的，但我们要不用革命的创造力来助进他，也是决不会成功的了。诸位呀！现实的万恶制度，我们是恨极了！那些安坐而食的资本家，政客，官僚，我们也一刻不能容恕他了！既已如此，那末我们破坏好了！一旦把强权悉数扑灭，把真理充分伸张，这才是我们的胜利呵！还有一层，在我们的传播时期当中，激烈的手段，是不能免的，而且不必免的，因为我们要鼓动风潮，或者简直是要威胁政府，所以我们不问手段，只管尽力做那传播的工夫。诸君呀——我悲壮的朋友！大勇猛大无畏的青年！须知我们主义的光明，已经照满全世界了！无政府革命的运动，已渐次成熟了！依我的意思，在二十世纪当中，无政府共产的社会定可实现，诸君不就是将到的社会的一个人吗？那末诸君好极了！眼见现社会的腐败，诸君也一定要亲自起来。至于我们呢？为着主义的缘故，早已把无政府革命这回事，老实担当，我们在现在虽未便决定那是革命的时候，虽不能知实行的状态如何，但我们无论如何，总要认定“主义”，革命的主义做去，做到怎么样便怎么样。

再评无政府共产主义*
——答兼胜君①的批评

我很感谢兼胜君对于我无政府共产主义批评之批评，使我得益不少，而且有机会去申说我的意见，我想学理因辩难而愈明白，既承兼胜君不弃，允为继续之讨论，我为着真理关系，也非说不可。但我细读兼胜君的批评，觉有许多误会，都由于不明白我的立足地，假使看过我的虚无主义（《现代思潮批评》139—173），便可省却许多争论了，现在为慎重起见，不可不尽先表明态度，以免再误会。（一）我是老实承认虚无革命系无政府以后必达之境，所以以无政府主义为手段，而以虚无主义为目的，只因无政府主义有做媒摆渡效能，所以很赞成他，又因他不过是过渡的方便法门，其实还不澈底，所以我敢批评他，而兼胜君竟说我“何以一拒一迎反复此”了。（二）我用方法，是形而上名学，以直觉法与无名论为基础，辩证法不过形而上名学的附属部分（参看我做的《虚无主义与老子》的第一章），何况黑格儿的三分辩证法，本是我所极力反对的呢！我在《现代思潮批评》说过：“我所取于黑格儿的，只是（a）对待的原理，（b）绝对的原理，至于三分辩证法，有些不敢恭维，因我对于这个‘合’的方法，认他是保守的调和的，虚无学者是用绝对的不可调和态度而另有他们的辩证法。”（页147）兼胜君说我“极崇黑格儿的三分辩证法”，不消说是误会了。（三）我的怀疑主义，是从思想论起点，对于“现实”而发，和知识问题，有什么干涉？而且“哲学上所指为绝对的怀疑论，是没有目的而且没有顺序，虚无主义的怀疑，是从存在发题，虽否定一切，却有否定的方法”（页143）。今兼胜君把有

---

* 载《北京大学学生周刊》第九、十号，1920年2月27日、3月7日。

① 兼胜，作者有时又称之为“兼生”。——编者注

方法的基础的怀疑主义，看做空无所有的怀疑主义，又把思想上的怀疑主义，移去知识上看，我以为这是错误的。

既已了解虚无主义者的位置，才可进论本题。从学理上着眼，将兼胜君的批评，仔细推敲一番，要是我说的完全错了，我愿为着我热情所得认识的真理低头，不然就请兼胜君反省自觉。

虚无主义与无政府主义都是从根本上反对强权，不过前者以不可调和的态度，连天然强权都推翻，后者虽对于上帝、主人凡有阻碍人的生活之东西或学说，也是否认，只可惜是夹带着调和意味，缺乏那反对的诚意罢了。我可引一个譬喻，无政府主义者，遇了天然强权的障碍，只想迂回通过，虚无主义者必要破坏天然强权的，所以虚无主义是极端的推翻宇宙，而无政府主义只是想减缩自然界的强权之戡天主义。我想自然界的强权，要是不当存在，那么我们就非想种种方法将他扑灭不可，像无政府学者既反对天地之刍狗盖物，又不简直推翻天地，这就是不澈底觉悟的认证了。而且所谓戡天主义，只想减缩强权，却不知我所反对的，乃是强权本身，虽能减缩至最少限度，还是天然强权，不过程度之差罢了。由此可见我说的“虚空破碎，大地平沉”，这正是从根本上着想，求出根本的解决，我要不是改良派，自不以戡天主义为已足了。

但兼胜君说：“若必以大地平沉虚空破碎，然后可算是无强权，其思想则高矣妙矣绝对矣，但绝对可形诸思维，在事实上，那里有所谓绝对?”这话真正高明！我畏辩证法的研究，也得如此断案，原来宇宙事物，都只是相对的，但虽是相对的，而绝对的道理，就在相对之中，须知我说的“虚空破碎，大地平沉”也正是相对的绝对，却永不是绝无危险的涅槃。换句话说绝对是永不达到的境界，所以事实上不能实现，但我们为着真理之向上的努力，而向着绝对方面进行，这就是与绝对接近，而融化于绝对之中了。闲话休提，且说我的宇宙革命，是要仗着一丝不断的努力，去扑灭自然界的强权，一旦天翻地覆，虚无主义的目的达到了，然而真空就是妙有，一尺之棰，日取其半，万世不绝，所以宇宙依照自然的进化，还要自无而有的。就是说自然界的强权，灭了还要生的，虚无学者的责任，即在于“虚而不屈动而愈出”的宇宙当中，而节节扑灭自然界的强权，破坏了又建设，建设了又破坏，因有永续不断的自然强权，因而有无穷无极的虚无革命，兼胜君说我以一不可达到的“空”为“至”，安知“空”仍有未空，不知宇宙革命因正因“空”而未即空，所以格外有意义了。

我因根本反对自然的强权，因而反对偏一切处的自然界，何则？自然强权是藉现实的，直接的，经验的自然界以自表现，假使没有自然界的存在又那里有所谓自然强权？所以说："天地不毁，政府不可得无，则何如进而从事宇宙之革命。"又说"有'有'即有政府，无'有'方无有政府……举乾坤而毁之，此真大彻大悟之事"。在此处应注重的，所说的政府，是指着强权，——克鲁泡特金说"无政府只是无强权"，反一面说政府是强权，——所谓"有"，"天地"，是指着自然界，似此广义的解说，我早已再三申明过了（原书 161），不料兼胜君因未仔细探讨的原故，竟来了无谓的非难，须知"有有即有政府"也只是说"有了自然界才有自然的强权"，这可以说因果的关系与"政府＝有"的算式何涉？难道依兼胜君的意思，自然的强权能够离却自然界而单独存在？要不然就是兼胜君错了。又我对于国家，以为无适无莫，无乎不在，这种"国家空间说"似乎抽象立谈，其实国家本是抽象的东西，所以不能用具体的事物，去说明国家，犹之乎不能用空间的道理，来律时间，试看"国家机械说"、"国家人格说"那一说能有完满充实的意义？实际哲学教我，真理只是工具，我们因研究事物之便，假定一个便捷的法则，以为真理，例如我的国家说，我认他是与虚无革命有利的，是能够做媒摆渡的，所以有此假设，只因空间是具备国家所必要的条件，的确有国家的性质，所以我们反对国家，应推广去反对空间，兼胜君说我最奇怪的就是一方面反对国家，一方面却要说国家无乎不在，因此竟疑我迷信国家万能，这真无的放矢，须知虚无主义之反对国家，是极端的，而且过度的，恐怕这种态度，还是无政府主义者所梦想不到的呢！

我从前批评无政府共产主义，分为五项，唯第五项兼胜君认为普遍问题，不欲为之批评。我也因尊重辩论的条件，——辩论的对象，必须立敌共许——与对手方的意见，所以不讨论他，此外，（一）有组织即非真实，（二）有产即差，（三）性善说不可能，（四）劳动非人生归宿等项，我都要仔细再考究一番。

第一，我是反对一切的组织，而主张虚无，之所以反对的理由有二：（A）组织只是名，（B）组织只是力。

（A）我说组织唯名，是有两种意义：（a）组织是虚伪的不是自然的，因自然的便只是自然如此，若组织之成，无论由于自由而结合的契约，或强迫的法律，总不免是凑成的人造的，并不是自然如此的实在了。而且组织——名——的作用，一方面是包括这个那个而成全称的共相，一方面是分别这个那个而成特别的类名，似此毁瓦画墁于大自然之中，使他因有比较的原故生出许多竞争，唤起许多罪恶，这可见虚伪的组织是有应废绝的理由了。反之无组织的好处，也只是反于人为的，而回复大自然的天真。(b) 组织是抽象的不是实体的，原来组织之成，必以人类之复数存在为断案，换句话说便是用抽象的名，将个体的特别的实管住，而个体的特别的实，在于这个有涵盖力的共相以下，而不能不做他们的牺牲，我想当着现在无名主义盛行的时候，我们应该自觉不取于代表实的共相的组织，而确认具体事物之实际的存在。因组织与个体，名与实，本无有共通的尺度，一切抽象的名词，断不是原来的具体事物，所以事实上仅有这个那个具体的事物存在，若由此而集成的共相，如家庭、国家、社会等等，都是压住有实体的伸张，适成其为无意识的行动。由此可见仅有空名的组织，是应该反对的，就是兼胜君所说“社会是由单独的个人组织而成，各个要保全各个的个性，循着自由合作，自由契约而进行”的话，我也认他是未能了解名与实，组织与个体的关系，至于“各个为全体，全体为各个”的误谬见解，更不待说了。总之我是从名学上证明，组织即非真实，而无政府共产主义者，要在组织以内自由发展个人，只是一番迷梦，终“乌托邦”而已。我前论根据于章太炎的国家论以为凡可以分析的，都非真实，兼胜君以为这种理由完全不能为否定组织之根据，何以故？却说不出来，只是对我无甚紧要的话，极力攻击，最妙的把我“即浅显者言之”的实体，直认做哲学家所说奥妙的实体（参看原文 59 页），将名学上所说个体的特别的“实”，移去哲学上面看，于是乎竟把实体看做无价值，不知人生要务，莫先于能够知道自己存在的真意义，所以名实问题，是与人生有实际的影响，为有价值不过的。但可惜无政府共产主义，尚没有澈底的觉悟，虽也注重具体的实，同时又把这个实，限制在组织之内，使他自由发展，不知这相对的个人主义，是有两个弱点，(甲) 不确认自由，因有组织以内的自由，并不是将为 (to be) 绝对的自由，只是减缩不自由至于比较的限度，所以是消极的，不是积极的，换句话说，就是改良不自由，并不确认自由。(2) 不确认实在，个人因有体格的存在，所以较于由个人所集成的，比较的真实，无政府共产主义即摆不开于限制个人的组织，就是不确认实在的铁证了。由上二说，可见无政府共产主义，真有可修正的地方，我们要不是认他是一颗百宝灵丹，吃了百病消散，我就不至于无条件的代他辩护了。但兼胜君或者有见于此，只以为反对组织在今日文明发达、万事错集的社会是不可能的，兼胜君是对着无政府个人主义（如现在美国的 Tucker）而发，原与我无干，但我根据于近代科学家 Metchnikiff 的新说，不见反对组织就违反了一般的趋势，互助博爱，也不是永久不可缺乏的道德，而且反对组织的学者，正是顺着潮流而现身说法，因冒危险，供牺牲，舍己济人，种种的社会行为，当跟着文明进步而日益减少，以至于无。Metchnikiff 又说："据生物学之所教，凡组织愈复杂者，其个体之意识愈发达，乃至有个体不甘为团体牺牲之患，惟劣等动物若粘菌，若管状水母等，其个性全然没却于团体之中……"(见陈独秀著的《近代之二科学家》①）可知由大组织而渐求具体的实在，再至于无组织，正是合于进化的自然趋势。须知自然进化是与论理家法，自相一致，而无组织的学说，也是与自然界事物之实际的发展相应，所以是必然的，决不是或然的"乌托那"。我说到此应该申明一句，虚无主义之反对组织，与无政府个人主义不同，他以为名——组织——是万恶根源而主张废名，因包括这个那个而成全称的名，不如至大无外的无，而分别这个那个而成特别的名，也不如至小至无内的无。毕竟"名"不如"无"，所以要实现那真实的普遍的"无"而反对虚伪的差别的组织，但这话说来很长，请看我做的《虚无主义与老子》(《新中国》第二卷第二期）便明白了。

(B）我反对组织的第二理由，因组织只是"力"。我前文说过"强权非他，即在组织之中，组织之有，力为之维系也，舍力即无所谓组织，舍组织亦无所谓'力'，'力'即强权，故我之主张，乃根本废弃组织，即欲根本废弃强权……"。今因申论的便利，且分两面说：(a）舍力即无所谓组织，因组织之有，由于"力"为之维系，据近代唯力学派研究的结果，知道质即是力，力即是质，所谓阿屯，只是众力合成的一小系统，舍力以外，原无所谓质，由此可见力即一切组织的总因，无政府主义既有个自由结合的组织，叫做社会，那就不能无力，不能无力就不能无强权了。须知一切的力，都是用来支配各分子的行为，不过因程度之差，而分道德上的力与物质上的力两种。无政府主义对于拿强力迫人服从的力，虽然反对，而却承认道德方面的力，兼胜君曾说组织之成，由于契约，又引克鲁泡特金的话分契约为两种，有自由的，是以自由允诺而结合；有强迫的，是由一部分把持，横施于他部分，大概无政

① 应是《当代二大科学家之思想》，见《独秀文存》。——编者注

府派所愿意遵守的契约就是这第一种道德上的力，至于代表物质上的力的法律，就绝无存在的理由。不知契约与法律，原无何等分别，而精神的力与物质的力，也很难定他界线。杜威先生在《社会哲学与政治哲学》曾说到此，也很可参看：

> 精神的力与物质的力没有分别，试举几个意见最专制野蛮的暴君，也不能全用武力，把人民个个都关在牢狱里，加上脚镣，叫他们只许这样做，不许那样做。其所以能被他压服者，还有许多是心理的作用，和精神的反应。他能叫他们“恐怕”，不敢不照他命令的那样做，这是心理方面的动机，而不是物质方面的关在牢狱加上脚镣等的办法，所以物质的力与精神的力很难分别。

我想无政府主义者，既想解除一切物质上的力，何以同时又承认这换汤不换药的道德上的力？推其原故，只因无政府主义还保守着有名无实的自由组织，既有组织，就不能无“力”，所以精神的力，还是必要的而个体的特别的事物，仍然要为着契约低头。唉！契约？我想不到无政府主义者，一面拒绝政府法律的力，一面又把自由送给这新偶像，——就是道德上的力。我的意思，以为契约与法律，本有共通的性质，那些自然法派的学者，也说法律为政府与人民的双方契约，虽然这种见解，和无治派说的契约不同，然亦可见有制裁力的契约，无论自由至何限度，都不过是“力”以下的自由，与用法律来支配个人，控制个人，只不过分量不同，从本质上看去，是没有差别的。但兼胜君说“我们不见得自由协合的契约，必要藉强力去施行他。我们从来没有听闻过那救生艇的船员，要以刑罚加诸同伴……我们也没有闻过那投寄论文给巫利先生的字典的人，因为延迟了，就要受罚；也未闻过加里疲的义勇队，要用警察队驱赶他，才肯上战场去，自由契约，是用不着强力催迫的”（见克氏著的 Anarchist Communism：Its Basis and Principles 末段）。我敢问此谓自由协合之不用强力催迫，是绝对的呢？或是相对的呢？进化论告诉我们，世间一切事物，只有比较的，相对的，变迁的，没有所谓绝对的，固定的（用兼胜君语），那么在自由组织中，也不能有绝对的自由，反一面说便是在可能的范围以内，尚有用强力催迫的事实。由此可见克鲁泡特金以“且然”的命题，看做“全般”的断案，根本已是差错，而自由协合的契约，有时尚须强力去施行他，也可见了。我在此敢再引罗塞尔有多少理由的话，来证明他。依照他说，“我们总不便预先断定无政府主义的社会里没有疯人，而且疯人欲杀人，也是不必疑的。那么这种疯人，总不能仍旧任他自由了。况且疯人杀人和不疯人因一时的恶性杀人，这中间的界线很难分别。极文明的社会里其男女也往往因妒忌而致残杀……”罗塞尔因此决定法律应该存在，这自不免因噎废食，然亦可见自由协合的社会里，做法律原因的分子存在一天，则用强力迫人的可能，便一天也摆不脱。所以无政府主义者，所想像的自由组织，在事实上，非但要藉道德上的力，如劝诱，去限制个人，或竟至于用物质上的力，去施行他，也未可知。总之无政府主义因有个组织，便不能不有连结组织的“力”，假使能一切组织都推翻，就都可以根本废去强权，今见不及此，自然不能无强权，而个人的自由也将没有确实的保障，所以尼采批评无政府主义道：“It is childish to desire a society in which every individual would have as much freedom as another. ”（Will to power. p. 59）今无政府共产主义尚徘徊留恋于社会组织之中，而不察者犹用尽曲折的方法，去代他辩护，不知社会组织，也只是“力”，我要是真个求自由的，应该舍却组织的观念，而一径向虚无去。（b）舍组织即无所谓力，我很相信 Ostwald 的唯力论，将自然界里无论有机无机的一切组织，都用“力”包括净尽。而力之存在，实藉物质以自表现。依唯物派的意见，物质和力是紧连着的，不承认非物质的力，就是我说舍组织亦无所谓力，也很受这物理学的影响。但我于此似乎有些矛盾，因物力不可离的学说与 Ostwald 的唯力论，根本不同，Ostwald 发明的新学说，虽以为质即是力，力外无质，但他却不承认，舍组织即无所谓力，因力是天地万物的本原，物质不过力的表现，所以力外无质，而质外有力，我同时承认这相反对的学说，虽然难者未提出这个疑问，我也不可不申明的。我的意思，以为 Ostwald 的普遍的创造一切的力，其原始的只是心，因藉物质以表现，而凝结于物质之中，这叫做力。所以力外无质，质外无力，至于质外之原始的行动，那只是心不是力，心是原始的，力是派生的，心是主观的努力，力是外物运动的原因，晓得心与力的分别，那末我们可以简直承认质外无力，对于唯物派“物力不可离”的说，也大可以无疑了。

我说力即强权，兼胜君驳我，以为我们走路，吃饭也要用力，我们思想也何尝不用力，这种力是自然的力，正与地心之吸力同……并无所谓强权。不知这自然的力，就是我所反对的天然强权，像难者所举地心的吸力一样，不然既肯定自然力的存在，我也不用反对暴风疾风而要推翻宇宙了。又如吃一顿饭的力，已啮杀了许多生物，佛家主张吃素，就因不忍见吃饭的强权的原故，至于思想，那又是主观的努力，是心不是力，前已说过了。总之我是反对一切强权，所以反对一切的力。至于所用以反抗的阻力，通常都认他是力，我以为只是力的反面，只是“非力”，自然不是力，更无所谓强权，所以我不反对他。

由上两说可见组织都是“力”，都是强权，而且但有空名没有实体，所以宇宙间任何组织的存在，我都根本推翻，就是无政府主义所谓自由组织，我也认他是组织之一，既是组织就有组织之属性了。而且所谓自由组织，不外以自由为根据的组织，不知于组织内求自由，本无自由可言，我所求的真自由，对此似是而非的自由，如何信得住他？但兼胜君说，无政府学者非皆言组织者，如德之 Stirner，美之 Tucker 的个人派都反对组织。这我何尝不知，但我本篇所论的，是无政府共产派，所以无政府学者，是指他而言，我在原文说（页 61）：

> 今夫社会者由个人集成，无有个人即无有社会，比较的个人尚为实有，社会则无实之可言，所以 Mar Stirner 于所著《个人与私产》（The Ego and his own）公言社会空虚，个人真实，而倡所谓无政府个人主义者，亦本根据于分析之哲理，如今使社会空虚，则如克鲁泡特金辈之组织论，可以休矣，使知凡组织皆非真实，则如 Mar Stirner 唯我论，亦未当也。

我因为个人，尚无有自性，所以对于无政府个人派，尚恨他不澈底求真，何况无政府共产派的自由组织，在学理与事实上，都说不过去，我如何能袒护他？至我原文说自由组织之不可能，本有三种意义，或者因文言阻碍的缘故，令人易于误会，今申论如下：（1）自由组织只是学者的假设，霍布、卢梭所谓国家起于民约，与无政府学者说的自由组织，从意义上着想是很相同的，何则？国家的起源，在事实上原无所谓民约，就卢梭的民约论，也未必指建国的实迹而言，不过要证明国家为不得已而设，以为其理不可不如是而已，就是我引此，也无非以理论上牵合无政府主义的自由组织，与拿强力执行而谬托于自由的国家（请参看 Spinoza 的 Tratcat us Politicusch），以见其没有分别，至于事实呢？言国家起源的，那里有“参验而必之”的学说，就是无政府主义在未实行以前，也未便决他自由组织之可能，所以自由组织说只是一种假设，也不过是一种假设罢了。（2）我于是再进一步讨论，自由组织的假设为能不能，但我要是劈空论他，而无所根据，其结果岂不终于或然数，所以我这里采用了辩证法，以论理的有规则的辩证，以求合理的必然的底结论，我说：自由组织，就想到他的反面，而有不自由组织，与他对立，所以自由组织，与不自由组织因可以连结的缘故，而有彼此相通的可能，我们要是真求自由，就应该将自由组织与不自由组织连环打破，因有了自由组织便有不自由组织，可见自由组织是不自由组织的根源，而根本解决只是将组织推翻，不但将不自由组织废去，而且连带将自由组织也归于一尽，如是既将对待根本取消，组织既无而真自由活跃现出了。这些辩证，或者兼胜君因反对辩证法的原故，以为只是“演绎而出的玄谈”，而不了了之，那末我虽能证明自由组织之不可能，而已失立敌共许的结论，也不算数。我于是不能不另寻反证他的方法，以其矛攻其盾，再决定自由组织之不可能。案克鲁泡特金说：“人类自有社会以来，即有两种思想和行为的潮流，在里头对抗并进，一方面那大多数的平民，自己找寻人生的道路，建设应该要有的组织以维持和平，调停战争使社会的生存，不要弄糟了；和在那些要协力来做的事情之下，可以实行互助。他方面又有术士、沙门、巫觋、祈雨师、圣人、祭师之类，惨淡经营，结为秘密的社会，有时他们自相攻击起来，不久也就订立盟约，相约如初了。”（依兼胜君译 Modern Science and Anarchism Ch. I）可见这些术士、沙门、巫觋等等捣乱的分子，就在于自由组织之中，也有他们存在，而社会的进化，又由于对抗并进，更可见他们不特能存在，而且是不可不存在。今敢问这些人，在自由组织中，他肯驯服，或是还惨淡经营，去革自由组织的命呢？那自然还是私自连结，去与克鲁泡特金的社会为敌，一旦他得胜利，于是发布命令，以压制前一方面的平民，而组织国家，这就可见自由组织是有不自由组织的可能性，用无政府主义者的话，已可以证明，何况自由组织和不自由组织两界线，本难定他，怎么样是自由组织？怎么样是几于自由的组织？想任何人都答不下来，总之组织就是不自由，所以无政府主义的自由组织，已是陷于根本错误，本是不可能的。（3）绝对的自由，不能存在于组织之中，此所谓绝对，只是 to be 永不是 is。须知绝对自由的到达只是积极的向着他，而将与他合一的便是。但无政府主义只想在组织内自由发展个人，所以只能减缩不自由至于最小的限度，这是消极的，不是积极的，换句话说，是与绝对的自由，背道而驰，所以我说绝对自由，不能存在于组织之中，而根本反对无政府主义之自由组织，想打开他，而逃向绝对的自由去。再者难者引巴枯宁说：“Nous reconnaissons，I' antorité absolue de la science；Vis-à-Vis des lois naturelles，il n' est pour l' homme quune scule liberti possible，c' est de les reconnatitre et de les appliquer toujours davan-aget.”（见 Bakonuine CEuvrest Ⅲ. p.5）我因此更可见无政府主义者，尚不能打破阻碍自由的迷想或学说，不然科学的绝对强权，为什么要服从他？既知道他是有绝对强权，反因计较利害的原故而屈服于此新神力的足下，这就是不忠于其主义的明证了。须知科学是空间性的，理性的，律例的，现实的，所以很是保守的，反自由的，不进化的，只无顾眼前的速利小效，终忘却现在要灭的道理。无政府主义，既迷信他，服从他，何怪与自由背道而驰了。兼胜君又说：“若离人类而说绝对的自由，则可，既为团体之一员，则绝无所谓绝对的自由。原来政府主义立于‘人’的假定上，这是我执问题，不便说他。”我的意思，以为我为着真理而求真理，似不应如此说，既然离开人类而有绝对的自由，那末我就宁可牺牲人类，力向这自由的路上去罢！

第二，我说：“无政府党之主张，在社会主义中为共产主义，与集产主义，独产主义各殊。”实本师复著的《无政府共产主义释名》（见《民声》杂志）。其原文曰：“社会主义原名 Socialisme，其定义曰社会主义者，主张以生产之机关及其产物属之社会之学说也。惟社会主义分为两派，即共产社会主义与集产社会主义。共产主义 Communisme 主张以生产机关及其产物全属之公共，人人各尽其所能各取所需，集产社会主义 Collectivisme 主张以日用之物，属之私有，生产之物，属之公有（或国家）。二派之外，复有独产主义 Individualisme 之支流，无政府党所主张者为共产主义，而集产主义则社会民主党所主张，独产主义则独产党所主张，二者皆无政府党所不取者也，是故无政府党常自标其主义曰无政府共产主义 Anarchiste-Communisme。”我想这一段，是很明白的，而兼胜曰“此为朱君不懂社会主义之铁证”。似此不异说师复那无政府主义的大师，不懂社会主义，我小子更敬谢不敏，由他那懂得社会主义的去说罢！原来无政府主义的派别很多，但我原文批评的只是共产主义，而无政府共产主义，也常简称叫无政府主义，我原文所谓，无政府党即指此。若明白言之，从财产分配的方法下手，本可分作三派：（一）无政府共产主义如克鲁泡特金一派；（二）无政府集产主义如蒲鲁东也否认私产，以为一切财产无论何人不能领有，应该把他通通收集到公共仓库里边，然后按着劳力多寡以为分配的；（三）无政府独产主义如司多奈以为一切财产都是我的，凡我以有力量取得的东西，就是我的。晓得这些派别，那末兼胜君说无政府党大多数是主张共产的，不如说无政府党有一派是主张共产的，兼胜君高明，以为如何？又兼胜君因见我说“只见共产、集产、独产之同而不见其异”，因此竟把他写出来，这自是我应该感谢的，但可惜我在《现代思潮批评》164 页，已经写过，而且我写的是与兼胜君同根据于克鲁泡特金的一论文中，似乎为着辩论的公正价值的起见，不应如此作弄我了。但我既见共产、集产、独产之异，何以又只见其同？原来从“自相”上看来固然是异的，而从“共相”上看去，那末就只见其同，而不知其异，我说共产主义是有产的，集产主义是有产的，独产主义也是有产的，所以从有产这点着眼，一切共产、集产、独产是没有差别，兼胜君说我以同一律来牵合这三个主义，岂不是削足适履？我却以兼胜不认共相以下的相同，才真正不逻辑呵！以上都是代我辩护的话，尚未说出我批评无政府共产主义的意见，我原文说“要之有产即差也，人世所以脊脊大乱，为有产故耳，今不谋所以消灭此产，而谋所以支配此产，不问产之可以存在与否而言，产之当如何如何，呜呼！见可欲则真正之心乱，势利陈则劫夺之途开，吾意一切生产要件，即为万恶之源，吾等纵有何法支配财产，亦不过支配万恶，若谋扩张生产，要不过扩张万恶，已矣乎！煮砂而欲成嘉馔，纵经尘劫知其不可得也，而昧者犹津津乐道之，此吾所以重有慨于社会主义之欺人，而愍于无政府共产党之根本错乱也”。我在《虚无主义》的第八章（页 165）又说：“蒲鲁东一派非不知财产就是赃物，财产的所有者就是盗贼，但他却不愿意消灭赃物而要分配赃物，也不愿意盗贼不做，却要依样做盗贼，原来如此，所以我根本反对无政府的共产主义，和巴枯宁对马格斯学说的一样。巴枯宁攻击马格斯学说，不确认自由，把一切的财产，送给资本家政府，我说共产主义，明知财产万恶，却依样留恋他。”这是很激烈的批评无政府共产派，兼胜君既已不吝指教，何以对此竟无一言？这是我所最抱歉的。

第三，我以克鲁泡特金著的《社会进化中无政府主义的位置》，因而推论他是主张性善的人性观，这本有取于冈悌治原批评无政府主义的话，就令有错，我也不能绝对负责。何况主张本能的道德的人，在哲学的系统上底意义看去，实在都是主性善的。如孟子、卢梭就是好例。但兼胜君既肯说性善同克氏之说，简直丝毫无关系，那末我为着尊重立敌共许的条件，也不用有什么辩论了。复次克氏所做的互助论，由他的序言，便可见克氏不但以互助为进化一因子，而且承认他是道德的本能，兼胜君既根本上不以主本能道德的，为立人性本善的前提，所以我也不说他了。

第四，我对于劳动主义，只是比较的疑他。以为非人生归宿而已。换句话在人的生活里，应该劳动去换平安，然而我们为什么而必要这人的生活呢？难道没有比人的生活更好更有意识的么？哲学家告我，生活不但是很短促的人类生活，我们应当急起奋最大的努力，以加入于宇宙的精神生活里，由此可见人生的归宿，是那更伟大的，总体的，由此宇宙的理想，乃有真正的人生出现。所以我反对劳动，也为着人生观的不同。兼胜君既肯定人类生活的意义和价值，那么双方的辩论，都成废话了。但于此我要申明我的主义，也是行为的生命的，和无政府主义相同，不过我以宇宙的生活为归宿，所以主张为这生活而工作，而无政府主义则摆不开于人类的范围，那自然要极力工作，以求社会的幸福了。因有这些分别，所以徒从劳动上辩论是无益的，而应该从最必要的基础上——人生观——着眼才好，但这话说来很长，我不如从别方面找几句话来说：（A）物质文明，现在是可算愈进步的；（B）文明进步的结果，使人类大感困难，而精神病者、自杀者日多。这可见人类的生活——就是人类征服自然者，而自夸文明的生活——在今日已渐渐令人失望，而劳动者的种种罢工运动与乎减缩工作时间的要求，在骨子里实是不欲劳动的自觉，我可说这是工作于人的生活的劳动者的觉悟，而亦可见宇宙的精神生活的前程近了。但兼胜君对于我这种大胆的宣言，直斥我是资本经济学之逻辑，其实这种挖苦，我实是不明白。于自然的趋势，我们要稍留意于劳动者所用“穿木屐”Sabotage的方法，就可以知道那日与自然奋斗的劳动者，已渐次露出偷懒的本性，须知物极必反，劳动者是很不愿意劳动，好些觉悟了的世人也都顾不得什么康健和生命，用自杀、犯罪行为去免为生活而劳动痛苦了。兼胜君呵！我试从心理上或观察那劳动者的心理，一定来往于苦恼无聊之间，我正应该引他逃到虚无地方去，再有一层，我们试再看劳动者对于资本家的要求！是都抱着无穷无极的欲望，无论求之不得，是要生烦恼，就是如愿以偿，而一顷刻间，已生起厌倦，厌倦呵！我们因势利导的，都愿意与他同离开苦海。虽然如此，我在而今尚不敢说，时候未到。不过我就各方面看去，都似有这种倾向，须知劳动主义最盛的时候，就是劳动要照抛物线的轨道，而向“非劳动”的方面进行的，即如许多烦闷青年，因无事做别的原故而由劳动自遣，力倡泛劳动主义。但我细心研究，这些聊要以劳动求幸福的，他在一瞬之间，就觉得由劳动得来的快乐，远敌不住他的痛苦，于是乎他也厌倦了。由此可见，我说“劳动主义为不欲劳动的自觉”是很有理由，我的意思，只是要顺着这个潮流，人类的生活，而入宇宙的精神生活——那便是虚无地方，是人生归宿所在。

我最后所要说的，还是从前的几句话：我所不满意于无政府共产主义的，因他有所蔽塞，而不能一直向虚无方面跑去，须知（A）无政府主义也不过一时做媒摆渡的工具，（B）无政府实现后必有更好更有理的主义来替他，因宇宙是永远进化，所以无政府主义，不过较好的，永不是最好的，今如这派的学者肯老实承认这句话，那末无论如何，总有较于尽善的主义在后，就是我的虚无主义也不过以为较于尽善的假设罢了。再者兼胜君他自己说不是极端反对于我，我做的思想论，他也很赞成的，不过极端的怀疑主义在消极方面，阻碍社会的进步不少，所以很愿和我申辩，不知我极端怀疑主义，只在思想理论中，舍此以外，实无极端可言，而且常尊重那能做媒摆渡的真理，我的虚无主义，也不过此种工具之一。若谓这立于工具主义的虚无论，是能够阻住社会的进步，那又不然，因进化不但是空间的社会进化，而且是那时间的绵延进化，即就进化的范围而言，也是由个团体的而进至群体的，再推大些，自然是宇宙全体的总进化，所以虚无主义，虽曰阻碍社会进步不少，而从进化的全体看，则正是进化的最大原力。何况从这方面看去，虚无主义是受过进化论洗礼过的厌世观，一则宇宙的进化是“自无而有”“自有而无”，所以虚无主义里含有“自有而无”的时时来策进他。再则虚无主义对于人类生活，虽抱悲观，但这生活，是快要灭的，若从宇宙生活的全体上着眼，却很抱乐观，由此或见虚无主义是积极的不是消极的，是进化的不是倒退的，我想兼胜君要真能洞澈生活的意义，必不至于反对那生命的行为的虚无主义。兼胜君呵！最终一句话，我所要求于汝的，请继续指出我的错，我也安知我不是个徬徨迷路的少年？假使汝有力量使这少年一旦觉悟，那么我因登了彼岸的原故，如何感激汝似的；要不然，我还是有信力的。如李卓吾说得好“我确然以为是，虽刀刃在头，雷霆在顶，终不为少屈”。我为着我主观的努力与热情，所得认识的真理——就是虚无主义，还是极力拥护的，拥护的能力，也决不后于人。兼胜君呵！我们虽然于辩论上为对敌，但因主义接近的原故，我相信汝是我亲爱不过的朋友。

朱谦之　新世纪二十年二月十九日

反抗考试的宣言*

杜威先生说：

现在教授的方法，全是注重记忆，注重背诵，注重考试。因为把知识看作可以灌来灌去的现成东西，所以用蛮记的法子灌进去，又用背书和考试的法子，来看究竟灌进去了没有？来看那些被灌的儿童，是否也能像先生的样子，把装进去的东西拿出来摆架子了！美国有一种农家，养鸡鸭去卖，卖的时候，常常把鸡鸭吃得饱饱的，可以多卖一点钱，但是鸡鸭喂饱了，便不肯再吃了。所以他们特地造一种管子，插进鸡鸭喉咙里，但把食物硬灌下去，使他们更胖更重。现在的教授方法，就是硬装物到鸡鸭肚子里去的方法。考试的方法就好像农夫用秤称鸡鸭的重量，看他们已经装够了没有？

我朱谦之因受了这种启发，现在是宣告不受任何等的“称鸡鸭式”底考试了。

但是诸君——我觉悟的朋友——你怎样办？

你难道情愿上“秤”？你为什么不表示反抗的态度？我想诸君都是觉悟了！都不愿受那非人的待遇了！

那末就请诸君同声反抗！

请诸君把考试的“笔”抛去！

---

* 载《北京大学学生周刊》第十三号，1920 年 3 月 28 日。

考 今*

现代史学的第一职务，乃在怎样理解目前世界历史和中国历史的大转变，换言之，即是“考今”。现代史学新旧倾向所行不绝的论争中，最大的问题，就是历史家的职务，是单纯的考古呢？还是考今呢？一九三八年第八届国际史学会会议，从所提出各种论文报告之中，已经很明白地告诉我们：“现代史学研究的趋势，在努力使研究工作与现代问题及兴趣发生密切之联系，即在较远古之时代研究上亦然”①，这就是说，转型期的考古学与上古史的研究，已经方向转换，即从史料搜集一变而注重史实的解释与历史的现代性，历史已经不是单纯过去的学问，历史已经如生命派史家克洛采（Benedetto Croce）所说“须将过去涌现于现在当中，而后才有历史的意义了”。②

十九世纪的后半期，在西洋史学界，早已发生很大的史学争论，即一方以史学老将代表考证学派的兰克（Ranke）理论为中心，一方以代表文化学派的兰伯列希（Lamprecht）为中心，一八九六年在周刊杂志《未来》中，兰伯列希对于少年兰克派的论争，在方法论上说，就是考古考证派与考今派的论争，而其结果，却是考今派的莫大胜利，使我们知道历史为一种理解人类文化的现在的一种实证科学。

中国七七抗战以前的史学界，无疑乎均受兰克和瑟诺博司（Seignobos）等考证学派的影响，所以竟有人主张“近代的历史学只是史料

---

* 载《现代史学》第五卷。

① 《史学季刊》第一卷第一期《国外史学消息》。

② Croce: Theory and History of Historiography. Chap. Ⅰ. pp. 20-26.

学"[①]；竟有人主张"历史本是一个破罐子，缺边，掉底，折把，残嘴"[②]；历史似乎只有辨别古籍古物的真伪就完了。但在七七抗战展开以后，这种纯粹考古考证的史风，似乎已经急剧地转变。民族意识的增强，使我们对于本国文化的价值，从极端怀疑古史中解放出来，考证考古的工作一转而从事抗战史料的搜集，社会经济史料的搜集，民族文化史料的搜集，这种努力，使研究工作与现在问题发生密切的联系，不能不说是有很重大底历史意义的。

现代史学为要明了我们的现状，故将现在同过去同未来联成一条生命，而以"现代"为历史生命的中心，所以现代史学不应只是考古，更应该注重"考今"，不然读破"二十四史"，尚不知何谓"现代"，亦有何价值？有何益处？《明儒学案》载"顾泾凡一日喟然而叹，泾阳曰何叹也，曰吾叹今之讲学者，恁是天崩地陷，他也不管，只管讲学耳"[③]。现代中国史学界的最大病痛，正是"恁是天崩地陷，他也不管，只管考古耳"。因认史学只是考古，所以读史只要蛮记事迹，而不能"执古之道，以御今之有"，历史学当然只好是史料学了。

最后，我们以为历史乃是时间的学问，时间的意义就是现在，《尔雅·释诂》"时，是也"；《广雅·释言》"是此也"，"时""是""此"声义相近，而都有现在的意思，过去是现在之积，现在是过去之续，所以有"古"即有"今"，考古即以考今，所谓"温故知新"便是。现代史学与从前史学的不同，即在从前史学以"考古"为目的，现代史学则以"考古"为方法，而以"考今"为目的，所以说"一切真的历史就是现代的历史"（Every true history is Contemporary history）[④]。

---

① 原文见《历史语言研究所工作之旨趣》一篇，集刊第一本第一分页三。

② 《古史辨》第二册一〇七《谈两件努力周报上的物事》，243～294 页。

③ 《明儒学案》卷六十《东林学案》。

④ Croce：Theory and History of Historiography. Chap. I. p. 12.

世界观的转变*
——七十自述

（一）

1899年（旧历十月十五日）是我的生年，这年义和团起义于山东，标志着中国革命人民反帝运动的开始，前一年戊戌变法失败，也就证明了资产阶级改良主义之无能为力，而中国的资产阶级民主革命，需要无产阶级出面领导。我生年的社会政治背景，应该使我早已树立无产阶级世界观了，然而事实不然，我生长于南中国的福州省会，虽然文物之盛甲于全省，而家族主义宗法思想极占势力，在这现实压得紧紧的中世纪式的半封建社会，产业不发达，那容有无产阶级革命气息。即因幼时社会的主要矛盾是资产阶级个人主义和封建思想的矛盾，因亦注定了我幼年在抛弃了封建主义以后，却只能停留在小资产阶级的世界观上。

我生长于完全没有土地私产的自由职业者的家庭，元曾祖以来都是靠自己的喉医业谋生。我呱呱坠地的第四年，母亲（郑淑贞，1879—1902）便弃我去了。11岁时即1909年，父亲（文熔，字伯丹）又逝世，我这不幸的儿子，以后全靠继母（何玉姑）抚育成人，但是我亲爱的母亲呢？我一回读我父亲的《纪录》（母卒，吾父哀痛欲绝，手录遗稿，两志平生，附以悼亡之句，凡一册）便一回泣下，《纪录》里说：

> 余家世业喉医，颇精其术……室人即世前9日，有人诣舍就诊，症甚危急，惟速与以退縻之至宝散消其毒障，庶可挽回万一，其父备言艰苦，以行方便求余，余颇有难色，盖其药甚贵重，时室

* 作于1968年12月，原载三联书店《中国哲学》1980年第3～4期、1981年第5～6期。

人病亦四月余，症亦口縻，往来此药所剩无多，方贮一小瓶，置枕畔时吹之，舍此唯更制耳，方商所以代之之药，室人遣人出，唤余入，因指枕畔之药曰，妾病如是，以此药医妾，不过苟延时日，以之济人则可救死亡，何如以有用之药，救能生之病乎？余因叹息从之，后此人果就痊，而室人则不起矣。

这是何等悲伤的事，使我永永难忘。尤其这纪录册是我所受于家庭的唯一遗产。我幼年的家庭教育，从《纪录》遗下来的一鳞半爪看来，也是受母亲的影响最大。据《纪录》："子女稍长，辄口讲指画，殷殷以读书勋，病亟犹勉支床前课督，谓我教汝恐无日矣，苟延一日，则尽我一日之教育已"。又"当其病革时，有岳家族伯来视，劝我祷于神，室人忽矍然告余曰，人之生死莫不有命与数，而妾之病能愈与否，岂俗之所谓神明者所能转移哉！盖其平日恶僧道诵忏神鬼祷祝之事，故虽疾笃，仍自持如此"。因为母亲是这样纯粹的人，一个脱离了世俗见识的人，所以值得纪念。而其所作《吟松》一诗，直到现在，还是像一座大山一样，压在我的头脑上。

立地参天一古松，风霜阅历独从容。
漫嫌密密能遮日，且喜鳞高欲化龙。

固然这一首诗的评价，应该一分为二，一方面使我的贫苦生活中，独立奋斗，不怕困难去争取胜利；一方面也助长了我幼年个人英雄主义的思想根源，为资产阶级世界观开辟道路。

小学时代我肄业于自治小学（1907 年 1 月至 1908 年 12 月）、明伦小学（1909 年 1 月至 1912 年 12 月），这时影响我的不是小学教师，而是无意当中父亲在日给我讲的英雄的故事。那时我和爱姊（兰忱）同学于自治小学，我俩都异常爱好小说，如《三国演义》之类，虽然先生们时常责备，我都不管，那时我姊姊是我唯一的知己，凡我借看的小说，她都涉猎一过。我姊的死，是我生涯中最大的悲痛，这时父亲过去好几年了，我在学校颇发愤读书，不幸得了重病，姊即因看护我的病而病，因为姊弟之间感情极好，姊死时，我还在病院疗治，所以家人竟瞒我不给知道，这是何等惨淡的印象呀！不幸的我，既丧我母，又丧我姊，于是就永永没有生人乐趣了。这是我后来偏于厌世主义悲观主义的思想根源，同时也是另一种资产阶级世界观的根源。

明伦小学时，适值辛亥革命，国文教员喜谈时事，每把武昌起义的文告当作国文选读，这也使我幼年时倾向于革命一边，在未得家人同意之先，敢于把发辫剪了。

中学时代是在福州省立第一中学（1913 年 1 月至 1916 年 12 月），那时特别喜读历史书，如《左传》、《史记》、《通鉴》之类，就能力所及，还自编了一本《中国上古史》，认为有人类而后有历史，有世界而后有人类，但人类是从那儿来的？世界又是那儿来的？这都是我那时的问题，只因学力不足，所以只采用康德的火云星说来解决。学校考试常列第一名，又时常在《民生报》、《去毒钟日报》投稿，当时福州报馆只三四家，我每日写些杂著、小说，以后又作了许多社论，我的名字如"闽狂"、"古愚"、"左海恨人"之类，竟稍稍给人知道了。有一次学校开展览会，我便联合几个朋友办《历史杂志》，可是不成功，我便一人单独发表小册子，名叫《英雄崇拜论》，说什么："名为英雄，自不能安于平凡，故如天马行空，不受羁勒；如一片狂热，不可炙手。"最后以英雄自命道："20 世纪中将有大英雄者出，临于世界之上，振动六洲，威夷五种，此大英雄吾将以锦绷葆迎之"。可见少年时的社会环境已使我的个人英雄主义萌芽了。中学毕业后在格致书院半年，专修英文，那时我已十七岁，在这教会学校里，是个不很安分的学生，他们的口头禅是要信仰上帝，我那时偏要信仰自己，著了一篇《宗教废绝论》，又常常批评教义，因此颇不为基督教徒所喜欢。即于那年暑假，应北京高师在闽考试，列第一名，便和郭梦良同到北京，到了北京，我又自投考北京大学来了，而我的个人英雄主义即资产阶级世界观的完成期，应该说还是从北京时代开始。

（二）

1917 年蔡元培就职为北京大学校长，我就在那一年考入北大的法预科，在蔡校长的"兼容并包"的资产阶级教育政策之下，学术思想自由，我得以自由学习，自由参加新文化运动，五四爱国运动，这当然是好的方面，但另一方面，当时青年中最积极最有生气的，也只有那知道用科学方法来研究事物底分析的倾向马克思主义的青年，而我这时虽"也颇力学，可惜头脑里为中国印度的昏乱思想占领了"（《独秀文存》卷三评语）。表面上也最少保守思想，而名新实旧。我在法预科二年，写了三种书，一名《政微书》，一名《周秦诸子学统述》，一即《太极新图说》，前者刊于《法政学报》，后二者刊于《新中国》杂志，要之都是“把先秦诸子学说中的唯心主义的东西汇集起来，再掺杂一些自己的唯心主义的见解而已”（《五四时期期刊介绍》第三集评语）。如作《太极新图说》时，好几夜都没有睡，心里总在玄想宇宙本体是什么，怎样由本体变起宇宙？这篇做好，我当时喜极了，以为一切问题都解决了，对朋友说“我现在可以死了”；虽然这篇现在看起来，简直是胡思乱想，但当时研究形而上学的态度，确是如此。原来那时我就很不注意于学校功课，只一心一意在图书馆自修，故虽在法科，而所作论文，却是对政治法律的一种批评，是我主张虚无主义、无政府主义的起点。如说：

> 已乎已乎！太极之说，岂为我设乎！殆乎殆乎！谁为真宰乎！（《太极训》）

又说：

> 夫乾坤者，《易》之蕴也，《易》之门也，观于乾坤之象，何其偏至也，何其畸重轻之甚也？无乾坤则无以见《易》，然乾坤不毁，则不能无偏至之患，畸重轻之病也，则宁毁乾坤而无以见《易》，不能存《易》而任不平之气流转于世间也。（《易象训》）

又说：

> 盖天下万物生于有，有生于无，无则无以为政，故言必及有，而有从无出……因其未有无有，故知其本无，因其自无而有，故必自有而无……然圣明特达者，则灼然实见于有无之间，而辨章其先后矣。凡所以言先后者，皆所以阐贵无之议而建贱有之论也，贱有则无以为政，而宗极之道或几乎息矣。（《理教训》）

似此扫荡名象的思想，当然是受诸子书的影响，实际也反映了在新文化运动中我所处的没落小资产阶级的社会地位。在这“五四”运动所具有的性质之中，走上破坏一切否认一切的虚无主义的路上，这当然是另一种迷想，一种狂妄。陈独秀对此即曾指出：“中国的思想界，可以说是世界虚无主义的集中地；因为印度只有佛教的空观，没有中国老子的无为思想和俄国的虚无主义；欧洲虽有俄国的虚无主义和德国的形而上学的哲学，佛教的空观和老子学说却不甚发达，在中国这四种都完全了，而且在青年思想界，有日渐发达的趋势。”（《独秀文存》卷二《虚无主义》）这所指正是我那时候的思想背景。我在《新中国杂志》还接着发表《虚无主义哲学》和《虚无主义与老子》，从根本上反对现代的任何制度，由着否定的方法批评一切，打破种种偶像，而我那时的性格，最喜欢的也是发人所不敢发的疑问，最痛恨的人家阻止我的怀疑，对于各种的问题，非“根本解决”不可。于是在哲学上就批评实验主义，认为当时来中国的杜威思想太不彻底。在社会思想方面，就批评新庶民主义、广义派主义、无政府共产主义，把这些论文合拢起来，于是我单行本的《现代思潮批评》（新中国杂志社版，1920 年 1 月）就出世了。

《现代思潮批评》要打破“现在”而向着“未来”，并且大胆提倡革命，指出“批评”再进一步就是要“革命”，单有“批评”而没有革命的，不算得批评，这在当时青年队里就是革命的号角，而且在《广义派主义批评》的末了一段说：

> 列宁之徒，以独断的鼓吹，敢与资本家与帝国主义者挑战，此种革命，宁得谓之无价值耶？吾意广义派革命固犹有未至也，然或者以此为无政府革命之过程乎？呜呼赤革命至矣，吾愿以大锦襍迎之。

这些话就是在“五四”运动开头，北大青年中如《新潮》方面的人是不敢说，无政府主义方面的人也不肯说，前者代表资产阶级知识分子，当然反对赤革命，后者代表小资产阶级知识分子，但因根本反对苏俄，当然不承认他是“无政府革命的过程”。尽管如此，我自第一部书发表后，当即与无政府主义者有所接触，又和法预科同学郭梦良等合办一种《奋斗旬刊》，我的署名是 AA，最初我和无政府主义者兼生（凌霜）大开笔战，接着我们思想就渐渐接近。固然五四时期是“百家争鸣”的局面，所谓资产阶级思想和社会主义流派思想，也纷至沓来，但当时主要社会主义派别值得我们去考察的，不外是无政府主义和马克思主义，如斯大林所说“它们两派间曾经进行着激烈的斗争，它们两者力图在无产阶级眼中表示自己是真正社会主义学说”（《无政府主义还是社会主义》）。这不但在 1906—1907 年斯大林时代是如此，在 1919 年“五四”运动时也如此。经过“五四”运动，马克思列宁主义在中国才得更好发展的条件，才逐渐在中国生根发芽，但我们不要忘记了五四初期马克思主义和无政府主义的两派对立，胡适在 1919 年 7 月 20 日所写《多研究些问题，少谈些主义》，他的攻击对象，主要的就是无政府主义和马克思主义。他反对高谈无政府主义道：“高谈无政府主义的小册子，再翻一翻《大英百科全书》，便可以高谈无忌了。”因为无政府主义在当时的具体条件下，是有一定的反帝反封建的历史意义，所以才值得买办学者来反对它。就历史背景来说，辛亥革命以前无政府主义一方面受了幸德秋水等影响，同盟会的机关报《民报》，即在来稿栏刊载不少无政府主义文章，给当时中国革命以一些影响（例如杨笃生、师复）。“五四”前后北大图书馆公开陈列无政府主义书报，任人阅览，给许多知识青年以绝大的影响，加以那时候风气，不能严格分别马克思主义和无政府主义（如《新青年》第6卷第5号“马克思专号”即有《巴枯宁传略》），因之一时被小资产阶级知识分子看做社会主义加以接受。尤其是我，正如列宁在1901年所指出，“无政府主义是绝望的产物，它是失常的知识分子或流浪的心理状态，而不是无产者的心理状态”（《列宁全集》第五册）。我就是代表这失常的知识分子，在五四学生运动，每次示威大集合，我都有机会参加，但到屡次请愿失败之后，我便激烈地走上反对压迫人民的政府的路上，我一时竟也变成无政府主义者了。在我当时和一个克鲁泡特金主义者——黄凌霜——的几次论战之后，我们便互相了解，甚至于把当时学生会的机关报《北京大学学生周刊》都付托我编辑了。在我和凌霜的争论中，我提出极端的推翻宇宙的虚无主义和宇宙革命，要“以无政府主义为手段，而以虚无主义为目的”（《北大学生周刊》第9号《再评无政府共产主义》），认为“无政府主义也不过一时做媒摆渡的工具”，只有“虚空破碎，大地平沉”，才能连天地强权都推翻，这当然只是小资产阶级知识分子的空谈，没有实际的意义。但是1920年五一劳动节是中国第一次大规模纪念这个节日，我在《北大学生周刊》第14号《劳动节纪念号》中，发表了《劳动节的祝词》，提出了“直接行动”的口号，主张“劳动者要直接管理工场，把从前由资本家掠夺去的生产机关，一切收回社会公有，然后按着自由的原则，共同生产，共同消费”，也提倡阶级斗争，反对劳资阶级调和，说“但自李宁……振臂一呼，把从前所认为空想的阶级斗争竟实现起来，于是劳动者才如梦乍醒，知道社会革命必不可免，而阶级斗争实是解放无产者的方便法门”。我当时实际上乃受工团主义的影响，这在《北大学生周刊》第17号我所写《无政府革命的意义》中，表现得尤为突出。要“以劳工为革命的原动力，由他直接行动，把一切生产要件，如田地、矿山、工厂、机器等等，都收归社会公有，因而废除私有财产制度”。固然“五四”运动所反对的是卖国政府，是勾结帝国主义出卖民族利益的政府，是压迫人民的政府，这样的政府要不要反对的？假使不反对的话，那么五四运动就是错的，这是很明白的，这样的政府一定要反对，卖国政府应该打倒（《青年运动的方向》，《毛泽东选集》第二卷）。但因反对卖国政府而推到极端，主张无政府主义、工团主义乃至虚无主义，这却是我的愚痴颠倒，是失常的小资产阶级的个人主义在作怪。从立场上看，无政府主义和马克思主义从表面上看，都是站在穷人阶级立场，然而穷人不即是被剥削者的工人阶级，失望的知识分子可以具有穷人的革命积极性，但他只是代表小资产阶级的利益，是以个人的利益放在第一位。斯大林在《无政府主义还是社会主义》中说："问题在于马克思主义和无政府主义建立在完全不同的原则上……无政府主义以个人为基础，认为解放个人是解放群众、解放集体的主要条件，因此它的口号是'一切为了个人'，而马克思主义则以群众为基础，认为解放群众是解放个人的主要条件，这就是说，在马克思主义看来，群众没有解放以前，个人的解放是不可能的，因此它的口号，是'一切为了群众'。"即因无政府主义的立场是"个人"，所以不能使群众集中革命力量走向社会主义高潮，在事实上反而否认了无产阶级党领导下的群众革命的必然性，既不能保证消灭阶级与剥削，而徒托之空言，这就是我在青年时期所犯的严重的政治错误。让过去我们曾经倾向无政府主义思想的人，如翻天覆地般从思想的包袱里翻身出来吧！

（三）

我在北大法预科毕业后，要求转入文科哲学系，当时使我感着不快的，首先是学校的考试制度。所以我在哲学系时，便发起一种废考运动，用大字报的形式，提出《反抗考试的宣言》（后载《北京大学学生周刊》第13号，1920年3月28日）：

> 杜威先生说：现代教授的方法，全是注重记忆，注重背诵，注重考试。因为把知识看作可以灌来灌去的现成东西，所以用蛮记的法子灌进去，又用背书和考试的法子，来看究竟灌进去了没有？来看那些被灌的儿童，是否也能像先生的样子，把装进去的东西拿出来摆架子了！美国有一种农家，养鸡鸭出卖，卖的时候，常常把鸡鸭吃得饱饱的，可以多卖一点钱，但是鸡鸭喂饱了，便不肯再吃了。所以他们特地造一种管子，插进鸡鸭喉咙里，但把食物硬灌下

> 去，使他们更胖更重。现在的教授方法，就是硬装物到鸡鸭肚子里去的方法。考试的方法就好像农夫用秤称鸡鸭的重量，看他们已经装够了没有？
>
> 我朱谦之因受了这种启发，现在是宣告不受任何等的“称鸡鸭式”底考试了。
>
> 但是诸君——我觉悟的朋友——你怎样办？
>
> 你难道情愿上“秤”？你为什么不表示反抗的态度？我想诸君都是觉悟了！都不愿受那非人的待遇了！
>
> 那末就请诸君同声反抗！
>
> 请诸君把考试的“笔”抛去！

在学校未实行废止考试以前，我竟敢大胆宣言自决，并立誓不要毕业文凭。给蒋梦麟的信说：

> 我是绝对不要卒业文凭，而且很讥笑那些一面要毕业的赃物，一面又主张废止考试底人，我的意思，以为废止考试应该和废止毕业制度同时并行，像高等师范颜保良的意见书，真好笑！因为他还抛不了文凭。(《北京大学日刊》)

这事以后在大学里，也算小小风潮，结果是没考试没文凭，要文凭就要考试。我细想起来，反对以学生为敌人，举行突然袭击的考试制度是对的，但我利用当时来中国的杜威的话，来借口反对考试，就未免是个人英雄主义的具体表现。

1920 年 10 月 9 日夜，我和互助团的同志，出发散布革命传单，我当时和一个同志毕瑞生同在正阳门一带，我没事，但他被捕去了。直到次日我才知道，又闻我做的《中国无政府革命计划书》在他身上。(这计划书我在数天前拿给他看，不料竟存在他身上。) 于是我着急极了，决计和他死在一块儿了！10 月 10 日我又在中央公园，依然散发那种传单，11 日我忍不住了，决计到警察所申明一下，因即留下一封信给这里朋友，11 日给警察总监的信中大意说：“10 月 10 日的传单是我发的，革命计划书是我做的，都和瑞生无干，请面谒总监，明他无罪。”不料总监不在，我空跑了一趟，只得把信留下，将地址写明，没事回去。12 日那天，我的心急坏了！阅报载“朱宪志被捕不屈”，我怎忍吾友死得不明不白去保全我呢？因此不觉泣下。又把他的家书来看，觉着他的父母是有真情的，有真情的父母，不应该替朋友死。因此，我便毅然决然再往警察所去，适那时正在开审，就把我拿去了。

审问的时候，我抱定宗旨，去救瑞生，当时即将瑞生开释出去，出去时候，可惜不能相见。我在公庭中说的话，多极了，记也记不清（审问了好几次）现在只拉拉杂杂地写下：

> 一……我就是宇宙，所以不能不为宇宙做事，眼见宇宙间的痛苦，不能不亲自出来，做革命的事业……
>
> 二……我是至善无恶的。那些官僚、政客、资本家抛了良心去欺压平民，这才是有罪呵……
>
> 三……我是把革命来代替自杀……
>
> 四……给我以自由，不然给我以死……
>
> 五……国立学校的教授，是不能教我的……
>
> 六……胡适之么？我从前曾劝他来革命，他不敢，他还不能脱杜威的圈套……
>
> 七……无政府革命在中国是不能不实现的，把我杀掉，也终久要实现的……
>
> 八……法律是不承认的。（他）你同强盗一样，因强盗才不承认法律。（我）不承认法律，这未必不是强盗的好处……
>
> 九……我是不顾自己利害的，那些官僚、政客，因太顾了利害关系，所以只知道说诳话……
>
> 十……（他）你真是个精神病的小孩子。（我）不错！哲学者大半都是疯子，如章太炎就是好例。（他）你不能比他。（我）章太炎我还看不起呢！
>
> 十一……（他）……一排枪就把你弄死了。（我）死了倒干净，这是我极欢迎欢迎。……我又和他谈论现代的革命趋势，什么直觉呀！立体呀！虚无主义呀！我能说的都向他宣传，不但顽石不为点头，他气着对我说："这里不是讲学理的地方，大学生还是逛窑子去好！"

我入狱几天，就决定要度那狱中的奋斗生活，因为我是"我"，在这幽忧困苦的时候，尤不能不把"自我"看高。当时有句自勉的话："我不要和他们一样见识。"又有一短诗曰："我要自由，自由在什么地方？自由呀！我亲爱的自由魂呀！直追你到断头台上。"又一短诗，单道"我"的价值道："超越宇宙，只唯有我，我的精神贯彻在宇宙当中。唉！我就是宇宙，宇宙就是我，我也只得赤手担当，何须说放下时节。"

又有“我有头颅要他干么！我的心灵不如早些归去”。那时我实在拼着一死，要到虚空去了。那里不能说话，什么都不能自由，加以当时警备司令王怀庆很想枪毙我，来镇压当时蓬蓬勃勃的学生运动。我在狱中生活当然痛苦极了，但我不把物质上的痛苦，看做痛苦，而精神上却永没有痛苦的。我一天当中，两点静坐，静坐是要体认“真我”，八点看书，书如（1）《诚斋易传》，（2）谭嗣同：《仁学》，（3）《孙文学说》，（4）《革命英雄小传》，（5）《邱樊唱和集》，（6）《劫后英雄略》等等，这些都是同志们拿来安慰我的。另外还看了王阳明的《传习录》，这些书前后都看了几十遍，最得力的是王阳明的《传习录》，最喜看的是《周易》，最能坚我志气的就是那些革命家的著作或列传，这简直是革命家的养成所了！因此，我在那里还敢秘密宣传我的理想，在狱中竟得了看守的一个同志，以后很亏这个同志，把我绝食的消息，出来报告大家，就是我悄悄寄给外面朋友的“愿持肝胆与君期”，也是这位同志给我递消息的。

我在狱中一百多天了，想此时不死，更待何时，因即表示激烈的态度，宣告绝食，写下《绝命书》一通道：

> 吾闻之：哲人殉道，烈士殉名，吾殉名乎？殉道哉！道之衰矣，焉攸避？于是吾入狱百有一日矣，念久幽畏约无穷时，则慨然有慕于伯夷首阳之行，义不食死，死吾志也，又谁能扬波醱醨，以苟全性命于乱世，终其身哉！因广《采薇》微意作《明夷》操。其辞曰：明入地中兮，义不食矣！以灼热人兮，孰知其极矣！至德之代，曷来之迟兮，我不逢其适矣！吁嗟归去兮！世溷浊不可居矣！

《绝命书》后又录我《到虚空去》一诗，诗的后面还有一篇极长的信，表明殉道的宗旨，不想绝食事，他早已准备了，百般苦劝，并且许我在那里完成《周易哲学》的著作，则外间朋友闻此消息就在北大开全体大会营救，会后集队往警察所交涉把我释放，此即北大某纪念册中所称“人权运动”者是。（纪念册事久已遗忘，编校史时同志说及，始忆及此。）上海有些革命团体，亦号召各地同志为之声援，国内外函电交驰，迫得警察所不得不把我释放出来。这其中情形曲折颇多，除我给友人光涛、冰坡的信，载于《广州晨报》外，当时京沪各报均有记载，现在不详说了。

（四）

我回溯在北大文科几年的历史，都带有无政府主义的小资产阶级世界观的本性，困为不加节制，不加改造，有时奋发踔厉，有时又想匿迹销声，有时因抱不平的缘故，高唱革命，几乎发狂；有时悲观极了，立刻就要自杀；所以自杀和革命这两大思潮，就差不多占这时生涯的大半。犹忆幼年在中学时，因无钱买书，生了气就想自杀，及至北京受了厌世哲学的洗礼，使我自杀的决心越发增加，曾给胡适一首诗道：

人生天地间，究竟为什么？
这个问题解决了，难道这糊涂世间还有吗？
适之！没目的底人生，还要他干么？
　臭腐好了！
　消灭好了！
“死”是神的爱娘，我们找娘去！
哦！这不是牢笼的天地？
这不是苦海的人生？
你说：“懦夫是不敢生活的。”
懦夫问你：
“敢生活的生来做什么？”

自发生了这个疑问，我无论何时总想用自杀去换平安。直到 1920 年 7 月，烦闷极了，实在忍不住了，我便决心自杀，当时有《归去》一诗：

我去家二十年了！
只为世事缠绵，早忘却我家，尽管在外边转。
忽地一声猛叫：
浪子呀！快回头，外边转得不耐烦了，
为什么不归家去！
归去！归去！那是原来的家，不归去干么？
我硬着心肠归去罢！
管则甚世间的兴和废，名和利，人造的虚荣，
眼泪洗不清的凄楚，早迫着我不如归去！
归去！归去！

自杀时曾留下一封信，在那里最沉痛的几句话是：

吾预料死后必有反自杀论者，对我极力攻击，然吾乃无惧。吾只信自己有决定自己运命的自由，舍此以外，任何伦理、社会、政

治、法律，吾皆熟视若无睹。如是则持此谬说以诋我者，均何有于我？吾今自杀则自杀耳，不能自由而生，讵不可自由而死。

但这次自杀因事前被人知道，竟没有成功。自杀的原因，固因人生观不同而有此举，然也因不满意于北京团体太无能为的原故。所以自杀的决心，虽则萦回心中，而革命思想仍然交替勃发而不能自已。在《民国日报》“觉悟”中，有我给一位朋友的信，最可表现这时候的心理。

好朋友！你或者不体谅我的心，我为着这种空谈的奋斗，不知急得怎样似的。直截说，为了这个原故，我和许多朋友都要绝交了！我现在是脱离了种种的革命团体，去干那孤独的奋斗生活了！吾友！互助不是世间能有的东西，我们要革命，就从孤独的我做起。至于社会呢？那是靠不住的。唯有孤独的我，才有革命的创造力，也唯有孤独的奋斗，才能够造成伟大的成功。

事实是这样吗？“孤独的奋斗”脱离群众而空谈“自由”，空谈“革命”，当然只好算做十足的唯心主义，是资产阶级的世界观。小资产阶级的反动政治思想，以为只要在二十四小时便可以完全消灭国家，消灭阶级，实现自由世界，而马克思主义却承认只有革命的无产阶级专政和现在利用国家来准备无产阶级革命这两个条件之下才可以消灭阶级消灭国家。一个表现着小资产阶级的急躁性，结果便成为纯粹空洞的乌托邦，一个表现着实事求是有步骤有计划地向将来的共产社会，这就是科学的社会主义。作为没落的小资产阶级的我，既然在重重压迫之下，被挤出常轨，失望之极，因而提倡无政府主义、虚无主义，这很明显地不是无产阶级心理，也不容易接受科学的社会主义。我的自杀乃至厌世出家都决不是偶然的吧！我以为被挤出常轨的小资产阶级知识分子，它的绝望是有三个关头：无政府主义虚无主义是第一关，老子的无为是第二关，佛教的空观是第三关。无政府主义和虚无主义不满现实环境而愤激起来，多少尚带改造世界的革命积极性，佛老便不然了。随着绝望程度，到了老庄一关，便不怒而哭了，不是改造环境而是改造主观来适应客观，这已经是消极的了，再进至佛教的空观，便不怒也不笑了，不改造主观也不改造客观，当下便是空无，这是纯消极的思想，正是绝望到了极端。中国早期的无政府主义如章太炎的《五无论》是一例证，我在五四时期提倡无政府主义虚无主义也是例证。但无论无政府主义也好，老庄的无为也好（隐逸思想），佛教的空寂也好（出世思想），自杀也好，总之均为从个人主义出发。个人主义有消极的一面，也有积极的一面，消极方面表现为愤世嫉俗乃至厌世出家，积极方面则表现为以革命代替自杀或作为革命行动的个人恐怖主义。我当时为什么不能走共产党的道路而只孤独的奋斗呢？原因之一，因为对于陈独秀的革命主义的不了解，陈独秀是北大文科学长，我是哲学系学生，从我观点认为陈独秀主张"开明专制"与中国的民族个性不合。我写信给胡适（转载于《广州晨报》）说："我想真正的革命家，应该了解那地方的民族个性才好，即如中国从各方面看来，都有无政府主义的倾向（其实只是反卖国政府的倾向），有心人正应该因势利导。"

固然我的千差万错在于主张无政府革命，但对于陈独秀之"离开中国特点来谈马克思主义，只是抽象的空洞的马克思主义"（《反对党八股》）和他的教条主义，不能"使马克思主义在中国具体化，使之在其每一表现带着必须有的中国特性"（《中国共产党的民族战争中的地位》）。这一点为毛泽东思想所完全把握而我满意得五体投地的，陈独秀却没有，因此而我失望极了。原因之二，当时反映在我的思想里，只是形而上学唯心辩证法的世界观，不知道马克思主义的唯物辩证法的宇宙观，把事物都看做死的凝固的，如主张自由，因而反对陈独秀所说的"开明专制"，即为好例。不知一切矛盾可以变化，相反地从厌世走到厌世一直线走下去，以至于厌世出家，具有"永久的魔魅力"的佛教远远招引着我。要问我为什么出狱之后又有那么多的变化，这就是原因了。原因之三，是我在狱中三个多月的生活，使我和一日千里的革命环境隔离，不能适应新环境，不能接受新事物，而唯我独尊，成了小资产阶级世界观的俘虏，这就是为什么我经过几番挫折之后，而主张革命的热诚不衰，出狱后乃有《革命哲学》之作，然而终不能投身于大革命的潮流之中，而固步自封，欲以痛苦无比的精神，完成其人类历史的使命，一方面似乎壮烈极了，却是据实来说，这种革命意志，实建立于极端个人英雄主义的资产阶级世界观之上，是注定要失败的。

《革命哲学》出版于 1921 年，是创造社丛书之二，卷首有郭沫若、郑振铎序诗，共十六章：（一）革命的真意义，（二）革命与进化，（三）革命与创造冲动，（四）革命底心理，（五）革命与哲学，（六）革命底目的与手段，（七）革命底思想，（八）革命与自由，（九）革命与群众运动，（十）革命与唯心史观，（十一）革命与新生活，（十二）革命者的性格与精神，（十三）革命的人生观，（十四）革命主义在进化中，（十五）虚无主义——革命底哲学，（十六）宇宙革命宣言。这书出版后一月，即为英租界当局禁止发行，上海泰东书局被罚款五百元，但后仍继续出至第四版。这书认为革命都是要根本解决，不根本解决不算革命，所以政治革命不如社会革命，社会革命是从社会主义革命进至无政府革命，再进至宇宙革命。名为"革命哲学"而实际所谓宇宙革命，不过证明了宇宙的究竟为寂灭，所谓用革命的方法，也不过一种寂灭论罢了。我写此书时，高谈革命的真实性与必要性，反对改良主义（尤其反对杜威的思想方法），反对保守思想，要破坏现实的圈套以求根本上解决；又主张群众运动，认群众之中所积聚的是智慧的部分，这些都可以说是五四精神的反映。但另一方面，实受禅宗里《高峰语录》的影响，自以为顿见了真我的本来面目。书中所提口号，如"虚空粉碎，大地平沉"，如"任运腾腾，腾腾任运"，即见于《语录》中。这种影响使我要脱离一切压抑和强权的羁绊，至于战胜外界而愿把自己的生命牺牲，这是一点；另一点则使我忽而倾向于宗教的佛教路上去了。我出狱之后，因对于当时革命环境的无知，加以平日受了印度、中国的糊涂思想的影响，乃欲根本上去求改造人心，决定皈依佛法，到西湖出家去。临去北京时曾发表一篇《自由论》，一篇《自叙》（《京报》"青年之友"）。那时候的我，实在是一种热病，是一种夸大狂。说什么"依我愚人的心算，还要把我的爱潮来平沉大地，粉碎虚空"；说什么"直指今我即是真我，直指贪嗔痴性即是佛性"。并发表此行的三大目的如下：

（一）用批评的精神，对现行的佛法，佛法的各派教宗，以及佛教的本身，加以批评。

（二）提倡梵文，以为提倡真正佛学之助力。

（三）翻译东西洋关于宗教革命的书籍，以为实行佛教革命准备。

我那时宣言是想跑到佛教里打个大筋头，使佛教混乱一顿，放出一道红光，我就站在上面，照耀全世界人类上，所以我此去不仅想做宗教革命，并且在具体的事实上，还想组织一种宗教的新村。不料这个理想到西湖便完全落空了。他们的组织，虚伪得了不得，聚苟且偷安的一些人，能够教他去向前勇猛作为吗？一个狂热奋发常为自己的真情燃烧的青年，也能在现实的僧伽制度下过活吗？因此我便宣言"我可生可杀，决不愿在人家的面前爬着蹲着，受无条件的侮辱，就是僧界变形的家长制度，也是根本不能承认"。因此我不久便离开西湖了。我便对于佛家生活，也怀疑起来了。当时我有“反教”的一首诗，便可见我的意思：

和尚寺的钟声，哨！……哨……哨……
长老的良心 Down！……Down！……Down！……
说什么阿弥陀佛，阿弥陀佛！
再神通广大的如来，我如今也要赶他西天去了。
黑蜮蜮！……黑蜮蜮！……
把教门的黑雾窟揭穿，看那一簇簇的寄生虫，何处立足！
那皈依三宝的叩头虫呢？
更不容他不生生饿毙！
我那时再焚烧七宝伽蓝，
打倒罗汉，扫荡妖氛，大踏步到那：
佛顶上，宝塔上，
高唱我大虚无的歌儿。

这时连佛法都要打破了。即因对于佛学要根本上批评了，故对于佛法的研究，也还没有间断，适我友人黄树因介绍我到南京访欧阳竟无（杨仁山弟子），和欧阳先生谈，觉着唯识宗的说法，总不大合意，然而欧阳先生的真诚，却使我感动得很，指迷破执，我不能不敬谢这位“诲人不倦”的老先生，而我之从虚无主义世界观走向泛神思想，也适在此时。

（五）

虚无主义者脱离实践，脱离群众，脱离自然，只凭主观地、片面地、表面上来看事物，闭着眼睛，自高自大，结果只能走上顿悟虚玄一路，看不见充塞宇宙间，天空海阔，月白风清，鸢飞鱼跃；看不见天地生物气象，把活灵活现从感觉涌现出来的世界，都归之于虚无寂灭茫茫冥冥空论中去了。泛神主义者虽然认识事物，很不深刻，但因其与自然事物有初步接触，即尚能生活于（实践于）自然事物的表面环境中，因而变成现世主义者，很相信存在于这世界的一切因而信仰“这世界”能够使生活可能。美哉乎新宇宙！美哉乎新人生！美哉乎新科学新艺术。举凡太阳的光，月亮的光，一切存在的光，都能给他以新生命的欢喜，而这也就是我为什么从放浪生活一转而入于再生时代的原因了。

我自来杭州西湖后，始实感宇宙之美，不知不觉间竟受自然的陶冶融化了。因此，我就很恋恋于江南风光，在无锡惠山住了几个月，在南京清凉山住了一个月余，又两次到西湖，住于陶社，往来于沪杭沪宁之中，欣赏尽自然界的佳丽。于是又前后回北京数次，或浮海，或游山，计两年之内总是放浪形骸之外，没有一定的住处。北大同学赠我英文本《卢梭的生平和著作》并附以诗道："飘零身世托轻帆，浪漫生涯亦自豪"；又一浙友说我很似卢梭，或者我此时的性格，最近于这种放浪的生活罢！

我这时有一个轶事，就是时常抛失东西，有一次中途，把钱包失掉。我这个浪漫的人呀！实在把一切身外，漠不经心，只凭着活泼流通的"真情之流"任运流转，舍此以外，便不知什么了！然在这时却交了海内知名之士，最为我爱重的是两位文学家郭沫若和郑振铎，一个是创造社的领导，一个是文学研究会的编辑，一个是诗人，一个是提倡血和泪的文学，他们性情思想不同，却都是我的顶好朋友，犹忆我在惠山时，沫若同郑伯奇来游，我们邀同袁家骅等同往游泳，往年的乐趣，还跃然我的心目间呢！

我因受了这些文学家的洗礼，渐渐觉得从前思想之非，而欲向"美化"的路上走。《女神》出版，沫若把校订之本赠我，我那时的泛神思想，安知不是受这位女神之赐呢！

然我那时毕竟是个矛盾冲突的人啊！在欢悦当中却时时感着恐怖，闻一句话，也时时引起怀疑，我于是乎就几乎不能自主了，甚至于不敢在街上行走了。这是我心里极不安的时代，也就是我的世界观转变的征兆。于我的放浪生涯里，时回到北京过冬，常常和朋友们在我住的"光明学舍"谈论宇宙和人生问题。实在，我这时处境是最困难的时候了。第一件苦我的是病，我在南方得了疟疾，前后病了好几个月。第二件苦我的是贫，我不知节用，以致书局寄的稿费，随手散尽，没有钱点灯的日子，便向街上跑。而尤其苦我的却是为朋友的事，因为那时有两位朋友为革命事关在狱里，我在沪闻讯即回，百计营救，终日想办法，却总没有办法，直至两位朋友出狱的时候，我才如一块石头在心上丢下来了。另一方面由于浪游的结果，和大自然的接触较多，爱美之心不自觉油然而生，好乱的心理也一转而入望治的心理。要问我这时是悲观呢乐观呢？我这时思想正在那里大大变动，本亦不能分别什么悲观乐观，然我可以告诉人的，就是我的悲观也悲得彻底，乐观也乐得彻底，最放怀洒落也莫过于此时了！最悲怀惨戚也莫过于此时了。代表这时的著作，就是《无元哲学》，是创造社丛书之五，卷首自序："这本书是我数年来做的无元哲学论文集。上篇所说只要完一个'无'字，第一义是第一义，第二义是第二义，有和无截然分为二事。下篇便不然了，第二义即第一义，现前昭昭灵灵的即是无所有不可得的。这么一来，便把从前的无元思想走到尽处和大乘佛法（华严宗、般若宗）很接近了。这是我思想变迁的线索如此，恐怕聪明人都是如此罢！然而我思想的前途，毕竟不到此而止。"实际这书下篇一方面把虚无主义走到尽头，一方面即重现身上，开泛神思想的先河。我在《真生命的实现》里说：

> 因妄求解脱的缘故，而欲毁弃宇宙，乃至断灭人生，那更是我一向的愚痴颠倒，对这甚深极重的解脱，只好算一个邪见罢了。

又说：

> 我要劝告人们的，就是解脱不可能，也可能的。如能于解脱不解脱，亦无所解脱，这就是解脱了，也就是真生命的实现了！由此可见真生命是可以实现，而且即在人间世上即可实现。我的兄弟们呀！我恳求你，不要相信那超于人间的希望的涅槃，让你真诚恻怛的大悲心，就实现这真生命在人间上。

这就可见我那时世界观开始改变，虽很不彻底，结果对于"这世界"已有所肯定，实现真情生活的方法，也不重打破而重实现了。我说：

> 我们要实现这真情生活，就不可不把虚伪的知识打破，然而知识这个东西，本来是无所有不可得的，所以知识不须打破，只须人们一任真情的时候，就自然而然地化知识的生活复为真情的生活，于是知识的踪影皆无，而真生命就实现在人间了。

反对知识，主张真生命——真情——的实现，这仍然不脱虚无主义的范围，这分明是一个被现实生活挤出常轨的知识分子，于无可奈何之中，改造主观来适应客观的企图。所云与大乘佛法（华严宗、般若宗）很接近，是很接近了。然而这种自以为是无障无碍无所取着的这种快活，是恰如秋天百物萧索命运无多的光景，是消极的，凝固的，自我陶醉的世界观，人生总不安于这种快活而止，于是有另一种思想，在生命的沿途上喊着我们，这不是别的，就是梁漱溟的《东西文化及其哲学》，此书由现在看来，立场错，观点错，方法也错，但因其提出了一种和虚无主义不同的生活方式，这就给我极大的刺激，这书初版，还有和我合照的像片，刊在卷首，说明我们的性格和思想，一个人一个样子，实际也是如此。此书中的三条路说法，旨归还在“无生”一点，是最不彻底的地方，也就是我在世界观改变以后和他思想绝大不同的地方，但我的再生时代的泛神思想，从此时露出其真面目。

于是我的怀疑时代就过去了！我就走到坦坦大道上来了。千辛万苦得来的，原来不过这个“真情”，原来不出这顶活泼顶流通的宇宙。我给李石岑的信，说我这时的觉悟是（见《民铎》杂志第3卷第3号）：

> 人自祖先以来，本有真情的，自知道怀疑以后才变坏了，拆散了！所以我近来倒转下来极力主张信仰，只有信仰使人生充满了生意，互相连结着，鼓舞着，不识不知，完全听凭真情之流，这是何等地汪洋甜蜜呀！而且由怀疑去求真理，真理倒被人的理智赶跑了，怀疑的背后有个极大的黑幕，就是“吃人的理智”，而无限绝对的真理，反只启示于真情的信仰当中。没有信仰，便没有宇宙，没有人生，乃至人们亲爱的更亲爱的，都要把他捣碎成为“虚无”，可怜悯的人们呀！怀疑的路已经走到尽头处了，为什么不反身认识你自己的神，为什么不解放你自己于宇宙当中呢？
>
> 要问我思想的下落，只有稳当快活四字。从前的宇宙是有广袤的物质充塞着，现在看起来，却是浑一的“真情之流”，浩然淬然，一个个的表示，都是活泼泼地，都是圆转流通的，但不能执为有形有体，而一切有形有体的东西，都还没于“真情之流”了！这时宇宙哪！人生哪！都和我一体，我和天地同流，何等地稳当快活呀！不错呀！动也快活，静也快活，自家一笑一哭都和流水一样轻快，手之舞之足之蹈之，把大地山河作织机，可谓痛快极了！自由极了！反之从前否定一切，打破一切，把自己闭在狭窄的围墙里，那也是自由吗？痛快则痛快矣，只可惜痛而不快。可见以怀疑看世间则充天塞地无非间断，以信仰看世间，则照天彻地，无非“真情之流”，要间断都间断不了的啊！

这就是我再生的宣言了。实际这从怀疑到信仰的所谓虚无主义的再生，从世界观上看只是从主观的唯心主义而倾向于客观的唯心主义，对于梁漱溟《东西文化及其哲学》里所说“无表示”而主张“一个个的表示，都是活泼泼地，都是圆转流通的真情之流”；这当然是肯定了“这世界”，却又不能再进一步，肯定“这世界”是物质性的，还有，把世界看做最圆满的世界，那末还有什么改造世界可言？其结果只能“闭住理智之眼而大开真情之眼，一变而为乐天主义者了，人道主义者了，和平主义者了”。陶醉于泛神的美的世界，实际即是取消斗争，这对于我那时多忧多惧，怔忡不宁，其中最讨厌的征象，就是疑心病（凡患脑病之人有此征象）也许是很好的心理治疗，但作为从虚无主义而首次承认这个宇宙，则未免太不够了。代表这时的著作，是《周易哲学》（上海学术研究会版 1923 年），内容共六章，（一）形而上学的方法，（二）宇宙生命——真情之流，（三）流行的进化，（四）泛神的宗教，（五）美及世界，（六）名象论，这是利用古代文献来解决自己的世界观问题的试制品，虽然和自然界的事物有所接触，而仍不出于唯心论和形而上学。我青年期的情热狂，实可大别为两个时期，前期怀疑主义以《革命哲学》为代表，后期信仰主义以《周易哲学》为代表，而要之皆为个人英雄主义的产物即资产阶级世界观的产物。

（六）

个人英雄主义对我来说是挤出常轨的知识分子的变态心理，是小资产阶级之资产阶级世界观的表现，其特点是喜走极端，“非完全则宁无”，即由于自大好名之个人英雄主义之病根为祟，我怀疑也怀疑到极端，信仰也信仰到极端。以我的《革命哲学》来和《周易哲学》比看，前者抱怀疑主义，所以怀疑——绝对的怀疑，这是“恨”的世界观；《周易哲学》反之提倡信仰主义，所以信仰——绝对的信仰，这是“爱”的世界观，当然也就没有统一的恨。然而这时的我，却徘徊于这“统一的恨”和“统一的爱”之间，不是一切皆坏，就是一切皆好，情感异常，好作激语，加以以前思想过渡，忧心积虑，影响到身体健康上面，啊！我是幼年失母的人，自然没有知道“爱”的意味，疑心病征袭着我，我没法子生活下去，转念还是回福州调养的好。我从 1917 年和老家脱离关系许多年了，这次久别重逢，继母和哥哥还在世，继母视我如亲子，兄则所爱唯我，他们都是医生，很知道怎样治我的心病，我也一意调养，屏弃琐事，不过五个月期间（1922 年底至 1923 年春），我的病也渐渐好了。在我回福州期间，由于德荣、敦祜他俩的介绍，许我和我的爱人杨没累开始那汪洋甜蜜的通信。过去我们早就互相深知，但她是坚持独身主义，我又是个 Misogamist（厌恶婚姻者），似这样沉醉在

“虚无”里的两个孤魂，不是经过许多波折，又怎能明心见性地这般相恋呢？即因这时环境给我俩以爱的智慧，所以从友谊的热情到了爱情的程度是很快的。我的一万余言的披肝沥胆的真情话，好像一掬清净定水，把她所有的一切刚性傲性通被真情之流融化了。我们俩从此决心做那一双相信为命的“更生之鸟”了！我那时从人类心中所发出最深和最恳切的呼声，即是决计脱离虚无，以全部的精神，倾倒于爱。我那封信最后的几句话：

> 人生的最终目的，只有爱情，我有爱情，便足以自豪，宇宙间还有什么能间隔我们呢？诗人在唱，泉水在流，都是告诉我们以“爱”的哲理，我们和“爱”合德的，忍辜负了我们诗的天才吗？……我对着良知宣誓，愿意有一个女子的帮助，如果真个同情同调之人，共相唱和，誓结长伴于山林之间，吟风弄月，傍花随柳，那就是我一生的愿望。

于是无情的宇宙，翻转过身来了！过去的我们在“虚无”里薰醉，现在的我们，让把晶莹澄澈的“真情之流”做我们陶醉于梦乡的催眠药哩！没累自从感得我那无限倾心的信以后，她毫不踌躇地于 5 月 18 日（我们的定情节）复我一封痛快的情书，真的，是痛快的情书！使我没有适当的字来表示我的欢喜了。

> 谦之我亲爱的，我细读了你的身世，引得我时哭时笑的！我的已往的声誉，虽不及你那样伟大，可是我的思想，我的狂性，和我这几年来的思想变迁的程序，和你很相似的。谦之！你能这样知我相信我，并肯将你的人格似这般活跃跃的向我表现，真是个活跃跃的一湾真情之流，我何能不羡爱！我相信我过去的苦闷程途，已走到尽头处了！此刻正是我新生命的福音初来的时候。我看一切虚荣，一切学识，一切势，一切利，都是半文不值的！这人生最值得留恋，就是这一缕缕活跃跃的真情之流。当然人生如果没有“爱”，那就不如直截了当的自杀痛快得多；但是人们就可学着飞絮一般的随风飘落吗？如果非得其所，那是很可惜的！我有时觉自己是个浅困在沙滩上的鱼儿，虽是渴望那晶莹澄澈的“真情之流”来迎接我，总不能不设想到一切深渊里面可怕的种种情形，可是我对你是深信不疑的。我的灵魂自从与你这一万余言的披肝沥胆的真情接洽以来，便时时醉在那汪洋甜蜜的滚滚狂涛里了。……谦之！我现在

> 毅然决然的回答你，我愿意，我唯一的愿意，做好如你所云的，“同情同调之友，共相唱和，誓结长伴于山林之间，吟风弄月，傍花随柳”以成就你所谓“你一生的愿望”，其实也就是满足我一生之愿望了。那末从今后“诗人在唱，泉水在流”，诚如你所云“我们和爱合德的”了。回想我们俩思想上经过的一切不谋而合的变迁的程序，好生奇怪！今番萍水相逢，便为知己，真可谓冥冥中有此神妙的因缘了！啊！谦之我的爱！你看郭沫若君的《凤凰涅槃》不就是我们俩的颂歌了么？现在我们俩更生了！我们翱翔罢！我们欢唱罢！啊！我们从今后便作那一双相依为命的你我难分的更生之鸟罢！……

她这样真心爱我，希望“我们将来一块儿研究学问，共相唱和那清妙的诗词，同奏那和谐婉脆的音乐，准备那健全伟大的羽翼，吹吁着芬芳雅洁的呼吸，永远不离的遨游四海，飞遍天际”。她因为望我来的心切，“此时什么事也不能做，课也不能上，甚至极要紧的钢琴，也都无心练了”。尤其是那最后叮咛再四的几句话：“人生几何啊！试看园里的群花，还不曾开谢，那情重的春光，也忙着将做那远行人了。可是这千金一刻的春光，谁知爱惜？我心爱的远方的人儿，几时才得相见？”因此我得这封信后，即急忙忙地动身到北京，并在我们学校附近，租下两间屋子住下，过同居欢爱的生活，这是我俩生涯中最甜美最纯洁的片段。我说：“我们沉醉了罢！地狱之火是为着清醒的人设的！我们享乐罢！只有在快活中，我愿活一百年。身内的一切，身外的一切，都付与心爱的情人，在现世所得的，是快活圆满。”“什么法律，什么道德，可以阻住人们的赤热白热！如果爱情是痛苦的，我要站在痛苦中高唱着快活之歌，不怕地狱之火来燃烧我们啊！”这是我有了爱人以后的心境录，我在这个时候，居然相信“痴是生命主义的灵魂”，“男女恋爱，就是天地之心，凡不知鉴赏一男一女之美而主张虚无主义的人，都是懦夫，都是个伪善者”；甚至在我心境深处，已决定了我将来的运命，就是“情死”。在悲观绝望之余，和爱人拥抱着死，好个汪洋甜蜜的滚滚的“真情之流”就是我的葬身之地了。

我和没累的“纯洁的爱”（pure love），我俩对于恋爱所抱的见解，有非常的信念，我们为着我俩的“爱”的长生，自始至终避免那恋爱的坟墓——性欲的婚媾，在几年中倾心陶醉，同宿同飞，说不出难以形容的热爱，而仍无碍于纯洁的爱。我们俩纯洁得清泉皎月似的恋爱生活，不但一个时候，就是永世的将来，我俩理想的爱河之水，还是应该明静得和镜一样，温凉得如露一般。“我们只准备那新鲜美妙的歌词，发我们欢唱的兴趣，只准备那清幽寥廓的长空，为我俩共舞之场。”然而这种诗美的恋爱，在人间经验中，许是狂妄的，甚至于可笑的；却是我俩从神秘的情感看起来，只有我们俩的恋爱观，才是神圣的，单一的，永续的啊！不幸地我们的恋爱，当时竟为“漱溟学派”所不能了解（这是他们的好处，回想起来应该感激，后来他们似也了解我们的），因此我在1924年在济南第一师范讲《一个唯情论者的宇宙观及人生观》中便大发牢骚，我追叙和梁漱溟认识的历史道：

> 当时我还没有见过梁漱溟先生，后由友人听到他批评我讲的直觉是非量的话，不久他亲来找我，常谈到哲学方法问题，并相约为小孩子般的朋友，以后我因提倡革命入狱，在那里读《周易》仍念念不忘玄学，漱溟思想也变了，当他《东西文化及其哲学》出版，我实受极大的影响。这时我的本体论，完全折入生命一路，认“情”是本有不是“无”，对于他所主张的“无表示”是中国根本思想，甚是反对；并且他所说的三条路，尤不敢赞同。所以当我们共学时，他们爱讲人生，我讲宇宙，总是扞格不入，尤其我的泛神思想被讥迷妄。但是我呀！却于这时确立了一个新宇宙观了，从“虚无”里回转到“这世界”了。于是我研究形而上学——宇宙本体问题——乃告一大结束，这就是《周易哲学》所由产生。现在呢？我敢大胆告诉人们，本体不是别的，就是现前原有的宇宙之生命，就是人人不学而能不虑而知的一点“真情”，我敢说这“情”字，就是宇宙的根本原理了。

在我驳斥了迂儒的“唯理主义”而主张“唯情主义”之后，在第七讲《恋爱观》中，我又批评了张君劢在清华学校所讲人生观，反对恋爱。说什么“一人与其自身以外相接触，不论其所接触者为物为人，要之不免于占有冲动存乎其间”；同时我也讽刺了宋明儒者和当时提倡伪孔家思想的人。我说：

> 我不怪君劢先生，只怪的宋明儒者对于孔家的中心思想——恋爱——没有提出来讲，因为宋明儒者他受了佛家影响，变成一个Misogynist（厌恶女性者），所以影响到提倡“新宋学”的君劢先生，也反对恋爱起来了。在这一点，我对于宋明儒却有些革命的意

思，这种革命，好比从前路德革除了禁食主义和独身主义，使这世界，由此得了许多庄严的马利亚图像一样。依我意思，孔孟都是极端主张恋爱神圣的人，所以《国风》一大部分都是描写两性的自由恋爱，朱晦庵却加他们以“淫奔”的罪了。到了明代王阳明应该有改革才好，但是阳明自己却是一个多妻主义者，弄到妻妾是常起争端，身后一个儿子，几乎遭了毒手，这段事见《王心斋先生集》里的几封信，你道可痛不可痛？只有近代如俞理初才稍稍代女子讲话，提出为嫉妒排他的爱，蔡孑民《中国伦理学史》特别把他提出来，这总算一个顶大的进步了。但康有为的《大同书》主张“无家族，男女同栖，不得逾一年，届期须易人”；这分明又是多妻倾向的自欺欺人语。如果男女关系一年一换，还有什么爱情的结合呢？那末男女之间岂不完全只有性欲吗？所以有了康有为的变形的多妻主义，就自然有君劢的反对恋爱；有了君劢的反对恋爱，就自然惹起吴稚晖的“生小孩的人生呢”；把“生小孩”和“爱情”扯作一谈，说什么“大同之世乃一杂交之世”。总而言之，他们全不是就恋爱讲恋爱，都只是旧时代对于男女的不正确的看法，若乎要求真正的恋爱观，仍不能不走上人生的正道，一面绝对肯定恋爱的神圣，认轻蔑恋爱的人是人生之敌（如张君劢），一面以哲学及“诗”的心境说恋爱，反对那“玩世主义者”把恋爱看作野兽的喜剧（如吴稚晖）。换句话说，他是抱恋爱至上主义的（同上）。

固然反对恋爱即是冒渎人生，但我的恋爱至上主义，要求从俗众的性生活逃脱，而妄求那神圣、单一、永续的具有诗美的纯洁的爱，于是乎这“恋爱之宫”，竟变成了我俩的“象牙之塔”，逃避现实，逃避社会，这是从资产阶级世界观所产生的唯美主义，实际决定了我们未来悲剧的运命。正如没累所自祝愿的话：那唯美的命运之神啊！“你既为我俩结着同心并蒂之花，既为我俩套上生死缠绵的痴情之链，我俩浮沉于汪洋一片的情流之中，只求我俩永生的抱拥到最后一刻的相与狂吻狂歌，已是我俩命运之神的最大恩惠了。”悲哉！

（七）

杨没累，湖南湘乡人，于 1898 年正月初一日生于长沙，初入小学时感着家中的刺激，便是她独身主义的开始，因此对于高人逸士的生活，非常梦想。高小毕业后到粤省亲，又至上海入南洋女师范，将毕业，在“五四”运动之前，因主任教师认她是全校最吸收性大的学生，所以凭着传播思想的热诚，对她特别注意。没累虽毕业回粤去了，她还常寄《新青年》、《新潮》、《星期评论》、《自由录》、《少年中国》等书。于是她因一时的感动，便写了封给少年中国学会会员的一封讨论妇女问题的信。在《少年中国》第一卷第四期上登过的，她的名字是 M. R.，随后又在第一卷第六期上发表的一封信，名字叫 A. Y. G.，这就是她早年的思想。1921 年由周南女学转入岳云中学，那时她讲独身主义很热烈，同时主张人类绝灭，并谓造物主是玩弄人们的罪魁，剧本《三时期的女子》是这个时期做的。1922 年始入北京大学音乐传习所，翌年春我俩才开始通信，凭着我们狂醉的热情，自乐自进而为终身伴侣，这在《民铎》杂志第四卷第四号有我俩共同发表的《虚无主义者的再生》，和 1924 年编成出版的《荷心》通信集，都可参看。我俩在浪漫的恋爱当中，曾尝过不少离别滋味，每次别离不但增加了我们不少的慕恋，同时我们的学业还片刻不停地继续用功。第一次是她回长沙省亲，我俩每天都有信来往，这些信已收《荷心》集里，她不单要我努力书本上一部分的学识，并且要我从感觉里解放下来。她时常劝我：“返其天然的本能，复其伶俐的儿时天性，处处地方好利用我敏锐的一切感觉，轻松软活的四肢，发展求智好奇的本能，努力去领略一切大自然的诗中图画，和画中美感。”真的从此以后我好像世界忽然变成了广阔的样子了，日常的生活，也渐渐艺术化了，并且能切实感得环境的美丽了。第二次的别离，是我往南京建业大学讲学，她每次总给我含着诗意的信。在清凉山建业大学任课时，我首提出《系统哲学导言》和《唯情哲学发端》两篇论文，还有一封给石岑论《宇宙美育》的信，均刊于《民铎》杂志。即在那时，我有一回给没累论文学的信，说白话诗应该注重韵律，必得歌唱演奏方尽了诗的能事，这个意思，很得她极端的同意。她给我的复信说：“我向来以纸上诗文，只算得僵了的诗体，可以谱入弦管动人情感者，才算是能动能言灵肉完具的活诗。你既知道《诗经》、《楚辞》可以歌，那末何不再进一步研究这些歌法？”这大概就是我以后讲“音乐的文学”的起因吧。第三次的别离，是我应济南第一师范之约，讲演《一个唯情论者的宇宙观及人生观》，在济南第一中学和正谊中学也有一次讲演，那是临时的。这次别离不过三个星期，时间最短，距离也算是最近，却是此中滋味，反为觉得比前感得深了！这时正值春初，凉风习习地吹着一片春声，我俩怅望春意，都有难离之苦。我游大明湖后，写下许多恋别的词句，没累也谱成一首新声寄我，可见我们儿女的心肠了。回京以后我们即决计相依相恋，永远不要分离，因为如果再经别离一次，恐怕已不能经了。我们只要生活安定了，就一切都美满遂心了。

从济南回京以后不久，我应了厦门大学讲师之约，这自然比南京建业大学好多了。我的唯情哲学，更有宣传的机会了。因此即和没累顺路先往长沙，再到厦门。在长沙住大吉祥旅舍，以一星期写成《音乐的文学小史》的讲稿，里面一篇《中国文学与音乐之关系》是在长沙第一师范讲的，一篇《平民文学与音乐文学》是在平民大学讲的，此书后在泰东书局出版（1925），原来我的音乐文学的建设论，在这个时候，已经渐渐开始了。

1924 年至 1925 年我在厦门大学担任了两种功课，一种是“中国哲学史”，一种是“中国文学史”，另外还讲了一种“历史哲学”。这些历史的研究，后来大部分刊布出来。前两者收入《谦之文存》（1926 年 4 月泰东），后一种即题《历史哲学》（1926 年 9 月泰东）出版。还有几次公开讲演（见《谦之文存》）虽都开明的反对现代的学校教育，实际却不能摆脱资产阶级个人主义唯心主义教育的范围。我以为现在人间教育，差不多都基础于两个误谬的主义上，一宗教教育，二国家主义教育。我最恨的是当时醒狮派所提倡国家主义教育，以为“在这种教育之下，不但人道是没有了，简直连天性的爱情都没有了！他们心目中只知有一个抽象的国家，而不知具体的实在的重要；他们心目中只看见一个笼统的国家，却不知人类情感愈发达，就可撤去现在国家的界限，而实现人类全体的大同世界了”。但是我们要知道厦门大学的校（训），第一条就是要“采取国家主义之精神”的，厦门所有的学校，又是完全在基督教教育势力之下，那末在这样情况之下，我怎好出来触犯他们教育的尊严呢？我的历史哲学归结于理想的大同共产社会，这个社会是没有政府，没有法律，没有金钱，没有买卖，并且没有什么资本家，这样自由思想的传播，又怎能长久相容呢？因此，我在厦大只有一年，即决计辞去教职，虽然我和同学感情极为融洽，校长与同学都在挽留我，最后还开会欢送我，但我为着思想的完全自由，早已决定隐居杭州西湖，去过那二三年闭户著书的生活了。

我和没累的恋爱生活，理想中本有一种超然的高蹈的隐逸思想，吟风弄月，傍花随柳，一方面和社会政治隔绝，一方面与爱人默默俱化。

在《荷心》里就有我给她一封信说："我俩便是爱的小世界，在这世界里吟风弄月，作乐赋诗，禽鸟鸣我后，麋鹿游我前，这就很够高人消受，也不枉你我观化这一遭儿了。"虽然吴稚晖说我这种恋爱的理想乃近理智（见《吴稚晖近著续编》与朱谦之书）。但我俩当时也不过一任真情地表明我们的个性罢了。我俩既然唯一的愿望，是"结长伴于山林之间"，便觉得如林和靖那样才是最富于情而淡于欲的人，他的情感，好比幽谷之兰，流水高山之曲，孤芳深隐，这才是我们敬慕的理想生活。因此一离开厦门大学，便定居杭州，住西湖葛岭山下，门对和靖故居，看梅望月，弄艇投竿，同心协意地来实现和靖先生的雅淡乐趣。自以为人生的真自由真幸福，就基于他能够徜徉于名山胜迹之间，不落斗攘套中，而仍不忘任情求爱，人生的乐趣，还有比这个更甜蜜的吗？

然而人生的悲剧也正在这里。在政治空前黑暗的时代，隐居是"独善其身"的消极道路，而且需要有物质基础的。作为没落的小资产阶级的我，虽然做了一年讲师，所剩的钱无多，只好靠泰东书局的些小稿费来生活。我俩自迁居西湖以后，便努力写作，固然一方面说是谋一个世外的桃源，便自不能不多研究些音乐和诗歌，以为山光水色增些雅趣，实际上也是生活问题。贫困并没有因隐居而退避三舍，相反地蹉跎复蹉跎，环境所显示我们的，仿佛是不可治疗的生活的波动。在我俩著作的过程中，常常同往图书馆作艰深的研讨工夫，没累研究的题目是《中国乐律学史》，我研究的题目，是《中国音乐文学史》，却是没累的研究太艰深了，在作了《淮南子的乐律学》（《民铎》第八卷第一号）和《评王光祈论中国乐律并质田边尚雄》（同上，第八卷第四号）已经病了，只好努力学七弦琴来涵养性灵了。我呢？在《中国音乐文学史》还没完成以前，已不能不改途易辙，发表我那关于政治问题的意见。本来隐居后不谈政治，这时因为政治上的不能容忍，而大谈政治，这说是内心的矛盾是矛盾极了。《回忆》的最后一节："啊！我磅礴郁积的真情生命呀！我是不能忍受那无限杀伐声音似的悲哀的情调，我是应该不绝地创造快活之歌，就是最后刹那的快活，也毕竟同一阕鸾凤和鸣的天乐一般，荡荡默默，吹送我即刻入于销魂大悦的境界，这还是战胜死亡而永生！"写这一段话是在 1927 年 8 月，是正在没累卧病的时候，而我这时关于政治的著作，就是反映着这悲哀的情调，而想象着新桃花源——大同共产社会的。本来没累于 1924 年和我同在厦门大学时，常在《民钟报》投稿，五卅事件发生，她发表《告同胞书》一文，1925 年 5 月我们定居杭州西湖，她除研究乐律史之外，因见女界沉沦，发愤作《妇女革命宣言》（见《没累文存》），可见我们名退隐而实都不能忘却政治的。关于我的乌托邦的政治著作，第一部是《大同共产主义》（1926，泰东）宣称“本书宣传中国政治之传统精神，以人性为基础，以大同为门户，以美的社会组织为匡廓，以礼乐为妙用，以游艺为依归，意在拨乱反正，以跻斯世于永远太平而止”；这是完全依据《礼运·大同》和《周礼》托古改制，认大同共产是民族快乐的乌托邦，完全是欢天喜地的全人类的社会。但怎样才能实现这大同主义即所谓天下为公的理想社会呢？因此，我继之便有《国民革命与世界大同》（1927，泰东）与《到大同的路》（1928，泰东）二书，事实上即把这实现大同主义的方法，寄托于国民党革命派，这当然是极端的错误。真正的大同的路是科学的社会主义，只有丢掉空想，一面吸收文化遗产中的民主性精华，一面将革命进行到底，不是空谈什么大同共产主义。既不能把无政府的社会认为大同主义，也不应把科学的社会主义来和大同主义混为一谈，更不能把希望寄托于由革命的三民主义到达世界大同。不错！孙中山遗留的东西当中，写得最多的笔墨是“天下为公”四字，而且很明白承认革命的三民主义，就是要建设新共产社会，完成人有人治人享的大同社会。但从他的社会地位来说，孙中山是属于资产阶级知识分子，他所提倡的革命，是以资产阶级为领导的资产阶级民主革命；然而五四运动以后，据《新民主主义论》的指示，在政治上已经从资产阶级领导的资产阶级民主革命变为以无产阶级为领导的资产阶级民主革命。两者世界观不同，革命的彻底性不同，我因过去没有理解这一点，始终跟着资产阶级所领导的资产阶级民主革命跑。五四以后我和中国共产党人没有任何联系，也没有注意到那翻天覆地的伟大成就；相反地因长期在南方任教过纯粹的书斋生活，在政治方面，接近于以大同共产主义为革命的三民主义服务，认孙中山是革命正统，推之无所不至；虽说三民主义有旧三民主义与新三民主义，我是倾向于革命的三民主义，而且赞美过苏联的社会主义，但由于国民党反动派的新闻封锁和反动宣传，使我只知有资产阶级领导的资产阶级民主革命，而不知五四以后有无产阶级领导的资产阶级民主革命，更不知有毛泽东思想的存在，实情如此。固然讲到革命的三民主义有联俄、联共、扶助农工之三大政策，我都赞成拥护；但这种赞成拥护，不是站在无产阶级立场，很明显地是站在资产阶级立场，即是站在小资产阶级知识分子立场讲联俄。据孙中山所说：“中国四万万人是亚洲世界革命的中心，俄国一万万五千万人是欧洲世界革命的中心。”我认为这两个中心可以互相联合，互相帮助，但不能用一个来替代别一个。俄国可以实行他的社会主义、共产主义，中国则必须实行革命的三民主义，这是两条不同的路线，结果同样达到世界大同。再讲到联共，我也是站在资产阶级知识分子立场讲联共，我认为共产党代表工人阶级，应该与之联系；国共合作的时候我感着前途无限，国共分裂我便感着无限失望。但是中国社会的阶级分析，却依照孙中山所说是“中国只有大贫与小贫之分，没有严格的资产阶级与无产阶级之分”；我以为士商（即知识分子与商人）是“小贫”即民族的半无产阶级，工农是“大贫”是民族的无产阶级。中国只有民族的无产阶级和民族的半无产阶级；中国共产党是代表民族无产阶级的党，当然应联合成一革命统一战线。还有扶助农工问题，我也是站在资产阶级知识分子立场来说，并不把自己认为就是农民工人，也没有和工农相结合。由上可见我的“五四”以后的政治立场，根本是犯了绝大错误。我过去的政治论潮，既然是站在小资产阶级知识分子立场，所以只能跟着以资产阶级领导的资产阶级民主革命走，在世界观上也只要求以小资产阶级世界观改造世界，我之倾向于空想的大同主义，我之把实现大同共产的方法，寄托于国民党革命派，纵不参加任何的政治斗争，而只就政治思想来看，已经是完全失败了，彻底失败了。

1927年我俩在西湖，几乎无法生活下去，乃为着“谋生”二字，为着“劳什子”金钱的压迫，只有和没累暂时分别。“情牵！我这回让你离我远去，根本重复叮咛你的就是‘谋生’二字，（望爱我的情牵，千万不可与我谋生二字背道而驰。）你到广州可看情形何如，万一无望，我是张开两臂望你回来，回来了，我还要和你永远过些共同的浪漫生活咧！（我爱郑板桥的道情生活）你上船时寄给我一本《泰东月刊》，我看了那篇《海角哀鸿》，引得我流了无限的同情泪，至今想来，仍是忍不住的悲凉凄楚。他俩也是四年相聚，也是受经济压迫而分离，女的也害肺病，也有钢琴琴谱，或许也是学音乐的罢！”（《没累文存》）读这一段寄给广州的信，就知道隐居西湖真是千差万错，是我害了她了。到广州后住文德路伍观淇家，由他介绍，曾一次和那时所谓后方总司令李济深相见，那时北伐战争尚未结束，宁汉虽分家，而广州时局尚举棋未定，我的《大同共产主义》刚出版，李济深看了我一些旧作便约我暂时留在黄埔军校。我那时思想倾向革命左派，一面想为黄埔军校讲学，一面搜集工农革命资料。广州那时有几个劳工团体，一个革命工人联合会，一个广东机器总工会，另一个是广东总工会是站在反革命阵线上的。我曾在革命工人联合会的大会席上，提出打倒广东总工会的口号。又搜集很多农民革命的书报，险些为了这些书报，在我返浙途中，被香港政府扣留了。我在黄埔军校不过一个月，因革命的三民主义立场，自然而然地表同情于工农群众，而且农民是我们中国人民之中的最大多数，如果农民不参加革命，就是我们革命没有基础。记得有一次在军校大操场上公开讲演，我用手指着校徽，提出“农工兵大联合”的口号，后来教育长批评我太年轻不懂事，我是不懂事吗？这时只知为革命尽忠，革命以外更有何事，什么“吟风弄月”早已置之脑后了。在黄埔军校，当时无论在广场里，餐厅里，会议室里，大礼堂里，所有遗留下来的标语口号和印出来的小册子、传单，都还处处表现着革命军校的气氛，表面上看可算革命的养成所了。在军校我住编辑室里，又得以随时参阅这个学府的过去成绩，如周总理、萧楚女的讲演稿之类，生活紧张极了，即在这一时期，军校教育长换了许德珩，我仍留在那里，几日后，即当广州公社起义之前日，我从黄埔到广州，见广州市面纷乱，大有“山雨欲来风满楼”之势，已无船只返校，幸而泰安栈尚有赴沪船票可买，因即搭船返浙，我是于 11 日午后离广州的，在经香港时几乎被捕，到上海，把所有搜集的《农民》杂志寄存泰东书局，以免中途搜查危险，返浙后才知道没累已经卧病不起了。她本有血虚症，加以撰中国乐律的著作，常废寝忘餐，不肯休息，所以终于积劳成疾，变成肺病，春间不幸又发温疹，肺病已入三期，医治无效，终于 1928 年 4 月 24 日在杭州肺病疗养院弃世，时年 31 岁。生前有诗：

> 出入烟霞水石间，相依默识两心闲。
> 却除俗世人来往，踏遍千山与万山。

因即葬于烟霞洞。遗稿约三十万言，除易卜生戏曲《黑珧加不勒》（Hedda Gabler）的汉译本外，均收入《没累文存》（1929 年 5 月泰东书局）里面，分五卷，卷一乐律漫谈，卷二诗歌集，卷三戏曲小说集，卷四爱情书简，卷五妇女问题及其他，这就是她一生的贡献了。

（八）

没累之死，使我的全生涯，震撼起来，我瞻望前途，几无生人乐趣，我再也不愿留在杭州了。于是决心重到革命的策源地广州去。广州曾经使我的革命思想澎湃，可是这一次却惹起莫大的反感。我一到广州便下榻省一中，即在这一时，一中的教员徐名鸿，我的好友，为着思想问题被捕了，我气愤之余，一口气跑回上海，于营救友人之外，连报纸也不看了。这时安慰我的，只有艺术和爱好艺术的朋友。我时常往来沪杭之间，在杭州，和国立艺术院的教师如潘天授、林风眠、李朴园等有往来，我很欣赏他们的后期印象派的作风，但当后来从日本回来，艺术院要聘我讲授“美学”，我却婉辞了。在上海，常与胡也频、蒋冰之（丁玲）、沈从文等相见，冰之是没累在周南女学时同学，没累逝世时，她和也频适在杭州西湖，曾助理丧事，以后他们创办《红与黑》，在招待上海出版界的席上，我还代他们招呼朋友，这种友谊，直到我出国后，还继续一时。却是这时代表我的文艺倾向的，还是以狂飙社会中心的狂飙运动，我这时因对于写实派的反感，颇倾向于那主张在物质世界发见新美的未来派表现派，我以为这就是俄国十月革命时候的革命文学，无产阶级文学的成立却是以后的事。狂飙文学虽然使人莫明其妙，实则那时国际文学运动，不也是激烈争论着这一个文学革命潮流吗？我为着试验我自己的脑筋，特地住在电车交叉点的吕班路一个住处，我的思想是要看看我的脑筋能否感受着大都市的喧嚣？我要写诗来赞颂机器的洪大的声音的美，这简直就是未来派的疯狂，但是我真个疯狂了吗？我还自以为这是要从必然世界瞥见前途的光明罢了。实际这种未来派的作风，是世纪末的文学表现，是代表帝国主义时期小资产阶级的感情，并不是真正人民大众的东西。然而我当时的文艺兴趣，正是放在这处于没落时期的文艺思潮，还以为这是新兴文学。我在这时为着纪念没累，集中力量很快把《中国音乐文学史》完成了。这书一开头，便宣传莎翁对于音乐魔力的议论，认为“我们的世界就是一个永远不息的‘真情之流’，真情之流从他传播音乐的韵律”；“艺术的泉源就是‘真情之流’，是个音乐之活动体”；“那末司文艺的七位女神合为一体了，所谓文学、戏剧、绘画、音乐、跳舞、建筑、雕刻都配合一起成了音乐的动的东西，这就是艺术的世界，这就是音乐的世界！”（此书先在泰东书局付印，后以承印之印刷局被封，改于1935年商务印书馆出版）这种音乐的世界观，分明是和爱人音乐家有关，同时也受了唯美派王尔德（Wilde）、爱伦·坡（Allan Poe）和表现派诗人勃伦纳尔（Rudolf Blumner）等的影响。平心而论，这书除了后来添上去的一章“音乐与文学”以外，第二章以下论文学进化观念，叙述中国文学与音乐的关系，论诗乐，论楚声，论乐府，论唐代歌诗，宋代歌词，论剧曲，都是主张一个时代有一个时代的平民文学，即一个时代有一个时代的“音乐文学”，文学史和音乐史是同时合一并进，所以音乐文学即是平民文学；所以中国文学的进化，有一种新音乐发生，即有一种新文学发生。我极力打破胡适“废曲用白”论的误谬观念，以为：

> 我们从文学进化的眼光看来，将来戏剧没有进化罢了，如其还要进化，当然是倾向于歌剧（Opera）或诗剧（Poetic Drama）。
>
> 我敢大胆宣布我们的主张是用现代的白话建设比昆曲更进一层的“诗剧”，并且这种“诗剧”是可以歌唱的，并且平民都可以歌唱的。

这“新歌剧”的主张，以后在抗战期间成为与剧宣七队合作，更积极地向着千百万人所倾倒的新歌剧运动的大路前进，实肇基于此。而追厥源始，又是我早年在长沙第一师范，在平民大学讲演中所提倡的。有位云南朋友在《近古文学概论》曾引我在《凌廷堪燕乐考原跋》的话，以为“平民音乐四字，是朱先生这篇文字才正式成立……平民音乐是平民文学的基本”。问题当然不在乎文字，而在于一个抱小资产阶级世界观的人脱离人民大众，脱离工农是不是能够为工农兵而创作，是不是能够为工农兵所利用？不能！更不消说那误谬的唯美主义的世界观。

继《中国音乐文学史》之后，接着就起草《新艺术》一书，这书虽未写成，却是劈头的几句话，实为《文化哲学》中所引用：

> 艺术的最大理想，在创造一种艺人自己的艺术时代，这个时代的艺人，已经不主张科学的理智冷的静的艺术，以为这不过是一种颓废平凡之艺术表现，这个时代的艺人，为要改造社会，改造世界，再也不愿麻痹自己的赤心，而愿在文化史的第四时期，负其完全责任的。我们代表时代的艺术家，固然在历史的音调中，陶醉于米开兰基罗（Michelangelo）、贝多芬（Beethoven）、瓦格那（Wagner）、歌德、拜伦和现代的未来派、表现派……然而艺术的世界，不是有了什么派就完事的；艺人应该贯彻其自己艺术的时代，创造一个艺术之所以为艺术的时代。

这艺术的时代的预言，实际也是以小资产阶级世界观为中心的未来文化社会的“新神话”。

(九)

我是在1929年4月间至1931年初在日本东京留学的，即当日本昭和四年至六年之间，那时日本思想界正是蓬蓬勃勃，大量翻译列宁和斯大林的著作，福本主义盛行一时，犹忆我离日本之时，三木清的著作正在抬头，学院派资产阶级知识分子正在思想转变。新兴杂志如德波林编的《马克思主义旗帜下》(日文版)，三枚博音编的《黑格尔研究》以及《历史科学》之类，每月按期出版。但我因初到日本，日文还没有学好，首先的任务就是学好日文和搜集一些参考资料，因此一到东京，行装甫卸，即在东亚预备学校报名，以后又在一个外国语专修学校学日本语文，一年就很快过去了。因为原意还想找个机会往法国留学，其间又在一个名叫アテネフンセ的夜学校中补习法文。

我的出国计划发生较早，但赴欧留学，须有充分准备，实在没有这种能力，没累逝世以后乃不顾一切，虽然不能实现赴欧计划，却是冒险东游，这在我再也不能踌躇了。当时最感困难的是旅费问题，幸而有个北大同学吕向晨，他是陕西人，也想同游日本，并借我大洋二百元，这二百元居然使我安抵东京，做了两年多的研究工作，虽然以后由于蔡孑民先生之助，给我以国立中央研究院社会科学研究所特约研究员的名义，每月有八十元的补助费，才算过去，但出国成功，却不能不首先感谢这位朋友了。我一路经过长崎——神户——京都——横滨——抵达东京，自然少不了日本人检查的麻烦，我不敢多带书籍，只带了几本自然科学书和胡也频他俩送我的《和英大辞典》之类，又因为朱谦之一名太易惹人注目了，在《台湾革命史》的序文里，在《谦之文存》中《台湾学生联合会的演说辞》里，都刻着这一个名字，又在日本人所著《黎明の支那》中认我为过激派，为着避免倭人国的把戏，乃改用“朱情牵”别名，并以这一个别名留居日本二年之久，这二年中我专心读书。初到东京还挂念着《新艺术》一书，颇搜集一些艺术史的资料，但当发现此项搜集工作非我能力所及的时候，便实行放弃，而专注全力于历史哲学的研究。我本来是有历史癖的人，此时社会革命思想的潮流，更使我重新注意于历史发展的法则问题，我是不能以在厦大所讲的《历史哲学》一书自己满意的，加以中央研究院给我的研究题目，恰好是关于“社会史观与唯物史观之比较研究”，因此，对于历史哲学的兴趣格外浓厚。

我知道自己过去几年生活动荡，很少有功夫自己学习，现在难得这个学习的机会，自不容轻易放过。我尤其感得兴奋的，所见日本青年男女，常常在火车里，电车里，候车室里，手不释卷地勤学，我们不应该更加自己努力吧。所以虽在极困难的环境中，有时因为仅有一套外衣，在洗衣店里，以致不便外出，而读书研究的工作从无间断。那时我很少和人往来，也没有其他的嗜好，几乎没有娱乐，连“日光”都没有到过，更不消说登富士山了。却是自朝到暮均为学习而忙，为历史哲学的研究而忙，我的苦学和搜集狂，即是我唯一的嗜好，唯一的娱乐，有时疲倦极了，便走到上野公园或靖国神社散步而已。

但我也不是绝不与人往来，在我到东京后便住神保町有明馆，因吕向晨和他的陕西朋友们住郊外很少见面，我后迁赤门帝大对面的登龙馆时，即与旧北大同学湖南人苏清卓同住，他是帝大哲学系研究生快要毕业了。（他也是苦学生，常把旧书籍放当铺去，回湖南后听说教书，早就没有通信了。）还有一位程衡，研究康德，是桑木岩翼学生，常到苏清卓处，和他也几面相识，（他回国后任北大讲师，早已死了。）这是我比较熟识的人，至于初期在语文补习学校虽不少同学，但无往来，也不识他们名字。朋友中只有一事值得回忆，有一次郭沫若来访我，穿着和服，袋里装着《庄子》，我很奇怪，为什么有日本人来访我，原来是他，倾谈后晚了，我留他在中华餐馆吃面，他的来意是要我找关于国内甲骨文的书籍，以后就没见面了。

我在东京两住处附近都有长列的书店，每日有暇一定从书市的首端走到书市的末端，视为常课。我搜集历史哲学一类书籍，凡能购得的都不惜重资，尽量收为已有，书籍之外更特别注意于新旧杂志，在三省堂，在丸善会社，每月一日必有许多新杂志按期出现，这给我一个很好的印象。保存旧杂志的书店，在我住所附近也有三家，因之我所搜集的单篇论文，在两年间，居然订成五大册，装订后定名为《历史哲学论文集》，这也许就是我在东京的最大收获罢。我又每日有暇必往图书馆，如上野图书馆、大桥图书馆、日比谷图书馆，均为经常足迹所在，凡不易购得的书籍，便在那里面抄；尤其上野帝国图书馆藏书极富，每次只收门券七钱，便可得到一日阅书的便利，因为那里地下层设有中西餐室，阅书的人简直可以等到夜间十时闭馆的时候出来哩！我在每日从事学习与研究之后，入晚约八时半便即睡去，因为我听说日本政府以中国留学生为敌，每一街道只要有一中国留学生，就设一个警察来监督，在这样的情势下，加以我是以匿名来求学的，为避免麻烦起见，宁可与外面隔绝往来，早起早睡。听说有一次确有日本警察来调查我，但我早已入睡了。在留日期中，还有可纪念的就是每月虽然经济困难，均先预付房租膳费，从来没有拖欠一次，而我的刻苦耐劳的习惯，也是在这个时候养成的。

（十）

我从东京归来，不久即应上海国立暨南大学教授之聘。本来返国之后是住在杭州西湖陶社的，因为那时浙江省政府省长易人，新任省长张难先和我一向认识，因之新旧交替之间，我感着住杭的不便，我是宣言不做官的，当然更没有留杭的必要。却是那位新省长为着经济上一个难题，不时亲自访我，或遣自乘的汽车接我，因为浙江省库空虚，经济陷于绝境，监誓人蔡元培，乃以那时一个参议刘冕执所倡的新经济政策为言。这新经济政策即是以能力为本位的钱币革命政策，但经我详细研究的结果，发现钱币革命自孙中山提倡以后，实有两派不同解释，一为廖仲恺说，以货物为本位；一为刘冕执说，以能力为本位；前说实行时为一种社会主义，尚属可行；后说则在那时沪杭金融情况之下，万无通行之理。因此在我和浙省银行界马寅初相商之下，就决定作为罢论了。却是这么一来，我便和浙省府发生接触，这是我那时所绝不愿意的，因之我即避居上海，也就是我所以就聘暨大的最大原因。但即在此时，仍有一次应省府之约赴杭，和刘冕执相见。我曾一再申明终张氏任内不用浙省的一文钱，因之这次旅费，完全自己负担，现在想起来倒是一桩快事。还有因讨论钱币革命问题，使我精神集中于信用经济学的研究，我居然在上海写成《历史学派经济学》一书（1933，商务印书馆本，有蔡元培序），这也可以说就是我不要报酬的最大报酬罢！《历史学派经济学》分析历史学派与诸经济学派的异同，而且于历史学派中各种经济发达阶段说，详悉叙述而加以批评，可算是我研究历史哲学之一个副产品。固然从此以后我“由玄学而进向科学”，然而不幸地乃资产阶级的伪科学；虽则提倡历史的归纳的方法，却忽略了历史的辩证法的重要性。我虽然在日本开始研究马克思主义，却是站在以资产阶级社会学批评马克思主义的所谓客观立场，而当时流行于日本的马克思主义著作，又很多是蒲列哈诺夫和德波林的著作，这就使我不能正确地理解唯物辩证法。我当时对于辩证法的无理解，不但对于马克思主义经济学的传播发生消极的作用，而且完全站在资产阶级世界观上，几乎变成它们的俘虏了。

1931年8月我应暨南大学文学院院长陈钟凡之约，担任了四种课目：历史哲学、西洋史学史、史学概论、社会学史，每星期上课十二小时，这是照学校规章做教授的一定要担任的时数，这真够使我一点也没有闲暇的时间了。为着上课便利，我迁居真如，和顾实同住，每日孜孜矻矻，只为编讲义而忙。我在暨大时间虽短，而实为做教授生活的开始，所以格外努力。并且课外应民智书局之约，主编《历史哲学丛书》，发刊序言中说：

> 历史哲学是和自然科学一样，要在事实的混沌当中，寻出一种社会现象的根本法则。这种学问的重要，已为一般研究社会科学者所公认，试为说明如下：
>
> (1) 从哲学方面说：现代哲学的新倾向，可从两方面观察，一方面为由神学、形而上学而递嬗于实证的科学的哲学，一方面即为黑格尔主义复兴。以前言之，须先研究孔德的历史哲学，以后者言之，不得不先研究黑格尔的历史哲学及辩证法。
>
> (2) 从历史学方面说：历史的演进，是从故事式的历史进到教训式的历史，又从教训式的历史进到发展式的历史，这就是所谓历史观或历史哲学了。史家论史，愈广博，愈深刻，换言之愈真实，就愈不可不先研究历史哲学。
>
> (3) 从社会学方面说：社会学的派别，虽有分科科学的形式社会学和历史哲学的综合社会学对立；然而形式社会学总不及历史哲学的社会学，来得影响大。如近来各史观的抬头，即为好例。又即在形式社会学者，从其社会形式的研究，也指出新历史观的可能(如Simmel)，可见研究任何派社会学，都不可不先明白历史哲学。
>
> (4) 从其他社会科学方面说：如研究经济学，不可不先知道历史学派各种的经济发达阶段说，乃至于社会史观、唯物史观。又研究法律学，应知Stammler的法律史观，研究社会心理学应知Lamprecht等社会心理史观，研究人生地理学，应知Montesquieu、Buckle等地理史观……

总之我认为历史哲学在学问体系中，为魄力最大的综合学问，应加以提倡。《历史哲学丛书》最先出版的就是我编著的《黑格尔主义与孔德主义》（1933年民智书局）。除了几篇翻译介绍之外，我想用最简单明了的论文，介绍我对于黑格尔的看法。在《黑格尔百年祭》一文，公开承认我是一个抱自己主义的“半黑格尔主义”（Half-Hegelist），我是在历史哲学上将黑格尔与孔德结合，在生命哲学上将黑格尔与柏格森结合，这种依据辩证法，承认黑格尔与反黑格尔两说同时并存，我以为是最完全的黑格尔主义，其实乃是最完全的代表小资产阶级知识分子的伪科学方法。为什么呢？由于把黑格尔与柏格森结合，即使辩证法与直觉法相结合，使黑格尔作为“核心”的辩证法可以给生命主义的世界观服务。由于把黑格尔和孔德结合，即辩证法与归纳法的结合，则使黑格尔的辩证法，可以给文化主义的哲学社会科学服务，而我以后所有不正确的观点、方法，事实上均发端于此。尤其是从黑格尔主义与孔德主义结合的基础上，建立了我的历史哲学，从我的历史哲学的基础上，建立了我的文化哲学，从我的文化哲学基础上建立我的文化社会学乃至文化历史学、文化教育学等等。这一整套的学问体系，虽然没有明显地反对马克思主义，但是既然站在文化主义和马克思主义对立，也就应该加以彻底批评。事实上我在1959年8月给北大哲学系讲的《黑格尔与孔德的历史哲学》中就已经做了初步的批评，我说：

> 历史哲学是研究历史社会发展规律的学问。然而在马克思以前，过去的历史哲学家都不知道站在真正科学的正确道路，来找出这历史社会发展中的客观规律性。早期的历史哲学者，虽然把历史本身看做变动的发展的，但却有两种不同的歪曲，一派以生物学为背景，应用心理学的方法，偏重感性认识，以法国孔德为代表。一派以哲学的发展论为背景，应用逻辑学的方法，偏重理性认识，以德国的黑格尔为代表，这两种不同的派别，均影响资本主义国家到一百多年，前者代表庸俗社会学的历史哲学，后者代表德国观念论的历史哲学。但无论两者，都是离开历史唯物主义，在当时就是以资产阶级历史哲学的姿态出现的。……黑格尔的历史哲学是逻辑主义，孔德的历史哲学则为心理主义，虽然黑格尔比较孔德从全体上说可以说是伟大些，然而他所依据的辩证法规律，基本上只是观念论的辩证法，马克思主义辩证法则是唯物论的辩证法。黑格尔的理性认识论即逻辑的认识论，并不是从社会的物质生活条件，从社会存在中探讨，而只是单纯从社会思想理论、哲学观点本身去探讨；并不是从具体的社会物质生活条件即从社会发展的决定力量出发，

而是从抽象的人类理性原则出发，从所谓精神即自由意识的发达出发；因此它的结果，就不可能是科学的，就不可能真正达到在周围世界的总体上，在周围世界的一切方面的内部联系上把握周围世界的发展。再明白说，就是黑格尔的历史哲学，只有理性认识而缺乏感性认识，所以他的逻辑主义的历史哲学，也就成了无源之水，无本之木，而和马克思主义的实践认识论相对立。其次孔德的历史哲学乃是心理主义的历史哲学，只知感性认识，而不知感性认识有待于发展到理性认识，这停顿在不能发展到理性阶段的低级的感性阶段的历史观，当然只算做庸俗的事务主义家之流，在历史哲学上面便显得格外可怜，而比较黑格尔又要浅薄多了。至于马克思主义的历史哲学，则是应用历史研究上的革命实践的历史哲学，不但要说明世界，而更重要的是改造世界。然而孔德以感性认识为主的历史哲学不能做到，黑格尔以理性认识为主的历史哲学也不能做到，他们只能部分地或歪曲地认识事物，认识历史，而不能更深刻地能动地改造事实改造历史，因此而这两种不同的历史哲学乃不得不为马克思主义革命的实践的历史哲学所代替所推翻。恩格斯在 1878 年发表于《卡尔·马克思》一篇短文，曾说及这种新的历史哲学对于社会主义的理论曾具有非常的重要性，这新的历史哲学不是别的就是历史唯物主义。

由上所述就是完全活用了《实践论》的原理来充分批评了黑格尔主义与孔德主义，因为这两种历史哲学都是唯心主义世界观，只有理论没有实践，所以他们互相分离不能统一起来，我的《黑格尔主义与孔德主义》虽把两者统一起来，却也只是理论上的统一，不是实践上的统一，所以依然是资产阶级的世界观，不是无产阶级世界观。相反地只有马克思主义的唯物主义世界观才能在实践的基础上统一起来，这才是无产阶级的世界观。

《黑格尔主义与孔德主义》完成于 1931 年的 10 月底，正在这时日本帝国主义于“九·一八”公开对于中国东北开始进攻，由于蒋介石政府对日本的不抵抗，日寇迅速占领东北全境，上海风声鹤唳，谣言很多，暨大已经无形停课，因之我便迁居法租界，很亏前书的稿费，使我得以再迁居南京，而暨大生活乃告一结束。1932 年 1 月日本帝国主义进攻上海时，我尚在南京，此时痛心疾首，眼见着时局的动荡，国难的来临，大有“胡虏不灭何以为家”的气概。上海战事发生，十九路军首先抗日，我为着表示自己的热忱，写信给教育部，请将暨大三个月的薪金，全数捐赠犒军。后得蔡孑民先生3月5日的信说及："捐薪犒十九路军之举甚佩，十九路军现虽退却，然一月来之成绩，表示我民族之抵抗力不可磨灭"；这初期抗战的情绪，至今使我永记不忘。我那时经济情形并不充裕，剩余了一点稿费，再迁北平，住在马神庙北大附近，以三个月的工夫，努力完成《历史哲学丛书》的第二部著作《历史哲学大纲》，此书节目拟定于数年之前，抵平后，更参考国立北平图书馆藏书，一旦告厥成功，也就完成了几年来所许的重大心愿了。

（十一）

1928年我在广州，曾住中山大学教授罗常培、丁山家里，因此对于中大早有很充分的认识。返国时罗膺中曾写信约我赴粤，未往，但真正发生关系，却在许崇清校长的时候。他聘我为社会学系教授，但此时我早应暨南大学聘约，所以只好去电婉谢。为此我也曾告诉蔡孑民先生，他复信主张"广州中大请任教席，不妨一试"；因此以后因陈钟凡的介绍，得到学校聘书时，我就毅然应约了。我拼挡一切，把那不易携带的历史哲学文库之一部分，留在友人住的湖南石门会馆，路过上海，把《历史哲学大纲》（1933年4月民智书局）一书付印。到广州时已经1932年的初秋时候了。

我来广州已经第三次了，虽然每一次均有新的收获，却只有这一次才下一大决心来提倡"南方文化运动"。原来"九·一八"事变时，我适任教上海，气愤之余，以为欲救中国，须根本上从文化着手。我之迁往南京，原拟如孙中山作《实业计划》似的，写一部《文化计划》，以为中华民族复兴的根本，后因南京搜集材料不易，乃迁至北平，在那里本想继《历史哲学大纲》之后，即着手《文化哲学》的检讨，正在此时应中大之聘南下。我痛心疾首，深感于民族之不能复兴，乃由于文化之不能复兴，因此当我初住东山亚细亚旅社时，友人来访，为《南方》杂志索稿，我即毅然决然提出《南方文化运动》一文：

> 谦之此次南来讲学，实抱有坚定的决心，就是愿尽一己所有能力，和南方的朋友们，共从事南方的文化运动。自民国二十年秋以来，帝国主义者所给我们的侮辱，使谦之时常感着一己的生存是可耻的。我自沪而平，又自平而粤，处处触目惊心，眼见得中华民族

已经一步一步走向灭亡的路上。总而言之，在反抗强权的战线上，北方是已经绝望了，中部富于妥协性质，亦不足以见我民族抵抗的能力，中华民族复兴的唯一希望，据我观察，只有南方，只在南方。南方文化虽未成熟，然实为未来中国兴亡存续之一大关键，如南方无望则中国亦无望，我们生存的努力，都等于无意义了。

我并无丝毫排斥北方文化和中部文化的意思，而且刚刚相反，如果一切文化的本质，应从斯宾格勒（Spengler）解释，则北方正所以代表文化（Kultur），而南方却是个“文化的沙漠”所谓文明（Civilization）。可是从另一方面看，则今日北方实充满着服从与倚赖自然的心理，在文化这是最成熟的了，然而无所用于今日反抗强权的中国。老实说罢！北方文化实在太老了，这种文化必然凝结成封建势力之无抵抗的策略，和学术上的考古倾向。反之中部多产生教育上的人物，学说思想发达，人民富有国家观念，这种优秀的文化，自然而然趋向于调和适中，政治上表现则为力求进步而忌极端，当然在反抗强权的战线上，也只求顺应环境，而不能积极抵抗的。并且事实告诉我们，能积极反抗强权的，过去只有十九路军一月的战绩，十九路军就是以粤籍将士为中心的。由此可见从中国文化分析的结果，要使中华民族不亡，唯一的希望，无疑乎只有南方，只在南方，即珠江流域。北方在政治上表现保守的文化，其特质为服从而非抵抗，中部表现进步的文化，其特质为顺应亦非抵抗，只有南方才真正表现革命的文化，其文化特质就是反抗强权。现在中国所需要的正是反抗强权之革命的文化，所以我决心从事南方之文化运动。

所谓南方文化，从知识的进化说，就是科学的文化；从物质的进化言，就是产业的文化；再从文化社会学的观点来看，中国只有民族的无产阶级（大贫）与半无产阶级（小贫）才能创出产业的文化与运用科学的文化，所以南方文化的本质，实际就是民族的无产阶级文化，对于帝国主义，不消说又是革命的文化了。我祝南方文化的新诞生，我愿贡献一生来从事南方文化之建设运动（1932 年 8 月 28 日）。

这一个宣言，确曾给广东文化界以很大的影响。我又接着为广州市立一中讲演《南方文化之创造》（9 月 26 日），为培英中学讲演《中国文化的现阶段》（11 月 28 日），又在《现代史学》上发表《中国文化之地理的分布》(12 月 15 日),这些讲稿,后编成专辑,以为《文化哲学》一书的附录。又《现代史学》第二、三期合刊,有《南方文化运动特辑》,而当时广州报纸如《中山日报》等,也不时发现同一论潮,以与我所提倡的南方文化运动相应和。

我来中大第一桩事就是组织史学研究会和提倡现代史学运动。这时文学院院长吴康,是我北大旧友,约我为史学系主任。那时史学系学生人数不多,教员几位,我为着联络感情与研究学术起见,在史学系的行政机构之外,更与本系的高年级生提议设立史学研究会。史学系各年级生均为当然会员,而我和各教授则隐然居于领导的地位。这史学研究会在我任职期间做的事不少,除学术刊物《现代史学》按期出版外,并发表《五四运动特刊》(1938)、《十周年纪念论文集》及通讯录、壁报之类。又曾以文化考察团的名义,往各处修学旅行,近者如广州之南华寺、怀圣寺,远者至河北之北平、陕西之长安。又历届欢迎新同学和欢送毕业同学,无一次不极其热闹,史学系自有了这个学术团体,系务乃大见发展。尤其惹人注意的,就是我和一班青年史家所合力倡导的“现代史学运动”。我那时的经济情况,允许我把《历史哲学大纲》所得的稿费,移作提倡现代史学之用,我很热心地在这一年十二月,以自费创刊《现代史学》,但仍用史学研究会的名义。创刊号我所作发刊辞中,开宗明义,即标出现代史学之三大使命:

> 从前许多学者以为历史就是一种研究过去的学问,不知历史如不以时间为标准罢了,要是我们承认历史就是时间的学问,那末历史更应该将现代同过去同未来一样看待,不应只是回忆过去的事迹,历史应该阐明从过去而现在而未来而不断的生命之流。历史应该根据人类文化的进化现象,使我们明白自己同人类的现在及将来。真正的历史家们,我们宣言,我们应该如 Cicero 所说是真理的火把,是生命的指导师,是往古的传达人,如果过去事实同现在中尚留一个空间,便是我们还没有尽历史家的职务。如果那些持强权论的,好弄阴谋的,仍能在现在划一个痕迹,占一个地位,这便是因为我们历史家没有勇气去供给人们以一种改造现状的原理了。
>
> 实际来说,一切历史原来就是现代的历史。一切代表时代的历史哲学家,也几乎同声一致地对现在取决定的态度。……普通以过去的事实为历史事实,不知历史事实须经过今我思想的活动,即将过去涌现于现在当中,而后才有历史的意义。所以真有生命的历

史，都是现在的，失却现在即不成其为历史，只好说是过去的历史，不过无生命的形骸而已，木乃伊而已。……真正的青年史家们，我们宣言，我们不要建设有生命的历史罢了，既然要建设历史创造文化，便不得不毅然决然舍弃了历史的残骸，而从事现代性的历史之把握，所以现代性的历史之把握，就是现代史学之第一使命。

我们不但从历史哲学上看出历史的现代性，还且从史学方法论上格外认识了现代史学方法之重要性。我们甚至可以承认现代史学与过去史学的不同，即在于所用方法之不同。第一期历史之宗教的方法，以想象为一切方法之基础，这是历史方法学之一反动时代。第二期历史之玄学的方法，以推论为一切方法之基础，所以历史成为根据类推比论的科学，一种主观的科学。反之第三期历史之科学的方法，换言之即之入历史为社会科学之一，历史和其他科学一样，从观察的方法起点，却另有其特殊的社会科学的方法，就是所谓“历史法”——发生的方法。固然在发生的方法当中，有历史心理主义与历史论理主义的不同，即孔德主义与黑格尔主义的不同，却是真正的历史方法，则实兼有两种方法的长处，互相补充，以达到建立历史进化方法的大目的。但从另一方面来看，历史有进化的方法同时又有历史构成的方法，即前者为社会科学所共同采用的历史方法，后者为历史科学所特别采用以建设历史的方法。在这一点Bernheim和Seignobos等对于史料的搜集，史料的批判，是有很卓著的成功，虽然他们对于史料的解释还是外行，不能建立出一部完备的历史方法，却是即在应用这种治学方法的人，在中国已经是凤毛麟角不可多得。不过我们知道就是历史构成的方法，很容易走到极端，变成文献考古学的方法，以为历史就只是文字的搜集，古籍古器物的研究，这么一来历史的补助科学竟可冒充为历史的本身，我们自不能不否认他。却是这派学者敢于疑古，敢于发表违背旧说的种种意见，在历史补助科学（如考古学、金石学）上的贡献还是值得我们钦佩的。所不同者转型期的考古学已经方向转换，即从史料搜集一变而为史实的解释，从前只重史料的确实性，以为只要辨别古籍古物的真伪就完事了，现在却将这些史料来解释那时代人类社会的生活。由此可见历史构成的方法，结果正是历史进化方法之一个门径，一个说明。我们看重后者方法，因其能为人类历史建立下进化的根本法则；我们亦置重前者，因其能为历史进化法则建立下史料之确实的基础，所以现代治史方法之应用，就是现代史学之第二使命。

我们又不但从历史方法学上看出现代治史方法的应用，我们还且从史学的历史上看出研究现代史与社会史的重要。从前黑格尔在《历史哲学》中曾将历史分做三种类：（一）原始的历史，（二）省察的历史，（三）哲学的历史。又 Bernheim 所著《史学入门》将历史的发展分为三段：（一）故事的历史，（二）实用的或教训的历史，（三）发展的或发生的历史。把这和黑格尔比较一下，则所谓故事式的历史即原始的历史，教训式的历史即省察的历史，发展的历史即哲学的历史。Bernheim 本应用孔德人类知识之“三阶段法则”来讲历史发展的，而其结果竟和用黑格尔三种不同之历史考察法完全符合。我们再拿这个发展分类和 Shotwell 所著《史学史导论》比看，则如史学史的开卷数章，从埃及之纪年史——巴比仑亚述与波斯的记载——犹太史，自荷马至 Herodotus 可算是故事式历史的阶段；从 Thucydides，Polybius，Caesar，Sullust，Livy，Tacitus 以至 Suetonius，Ammianus，Marcellinus 都可算做教训的历史之阶段；而题为“中古及近世史学”之第二十七章“历史之解释”，却正是发展的历史之阶段。然而一说到发展的历史，它的本身也是有一段很长很复杂的历史。发展的历史实可分为两大系列，第一系列为文化史的理论，即历史哲学，又可细分为三个主要阶段：（一）神学的历史阶段如 Augustine，Orosius 等；（二）形而上学的历史阶段，如康德、菲希特、黑格尔等；（三）社会的科学的历史阶段即一方面为唯物史观或辩证法唯物论的发展，一方面为社会史观的发展，现在当然就是所谓社会的科学的历史时期了。然而在发展的历史中，历史哲学之外还有叙述的文化史，由现代史家看来，历史就是文化史，包括近代一切叙述的历史；不过文化史本身更可细分为两大系列而发展，第一知识生活方面，从宗教史之研究进至哲学史之研究，又从哲学史之研究进至科学史之研究。第二社会生活方面，则从政治史之研究进至法律史之研究，又从法律史之研究进至最近代之经济史社会史之研究。我们知道 19 世纪时，因为近代民族国家的兴起，个人自我的自觉与宪法精神的发展，因而在文化史上发生了国家主义派史学及宪政史派的势力，然而现代这个时

> 候已经过去了。固然史学界的前辈，仍在拥护 Droysen，Stubbo 等所有旧式的历史，而那年轻的青年，却已倾全力于社会史经济史与科学史之研究。这么一来，文化史因注重社会史经济史科学史，而范围愈广，内容愈富，并且一切在历史上所有的概念和事实，也都可移入社会史领域之中，而社会的组织构造及其发展遂成为文化史之中心。所以我们现在不谈历史则已，一讲历史，现代历史即为文化史，尤其是文化史中之社会史经济史科学史。我们在发展的历史中，不但要有一个解释社会现象的发展，社会之历史的形态，社会形态的变迁之历史哲学。我们还要在叙述史上面建立一种叙述社会现象的发展，社会之历史的形态，社会形态的变迁之社会史学。但是这么一来，我们又不得不特别注重社会史的现阶段，就是现代史的研究了。所以注重现代史与社会史经济史科学史等研究，也就是现代史学之第三使命。
>
> 最后，我们宣言，我们青年史学家愿为转型期史学的先驱，对于一切现代史学，即要广包并容，对于过去的史学也不惜取批判的态度。我们不敢妄自菲薄，我们要努力摆脱过去史学的束缚，不断地把现代精神来扫荡黑暗，示人以历史光明的前路。

《现代史学》第四期中，我更发表《中国史学之史的发展》，最后表明现代史学派的产生，是在综合两种历史方法：一方面有主张考证考古派，以历史为叙述的科学，着重古代史与史料的搜集和整理；一方面有主张历史哲学派，以历史为说明的科学，着重现代史与历史进化的方法。前者的缺点是无中生有侥幸成名，后者的缺点是公式主义。现代史学的产生，即在考证考古派与历史哲学派之尖锐对立中，而完成其特殊之历史的使命，如以考证考古派的方法为“正”，则史观派为“反”，而《现代史学》就是“合”了。

《现代史学》的印刷费，前几期都是完全由我负担的，第四期以下，便得到史学系各教授的捐助，第三卷以下，我们以史学研究会名义，请求学校每月补助印刷费三十元。迁址澄江以后，为着印刷的困难，曾由编者以油印本刊出。直至 1941 年我主持文学院院务才提议将《现代史学》收归学校办理，作为中大学术刊物之一。再到 1944 年我主持研究院文科研究所，将《现代史学》作为历史学部和史学系合编的刊物。又自本刊诞生以后，按期卷首均有我的研究论文，所著如《文化哲学》、《中国音乐文学史》、《现代史学概论》、《中国思想对于欧洲文化之影响》、《扶桑国考证》各书，均有一部分先在《现代史学》发表。本刊作者均为中大教授或青年史家，对于史学均有所贡献。尤其可注意的，就是本刊曾发表许多专号，如《中国经济史专号》、《中国现代史专号》、《史学方法论专号》、《文化学专号》，均为开风气之先者。我从本刊创立以后，始悉创业者的艰难和奋斗者的成功。

尽管如此，无论南方文化运动，还是现代史学运动，毕竟标志着我的个人英雄主义的具体表现。南方文化运动基本上是错误的，在看了一些批判北方落后论的文章后，乃更明了我当时思想的误谬。固然在主观上是谋以南方为根据地以抗日救国，而在客观上无异于为西南反动势力张目，并歪曲了全国一致的人民抗日运动。现代史学运动基本上是出于文化史观的历史观念，以文化史观代替了唯物史观，这对于青年史家的前途，也负有应有的责任。

（十二）

我在中大前期，一共主持史学系的系务十年，此十年中史学系的历史，简直就是现代史学运动的历史。我从 1932 年担任史学系主任以来，无日不为史学系尽力，最重要的如厘定本系科目，提倡现代史学之类。1935 年研究院成立，文科研究所内设中国语言文学部和历史学部，我兼任历史学部主任之职，当然责任更加重大了。关于厘定科目一节，我特别注重文化史，把中西古代文化史、中古文化史、近代文化史均分期讲授，这是任何大学史学系所没有的。我又特别重视史学理论，如史学概论、史学方法论、历史哲学等科，均亲自担任，更特设史学实习一科。还有自然科学如地质学、人类学，社会科学如社会学、经济学，这些和史系相关的科目，也觉着有加以提倡的必要。我为此曾搜集中外史系资料分类编成《史学系重要科目百种》，并以中大图书馆藏书为标准，着手编纂《史学系重要科目百种参考书目》，这自煞费苦心了。至于延聘名教授一节，因在某种势力统治之下，我当然没有这种能力，但在十年之中由学校聘请的国内史学专家不少，如朱希祖之南明史，吴宗慈之清史……均能卓然成家，还有后起之秀，如关于中国经济史的，中国现代史的，西南民族研究的，人材不少。即因如此所以史学系的成绩，在学校里，始终是一枝新军，有举足轻重之势。尤其是从史学系和文科研究所联成一气的时候，自然造出一种学术研究的新风气。1935 年 10 月文科所主任吴康奉派赴欧出席罗马国际东方学会及赴巴黎大学中国学院讲学，所务由我代理。我在那年度第一次部系联席会议席上，提出历史学部的根本精神，有与从前语言历史研究所不同者三点：

（一）语言历史研究所注重考古民俗档案等史料，以为史料学即为史学，现则只认此等史料整理，不过代表治学方法之三方面，即以考古学的方法整理实物，以文献学的方法整理文书，以民俗学的方法整理档案。

（二）从前语言历史研究所以语言与历史联成一气，属于所设文献言语学派，现则虽同在文科研究所之内，语言与历史分为二科，因而显出历史学之独立性。历史学部以研究及整理历史文化为目的，可以称之为文化学派。

（三）文献言语学派其弊流于玩物丧志，现既以研究及整理本国历史文化为目的，则对于本国文化自应有极深切之认识，与极深切之体验，在此一点，可谓具有极浓厚之讲学精神（参见《中山大学日报》1935 年 10 月 13 日）。

在会议中，我提出历史学部及各分组的规程，对于民俗、考古、档案各组，均有新的改进计划。又为提高师资标准，议决呈请校长敦聘国内史学专家陈垣、陈受颐、温丹铭、朱逖先、张星烺、张尔田、岑仲勉等为历史学部名誉导师。在第二次联席会议席上，我更拟出历史学部各组工作大纲，和附设各室（古物陈列室、档案整理室、风俗物品陈列室）的办事细则（同上，见 10 月 19 日），凡此新的设施，均为我亲自拟定，而由部系同人努力而欲一一见之行事者。尤其最值得回忆的，就是那时因见国难日深，亟应为抗战准备，在第四次联席会议席上，我便联合同人拟出《备战历史教育工作大纲》，经审查后即印专册出版（同上，见 1936 年 2 月 12 日）。本教育的设计，具有下列目的：

（1）养成富有民族精神及实用历史知识之教师；

（2）训练能利用历史知识之工作人员；

（3）从过去事实中，采取某种重要之经验，以供战时之借鉴及参考；

（4）另辟历史研究之新途，改正一般对于历史之误解，使死的古典的、不动的历史，变为活的、现实的、斗争的历史。

全篇分六章，（一）备战历史教育原则，（二）专科以上备战历史课程，（三）中小学备战历史课程，（四）民众备战历史教育，（五）备战历史宣传品，（六）工作程序。即因要造成这活的、现实的、斗争的新学风，结果我便不得不和那时代表那死的古典的不动的旧学风，不断地从事思想的斗争。

思想是革命的，如罗素所说："人类怕思想，比怕世界上什么事情都厉害，比怕死，怕灭亡还要厉害。"当时广东的旧人物，因怕思想的危险，乃有"学海书院"之设，学海书院提倡读经，提倡旧社会的风俗习惯，其实即是以服从代替革命，他们很不放心于中大自由研究的新学风，他们尤不放心于青年学者们心目中的新天新地新世界，所以他们要以地方政府的力量，来压迫革命思想，在他们主编的刊物里，居然反对"备战历史教育"，但当他们发觉一个最高的革命学府，不是空言所能吓倒之时，他们便开始直接行动了。因此便有 1936 年 5 月以武力接收中大附中改为广东省立中山中学的举动，这当然只是反动的第一幕，其第二幕是进一步要毁灭中大，那在文明路旧校至公堂后面的文科研究所，虽一时被迫迁入石牌，但他们这恶势力终竟是自告失败了。

我这一次和地方当局的斗争史，实即反映新旧思想的斗争史，他们之以武力强占文明路中大校址，他们对于文科研究所之强力的压迫，似乎都是预先计划着要毁灭中大的，幸而强力不如强项，我终竟打破了一切困难，以自己的荷包，不分昼夜地抢运公物，我几乎和他们的宪兵肉搏了。幸而几次电话抗议之后，和学校的交涉成功，我乃终告胜利，而且在他们失败之后完全胜利了，经此一次挫折之后，我更加决心要给我被压迫的学术前途放一点光。

（十三）

我现在应该另辟一章来叙述一下我的结婚生活。在我三十年来从事学术奋斗中，我永不忘却和我共同生活的她——何绛云女士。她现在是我的爱妻，但在 1932—1935 年，却是中大文学院中国语言文学系的学生，便在此时，她选习了我两种科目：史学概论和文化哲学。尤其文化哲学，她随班听讲，从没有一次间断，这给我的鼓励不少。《文化哲学》全书约十六万言，绪论外分十章，（一）文化的进化，（二）文化类型学，（三）文化分期之原理，（四）宗教的文化概念，（五）哲学的文化概念，（六）科学的文化概念，（七）艺术的文化概念，（八）文化之地理上分布（上），（九）文化之地理上分布（下），（十）文化与文明。在这书后序里我曾特别提到“她对于此书，不但贡献了很好的意见，而且更为我辑成《南方文化运动》以为本书附录，没有她，这一部书也许永远不会成功，就使成功也决不会含着这样浓厚的诗的情绪的”。这话虽未免夸奖，而且《文化哲学》一书现在看来，也只值作为批评的材料。我写这一段话是在 1934 年 8 月，直到 1935 年 7 月，她在中大举行毕业典礼之后，我们便很快活地举行婚礼了。我那时的感想正如黑格尔给友人所说似的：“我达到地上的目的了，为什么呢？在这世界只要有职业和妻子，便什么都完全了。只有这两桩事，是一个人应求的主要条件，其余都不过他的注脚而已。”这一位长久孤独生活的哲学者的话，未始不和我那时的心境相合。我这一年已经是中大的长期教授了，职业自不成问题，有了职业还有爱妻做伴，我是何等地幸福生活呀！我这时租住东皋大道一横路十五号，应那年中等学校暑期讲习班之约，担任文化史讲席，我俩的蜜月旅行是罢论了，倒在此时完成了《中国文化史十讲》，在第八讲里，首次把眼光移到中国文化西传的研究上面。我的绛云也于此时任职中大，她前后做了附小教员二年，附中教员一年，我俩各尽所能，以为中大努力，我俩的互助合作的精神，是谁也不能否认的啊！

我的结婚生活，使我的著作兴趣，增加了一倍。而著作和恋爱，由我当时的看法，正是一个生活之两面，恋爱是著述之母，著述却把恋爱纯化（Sublimation）了，只有爱的体验才能表现生命，创造生命的副产物。因此所以在我结婚之后，便不自觉地情思涌发，我最细心结撰的一部著作《中国思想对于欧洲文化之影响》便于此时着手。又《黑格尔的历史哲学》（1936 年商务本）和《孔德的历史哲学》（1941 年商务本）也于此时讲述。原来《文化哲学》中，虽曾谈到 18 世纪中欧文化的接触，却因材料缺乏，叙述得很不充分，为着补救这一缺憾，和想证实我文化哲学结论的正确的原故，我便在这一年暑假期中，发愤搜集材料，并以《宋儒理学对于欧洲文化之影响》的讲稿，印成小册子，提出于中国哲学会的年会。开课后又把这一个专题列为史学系的选修科目之一，继续开讲了四年之久，到完成时已经是 1938 年广东失陷的时候了。全书三十万言，共分六编，（一）欧洲文艺复兴与中国文明，（二）十八世纪中欧之文化接触，（三）耶稣会士对于宋儒理学之反响，（四）启明运动与中国文化，（五）中国哲学与法国革命，（六）中国哲学与德国革命。（一）、（二）写于广州，（三）、（四）写于梧州，时 1937 年暑假期中，在大热天中一面揩汗一面写成的。（五）、（六）亦写于梧州，时

1938 年广州告紧，我先返梧，在不断的警报声中和大疏散期中完成的。此书于 1940 年 7 月由商务印书馆出版，但追溯著述期中，绛云始终在伴着我，安慰我和勉励我，这倒是一件值得永远纪念的事。

1936 年 7 月，我和绛云曾返福州一次，这是何等可爱的我自己生下来的地方呀！我离故乡已十余年了，只在 1921 年冬返闽住五个月，这在前面已曾述及。这一次是由香港搭船回闽，路上来往十日，却是在家逗留只有五日，真未免太匆匆了。我们很喜欢和许多亲旧相逢，另有一番乐趣，那时继母和兄（勉之）还在世，我和他们一度漫游鼓山，两度泛舟西湖，就这样把最宝贵的五日光阴消耗了。因为那年学校有事，我们便提早赶回广州去，从此再也不见他们了。

（十四）

广州，这一个革命的策源地，在 1937 年南京、上海相继沦陷之后，成为军事上经济上和交通上极重要的抗战大本营，因此，每日均有敌机来袭，每次均有高射炮或我机的迎击，而中山大学即在这个炮声隆隆之下照常上课的。在这继续两年的空战之中，附小先行停课，绛云回梧担任梧州女子中学教员。我呢？站在自己岗位上，屹不为动，我在无论如何轰炸的情形之下，只要学校上课，我是一定在的。但为着避免空袭的危险，我的住处从东皋大道迁往西关逢源路，却是空袭初期，逢源路附近恰好落弹几次，房屋均为之震动，幸告无恙。嗣后绛云返粤一转，我为上课的便利，再迁到盐运西二巷，在市中心的一个坚固的钢骨建筑之下似乎觉着安全些。1938 年五六月间广州大轰炸，我所住的前后左右，房屋倒塌不少，杀伤人的数目，更惨不忍睹。即在这个时候，我们仍然举行学期考试，记得有一次文明路旧校的课室于上午 7 时被炸，下午 3 时我的太平天国革命史试验就在被炸不远的课室举行。这种大无畏的精神，在当时广州实不算一回事。又因这时我已将几年藏书和一些家具搬到梧州，闲中无事，乃对于太平天国的历史发生兴趣，我特为史学系开设“太平天国革命史”一科，每日在警报声中起草太平史稿，在警报解除之后，一定先往文德路一带搜集太平史料，视为常课，我这时几乎全部精神，倾注于近代史的研究和资料搜集方面，把每日所遇的危险忘了。

广州是于 1938 年 10 月 21 日沦陷的，那时我因学校集中军训，先行返梧，梧州风声鹤唳，也有不可终日之势。我和绛云曾一度随女中迁入藤县霞岭，又迁藤县城小住半月。这时中大迁往罗定不能复课，乃有再迁云南之议。我和绛云商量，她把女中教员的职务辞了，于 12 月 4 日带着简单行李，一同离桂赴滇。一路上经过许多波折，在桂平时曾遭敌机猛烈的轰炸和机枪扫射，在离贵县时，天尚未明，忽警报声大作，疏散时险些失却行李。在南宁乐群社住了好的一晚，可是龙州路上，又逢汽车失火，我连忙把重要的稿件掷到地下，火熄又逢着倾盆大雨，连干带湿，到达时旅店客满，幸在法学院教授家借宿一晚。在龙办好出国手续，签好护照，从镇南关，出同登，再至河内，此地华侨颇多，实为越南政治经济的枢纽。再由此乘滇越铁路至老开、河口，夜宿于阿迷州（开远），计程四日，抵达昆明。铁路蜿蜒委曲，行于高山之巅，所经涵洞无数，洵称奇观。我们一到昆明，下榻于南方旅社，后迁居于青云路，一住匝月，才有大批的中大员生来此，乃决迁址澄江。在昆明学术研究的空气颇为浓厚，我常晤见旧友郑天挺、罗莘田、张应麟及陶孟和、汤锡予诸先生，并访问中央研究院各研究所，给我很深刻的印象。尤其我的母校北京大学，劫后员生之刻苦奋斗，更使我感动不已。迁入澄江时，正是 1939 年 3 月光景，文学院设在孔庙里面，其他学院有在黑龙潭的，在抚仙湖的，也有在昆明附近的。我和史学系教授相约首先复课，以示提倡。我住仁西镇八十三号，虽属乡间，而气候和暖，环境清幽，颇便于读书写作，绛云也于此时写成不少诗稿。我们乡居无事，读书最乐。平日的生活习惯，我不是在校上课，便是闭门著述，所写的多属于历史考证方面。如《哥仑布前一千年中国僧人发现美洲说》、《中国古代乐律对于希腊之影响》等，尤以写前书时用功过度，几乎病倒了。病中还写好《天德王之谜》和《中华民族之世界分布》各篇，并着手《印度佛教对于原始基督教之影响》研究，我这时居然变成一个有历史癖的考证家了。绛云也因旅居在外，未免感物伤时，她的吟草中，可录其一二，以见旅滇生活的痕迹，如：

四山风雨感飘摇，忍见中原虏马骄。惆怅金瓯同玉碎，心潮犹似浙江潮。（时事有感，1938 年）

春风几度过窗棂，人自飘零月自明。门外小嬛花唤卖，年年惯听异乡声。（春日寄旅之一）

风流云散落残霞，好月依然照旧家。一自烽烟经历劫，人间何处赎年华。（二）

以后，因滇南物价暴涨，生活程度日高，又以敌人侵近越南，威胁滇境，时局紧张，适值此时中大发生风潮。风潮的起因，由于对教务长萧冠英的不满，萧曾奉当时校长邹鲁之命，强迫全校教员集体入国民党，意在榨取所谓党费，有一次在孔庙请吃饭之后，即分派表格，强人填表。我当时虽有抗议，表面上仍只好在表格上声明不愿参加，对于任何政治活动亦不参加，但在抗战期间，愿为抗战文化而努力。但对于此种强迫举动，毕竟触动全体进步师生的公愤，因此大起风潮，赶走了萧冠英。许崇清代理校长，迁回坪石。经此一番风潮，中大乃决定迁校搬返粤北。初定校址为南雄修仁镇，我和绛云 8 月底离开澄江，在昆明小住，即搭长途汽车返粤。一路上经过云南之曲靖——平彝；贵州之盘县——安南——安顺——贵阳——都匀——独山；广西之南丹——河池——宜山——柳州，费时四日，过盘县时经二十四盘，崎岖险阻，颇有惊心怵目之概。抵柳州后改乘湘桂车至衡阳，再乘粤汉车至韶关，这时衡阳、韶关均在大轰炸之后，满目凄凉景象，真人间地狱也。由韶乘公路车至南雄修仁，约留一星期，得绛云母病消息，乃再取道回梧，及 10 月返粤，中大又已决迁坪石来了。

（十五）

1940 年冬，中大迁校粤北坪石，文学院设在乳源县清洞乡，研究院设在铜锣丘，筹备复课。这时文学院长吴康请假，新院长谢扶雅，复决迁院于坪石铁岭，即在这个期间，我为着针对中国史学界的病痛，在《历史与文化》中曾发表《考今》一篇：

> 现代史学的第一职务，乃在怎样理解目前世界历史和中国历史的大转变，换言之即是“考今”。现代史学新旧倾向所行不绝的论争中，最大的问题就是历史家的职责是单纯的考古呢？还是考今呢？1938 年第八届国际史学会会议，从所提出各种论文报告之中，已经很明白地告诉我们，“现代史学研究的趋势，在努力使研究工作与现代问题及兴趣发生密切之联系，即在较远古之时代研究上亦然”。……
>
> 19 世纪的后半期，在西洋史学界早已发生很大的史学争论，即一方以史学老将代表考证学派的兰克（Ranke）理论为中心，一方以代表文化学派的兰伯列希（Lamprecht）为中心。1896 年在周

刊杂志《未来》中，兰伯列希对于少年兰克派的论争，在方法论上说，就是考古考证派与考今派的论争，而其结果，却是考今派的莫大胜利，使我们知道历史为一种理解人类文化的实证科学。

中国七七抗战以前的史学界，无疑乎均受兰克派和瑟诺博司（Seignobos）等考证学派的影响，所以竟有人主张“近代的历史学只是史料学”（见《历史语言研究所工作之旨趣》一篇集刊第一本第一分），竟有人主张“历史本是一个破罐子，缺边，掉底，折把，残嘴”（见《古史辨》第二册《谈两件努力周报上的物事》），历史似乎只有辨别古籍古物的真伪就完了。但在七七抗战展开以后，这种纯粹考古考证的学风，似乎已经急剧地转变。民族意识的增强，使我们对于本国文化的价值，从极端怀疑古史中解放出来。考证考古的工作一转而从事抗战史料的搜集，社会经济史料的搜集，民族文化史料的搜集，这种努力使研究工作与现在问题发生密切的联系，不能不说是有很重大底历史意义的。

现代史学为要明了我们的现状，故将现在同过去同未来联成一条生命。而以“现代”为历史生命的中心。所以现代史学不应只是考古，更应该注重“考今”，不然读破二十四史，尚不知何谓现代，亦有何价值？有何益处？《明儒学案》载：“顾泾凡一日喟然而叹，泾阳曰何叹也，曰吾叹今之讲学者，恁是天崩地陷，他也不管，只管讲学耳。”（卷六十《东林学案》）现代中国史学界的最大病痛，正是“恁是天崩地陷，他也不管，只管考古耳”。误认史学只是考古，所以读史只要蛮记事迹，而不能“执古之道，以御今之有”，历史学当然只好是史料学了。

最后，我们以为历史乃是时间的学问，时间的意义就是现在。《尔雅·释诂》“时是也”，《广雅·释言》“是此也”，时是此声义相近而都有现在的意思，过去是现在之积，现在是过去之续，所以有古即有今，考古即以考今非二。现代史学与从前史学的不同，即在从前史学以“考古”为目的，现代史学则以“考古”为方法，而以“考今”为目的，所以说“一切真的历史就是现在的历史”。

但什么是“现代”呢？接着在《史学研究会十周年纪念论文集》里，我发表了《什么是现代》一文，确实指出现代是经济时代，在一方面还是军火资本主义经济时代。为什么呢？

原来资本主义的发展，是可分为三大时期，即第一时期工业资本主义，第二时期金融资本主义，第三时期军火资本主义。工业资本主义的特征，在资本政策上说是工业资本主义，在生产性质上说是自由竞争，生产力之膨胀，物价低平，在政治性质上说是民主政治，在银行性质上说是借贷经营期，在产业性质上说，是纺织业。金融资本主义的特征在资本政策上说是财政资本政策，即银行资本融合工业资本政策，在生产性质上说是垄断，生产力的发达停止，物价的低减停止；在政治性质上说是新民主经济（经济的民主主义），在银行性质上说是工商经营期，在产业性质上说，是银行业。军火资本主义的特征，在资本政策上说是军火资本政策融合金融资本主义政策(现代每一个大军火商人都有他自己的军火银行)，在生产性质上说，是垄断与竞争之新综合，在政治性质上说，是独裁政治，在银行性质上说是军事工业经营期，在产业性质上说是军火业。若专就生产关系而言，工业资本时代发生经济阶级斗争，其矛盾为资产阶级与无产阶级对立，其结果为阶级争取自由，即剥削之反面。金融资本时代发生民族阶级斗争，其矛盾为国际资本阶级（帝国主义）与国际无产阶级（殖民地半殖民地民族）对立，其结果为民族争取独立，即垄断之反面。军火资本时代发生世界文化斗争，其矛盾为侵略阶级（法西斯阵线）与反侵略阶段（民主阵线）对立，其结果为人类争取和平，即战争之反面。马克思的《资本论》看到工业资本主义经济时代，关于信用经济则存而不论，论而不详。列宁的帝国主义论，看到金融资本主义经济时代，和 1914—1918 年欧洲大战的原因，却无从看到第二次世界大战，是由于资本主义发展到军火资本主义时代，所以他只提出资本主义最后阶段的帝国主义论。实际来说，金融资本主义拥护掠夺的侵略政策，而为稳定的国际金融和贸易，保持某限度的和平是必要的，反之军火资本主义，则必须挑拨国际最大的战争来发展军火工业；他们拥护造成战争的政治机构，他们为希特勒、墨索里尼、日本军阀造成政权，因而造成大战。所以就现代来说，现在已经不是唯一经济力量所能决定一切，现代乃是经济力量通过军事力量才可以决定一切；换言之，现代已经是将一切力量集中为战争力量(消极方面为防御力量，积极方面为进攻力量)，这就是所谓军火资本主义的经济时代。

但就知识生活上说，现代是什么时代呢？我简单的答案：第一现代是经济时代，同时即是科学的时代；第二现代是资本主义经济时代，同时即是工业科学时代；第三现代是军火资本主义时代，同时即是军事工业的科学时代。1933年和1939年间所生军事技术上最大的革命，使我们知道知识生活史的发达，已经达到军事工业科学的新阶段。从科学史上观察，工业资本主义时代以自然科学为研究中心，金融资本主义时代以社会科学为研究中心，军火资本主义时代则以军事科学（国防科学）为研究中心了。从军事史上观察，金融资本时代只须经济雄厚，便能雇佣军队来击败他的敌人，军火资本时代则必须有大量的现代进攻武器、飞机和坦克才能取得胜利；金融资本时代以经济封锁和金融力为战争武器，军火资本时代则以集中军力和闪击战为战争武器；换句话说，就是金融资本时代的胜利取决于社会科学的研究，军火资本时代的胜利，则更有待于军事科学的研究。总而言之，现代的世界文化已经走上军火资本主义经济和军事科学的大时代了。这大时代的生产方法和工具是以钢铁工业、化学工业、电力工业和煤油提炼工业为必需的基础。如以钢铁工业言，它是煤与铁在熔铁炉中联合起来产生的，当然和手工业时代的铁工业不同。而且从工业革命时代开始，机械技术的发展，从动力上看，也可分为三时期，即（一）煤力时代，（二）油力时代，（三）电力时代。蒸汽力产生了工业资本主义社会，油力产生了金融资本主义社会，电力产生了军火资本主义社会。现代已经是电力支配我们的时代了，陆上与空中战争的机械化已经强度插入了电力的元素，这是很值得我们注意的。电力不但已经造成苏联的高度文明，且在各方面支配全人类的经济生活（如无线电即为明例），而在消极方面也可应用于为战争的武器……

依据以上的技术观点，我在史学研究会的纪念会中提出了《历史学研究的新阶段》一篇以为号召（见《历史科学》第九期），最后我说：

我们史学研究者，应该适应现代的环境，抗战建国的计划，另辟历史研究的新途径。现代是科学时代，我们便应该研究科学史。我曾经提倡新型历史，并谋历史学者与自然科学者通力合作起见，而提倡组织“中国科学史社”，倡立科学史奖金。又因现代是工业科学时代，我们所拟之“中国科学史丛书”于抽象科学、普通科学、特别科学、合成科学以外，更特别注重应用科学，如工程学史、冶金学史之类。然而我们现在更明白了，现代乃是军事科学时代，我们从今以后，为实践抗战建国需要，更应注意与国防有关各专门史的研究，在军事上有特殊重要的历史科目，如战术史、兵器史、军事地理沿革、国防史、边疆史之类。总而言之，现代乃是科学时代、工业科学时代、军事工业科学时代，如蒸汽机为一般工业科学时代的标帜似的，无畏舰、潜水艇、飞行机、坦克车实为现代军事工业科学时代的标帜。我们如不欲民族生存则已，如欲民族生存，便须迅速发达此种军事科学史的研究，因为中国只有这种研究，才是现代我们史学研究的新途径。

(十六)

1941年文学院长谢扶雅因学生反对去职，许崇清校长拟任我为文学院长，固辞获免。后任代理校长张云，又以此相强，屡辞不获，因张是天文学家，乃以自藏清初天文学家杨光先所著《不得已》与之（此书为我所著《中国思想对于欧洲文化之影响》之重要文献），一度踌躇之后，便毅然答应了。现在思想起来，中大当局为什么要我当文学院长呢？原来我当时是中间偏左，适合于那时候学院环境的需要，虽然文学院那时还说不上什么两条路线斗争，但很明显地无论教员学生之中，总有左或右的倾向（左的如英文系主任洪深，右的如训导主任陈安仁），我是中间偏左，所以就任之日，即注意培养左派势力，并以全力提倡学术。那时中大还没有全校性的学术刊，我因提议即由文学院做起，首先创刊《中山学报》，为着测验我自己的能力和文学院教授们的信任程度，我决以十日的期限集稿付印，这事办得极其顺利，首先，我就得到洪深之助，果然如期成功，《中山学报》后出版好几卷，追厥源始，我却是创刊号的主编人。我又为着提高文学院学生的学术兴趣起见，特设"谦之学术奖金"，每系拟定一个专题，以一年为期。题目是：中国近代文学与音乐之关系，18世纪英国文学中之中国题材，山东琅琊古代航行考，来布尼兹的宇宙观。这种奖金的设计，收效很少，然亦可见我的个人英雄主义，发达到了什么程度。

这时我所关心的是学生生活，如膳堂、礼堂、课堂、道路等的建筑与开辟，都以全力经营。我又提倡课外运动，如音乐、美术、体育、时事讲座、学术论文竞赛之类，每次我均亲自参加，这当然给同学们的刺激不少。我尤其提供音乐文学，在新礼堂落成时，我曾以私人名义举行音乐晚会，我宣言音乐文学的重要性，我热烈期望着新歌剧的诞生。那一晚黄友棣的提琴独奏，洪深的谐谈，博得掌声不少，我们文学院从此便开始了新音乐文学运动了。岭风文艺社的组织，文学院剧团的诞生，妇女会的设立，乃至学术刊物文艺壁报之如雨后春笋一般地出现，这都使我的精神感着极端兴奋。我原拟出版《现代文学》，创刊号便是“新歌剧特辑”，以后因学校变故停止集稿，却是这对于那时的戏剧界已经抛下一道新光。军委会剧宣七队来坪，我给他们讲演《音乐文学运动》，他们表演《黄河大合唱》、《生产三部曲》和《农村曲》，也给我们文学院剧团以学习新歌剧的机会。其余波所及直到1944年尚有中大曙虹合唱团（也是以文学院为中心的）的组织，首次演出《塞北黄昏》。曙虹社就是新音乐运动的新军，而其最大任务，则在新歌剧的旗帜之下，造成中国新文艺运动的新页，这是后话。

还有在我主持文学院期中，财政方面，我一向公开，每月用款出入均有很详细的报告，贴在揭示牌上。我不许办事人员在报销主义中敷衍过去，我愿意接受任何人对于文学院财务的批评，因此，在我任职期中，文学院充溢着天下为公的精神，这使青年同学喜欢得怎样似的，而我自己也深深感着内心的喜悦。朋友！我此一年实在为文学院而鞠躬尽瘁了，我只要主持院务一日，即当为文院尽力办事一日，即当爱文院的青年学生一日。我是一向思想自由快活的人，当然理解青年人的自由思想，因此我无论如何，对于青年人只有爱护，没有压迫，甚至为着热爱青年而至开罪当局亦在所不辞的。我尤爱惜青年的优秀人物，无论在学术上思想上有何贡献，或长于诗歌、戏剧与音乐、体育的人，在我那时特备的记事册里，都牢记着他们的名字。我不愿在青年当中，有一遗才，因此，我常常访问他们，和他们谈天，体察他们的痛苦，好似自己的痛苦，感受他们的快乐，好似自己的快乐。我知道自己只是一个学问家，不是长于办事的人，但我只凭一念真实，努力做去。1942年6月金曾澄代理校长，仍聘我为1942年度文学院长，直至八月，奉部令特准休假进修。我以在休假期中须按照原定计划，赴桂研究，所任文学院院长及历史系主任之职，势难兼顾，因即辞去兼积，由哲学系吴康教授继长文学院，惟我仍兼任研究院历史学部主任之职。我休假的消息，在各报发表以后，史学研究会便在9月11日举行欢送大会，那时虽在暑假期中，但留在坪石的史学系毕业或肄业的同学都来参加，情形至为热烈。并因我在史学系主系任教十年，不可不留些纪念，于是公决了由大会制旗，这就是送给我的那面由女同学绣字的“诲人不倦”的锦旗，旁缀以“朱谦之先生主系十年纪念”字样，这当然使我感动极了。在我离坪的前夕，文学院全体员生也举行盛会欢送我，我在席上发表了一段很恳切的告别辞，大意是这样的：

> 吾今日乃以两种资格参加此会，一则诸位为我送别，一则我以本院教授资格欢迎吴院长。先言后者，余与吴院长相交二十余年，其学养为我所素慕，此次得其来主持院务，甚可放心。回顾我之休假，远在去年9月于某宴会，曾向一部分同学言之，今果一一实现矣。当时学校当局邀余任文院事，屡辞不获，结果乃以余藏清初天文学家杨光先《不得已》一书与之，以明余之心迹，为不得已也。接任以来，本余一向所抱之讲学态度，自问此一年中，如有所建树，亦皆由于同事同学之努力，余无与焉，且余以多病，此次之休假乃至为得已也。
>
> 本年休假全国凡二十人，而本校则余与侯过先生，余于本年3月间呈请休假，研究题目为《比较文化史》，盖比较文化史一题目，今之研究者甚鲜，外人之研究者亦远不如比较语音学、比较文学、比较教育、比较法律等为多。最著者如德人斯宾格勒（Sepengler）所著《西欧的没落》在1918至1922年出版。次为英人托因比（A. T. Toynbee）所著《历史研究》一书，从1934至1939年（战前）已出版六大册，都可算是比较文化史的体裁。但斯宾格勒以为世界文化都是独立的，是不相联系的文化，他在第二卷书中，曾把世界文化划分八个单位，每个单位的文化都是突然发生的，由开花、结实，而至于枯死，犹人之由童年、壮年、老年而至于死亡，均有其自然的命运，世界文化单位之寿命最多不过一千年，均无例外，而且更认西欧文化也在没落期，起而代之是俄国农民灵魂代表的陀思妥耶夫斯基（Dostoyevsky）文化，而中国呢？在他看来，也正是枯死了的文化。次之，英人托因比认为人类创造文化不过六千年，人类文化最多不过三十万年，他分文化单位为21种，而认中国文化也是僵化的文化，已走向停顿的阶段，都成过去。
>
> 以上两种说法，对中国文化的观察都是错误的，都是有损无益的，于事实也大相违背。然则，中国文化果真过去了吗？果真衰老了吗？何以还能支持这么久的伟大战争？全世界的反侵略战争？可见前两种历史的定命论，是应受严格底批评的。余反复思惟，乃有《比较文化史》之拟作。十年来余在中大，从事学术研究工作，大

> 概可分为两小阶段。一为石牌以前，多从事于文化哲学，历史哲学，文化历史学，文化社会学，文化教育学的著作，为余于历史理论探讨时期。一为石牌以后至现在，则从事于历史考证时期，所著有《中国思想对于欧洲文化之影响》、《哥仑布前一千年中国僧人发现美洲说》、《印度佛教对于原始基督教之影响》等篇。余最初完成文化历史学之际，文化社会学的著作尚未完成，以后仍不断从事研究以迄今日。余书籍现存梧州附近藤县一小村落中，凡二十余箱，大都属于文化史方面材料。余之行程，曾呈教育部，约于梧州逗留数月，从事整理，即赴桂林，以桂林为文化中心，易与邦人士交换意见。然余非一去不返者，约于明年5月中归来，以余与学校聘约上之关系尚有二年，且余爱中大，一生之几分之几时间已费于此。余意将来此书之成，亦愿供诸学术界作参考，余愿以终身从事讲学与研究工作，余爱中大，余爱文院，愿诸位有以助我，以完成此心愿。再会。

这就是我对于文学院全体的临别赠言。9月15日早晨，我和绛云及欢送我的十余同学，同搭艇赴车站，送我者均有依依难离之感。到桂林后，改乘民船，沿桂江南下，因水浅滩多的原故，曾一度沉船，一度破船，其情形大类唐僧取经。10月间安抵梧州，初惟以读书为乐。12月乃迁入藤县赤水乡，开始《文化社会学》的著作。在赤水，我和绛云赁居一小楼中，我自朝至暮，矢志著述，期以必成，因此出外的时间很少，有一日，敌机轰炸梧州，我闻声下楼暂避，乡人好奇，见我颊须未剃，大呼“老叔下楼了”。我这种为学术奋斗的决心，和绛云对于我的十分爱拥，结果我的数年积思，竟于翌年3月完成之，这就是《文化社会学》一书。此书绪论之外，共分九章：（一）文化社会学的概念，（二）社会文化的基本类型，（三）政治的文化概念，（四）法律的文化概念，（五）经济的文化概念，（六）教育的文化概念，（七）世界史上之文化区域（上），（八）世界史上之文化区域（下），（九）未来的文化社会。此书原题《文化社会之比观》，为《比较文化史》之一篇，全书已二十四万言，乃决单独成书。1943年2月间我由乡返梧，便着手清写，每日十页，即为警报所阻，亦决于夜间续成之。2月22日离梧，28日到桂，住六合路省立桂林师范学院，环境清幽，与七星岩近在咫尺，因应该学院讲学之约，于3月10日起公开讲演《文化类型学十讲》，开讲时我踏进教室，便在黑板上大书特书“自由讲学运动”几个字。我居然以转移一时学术的风气为己任，而以自由讲学为改造此种风气的原动力，我是何等地敢于自信，又是何等地狂妄呀！自从我提出这一个新宗旨之后，我便继续为桂林各学校自由讲学，讲演地点有中国教育学会桂林分会，无锡国学专门学校，国立汉民中学，广西省立医学院，桂林青年会，特别是4月24日临去时为省立桂林中学讲《五四运动史》。5月返坪石，仍继续开讲不辍。综计留桂林两月，千言万语，无非阐扬我民族文化的悠久博大，只要我们不甘于做外国文化的奴隶，我们即须坚决地承认中国数千年来一脉相传的优良传统，即须坚决地要求文化的自由独立，因而促进抗战的胜利。然而不幸地这种民族文化观点很早就给反动的统治阶级所利用。我憎恨我自己，为什么有眼无珠，在1943年3、4月间在桂林时竟看不见中国共产党那时候抗战的力量？为什么在20世纪还留恋着民族文化正统的残余思想？追厥原因，固由于在蒋管区中新闻封锁，无从知道国共的关系详情，而最重要的是由于我缺乏辩证法的思想，只知道当时国共合作，没有注意国共分裂的过程。我在抗战期中，非不知国共有矛盾性，但既然把国共合作即国共的互相联系和互相影响看做抗战发展的根本原因，也就不能注意国共之间内部之矛盾性的发展，认国共合作是绝对的，而其矛盾则是相对的，机械地认识事物，结果孤立地主张民族文化，没有懂得阶级分析。我愿意用群众的力量大力打倒当时荒谬的民族文化观，我必须清算当时误谬的形而上学的世界观。

（十七）

我是1943年5月从桂林回到中大的，一到坪石，便住在研究院里，开始整理我过去几年的著作和讲稿，并拟付印各书。我在广州沦陷时，曾失却《现代史学方法》全稿约二十万言，但无论如何，我再接再厉，并没有因此丧失我一些著述的勇气。7月我被聘为研究院专任教授。我和研究院发生关系，早在筹设该院的时候，该院成立后，我担任了文科研究所历史学部主任之职，但使我能以全力为研究院尽力的，却从此时开始。我曾为历史学部担任各重要科目，如史学理论及方法、史学方法实习、历史哲学、文化哲学、中国社会经济史、中西文化交通史、文化史专题、近代史专题等，又曾为历史学部研究生指导硕士论文与学期论文，历届毕业者后多成为学术界知名之士。我已经主持十年的历史学部的研究工作了，却是只有这一年，我才能以全力提倡近代史的研究，从此而历史学部的面目为之一新，从此而史学研究走上新的阶段。8月文科研究所主任杨成志休假进修，自此我又多了一种责任。1944年3月崔院长赴渝出席全国教育会议，我奉命代理研究院院务，直至6月。这么一来三个月中我便不能不把研究院的全责暂时负在身上了。这时帮助我的，是办公厅主任张泉林(解放后才知道他那时在做地下工作)。我的感想，就是尽力所及以谋推进研究院的学术发展，和增进其在全国学术上的地位；而此时中大其他学院对研究院的宗旨尚属隔膜，有须加以联络和求其深切认识的必要，因此，我便提倡举行各种集会，以唤起同人同学的注意。当时可举者如诗歌朗诵大会，来宾当中有从文法师农各学院来的，这是5月5日纪念屈原的诗人节，我觉着这一天不可错过，于是由文所做主，发动一个空前的诗歌朗诵大会，他们都毅然担任节目，在我致开会诗词之后，便举行古诗朗诵，新诗朗诵，唱片朗诵，外文朗诵及创作朗诵等节，情况极其热烈。又5月15日举行音乐文学讲会，请黄友棣来院演讲《歌剧与朗诵》，到会听众亦极一时之盛。又为提倡中国科学史，在1936年我曾发起中国科学史社，并为史学系特设中国科学史奖金，规程于1939年及1941年曾两次由学校公布。此项提倡旨在发扬中国固有之科学文化，发扬新型历史，并谋历史学者与科学者通力合作以推进中国之科学文化。5月20日我为谋重整会务推进工作起见，特假座研究院召开会员大会，我报告开会宗旨后，即修正本社社章，选出理事，并通过文科研究所集刊第四期为科学史专号。我很知道许多新的措施是很容易徒托空言的，但我仍不断的努力，务求克服当前的困难环境。如以科学史为例，虽然当时失败，未尝不是将来的成功。6月，研究院开始筹备第八届的硕士学位考试，崔院长自渝返粤视事，我摆脱了代理院务，而种种含有全体性的新的活动，乃告一结束。

我在参加主持硕士学位考试之后，便逢着湘北战起，长沙失守，中大有迁校连县之说。我在同年6月28日先将文所档案及民俗考古物品装成三十余箱，以迁运事宜，原由研究院疏散会办理，我之公务完结，乃开始办理个人离坪赴连手续。29日将文所印信暂交院办公室，预备起程。7月1日搭车赴星子，车上拥挤非常，皆为避难赴连者。翌日船抵连县，住连州中学。在连原拟为广东再建文化中心，而这时时局动荡不定，还谈不到。我暂住几日之后，便搭车赴桂，沿贺连公路，只走了一日便到八步，又一日抵平乐，以那时交通不便和搭车的困难，居然得此便利。在平乐雇船，沿桂江南下，7 月 17 日安抵梧州。那时梧州也在疏散声中，绛云任教女中，已疏散至长发，她特地回来，已经相隔一年没见面了。我们欣喜重聚，却是从相见日起以迄 9 月中旬，几乎无日无夜不在空袭之下讨生活，我们大部分的光阴均躲在云盖山的防空洞里，这是惨痛的故事？还是快乐的回忆呢？梧州是于 9 月 20 日沦陷的，我们前几日便已闻警，在紧急疏散时，我们随女中搭船赴长发，及梧州失守，乃步行入狮寨乡，那是属于苍梧县的边境，梧州女中避难于此。我和绛云赁居地约一月余，我烦闷极了。在这里没有电报局，便没有新闻；没有银行，便没有接济，我难道从此便要销声匿迹了吗？我必须尽力探访从游击区走到广东的出路，我每日翻看《中国分省地图》，在几次失望之余，偶然一天瞥见光明了。原来从马江到公会是有公路可通的，而从狮寨到马江便有小路。于是几经踌躇，乃决于十月中旬，我俩从狮寨乘船出发，晚抵长发，翌日赴京南，再趁墟渡过马江，过马江时距敌人只二十五里，炮火声隐隐可闻，马江至砂子，路经镇南，因为逆水行舟，走了三日，砂子以下，山路崎岖，没有水路，只好步行了。我们从砂子——公会——沙田——莲塘——大临——永和，一路跋涉，只在公会休息两天，每日路程从五十华里至九十华里，自然困难极了，最疲倦的时候，只好在路边坐地，我们两个孤零零地跟着挑工，一路上不避艰难，英勇前进。本来从砂子至公会，经过鹧鸪隘，从大临至永和，经过鹰扬关，其间常有盗匪出没，在公会时又正值八步下紧急疏散令，无法通过。我那时深自思索是停留好还是冒险前进？终之决定突围而出，乃于大雨泥泞之中，从公会至沙田，沿路一幅流民图，皆自北而南，只有我俩自南而北。从沙田往莲塘，绕过鹅塘——下岛均走小路，满目松林，黄昏时险些迷失，一到莲塘，因粮食疏散，购米不得，夜深，忽报敌人来了，满街尽是跑步声、人声、喊声，这种一刹那间的地狱活现形，幸而事情明了之后，知系误会，第二天我们才能继续赶路。从莲塘至大临行二日，在广西境内的公路早经破坏，因桥梁没有了，只好涉水而过，水深处我竟浮起来了。第一晚宿柑子园，是公路旁孤零零的路铺，入夜有许多人聚赌，天明始止，从永和至连县，我们接洽得这一段公路破坏前最末一次的车，倒一路无事。抵连以后，我们如庆长生，可是我们的路费也几乎用尽了。我先打电报给研究院，翌日才几费周折搭省行车至坪石，计程已 21 日，承研究院院长夫妇的殷勤招待，我们乃重住研究院内，再过几个月的自由讲学生活。

我这一次自梧脱险，许多人都意料不到，但怎么知道这似乎一生最难得的痛苦经验，又再有一次的循环呢？我返坪后，于11月27日应聘为三十三年度文科研究所主任，30日召开所务会议，议决延聘两学部名誉导师各十名，12月5日文所三十三年度研究计划要目完成，送校呈部。12月8日我开始两种学术讲座：（一）《现代史学思潮十讲》，（二）《文化类型学十讲》，但是不幸得很，正在我为文所的前途而努力的时期中，正在我从事学术讲演的时期中，粤北敌人的炮声响了，最初只是东陂一带小规模的蠢动，接着便有正规军的来袭，这其间经过时间是很快的，1945年1月15日研究院遣送公物及同人家眷赴乐昌，我和绛云做了先头部队，我们挤在无篷的货车上面，到乐昌时已夜分，翌日访医学院，得医科研究所梁伯强主任之助。住于病理研究所，过二日研究院崔院长和办公厅严主任来了，接着师范学院脱险的员生，也背负着简单的衣服来住，我们知道时局急了，经一番会议之后，即决定乘船赴韶转往始兴，我和绛云等一行十人于20日上午十时离开乐昌，但即在这一天晚上，乐昌便在敌人炮火之下，旋告失守，许多中大员生于事急时孑身而逃，以致流离失所无衣无食者有人，挨饥忍寒者有人，真狼狈极了！研究院虽事先准备，损失亦属不少。我们一路顺水行舟，过夜，闻枪声不绝，尚疑是船旁水击声，及到韶关，才知早下疏散之令两日，因和各方商洽车辆不成，费了许多唇舌，乃得乘原船逆水而上，是夜宿中厂，翌日而中厂陷。我们千辛万苦，5日才到达江口，抵始兴时，拉缆的许多人已经筋疲力尽了。从始兴至罗坝，我卸下文所重要文件一箱，由院保存，只自己携带一包，这是无论如何不能放弃的了。由罗坝至都亨，由都亨至中寨，一路上山路崎岖，我们爬山过岭，时闻枪炮声不绝，在罗坝路上，听说是日有土匪把警察的枪支缴了。都亨路上忽传前面有匪抢劫，我们待着，不敢前进，幸而对面军队开来，知道把土匪赶了，我们只吃了一顿虚惊。中寨以下，我们便听不到枪声，代替它的却是那漫天的风雪，要我们在冰天雪地之中，第一次和所谓“新赣南”相见，到了虔南本可小住，以时局关系，仍冒寒上道，二日抵龙南。我们很喜欢在那里看得见地方报纸，很喜欢逢着崔院长，得知中大消息。这时因旧历年关在迩，盗匪堪虞，乃以每人国币三千元之代价，和绛云搭车往和平，“和平”二字是何等地使人引领企望着呀！却是在到和平前，夜宿定南，旅店主人告诉我此路前曾发生劫案二十余起云。在和平，我们住万福栈里，迎接着一个旧历新年，没有几日，我们又再踏着泥泞的道路，向着龙川前进了。我们走过彭寨，走过东水，从东水乘船过老隆，在东水路上因下雨路滑，我们几个人都跌了。终于2月19日抵达龙川，这是那时广东省的临时省会，我在这里看见省府的负责人和龙川县的县长，他们都是热心于中大的复校运动。我在定居正相寺之翌日，即起草一篇《发起中大救校运动》宣言，投稿于兴宁《大光报》，其中最沉痛的话是："余任教中大十二年，以一生最宝贵之光阴均费于此，实不忍见此校之沦亡也。""须知中大之存亡，不但关系广东全省之面目，且可于此决定文化之命运，余在乐昌时，梁伯强教授告余，敌人广播谓'中大搬不动了，我们来接收'，余耻其言，愿与国人立志雪之。"此稿未刊出，但我对于中大的热忱，已经可矢天日了。我爱学术研究之最高学府的中大，我尤爱作为中大学术研究之最高机关文科研究所，只要我自己生存一日，便须负责维持此研究机关的生存一日，我无论如何，不避艰难，决不说"我不干了"。

(十八)

《奋斗廿年》写成于1945年3月，是避难广东龙川时作的。这时我们刚刚跟中大研究院同人万里长征，从1月15日由坪石起程，经乐昌——曲江——始兴——罗坝——都亨——中寨——虔南——龙南——定南——和平——彭寨——老隆——抵达广东省的临时省会龙川。几个月的险阻艰难，到此才得喘息的机会。我们住在郊外正相寺，最初大家都席地而卧，以后由乡长让出房间，但除我们和崔院长夫妇外，研究院的职员和学生，自始至终都没有下榻之处。我们这时经济困难极了，学校已成为无主孤魂，全校员生有分散在连县的，仁化的，或湖南边境的，消息都完全隔绝。幸而龙川毕竟是那临时省府的所在地，每日或隔日可看到在老隆出版的《大光报》和《建国日报》，我们约莫定居两三天之后，即开始工作，研究院的招牌，居然在香火和爆竹之声不绝的佛庙里竖立起来。不久金代校长来龙川，随赴梅县开会，中大学院有在五华、兴宁、梅县等地筹备复课的消息，研究院则与校本部同留龙川。我这时正写好《奋斗廿年》，以文科研究所与文学院关系极为密切，文学院既拟在梅县复课，文所即应迁梅县与文学院合作。嗣得3月21日吴院长函，谓文院原拟复课，以筹备及办公费均无着落，无法开展，故上课恐当延期，并欢迎文所迁梅县合作云云。那时研究院教育研究所已开始筹办短期训练班，招考新生，文所我一人外空无所有，因即决定和绛云赴梅县，4 月中旬抵老隆，搭车至兴宁，休憩一日，乘船东北行，二日抵梅县，即古嘉应州也。以舟车跋涉，抵梅县之日即得病之日，翌日扶病往张七凹五欢楼，访吴院长于文化学院。他是以文化学院为根据地而兼中大文学院院长的，对于当时学校东迁，确有一些便利，如中大通讯处即设于彼处，即其例。翌日我从旅馆迁入张七凹益智学校二楼，这是文学院办公和上课地址，我住右边小房，房外一所即文科研究所办事处。在我卧病几日之后，即写信给龙川学校当局，请添聘指导教授，并向人借得文所开办费，这时情况，谁也不敢相信研究所尚有前途，我的工作除了文所例行公事外，并兼文院历史系代主任之职，讲授科目是中国近代史、史学概论、历史哲学三种。但即在此时，我乃开始积极恢复文所研究工作。6 月 4 日假座月宫，举行民俗学会座谈会，议决组织粤东民俗考察团，及编纂粤东民俗志，考察团由史学系教员领导曾往松口、丙村、白渡等处考察，并作报告，《粤东民俗志》则有文所职员所撰《岭东风俗志》一种。7 月文所《历史丛书》第一种《哥仑布前一千年中国僧人发现美洲说》付印，此书本我历年研究所得结论，于 9 月出版。在 8 月初，文学院吴院长休假进修，我受学校重托，复任文学院院长。这时抗战局面又有新的情势，留在龙川的教育研究所及研究院全体人员均步行疏散来梅县，学校全部迁东江各地，农学院设五华，工学院设兴宁，法学院设蕉岭，惟文理医三学院设梅县，最可怜的是校本部竟无处栖身，只在学艺中学里暂借几间课室，而时时有被迫迁的危险。文学院初在张七凹曾龙岌，这时租期已满，条件不合，亦无法继续下去，正在我们四处觅屋预备下学期开课的时候，时局变了，抗战胜利是决定的了。

回溯梅县的几个月生活，给我印象极深，尤其这个地方，是我一生思想大转变的所在地。人不是到了山穷水尽他是不会变的，不肯变的，但一旦思想发生变化，则它一往直前，力量之大却也无可伦比。我在抗战以前无论抱如何革命思想，总不免是唯心论的，观念论的，但在抗战期中，我所写《太平天国革命文化史》却已开始应用了唯物史观来解释革命文化的背景，此书出版于 1944 年，我直到由龙往梅，路经老隆时才买到的，我在梅讲“中国近代史”时，即用此为课本之一，发行人姓彭，也是在此初次会面，他们出版的《正气日报》里，我曾发表星期专论《军火商人戈登》（见 8 月 19、21、23 日），证明了自从太平天国革命战争以后，外国的军火商人逐渐踏进了中国市场，他们只要利润所在，是不管供给清军也好，太平军也好，一向被称尽忠清朝的戈登将军，都不是一个例外。这时我开始注意到战后问题，6 月 13 日在同报发表《战后人生观的改变》，又在 7 月 4 日在梅县青年会讲演《战后文化展望》，内容分三节，第一什么是战后文化，第二是使战后文化实现应使用如何手段，第三是战后文化之完全实现的形态如何。关于第一问题的答案，我分析现代文化为军火资本主义文化，战后文化即为军火资本主义文化之一个否定，换言之即前者的本质为战争，而后者无疑乎就是和平，所以战后文化即是和平的文化，而战后文化的本质，即指世界和平而言。关于第二问题的答案，我提出一种国家阶段说，以为国家尤其创造世界文化的国家实为实现世界和平的重要手段。我将国家的等级分为三类：①国家，这只是和全人类历史无足轻重的不独立的国家。②保守的国家，他对于人类历史具一种保存文化的任务，一种民族过去或现在艺术法律风俗宗教科学的保存。又可分为三种，（一）教国（宗教国家），此种国家型式常表现为族长国、神政国或专制国。（二）族国（民族国家），此种国家型式常表现为共和国、民主国或法治国等。（三）帝国，为一种战胜民族统治某些战败民族的一种世界的国家机构，此种国家型式常表现为侵略国、军国主义或帝国主义。③创造世界文化的国家，这乃是更高级的一种和平国家。它和教国不同，教国为单纯地民族宗教的保存，而此则超越宗教或代表世界精神的新思想。它和族国不同，族国为单纯地管理本民族的国家，而此则从民族主义发展以达世界大同为目的。又和帝国不同，帝国为侵略国性质的战斗国家，其结果是法西斯主义，而此则为反侵略性质的和平国家，其结果是人民民主主义。例如这次世界大战是民主与法西斯之争，亦即第三类型的创造世界文化的国家与第二类型中的帝国国家之争。此种国家型式常表现为联邦国、社会主义国或今人所称之“天下国”。我的结论以为，“只要我们承认第二次世界大战是如斯大林委员长所说是一个解放的战争，那么这种解放战争应该就是国家解放的战争。”正如威尔基在《天下一家》中所说：“我们相信这一次战争必须意味着一件事，就是一些国家统治其他国家的那种帝国，势必结束。”（第十二章）关于第三问题的答案，我以为人类文化所向的目标，即战后文化之完全具体实现形态，一句话来说尽不是国家，而是大同世界。国家原为一种手段，本质上要依于武力，故从国家一变而为国家主义——帝国主义——侵略战争，便成为各方诅咒的对象了。却是从另一方面来看，国家主义与帝国主义的消灭，同时即为民族主义与国际主义、社会主义大同主义的国家代起，国家于是乎成为实现世界和平的一种工具，将来人类文化达到最高境界，那时全人类的社会，不论男女都生趣盎然，各尽所能，各取所需，万物为万人所有，而实现万人的安乐生活。我以为这种未来的世界，即是列宁说的共产社会。人类最高的理想不是以和平为备战或休战之别名，而是真正的要消灭战争，而经这一次文化战争之后，人类的最高理想已经逐渐或多或少变为事实。我们预计国际主义、社会主义、大同主义将逐渐克服了帝国主义，预计军火资本主义的消灭，预计在完全制胜日本军国以后，这大同世界便成为战后不可避免的论题，而有实现的可能了。《战后文化展望》是在 8 月 13 日至 31 日在梅县《中山日报》副刊上发表的，在这里虽轻描淡写地绘出人类的远景，却不真正合于战后文化的事实，尤以其中引到威尔基《天下一家》的思想，这种思想很明显地是世界主义，不是社会主义，可见我过去所受资产阶级世界观的毒害很深，存在不切实的幻想。同时因为在思想大变动之中，我仍继续提倡“音乐文学运动”，在 7 月 11 日及其后，我曾在《汕报》和《中山日报》发表两篇短文，一为《从新音乐运动到新歌剧运动》，一为《我们的新音乐运动》，这是为文学院青年歌咏团演奏会作的。青年歌咏团成立于我来梅的第二周，我曾为他们作专题讲演，又当剧宣七队来梅时举行一次盛大的欢迎会。在我这里所作新音乐运动中，特别指出三点：

> 我们的新音乐运动是从抗战的现实不期然而然地产生出来，它代表着整千整万反抗侵略拥护正义的平民底呼声，而用新歌剧和新歌曲的新的标题标示出来。但这种新音乐运动，必须具备下列的条件：
>
> 第一必须是现代化　新音乐适合于现代人的节奏，中国新音乐运动，尤须适合于现代中国人的生活节奏，因此新音乐的形式，必须新鲜活泼的现代化，只有这现代化的音乐形式，才能以崭新的姿态，崭新的创作手法而出现。
>
> 第二必须是中国化　新音乐必须是创造的，但创造必须先有底子，中国音乐自有中国作风为其底子，换言之，即必须有中国音乐艺术所本有的性质与风格为基础，因此中国民间的小调山歌，和外来新兴的歌曲，不期然而然地在革命的浪潮中，可以汇合起来，成为中国现代作风的新音乐运动。

> 第三必须是平民化　新音乐必须是老百姓所听得懂而且高兴听的音乐，因此，我们代表时代的新音乐的源泉，乃不得不从反帝抗日的平民中，吸收艺术的内容形式。只有平民化的新音乐，才能唤起民众，使新音乐变成保卫祖国和反帝抗日争取自由解放的力量。

果然，这新音乐运动，乃至新音乐文学运动，不但鼓舞了青年战士，把音乐文学变成强有力的抗战的精神武器，更且于今日更进一步变成解放全中国人民的崭新的精神武器了。

使我真正成为——用马克思的一句话——在思想上翻天覆地的人，真正批评自己，而于资产阶级世界观有明显底改变的，却是在于科学史上原子能解放的研究成功以后。在我青年会的公开讲演以后，1945 年 8 月 6 日美国空军空袭日本广岛使用了第一枚原子弹，又同月 9 日在日本海军基地长崎，投了第二枚原子弹。由于这样使用灭绝人性的武器，他的破坏威力，使人们非常惊骇，街谈巷议，无不作为谈话资料，我也不是例外。当时我还很愚蠢似的，过分估量了原子弹在结束战争上的意义，我虽然不能像各国科学家般举行实地的观察和调查，但我“探奇览胜”的研究热（这是王亚南这样说我的，见《社会科学新论》）使我对此眼前的事不能不下一番深刻的注意和研究。我于是开始搜集了关于原子、原子能和原子弹的各种著述，我接着还读过斯密司（H. D. Smyth）所著美政府对于原子炸弹研究与制造的全部报告，读过 1945 年 8 月 12 日英国政府报告和同月 13 日加拿大政府报告，我于是开始注意到原子之客观的物理存在，而在先前我以为这不过是科学的“假设”罢了。

还有一个原因，使我思想改变，即在许久以前，我都是担任史学系或研究所历史学部的工作，而在此时却再从头从事哲学，担任了哲学系的职务。我当然这时不再会留恋人生问题而倾向于社会问题，就是这样使我格外容易走上马克思主义哲学的路上，如艾思奇所说：“朱谦之在上海暨南大学开始讲授黑格尔哲学及唯物辩证法。”（《新哲学论集》）“朱谦之先生曾一时地成为辩证唯物论者。”（同上书）实际，直到这时我才千真万确地开始注意辩证法唯物论，踏上了无产阶级世界观的第一步。

原来在我所处的 20 世纪中，自然科学理论已经有两次的大变动，而这两次大变动都使我发生了很大的反响。第一次使我变成唯心论者，而第二次的大变动却使我复归于唯物论者的阵营里。第一次是物质消灭论，使我们对于“物质”和这世界存在的确信发生动摇，第二次是原子能的解放，使任何人也没法否认“物质”和原子之物理的实在。由前者使我在1920年倾向于虚无哲学——革命的唯心主义——以为宇宙之究竟为寂灭。我在那时所著《革命哲学》中（第十六章）曾引证Le Bon在1907年《物质的进化》的一篇通俗讲演，原文的结论是“物质非徒善变，且必趋于死之途，而从所谓宿命的法则”；“物质昔虽假定不灭，而实则其形成之原子，由连续不断之解体而归于消灭”。在这里证明了物质断灭为不可逃避的科学真理。虽然这种伪真理不能很久影响我，但终使我不能脱出于物质的存在为迷妄的思想。在我中年期所作《周易哲学》（第五章）中解释“易者象也”一段，我竟公开宣言物质只是意象。

> 万有都在流转、变化……都只是个意象的作用。……因此，我们只认意象世界是真实的存在，而常人所见的“物质的存在”就是迷妄，就是虚无。在意象的外面，只有虚无，这虚无的永久存在，即等于永久不存在。所以物质非有，我们现在的一切物，但有浑融圆转活泼流通的意象罢了。

这分明是受休谟、马赫和当时来华讲学的罗素的影响。这种影响使我渐渐离开了客观真理而陷入于某些陈旧的概念。幸而在我所受新实在论和经验批判论的影响之外，我却从黑格尔的辩证法的研究中，得到了唯物论思想的萌芽，我更爱读列宁的《唯物论与经验批判论》，得到科学理论的根据，我最后竟变成列宁的学生了。列宁的这一名著，给哲学界以很大的贡献之一，就是他首先揭破了“物质消灭论”之思想上的堕落与腐化，他指明这是近代自然科学的危机，对我更可以说是对症下药了。列宁天才地指出在物质认识分野中近代自然科学的成功，他举及1901年在格拉斯哥召开的英国自然科学者大会中Arthur W. Rucker的报告以证明原子之物理的实在性。“从问题的本质说来，他是无疑地以最大多数的自然科学者底名义坚持着本能的——唯物论的立场”。然而这原子之物理的实在论，在列宁和唯心论之间进行着不调和的斗争时，它还只是理论的性质，而现在居然成事实了。“事实是顽强的东西”，无论你愿意与否，你总不能把它撇开不管，现代原子思想的物理学的胜利，就是马列主义理论的胜利，同时也就是我的思想的胜利了。

不错！“事实是顽固的东西”（列宁《帝国主义论》引英国俗语，解放社本），由于事实，我那时变成唯物主义者了，而且在素以黑格尔和辩证法为研究目标的我，又自然而然地非变成为辩证法的唯物主义者不止。但我此时虽有如此巨大的突变，即是世界观的转变，而为环境和地位的限制，我只得把我的新思想隐藏起来，用沉默的方式生活下去，我在梅县以迄解放前，没有公开发表什么新著作，即是这个缘故。我固然不会忘记在旧思想中诞生新思想的痛苦，然而我更永远不会忘记了这大转变之一年我所享受的无限的新生的愉快。

（十九）

“打返广州”、“打返石牌”这句口头禅，我们每年在澄江，在坪石，在龙川，在我们的时事座谈会上，每次纪念会上，欢迎、欢送新旧同学的聚餐会上，我们总是说着说着，然而总不易实现。中国人民的神圣的抗日民族解放战争，整整进行了八年之久，从 1937 年到 1945 年在我们旅居梅县时才告结束。1945 年 8 月 14 日，日寇头子正式宣布接受无条件投降，消息传至梅县，我们欢欣鼓舞，和全国人民一致地在热烈的狂欢中庆祝自己的伟大胜利。我们高呼口号，我们要打返广州，打返石牌。在庆祝胜利大会举行之后数日，我们即作种种打返广州打返石牌的准备。我们接二连三地不知开了多少次复员会议，只因为预定 9 月 10 日学校要在梅（县）连（县）举行新生考试，还要评定分数，榜发后方可成行。10 月 5 日我们开始复员广州，文学院在梅的办公处办理结束，将所有公物交学校搬运，员生也随校迁回，并限于 11 月 1 日以前在广州报到。杜甫诗“却看妻子愁何在，漫卷诗书喜欲狂”；这时快活情景真非言语所能形容。我们和研究院同人先搭车经兴宁、抵老隆，当天到达。在老隆候船四日，然后沿东江西下，经龙川——蓝口——河源——观音阁，到惠州。过龙川时遥望正相寺宝塔尖顶，想起《奋斗廿年》写作的地方，仿如隔世；过观音阁登陆，尚有日寇残卒未撤退；在惠州，停留两日，游西湖，亦一名胜也。此行一路上舻舳相望，旗帜鲜明，都是中大各学院复员船只，颇不寂寞。在惠州，我和绛云改搭电船，经博罗——石龙，于 10 月 17 日抵广州，文学院员生及校本部人员亦大部分先后抵埠，我以旧同学的介绍暂住将军路瑞南路，一面与学校当局开始筹备复课，一面每日有暇即往文德路、下九甫一带旧书铺，搜集广东文献，因为抗战期间离广州很久，一旦归来觉得这个旧游胜地特别可爱，加以绛云此时正研究一个新题目：广东诗史，使我也不自觉地变成“广东通”了。我所搜集的文献资料约有数种，第一种是日寇征入广东后所作广东的研究和报告，这时过后即不易搜集的。第二是广东各大家诗人著作，如屈翁山、陈恭尹、廖燕、邝露、黎简等，乃至远如张九龄、余靖，近如黄公度、康有为，无不尽力搜罗。第三种是广东研究书籍，如志书、年鉴、报告之类，中西文均有。我们堆积书史，盈箱溢箧，其乐好比赵（明诚）李（易安）当年。现在看来，似不免在故纸堆中讨生活，而在当年"相对展玩咀嚼"（语见李清照《金石录后序》），确实是爱祖国的一种真情的表现。11 月 1 日学校假广州文德路留法学会设办事处，文学院亦假该址成立通讯处。10 日和几位院长和新一军某负责人巡视石牌校址，在文学院停留一下，惟限于环境，暂时未能迁入办公。同时学校收旧校平山堂为员生临时寄宿所，办事处改设该址，文学院随亦在该址开始办公。12 月 6 日假八桂中学举行文学院这年度第二次院务会议，7 日举行系主任联席会议，同时 12 月 4 日至 10 日旧生注册，11 至 12 日选课，这时学校换了个新校长，是北大教过我《科学概论》的王星拱，我仍被聘为文学院院长，哲学系主任，及文科研究所主任，历史学部主任，一身而兼四职，只得硬着头皮为实现"打返石牌"而努力。这时广州郊区尚有盗匪出没，而石牌校舍为新一军驻守者，坚不肯退出，且有日俘留校甚多，使人不快。但即在这个时期，我坚决地主张将文学院迁入石牌上课，12 月 27 日先将办公室迁石牌原址，于翌日继续办公。这时由广州往石牌，没有校车，全靠步行，我和绛云也是从广州跟着行李车——所谓猪笼车——步行往石牌的。我住在教员住宅区九一八路三十号，以后几经布置，成为花园住宅，定居者数年。但这时门窗户扇均不齐全，为避风雨之故，我们只好自己做木工工作；而且这时石牌校区，也还没有店铺设立，每日食用品只好步行沙河购买，尤其是这时学校在新旧交替之间，开会时期甚多，往来不便不在话下，然而即在这时我竟不避艰难，把文学院首先打返石牌。1946 年 1 月 4 日文学院举行旧生编级试验，1 月 9 日在石牌原址举行第三次院务会议，议决于本月 15 日上课，同日举行第二次主任联席会议，审核编级试验成绩。1 月 15 日文学院开始上课，并定第一周学术讲演周，自本日起至 19 日止，每日上下午各举行一次，分请本院教授主讲。而我却单独担任了一半的工作，我的讲题和时间如下：

15 日（上午九至十一时）：奋斗十年

16 日（上午九至十一时）：音乐文学运动

17 日（上午九至十一时）：文艺复兴期欧洲文学中所见之中国

18日（上午九至十一时）：战后文化展望

19日（上午九至十一时）：现代史学之新倾向

1月21日文学院首先举行周会，由我讲演“本校文学院的新使命”，我那时开天辟地的新气象，确然给其他的学院影响不少，接着理学院也采“学术讲演周”的方式，试行复课，随之农工法学院接踵而来，于是新一军的阵营一步一步退却，而我们中大的文化军一步一步打进来了。文学院部署既定，我即开始于1月23、24、29这三日分别给各系四年级同学商谈毕业论文事宜，我很大胆地给每一系的毕业同学确定论文题目，并分别指点了参考用书。我的努力使本届文院毕业同学没有一个在论文方面落伍，也没有一个同学要求取消毕业论文，而那时的困难，既无充分的参考书籍——文学院图书馆的藏书不多，又无充分的读书设备——上课时哪来什么台椅，不过每人分给矮凳一个木板一方而已。然后即在这个时候，我却发起了空前的新读书运动。2月5日至10日我分别和各系各年级同学商谈怎样搞好文学院，使它成为南方文化中心。2月7日布告定第五周为读书运动周。11日举行本年度第三次周会，由我讲演《发起新读书运动》。我一再申说，这新读书运动是我在粤北坪石发动的，那时并曾同图书馆合作，出过几期刊物，现在仍拟继续下去，我一再申说（原文先在文学院壁报上发表，后转载于《新批判》半月刊第三期）：

> 我们的读书运动根源应该上推到孙中山先生，他是一位革命学者，有理论又有实践，他无时不读书，正因为他怎样用功读书，把理论和实践合一，所以能够成为四万万中国人民的伟大导师。此外列宁，同样也是一个欢喜读书的革命家，他对黑格尔研究很深刻，即在俄国革命很艰苦的时候，他还在读黑格尔的论理学和历史哲学，并加上许多眉批。这一点也正好说明列宁所以成为俄国一万万五千万人的导师。

我将百年来中国的读书运动分为四大时期，每时期都有他社会背景。第一时期是古典派的读书运动，由鸦片战争、太平天国革命直至辛亥革命时止。第二时期是浪漫派的读书运动，由辛亥革命至五四运动时止。第三时期是考证派的读书运动，由北伐战争至抗日战争前。第四时期，就是我们现在的新读书运动，并为说明的便利起见，曾列表如下：

		读书方法	读书范围	读书态度	读书目的
第一时期	古典派	装鸡鸭的方法（专重背诵，重记忆，恰似过去农家的装鸡鸭的方法）	看重中学，认西学为中学的产物	盲从派（过分的信古，以为古书皆可信）	为做官而学问（学而优则仕）
第二时期	浪漫派	蜘蛛的方法（专重主观，正如蜘蛛的结网，完全由自己肚子引出来）	重西学轻中学	怀疑派（过分的怀疑，如疑大禹，疑屈原）	为自己而学问（我认为对的就是对的）
第三时期	考证派	蚂蚁的方法（专重搜集，正如蚂蚁之搜集物资）	中学之整理	批评派（可信者信，可疑者疑，但因所用方法，实从外国汉学家得来，致考证结论有不利于中国者）	为学问而学问（一味读书）
第四时期	新读书运动	蜜蜂的方法（读书兼思想，理论兼实践，从搜集材料中创造出新东西，正如蜜蜂的酿蜜）	中西学之汇通	实践派（经过博学、审问、慎思、明辨的功夫，以至实践）	为生活而学问（读书要解决社会生活的实践问题）

我认为第四时期的新读书运动，是从抗战时期开始。旧的逃避现实的读书运动已不适合于现代，抗战的现实把读书运动推向新的领域，走向新的路线。旧考证派的纯粹为读书而读书的倾向是过去了，代替它的便是现在新时代的社会背景产生出来的新读书运动。我指出新读书运动必须具下列三个条件，第一，要适应现代世界人民的生活，为最大多数的中国人和世界人民的利益而读书；第二读书即生活，要有理论更要有实践；第三要有自我批评的精神。

新读书运动之后，接着便是第六周（2 月 14 日起）各系联谊会的活动与师范学院合并提倡新音乐运动。第七周（2 月 20 日起）领导出版壁报运动，当时出版者计有《现代文学》（中文系）、《The Arch》（外文系）、《历史与文化》（史学系）、《现代哲学》（哲学系）、《文化与教育》（师范生）等，自此以后，文学院乃步入正轨。为着思想改造起见，我全力提倡学术演讲，尤以 3 月 29 日我和法学院联合聘请沈雁冰（茅盾）演讲《民主与文艺》掀起新民主运动浪潮，极一时之盛。还有在 4 月中旬我特别延请剧宣七队在体育馆举行歌咏大会，目的提倡新歌剧，但是这具有全校性的活动，很为那时训导处所不满，何况更带有他们所认为新的危险思想。因此所得结果便是反动势力所给我的警告。茅盾早离开广州了，他所留给中大革命青年的影响，应该由那欢迎茅盾和大会主席的我负责。剧宣七队也因思想问题解散了，从此新音乐文学运动，也为之销声匿迹。然而我呢？仍然再接再厉，从文化科学的观点上提出“基本的内核”。4 月 1 日在体育馆礼堂，我演讲《中国文化之新阶段》，就革命的情况对和平、民主、建设诸点多所引述。5 月 5 日由文学院主办《文化科学讲座》，分四讲，完全由我担任，第一讲文化政治学，第二讲文化法律学，第三讲文化经济学，第四讲文化教育学，以次讲毕，6 月 3 日周会我讲《从屈原说到诗人的爱》，这时我特别对于屈原遭遇，及其著作中所表现热爱真理热爱人民之伟大襟怀多所感触。“惟党人之偷乐兮，路幽昧以险隘，岂余身之惮殃兮，恐皇舆之败绩”；我这时已深深感到国民党反动派的反共反人民路线失败之不可避免性，而为着爱祖国的原故，反而把自己的切身利害，自己的安危，置之度外了。

（二十）

1946 年七八月间，我苦闷之极，把《奋斗廿年》付印了。接着还出版了英译本“Chinese Philosophy and the French Revolution”和“The European Renaissance and the Chinese Civilization”；这两书是黄紧琇在坪石时从我所著《中国思想对于欧洲文化之影响》中两章节译，由我校正出版的。这年她任中大讲师兼省妇女会的编辑，有一次她密告绛云说：“省当局认朱先生的思想左倾，本要下逮捕令，以朱先生只有言论无行动，仍在查访之中。”不久在文学院长任内帮助我很多的丘陶常，也来告诉我：“市党部的一位同乡约他谈话，嘱朱先生和他须十分谨慎，不要再有什么活动了。”又另外一位同事，很诚恳地劝我注意一件事，就是“有人在教育部告发你，在黑名单上已经榜上有名了”。似此雪片似的告警，教我不得不格外提防，不但不许在公开场所发表意见，甚至无事也不大出门了。我在石牌住宅区很少和人往来，很少参加集体活动，这是极重要的原因。从前在坪石，我常常访问学生宿舍，此时则几乎都是无往有来，是我懒惰不愿过集体生活，还是受了外面环境的强力压迫？我这时表面上极感孤独，而实际上千千万万的中国人民都能同情我的。

约莫是10月光景，王星拱校长自宁返穗，他即给我一封信，原谅我所担任的职务太忙了，应该劳役平均，所以文学院院长的兼职可以卸去不干。我知道这其间的曲折很多，实际内幕自然是思想问题，而王校长的好意，自应接受。我因此很快地即摆脱了行政职务，决专心学术研究，并接连辞去了文科研究所和历史学部两主任职务，事实上中大研究院也同时被取消了。文学院新任王力是我在6月间主办新文艺讲座，聘请来讲《中国新诗的格律》的，此时出长院务。我呢？仍然有兼任哲学系主任之名，只可惜的一个哲学家应该不但说明世界，更要改造世界，而此时的我，却只能够匿迹销声，再不能更进一步了。我在1947年之长时期，很少有甚么课外活动，然而即在我所担任的科目当中，许多人仍觉着我锋芒太露，尤以我对于王校长任内青年党和其他反人民路线的势力，暗中所发不客气的批评，使人不免有惹祸招身之感。我那时主要科目是"西洋哲学专家研究"，讲的是"黑格尔哲学"，还有就是"庄子哲学"，是三年级必修科。庄子哲学告诉我："当今之世，仅免刑焉"，这是消极的革命。黑格尔哲学告诉我们以历史事实锁链中的辩证法则，从唯物观点来看，已含有积极的革命因素。我在这时不断地艰苦斗争之中，我所能做的就是在此东西两大哲的云幕之下进行宣扬革命思想。我批判了庄子，因而超越了庄子；批判了黑格尔，因而超越了黑格尔。我知道在资产阶级社会里，大学永没有讲述马列主义的自由，然而我却有讲马列主义的根源思想，即黑格尔哲学的自由，因此而这一年的全部时间，几乎都是埋头伏案为着把那些包含在为黑格尔所发现但穿着神秘外衣的方法中的合理因素，加以阐明而努力了。

我爱庄子，因为这一位"上与造物者游而下与外死生无终始者为友"的哲学家，他是那样地"不为轩冕肆志，不为穷约赴俗"。《史记》所称"不肯为有国者所羁，终身不仕，以快吾志焉"；这是何等伟大的一位超然独立的精神生活，为古今不愿做奴隶的人们，开辟出一条消极革命的康庄大道。我爱黑格尔，因为他的哲学本身，特别是核心之辩证法，其绝对存在之否定，一切存在之必然消灭的理论，只有当作法国革命在德国哲学上之反映，才能说明。他早年在做学生时代，为着热情驱使，曾在晴美的星期日，和谢林同到图宾根市场树起自由的纪念树，那时图宾根大学学生，大都喜欢举行革命演说的示威运动，而黑格尔就是这些学生组织中之最热心的分子，最热烈的革命拥护者。"反抗暴君"，"自由万岁"，"Jean Jacques（卢梭）万岁"，这些毫不踌躇的革命的言语，构成了黑格尔笔记的一部分。至于他早年之基督教批判，显然是有礼的无神论，中年论“符腾堡政体”的论文，其彻底不容情的暴露旧式半封建制度之种种缺点，尚属罕见之作。甚至他的晚年，政府在采取高压政策时，朝廷中怀疑黑格尔法律哲学中仍有危险成分。其 1831 年最后著作《英国宪政改革论》许多人说他是反动的了，却是即在这论文所抱的如此稳健的自由主义，尚为普鲁士政府所畏惧，在黑格尔正欲预备第二部分时，已为政府的检稿员所阻止。至其在弃世前七日所作《小论理学》再版序文，最后一段充满着天才者悲哀的情调，亦可见黑格尔哲学是如何生长于“种种环境压迫之下”，而为启蒙运动及法国革命精神之较深刻较有力的宣示者。我那时深切同情于黑格尔的生平和著作，同时也正是反映着我同样地在“种种环境压迫之下”的艰辛的努力。

原来我的黑格尔研究，在“五四”运动时代就开始了。在《现代思潮批评》中，在《革命哲学》中，都一再宣扬黑格尔辩证法和革命思想的关系。我说：“我想黑格尔的方法尚足引起无数革命思想，何况比黑格尔更进一步的辩证法？丝毫不带调和妥协的意味的方法，自然是更足帮助革命的成功的了。”这乃是我对黑格尔的认识底开始。留学日本时我专心研究历史哲学，尤特别注意黑格尔资料的搜集。我现存有关于黑格尔的许多原著，许多研究论集，尤其是关于黑格尔与辩证法研究的专门杂志，我更注意黑格尔和马克思底方法论的关系。但真正能够使我分出时间来专心致意来读黑格尔的书，却只能是这艰苦斗争中之几年，我已经不担任学校的过去繁重的行政工作了，剩下的空余时间，便可全部用在黑格尔的研究上去。我这时开始精读黑格尔的《大论理学》、《小论理学》，开始把《精神现象学》共 808 页的 Bailie 英译本，在两个月中，录成几册子的札记。我读了 Kuno Fischer 底《黑格尔哲学解说》之后，接着便遍读左、右派各种名著，我又试译了 Croce 底《黑格尔哲学批判》和 Willy Moog 底《黑格尔与黑格尔学派》。我知道我的艰深的努力是不会白费的。马克思在 1858 年 1 月写信给恩格斯说：“我很想用两三个印张，以一种为一般人的理智所能理解的形式，阐明黑格尔。”然而为情势所迫，以致不能实现。列宁也曾想写一部关于马克思主义辩证法之有系统的书，但亦为情势所阻，以致只能做成他的哲学笔记中《黑格尔逻辑学一书摘要》。现在这个神圣的重大任务，似乎已落到我们学生头上，让我们去试试担负起来吧。因此，我们也决不畏缩，为着实现马克思和列宁未成的志愿，我们应该义不容辞地十倍百倍的努力，因此这一年中，我竟废寝忘餐一心一意来担负了关于黑格尔哲学之系统解释的这个任务。我在中大十几年中没有一刻违背了自己所定的信条：不请假，不兼职，不停止研究。我这一年中更忘却家庭，忘却自己，忘却一切赏心乐事，每日我自晨至晚，孜孜不倦地把黑格尔底主要著作，一读再读三读，以求根据唯物主义观点加以解释，我自知当时读书不多，错误不免，然而在我不断地艰苦斗争中，我所能作的只能如此，也只好如此。

我在艰苦斗争中，有时面对着残酷的历史命运，感着悲观和失望，底下一首屈翁山的诗是我愁闷极了常常对人朗诵的：

知己多沟壑，我生日已孤，但愿长白首，不敢哭穷途。雪重松频折，霜深草未苏，巢中黄叶尽，寒绝一啼乌。

这就是我那时的心境。因此为着鼓励自己比任何人都更需要坚忍奋斗。我既出版《奋斗廿年》以为自己精神的支柱，我更大胆请教于伟大的诗人哲学家罗曼·罗兰。我生平习惯在不断工作之余，常以休息的形式，来阅读文艺作品，而这时我最爱的却是罗曼·罗兰的作品，它安慰了我。我读了长篇小说《约翰·克利斯朵夫》，读了他的音乐家《贝多芬传》，读了他有名的革命剧本《丹东》、《狼群》、《七月十五日》、《爱与死的搏斗》……总之他的所有文艺作品，乃至断简残篇，我都爱之不忍释手。尤其《约翰·克利斯朵夫》在我一个精神不宁的时期做了我两三月的伴侣。在所读的本子里，我加上许多线条、记号和评语，我不自觉地浸淫着他的苦难，他的勇气，他的欢乐，他的悲哀，《贝多芬传》也一样地给我强有力的深刻印象，使我在这小小的册子里认出了我自己。“打开窗子罢！让自由的重新进来，呼吸一下英雄们的气息”；果然这些新英雄们“即使他们不曾把浓密的黑暗一扫而空，至少，他们在一闪之下已给我们指点了大路”。我于是重新鼓起了对生命的勇气，不断地艰苦斗争居然变成了我的生命的新的节奏，我孤独，我奋斗，但我永不向着我的残酷的命运屈服，永不向着黑暗的势力低头，我知道真理是永远站在光明一边的，如雪莱的诗所说：“冬天到了，春天还会远吗?”

（二十一）

1947 至 1949 年这几年内在美帝操纵与反共反人民的政权统治之下，无论经济上，政治上的黑暗与危机，均与日俱长；反映在文化教育上，也愈显出纷乱与无能的状态。中大的校长几乎每年必有更动，而更动之时，总是一朝天子一朝臣，每况愈下，因之全校师生均极感摇动不安状态，上课的时间很少，学潮接踵而来，罢课——罢教——再罢课——再罢教，这证明了国民党反动派的政权完全“罢了”“罢了”，而新生的革命力量，即孕育于这个腐朽的躯体之中。我在这时必须学会在最反动的局势之下，一面进行公开工作，一面怎样保守“沉默”，沉默，沉默，我在这最反动时期变成越发沉默了。我一方面对于旧世界的沉默，即一方面对于新世界的憧憬，我为着避免人事的纠纷和无谓的误解，几乎和许多旧世界的人们断绝往来，甚至再也不参加北大同学会了。除了逛旧书铺之外，我是不到广州的。但沉默是一面，不沉默又是一面，我的万般心事，只有哲学系的同学们知道得最清楚，因为我对于我所信的新时代的青年，这正在产生正在发展的人物，是毫无顾忌的，我可以在几个钟头之内，侃侃而谈，谈到天花乱坠，最后并把希望寄托在他们身上。但一刹那之间，我可以为着些微的感触，沉默起来，沉默得像一座石像。然而即在此时，我的“沉思”和发表欲却提到最高度，我没有话说，却在静默中言语，我开始全力著作了。我一方面对旧世界，结束了过去思想的总成绩，一方面对新世界要静肃地从旧哲学的批评之中找出新哲学。这过渡期的一部分工作，有 1948 年《文化社会学》的出版，这是我在前休假期中所作，许多地方是反映着小资产阶级知识分子的世界观，如知识决定论（如将人类文化全体作二重的分类，而谓社会文化对于知识文化类型有其依存的关系）、超阶级思想（如谓艺术和教育文化都是超阶级的，没有看到艺术和教育的任务是在为某阶级服务，是和政治分不开的）、教育万能论（如谓真正的社会文化价值，不是政治，不是法律，不是经济，而是在于将来之教育文化价值之完全实现。又说教育就是爱，爱的本身便有无穷的感动一切的力量，这么一来教育便成超阶级的了）。这书本不应出版，而我为着完成文化哲学的完整体系，仍不忍抛弃他，在我一次病后几经踌躇之后把他出版的。1949 年 1 月 29 日即旧历元旦，我又将旧作辑成《比较文化论集》一书，分六篇：（一）世界史上之文化区域，（二）中国古代乐律对于希腊之影响，（三）印度佛教对于原始基督教之影响，（四）中国文化之本质、体系及发展，（五）中国人性论史，（六）中国文化之地理的三周期。还有就是我在是年 9 月在梧州病中所辑散文选——《谦之文存二集》分四卷，卷一包括抗战期中我所提倡音乐文学运动共八篇，卷二包括现代为军火资本主义经济时代论，卷三包括文化科学的方法论，卷四为历史考证散篇，这些论文当时也有曾引起一番争论的，无论对方争论之意义为何，对我今后思想的自己检讨，均有许多益处，因亦加以附录。但以上所述均为结束过去的思想而作，而我此时最重要的工作，却是从旧哲学的批评中找出新哲学。关于这一部分，我完成了两部大书——《黑格尔哲学》和《庄子哲学》共六十万言。这巨大的工程，分两个段落，从1949年6月15日开始至7月6日完成《庄子哲学》，约三十万言，分九章，附录《老子新探》一种。从同年7月9日起至10月2日完成《黑格尔哲学》，共三十万言，分四章：（一）黑格尔及其时代，（二）青年黑格尔的宗教研究，（三）黑格尔的精神现象学，（四）黑格尔的论理学。尤以黑格尔论理学分十节，对于论理学之社会背景，论理学之科学的性质，论理学之形式的基本原理，黑格尔辩证法之历史的位置，辩证法与形式逻辑，论理学之一般的区分，有论、本质论、概念论及黑格尔论理学的变革问题，均有详尽的叙述。全书乃由历年讲稿积累而成，成书时间虽短促而实为我精心结撰之作。我在不断的艰苦斗争之中，如果有成绩可说，即当指此。我在从旧哲学的批评中找出新哲学，在黑格尔的辩证法中发现其“合理的内核”。我这书引证列宁的《哲学笔记》的地方很多，但为顾虑到反动派的注意，不得不说得含糊、紧缩，我不写列宁，不写伊利奇，只写作 Uladimir，有时也偶然写 Lenin，使人不易捉摸。这种不自由发表的情形使人难堪极了，然而不自由是对旧世界而言，旧世界的不自由正为新世界的自由作一准备。在我完成了《黑格尔哲学》之后几天，新世界便霹雳一声出现了。

在旧世界和新世界的递嬗之间，我所依靠的是新的力量，具有远大前途而还不占优势的新的力量，因此在平时沉默的我，在每年纪念五四运动时，是有意地不沉默的。这在沉默中不沉默，乃是我对于新的力量的一种憧憬，一种表示，乃至一种号召，我很看重这种号召。我用紧缩、被压得不能舒展的文句，来热烈庆祝了1948和1949两年的五四纪念，在1948年5月，我发表了《五四精神》一篇：

> 回想1919年“五四”运动，我们往昔的热烈景象，仿佛春草朝阳有嫩生生向荣之概。“五四”运动的优点：第一是学生市民工农群众从一种外交示威延至全国范围的反帝国主义的革命运动。第二是知识分子在思想上提倡彻底的不妥协的反封建的新文化运动。第三是国际革命的背景之下准备了孙中山先生领导的国民党改组运

动和1921年中国共产党的成立。继此如五卅运动、北伐战争在每一次革命激涨的潮流当中，无不反映着五四精神和色彩。虽然它是过去了，而这一段坚苦斗争中锻炼出来的革命历史却永不磨灭地存在。

1949年5月在那反动势力不断地增长压迫之下，我答应了同学，把它再发表于中大《人文报》第26期，我这样热烈地讴歌"五四精神"，正是不沉默地企望着新的社会。新的社会是不可避免地要和旧的社会斗争，这乃是垂死的东西和新生的东西之间的斗争，因此早在1947年5月31日中大同学便掀起反饥饿、反内战运动，随之便是反动派的"六一"大蹂躏。1948—1949年更是反动派在广州进行垂死挣扎的一年，因此他们更不能不有计划地布置了反共反人民的阴谋。1949年7月23日正在我起草《黑格尔哲学》中"辩证法"之一章，这是多么黑暗的日子呀！国民党反动派一千多的匪军进石牌围捕教授、同学，自夜半至清晨，匪军所到，威胁、抢劫，在检查的名义之下，把同学们的自来水笔、手笔、皮鞋之类，囊括一空，甚至连我屋前所种的熟木瓜，也眼巴巴地看他们拿去。匪军是于翌日清晨来我家搜索的，我初不知原委，还以为是检查户口，他们先在楼下黄家搜查，正在起劲地翻动案上零乱的报纸的时候，我奇怪说："书籍也要检查罢，楼上多得很哩！"因即很客气地请其上楼，那时因为广州的风声鹤唳，有不可终日之势，我早经将书装订成箱，准备搬到乡下去，却是所藏禁书如《新民主主义论》、《论联合政府》及《人民民主专政》之类，则仍摆列在右旁书架堆中，危险之至。但我很镇静地和匪军闲谈，谈话中他们气愤着说"教授们拒绝他们搜查"，却没有动手来搜查我，他们也许已经疲倦的罢！指着一箱一箱的书，"都在这里罢"，即由我送他们下楼，扬长去了。事后我才知道中大教授、同学被捕者有数百人之多，除即行释放者外，用大车送往宪兵司令部者约一百人，而哲学系的同学和讲师一人，被捕者共九人，约占全数十分之一。我痛恨极了，然而剧烈的斗争既经开始，沉默是没有用的，在现在的局势之下，新的克服矛盾的方式，就是继续斗争。

不久，我觉着广州再也不能待下去了！在反共反人民的反动势力的包围之下，威胁和利诱同时并至，伪教育部长行文征求反共教育意见，我不理睬他；伪宣传部长要聘我为编辑委员，我拒绝了他；乃至蒋匪介石来粤巡行，中大教授被邀请谈话者六七人，我是其中之一，而我痛恨之余，居然置之不理，也不申明不赴会的理由，这么一来，我不入监狱，便应该早些走了。加以这时我以极度有功著述，患着剧烈的牙痛病，再也不能继续工作，因此决定离穗，于 8 月底安抵梧州。为着数月来生活的辛劳，竟忍不住病了，病中无事可做，把十余年在杂志发表的论文，得可保留者二十余篇，辑成《谦之文存二集》。病愈后仍继续写《黑格尔哲学》的后半部。但即在此时，我观察梧州，即以这一小城市言，亦可看出腐朽的旧世界之一缩影。梧州满目尽是赌场，几乎无处不有人在赌，据说这一城市那时有米铺二十余家，而赌场则有四十余家，这不是悲惨的世界是什么？但在另一方面我却瞥见着光明，在我所住的大东路亲戚处，有收音机，每晚得以按时收听北京的广播，这是新世界的声音，这乃是我几年来所憧憬着而今日亲耳听到的中国人民的号召。它使我兴奋，使我鼓舞，即在这个强大的呼声之下，我于 9 月中旬重返广州，我这时不住石牌了，我暂住文明路旧校北斋二十号，并即重新鼓起勇气续成《黑格尔哲学》的著作。我一面眼见旧世界是怎样一天一天地腐烂下去，一方面迎接着新世界是怎样一天一天地生长起来，而我这时所做辩证法的研究，恰好绘出了这样从事不断的旧的破坏和新的创新的图画。

新著作完成之日，广州人民恰似过年一样，早已作着送旧迎新的准备，海珠桥的一声爆炸，把旧世界中衰老着的东西都送进坟墓去了。残酷的反共反人民的反动势力，用海珠桥炸弹的碎片来埋葬自己，而即在旧的破坏的地方却生长着新的革命之花。于是人民解放军以高速度进攻广州，广州解放了！天亮起来了！

(二十二)

1949 年 10 月 14 日广州解放后，我们欢欣鼓舞在学习氛围气中生活着，尤其是马克思列宁主义和毛泽东思想成为我们全校员生的日课，我们自学自修，所学所修是马克思列宁主义和毛泽东思想，我们每见面必谈，所谈是马克思列宁主义和毛泽东思想。我这时读了许多新的东西，首先是《联共（布）党史简明教程》和《列宁主义问题》第 11 版、《列宁选集》(东北新华版)、《列宁文选》之类，从前不容易得到的现在得到，从前没有读完的，现在把他读完。在学校尚未完全恢复常态的时候，我们发起了“新民主主义学习会”，曾集会一次，分担各部门工作，并推举我作召集人，这个会于学习正式开始时自行解散，但在新旧递嬗之间，也有过渡的作用。我每日有暇，常往新华书店、三联书店，尽力搜购各种革命书籍和马列主义名著，因之我原有的历史哲学文库和中国社会史文库更为丰富起来了。初时只搜集中文本，接着购置不少外文本，如列宁的《唯物论与经验批判论》我现藏即有中苏英日四种版本，而山川均、大森义大郎的日译本，尚是我在 1929 年 7 月 9 日在东京岩松堂夜间购得，时距该书发行日尚差一日，是值得纪念的。我的学习热和藏书热同时并进，使我每日的生活增加了不少意义。学习，学习，再学习，我此种初期的自学生活，便是作为后来严肃生动活泼的集体学习的准备。11 月 26 日真正名符其实的集体学习开始了，我们在全校性的联络组协助之下，成立了哲学系学习小组，在北斋二十号举行了第一次会议，并选出我为正组长，谭太冲为副组长，加组员共十一人，外加人类学系组员一人，组员以后有离校的，有参加南大研究班的，然而我们的学习工作，自始都很热烈，而且从此展开了理论学习：从 11 月下旬学习《论人民民主专政》，12 月中旬学习"群众观点与群众路线"，12 月下旬学习"政协纲领"，1950 年 1 月中旬开始学习《新民主主义论》。1949 年 12 月 24 日曾举行座谈会讨论"斯大林与中国革命"，就中尤以二阶段讨论"群众观点与群众路线"最为精彩，我们在这一次讨论中，每人均实行联系实际，进行自我检讨。但解放以后，我的世界观之逐渐转变是开始于关于《武训传》的批评以后。

我因学习了《武训传》的批评才完全明了艺术和教育都是阶级性的，而我从前表现于《文化哲学》和《文化社会学》中"超阶级"思想，乃是根本错误，意识到这是无产阶级世界观和小资产阶级世界观的不同。《文化哲学》以前虽有李长之等批评它，但都不曾惹起我的注意，而只在学习关于《武训传》的批评以后，我才能站稳立场，决心把这错误思想加以肃清。尤其如和平的空想——表现于《文化哲学》中所说"艺术时代"，或《文化社会学》中所云"美的社会主义"无阶级立场，——徘徊于两种矛盾的思想体系之间，表现小资产阶级的软弱性。《文化社会学》说到未来文化社会的实现，提出"教育爱"的新神话，说什么"教育爱乃为未来文化社会的桥梁，也只有教育爱才能深刻地唤起人类生命的共鸣、共感，使人类的善性完全实现"，"而达到艺术的世界"。这又是爱！什么"教育爱"！我们能够相信在阶级社会中，剥削阶级也有什么教育爱吗？《文化哲学》根本是从一切人都是好的这个前提出发，所以太信赖了人类的良心，而忘记了有许多剥削阶级存在，因为立场错了，世界观也错了，甚至所用以实现未来社会的方法也流于空话。这说明了我过去思想如何丧失了批判的能力，如果不是解放以后，经常参加政治学习，这错误的小资产阶级世界观，怎么能够倒转过来呢？解放后在广东也通过一些阶级斗争的学习。从土改、镇反、三反、五反、抗美援朝的爱国教育，以至思想改造运动。但最得力的是关于《实践论》、《矛盾论》的学习，最对我起根本变化的是高等学校教师中的思想改造运动。《实践论》、《矛盾论》提供我以检查、分析解放以前的思想方法，使我能较彻底地正视我的错误思想。思想改造学习运动事实上即是在三反五反胜利基础上的整风运动，肃清资产阶级思想的影响，提高了学术干部的革命战斗力。我此时因群众的智慧帮助下才正视了我自己的个人英雄主义的错误思想，我深刻地感到群众力量的伟大无比，同时更应该从内心深处感谢中国共产党，感谢这一次思想改造运动，感谢全体群众所给我的过去所得未曾有的思想教育。共产党改造了世界，也改造了我。

1949 年 10 月广州解放至 1952 年 8 月，思想改造运动告一段落，这其间我担任了哲学系“辩证唯物主义与历史唯物主义”，“社会发展学说史”之两个科目，并制定了教学大纲。前者是根据斯大林的经典著作《辩证唯物主义与历史唯物主义》内容，将唯物辩证法之四大特征，分析为三十六规律，又将哲学唯物主义与历史唯物主义中生产之三大特点，各分析为九项目，目的在较深刻地学习斯大林的经典著作，并想能应用辩证唯物主义与历史唯物主义来解决一定的具体实际问题，我孜孜不倦地努力工作，写成五十万言。后者虽未全部完成，但其中第四至第六章“列宁对于修正主义历史哲学的批判”却早已完稿，内容：（一）伯恩施坦与考茨基，（二）波格丹诺夫与布哈林，（三）普列汉诺夫、亚克雪洛德、德波林。当然这在 1951 年间初期著作，未免使人有生吞活剥之感，而尤以辩证法的三十六规律之说，缺点最多。在学习《实践论》期间，我陆续发表了《实践论——马克思主义辩证认识论底新发展》（1951 年 4 月）与《实践论——开辟了新历史认识论的门径》（1951 年 5 月），以上两小册都是石印本，作为哲学系集体讨论的资料发表，另外还写了《中国哲学输入欧洲是辩证唯物论底重要源泉之一》（1951 年 5 月石印本）。又因是时成立了历史学会广东分会，又适值太平天国百年纪念，我做了《马克思论太平天国革命》的报告（1951 年 7 月石印本）。是年 6 月我应中央教育部之约，以高等学校课程改革研究委员的名义参加哲学系的课改工作来京，开会期间 6 月 25 日至 29 日，其第一次会有部长及苏联专家报告，可见当时高等教育学习苏联之新倾向。1952 年思想改造运动一结束，便来全国性的院系调整，中大哲学系是于是年 10 月奉教育部令搬迁北京，合并于北京大学的。我们定于 10 月中旬成行，当时偕行者，除我之外，有教授二人，副教授一人，讲师一人，带学生十人，暨家眷及孩童九人。在未赴京之前，我结束了广州生活，把多年收藏的珍贵的“广东文献”分装两大箱，留赠中山大学，作为临别纪念。我虽然离开了中大，但以一生最宝贵的光阴，从 1932—1952 年整整二十年均服务于此，世界观的逐渐转变，也肇始于此。可爱的中国！可爱的广东！就使梦中我也不会忘记你啊！

（二十三）

我这次因全国院系调整回到北京大学，回到母校，好比回到自己的旧家一样，但是学校的地址变了，从沙滩迁到西郊燕京大学旧址，环境一新。我是于 10 月下旬到京，先住校内，后分配住北河沿十号，又因该屋异常潮湿，竟罹关节炎，才迁居中关园 75 号，一住十几年了。这十几年中因没有行政上的实际责任，得以专心读书研究，但研究的方向已渐渐与前不同。

现在我将这一段教学和读书的经历，分作三个阶段来讲：

首先是在中国哲学史教研室时期。中国哲学史史料研究组不久改为中国哲学史教研室，主要负责人冯友兰，秘书朱伯崑。从 1952 年一直到 1958 年。

关于中国哲学史方面做了不少工作。最初是 1953 年所作《戊戌维新思想述评》（稿本）。和同组之间关于康有为、梁启超的评价问题，商业资本的理论问题有长时间的争论，后来为避免纷纠，改而专心于史料的研究，前后写成《老子校释》（1954—1955 年作，龙门联合书局 1958 年版）、《王充著作考》（1954 年油印本，1962 年《文史》第一辑）、《李贽——16 世纪中国反封建思想的先驱者》（1954 年油印本，1957 年湖北人民出版社）、《18 世纪中国哲学对于欧洲的影响》（《哲学研究》1957 年第 4 期）、《中国古代乐律对于希腊之影响》（1957 年 8 月，音乐出版社）、《新辑本桓谭新论》（1956 年稿本），另外还为进修教师和北大及科学院研究生设立《中国哲学史史料学》，并写出讲稿。又修改《中国思想对于欧洲文化之影响》，改名《中国哲学对欧洲的影响》（1957 年油印本前论之部）。我这时一心一意为搜集史料死啃书本，在图书馆善本室抄书做笔记是我经常的生活，有一次在清华大学图书馆抄书，在课间操时把我锁在里面的时候也有。在 1955 年间，关于文化遗产问题，我也批判了胡适与梁漱溟，前后写成《批判胡适的国故学》（1955 年 3 月，油印本）与《批判梁漱溟的民粹主义思想》（1955 年 6 月，油印本）。1957 年反右派斗争，我也在《思想战线》上前后发表了《坚决反击右派分子的进攻》（第三期，1957 年 7 月）与《反右派斗争的历史意义》（第四期，1957 年 7 月）。1958 年双反运动中，我也受了很大冲击，写出大字报揭露中国哲学史教研室的方向错误，同时也就批判了自己。我指出中国哲学史的两条路线是（见《哲学系大字报特辑》4、5 辑）：

中国哲学史

（1）以社会发展史为背景
（2）为社会主义建设服务
（3）人民本位，哲学史是人民意识的表现
（4）厚今薄古
（5）哲学史⇄史料学
（5）哲学史⇄历史唯物论
（4）厚古薄今
（3）个人本位，哲学史是哲学家列传
（2）为封建传统服务
（1）以道统论为背景

1958 年以后，我的研究任务，转入东方哲学史方面，由于当时对于了解亚非拉各国的思想动态，促进文化交流，支持东方各国民族解放运动的斗争，研究东方哲学史有其现实的意义，因此正在我对于中国哲学史极感兴趣之时，科学院提出东方哲学史研究的重要性，而且把这任务交给北大。金克木起草了关于印度哲学研究计划，马坚起草了关于阿拉伯哲学研究计划，我呢？奉命起草关于日本哲学史的研究计划，并且打成文件。我虽曾留学日本，但从未注意日本哲学，而即在日本本国当时也还没有从头到尾一部成功的日本哲学史可资参考。我感着彷徨，但终于完成任务。在北大图书馆善本室里，发现有李盛铎（木斋）任日本大使时所搜集许多日本中古哲学的原著，经我钻研之后，居然找到许多材料。我开始试用马克思主义观点、方法加以分析批判，以后材料积累越多，研究的兴趣也越浓厚，我在1957年至1963年之间前后发表了《日本的朱子学》（1958年8月，三联书店）、《日本的古学及阳明学》（1962年12月，上海人民出版社）、《日本哲学史》（1964年8月，三联书店）三书，约一百万言。又以个人编注的《日本哲学史料》，用东方哲学史组名义发表《日本哲学》二册（古代之部，1962年12月；德川时代之部，1963年3月，均商务印书馆版），把一百年来中国哲学者应该做而没有做的工作完成了。此外还在《人民中国》日文版发表了《朱舜水——中国の素朴的唯物主义　日本に伝え左明末の学者》（1963年第4期）和《空海と汉文学》（1963年第5期）。后来，校系方面决定成立东方哲学史教研组，许多青年同志都做了教研组的成员，在青年同志的帮助之下，我对于东方哲学史的研究更加积极了。东方哲学史教研组规定了三年研究计划，并且几个学期在系里设东方哲学史新科目，这可算是破天荒的工作，当然幼稚是不免的，但由于青年同志们的热情，还是有一点成绩可言。我在负责日本哲学之外，也注意搜集印度、阿拉伯、朝鲜各国哲学史料，印度哲学注重近代，由黄心川负责，阿拉伯哲学由金宜久、戴康生负责；日本哲学我开了两个学期以后，由谢雨春负责；这三门功课，都先后开设，且都印出讲稿。我因那时帮助一个朝鲜研究生，对朝鲜哲学也有兴趣，还想扩大知识面，再从事印度尼西亚哲学史和越南哲学史的试探研究，即在这个时候，学校批准我休假一年，东方哲学史研究停下来了。休假一年是难得的机会，我利用时间想继过去《中国音乐文学史》之后，集中力量从事《中国歌剧史》的研究，给文艺思想界另开一生面，而即在这一年，学校又把我调到中国科学院世界宗教研究所来了。

综计我在北大期间，未休假前许多年都参加系务会议，系务会议是系领导的最高机关，但我则除了为设立东方哲学史科目，曾提出意见之外，对许多事都不愿过问，在会议上从来没有提出什么积极的建议，大有“不在其位不谋其政”的消极思想，因此也一点没有贡献可言。事实上有些事情都是早经内定了的，例如科目中设“汉语”为必修科，我就不大同意，但那是高教部所定，有什么办法呢？我在北大期间担任指导研究生的重要任务，前后有两名外国研究生，一个捷克人鲍格洛（T.

Pokora)，一个是朝鲜人郑圣哲。鲍格洛已经在本国得有学位，通儿国语文，他的研究题目是《桓谭〈新论〉研究》，每次讨论都是他到我处，约有两年光景，回国后还寄不少他在杂志发表的论文或书评，其中还有介绍我的《老子校释》和《李贽》的几篇文章，近两年没有通讯了。郑圣哲研究题目是《程朱学对于朝鲜的影响》，回国后任朝鲜科学院哲学研究所所长，与人合著《朝鲜哲学史》，现有日俄文译本。

这段时期，我还写了《哥仑布前一千年中国僧人发现美洲说》的文章。此观点在我 1941 年所著《扶桑国考证》（商务）早已提出，1962 年 4 月在《北京大学学报》发表的《哥仑布前一千年中国僧人发现美洲考》，主要是附上《纪元五世纪中国僧人慧深年谱》。自从《文汇报》5 月 25 日及《人民日报》6 月 3 日发表学术报告的消息以后，注意的人确属不少，尤其国外学者如 Bertiett Mertz 赞同我的意见，写信给香港《文汇报》，据实地考查证实慧深和尚最早到墨西哥。墨西哥 Mario Palmer 教授给我西班牙文信，也说他十年来一直掌握了 192 个考古学区域的记录，证明美洲原住民和中国人的关系。又古巴 Salvador Massip 也将他的旧著 De-scubriminto de America Porlos Chinos 托科学院植物研究所送给我，这些学术上的国际友谊，都使我永志不忘。固然究竟谁先发现美洲的问题，还值得进一步的研究讨论，但如苏联汉学家那样，认为毫无研究价值，一口气加以否认，这就很难说是科学的态度了。

(二十四)

1964 年中国科学院筹备设立世界宗教研究所，这一年我适在休假期中，拟设立之后即由北京大学负责。东方哲学史教研组居然全部调动，而我的工作也随之调动了，这是后话。现在且说在此以前，我曾几次在全国各地作学术讲演的事。1961 年 12 月我往杭州讲学，绛云同行，这是应浙江省哲学社会科学研究所和杭州大学之约，讲学日程从 12 月 22 日至 1962 年 1 月 20 日，讲题主要是关于“18 世纪中欧思想的接触”，“中国哲学史料学”专题，和“中国哲学对于日本的影响”，最后一讲：“中国古代乐律对于希腊的影响”，是在我住的华侨饭店会议厅举行，听讲者前后有哲学理论工作者、文史工作者、亚洲史学工作者和音乐家们。1963 年 5 月我应广东暨南大学之约，从 5 月 15 日至 6 月 5 日开讲 18 世纪中国与欧洲思想的接触、史料学、马克思论太平天国、太平天国革命思想，另外给中山大学讲“中国哲学对于日本之影响”。6月6日给广东省哲学社会科学联合会讲“中国封建社会内资本主义萌芽时期民主与科学思想之先驱”。1964年休假期中又应辽宁大学讲学之约，往东北一行，讲学日程从6月2日至12日，讲题有“朱舜水与日本文化”、“中国哲学对日本的影响”、“关于五世纪中国僧人发现美洲的问题”及“史料学”。讲毕即往长春，应东北文史研究所讲学之约，讲程从6月16日至27日，讲题与辽宁大学同。回京以后科学院世界宗教研究所已告成立，准备期中北大校长曾召集谈话会，一次是校内集会，一次规模较大，请来许多宗教界中人，会后不久学校决定即把东方哲学史教研组作为基础，设立世界宗教研究所，曾由哲学系召集一次会议宣布，我虽在休假期中，也参加了这次会议。因为这是已定的计划，虽同组中人有对宗教无研究的，最后还是参加。我呢？虽对于工作岗位的调动，感到突然，但也主动地自愿参加。宗教所最初设在燕南园，由学校领导，以后迁入西颐宾馆，由科学院、中宣部和宗教事务局领导，因为是新设立的研究所，所以初期只是对于世界现行宗教动态先做些调查研究，是属于尚未公开的学术机关之一。我休假一年之后，方正式编入宗教所，但几乎没有参加任何会议，宗教所负责同志此时也没有派我一定的任务。我只是在家里自己学习自己研究，不过研究工作的范围，以世界宗教为对象罢了。在这期间，我开始特别注意中国禅宗，当我知道由中国传到朝鲜和日本而现在欧洲美洲居然风靡一时之中国禅宗，是最反动的宗教孽种，为要彻底摧毁它的世界影响，必须先作批判这些思想垃圾的准备工作，因此，我着手翻译了忽滑谷快天所著《禅学思想史》和《朝鲜禅教史》，译为《中国禅学思想史》和《朝鲜禅教思想史》二书。这时我在研究所得到借书的大便利，不断地向科学院图书馆、北京图书馆、北京大学图书馆借书，这是从前不容易做到的。又因这时还有一位研究生是北大考取的，研究题目涉及中国基督教史，因此，我又开始从事中国基督教史研究，搜集了许多景教史资料，并写成一书，题名《唐景教碑新探——中国早期基督教研究之一》。写书的目的是想从本源上肃清基督教文化侵略在中国的影响，同时也因为景教是世界性的宗教，但其重要文献多在中国，为对世界人民负责，非做彻底批判的准备不可。

（二十五）

《世界观的转变》一名《七十自述》，全部写成于1968年12月4

日，即旧历 10 月 15 日，以旧历计算，即是我的七十生辰。回想这七十年来岁月，已经闪电般地过去了，过去者不可再来，然而作为个人历史来看，毕竟是客观地存在。

我之所以不惜写这几万言的《七十自述》，就是作为我自己的一生的总结。让革命的知识分子，以我为鉴戒，以后不再走资产阶级世界观下个人英雄主义的路。

1968 年 12 月 4 日

朱谦之学术年谱

张国义

1899 年，1 岁

11 月 17 日（阴历 10 月 15 日）生于福州，元曾祖以来世代以喉医为业。

1902 年，4 岁

母亲郑淑贞去世。生前有诗："立地参天一古松，风霜阅历独从容。漫嫌密密能遮日，且喜鳞高欲化龙。"朱谦之称该诗激励自己立志成人。

1907 年 1 月—1908 年 12 月，9—10 岁

就读于自治小学，平日喜听父亲所讲的英雄故事。

1909 年，11 岁

1 月就读于明伦小学。父亲朱文熔去世。

1912 年，14 岁

12 月从明伦小学毕业，其间姐姐朱兰忱病死。

1913 年 1 月—1916 年 12 月，15—18 岁

福州省立第一中学读书，自编《中国上古史》，常以闽狂、古愚、左海恨人等笔名向报纸投稿。还试办《历史杂志》未果，写一本小册子《英雄崇拜论》。

1917 年，19 岁

就读格致书院半年，专修英文，著《宗教废绝论》。暑假应北京高师（北京师范大学前身）在闽考试，列第一。至北京，考入北京大学法预科。

1919 年，21 岁

作《太极新图说》、《政微书》、《周秦诸子学统述》，发表于《新中国》杂志第 1、2 卷（第 2 卷为次年出版）。

1920 年，22 岁

1 月出版《现代思潮批评》（北京新中国杂志社），批判实验主义、布尔什维主义、无政府主义、新庶民主义等流行思潮。同月与郭梦良等创办《奋斗》旬刊，宣传虚无主义。1—2 月在《新中国》杂志发表《虚无主义与老子》。入北大哲学系，受教于梁漱溟。在《北京大学学生周刊》上与黄凌霜论战。在《周刊》第 13 期发表《反抗考试的宣言》，为北大的“废考运动”推波助澜。10 月参与无政府团体散发传单被捕入狱，在狱中喜看《传习录》、《周易》和革命家的传记。

1921 年，23 岁

1 月出狱，5 月发表《自叙》宣扬自己要在佛教界里进行虚无革命。到杭州随太虚大师出家，后不满意于佛家生活，离开杭州，去南京支那内学院向欧阳竟无请教，不满意于唯识论，未久留即离去。《革命哲学》由上海泰东书局出版，系统阐述虚无主义。10 月梁漱溟《东西文化及其哲学》（财政部印刷局版）有梁漱溟与朱谦之、黄庆、叶石荪四人的合影，朱谦之受其影响，由怀疑转向信仰。

1922 年，24 岁

2 月在《民铎》3 卷 2 号发表《论柏格森哲学》，还提倡“无知”，自称“虚无学者”。3 月在《民铎》杂志 3 卷 3 号发表《唯情哲学发端》、《信仰与怀疑》（通讯），成为他由虚无哲学转向唯情哲学的标志，两文均收入《周易哲学》。10 月出版反映思想转变期的论文集《无元哲学》（泰东书局），11 月将读法预科时所写的《太极新图说》、《政微书》、《周秦诸子学统述》集成《古学卮言》由泰东书局出版。年底回福州养病。当年杨没累入北京大学音乐传习所学习。

1923 年，25 岁

本年重点阐发唯情哲学，3 月《民铎》4 卷 1 期发表《美及世界》，附录《泛神的宗教》（均收入《周易哲学》）。4 月在《民铎》4 卷 2 期刊登《系统哲学导言》，5 月在《民铎》4 卷 3 号发表《宇宙生命——真情之流》。养病期间与杨没累通信，确定恋爱关系，5 月 18 日为他们的定情纪念日。6 月发表《我的新孔教》，与杨没累发表《虚无主义者的再生》（两篇文章均在《民铎》4 卷 4 号）。南京建业大学讲学，与杨没累通信讨论音乐与文学的关系，成为后来提倡音乐文学的缘起。7 月在《民铎》4 卷 5 号发表《论“宇宙美育”》。出版唯情哲学代表作《周易哲学》（上海学术研究会本）。

1924 年，26 岁

在济南第一师范讲演《一个唯情论者的宇宙观及人生观》，3 月和 4 月《一个唯情论者的人生观》在《民铎》5 卷 1、2 号连载。回北京后应厦门大学讲师的聘约，途中逗留长沙一周，写成《音乐的文学小史》，在长沙第一师范讲《中国文学与音乐之关系》，在平民大学讲《平民文学与音乐文学》，开了音乐文学的先声。至厦门大学任教“中国哲学史”、“中国文学史”、“历史哲学”三门课。《荷心》出版。[①]

1925 年，27 岁

5 月辞去厦门大学的教职，与杨没累隐居杭州西湖，门对宋诗人林和靖的故居，实践恋爱至上的唯情生活。杨没累研究《中国乐律学史》，朱谦之研究《中国音乐文学史》。8 月出版《音乐的文学小史》（上海泰东书局）。

1926 年，28 岁

4 月《谦之文存》（泰东书局）出版，9 月《历史哲学》（泰东书局）出版。两本书均为在厦门大学上课的讲义。出版《一个唯情论者的宇宙

---

① 据朱谦之生前所编著述目录（经黄夏年整理发表于《世界宗教研究》1999 年第 2 期），《荷心》应出版于 1923 年上海新中国书局。据《七十自述》（二），《荷心》编成出版于 1924 年。笔者看到的本子是 1927 年 10 月中央书局本。

观及人生观》和《大同共产主义》(均为泰东书局本)。在《大同共产主义》中把大同主义的实现寄托于当时的国民革命。

1927 年，29 岁

《国民革命与世界大同》(泰东书局)出版。8 月完成《回忆》的写作，随后奔赴广州，经友人介绍见到李济深，并在黄埔军校任政治教官，12 月在广州起义前夕离开广州回杭州。

1928 年，30 岁

整理在黄埔军校的讲义完成《到大同的路》。4 月 24 日，杨没累因肺病去世，葬于烟霞洞。朱谦之再赴广州，又往返于沪杭之间，与文艺界朋友往来，如杭州的潘天授、林风眠、李朴园，上海的胡也频、丁玲、沈从文等，以此排遣郁闷。10 月《到大同的路》(泰东书局)出版。为纪念杨没累，完成《中国音乐文学史》，起草《新艺术》刚开头即作罢。

1929 年，31 岁

4 月赴日本留学，得蔡元培、熊十力的推荐，以国立中央研究院特约研究员的名义每月可得补贴 80 元，得以安心读书。中央研究院所给的题目是《社会史观与唯物史观之比较研究》。留日期间基本从事历史哲学研究，主要留心孔德与黑格尔的哲学。5 月《没累文存》(泰东书局)出版。

1930 年，32 岁

搜罗历史哲学的资料，读外语补习学校学习日语和法语。

1931 年，33 岁

从日本回国暂居杭州为浙江省府就经济方面的问题提供意见，从而注意研究历史学派经济学。8 月应上海暨南大学教授之聘，教授历史哲学、西洋史学史、史学概论、社会学史等课程。课余应民智书局之约主编《历史哲学丛书》。10 月丛书之一《黑格尔主义与孔德主义》完成，书中主要为译文，有朱谦之的《黑格尔百年祭》和《黑格尔主义与孔德主义》等文，渐渐形成朱谦之的一家言。12 月《现代学术》1 卷 3、4

期合刊刊登朱谦之的《日本思想的三时期》。

1932 年，34 岁

迁至北平，完成《历史哲学大纲》。8 月应中山大学教授之聘南下广州，发表《南方文化运动》一文，认为南方文化是科学、产业的文化，是振兴民族文化的希望。9 月在广州市立一中讲演《南方文化之创造》，11 月在培英中学讲《中国文化的现阶段》。任中山大学历史学系主任，12 月开始自费筹办《现代史学》杂志。

1933 年，35 岁

1 月《现代史学》创刊号出，作《本刊宣言》、《什么是历史方法》、《文化哲学》。在《本刊宣言》中提出现代史学的三个使命：现代性把握、现代史学方法的运用以及现代史、科学史、社会史、经济史的研究，俨然要在中国学术界立一个"现代史学派"。2 月在《现代史学》发表《文化类型学》、《宋代的歌词》、《凌廷堪燕乐考原跋》、《史的论理主义与史的心理主义》等文。《历史学派经济学》（上海商务印书馆）出版。5 月《现代史学》1 卷 3、4 期合刊，为"经济史研究专号"，朱谦之发表《经济史研究序说》。《黑格尔主义与孔德主义》（上海民智书局）和《历史哲学大纲》（民智书局）出版。

1934 年，36 岁

5 月发表《中国史学之阶段的发展》（《现代史学》2 卷 1、2 期合刊），梳理中国史学史，并提出"现代史学派"是集考证考古派与唯物史观派的所长。

1935 年，37 岁

1 月发表《历史科学论》（《现代史学》2 卷 3 期）。7 月何绛云从中大文学院中文系毕业，朱谦之与其举行婚礼。因研究文化哲学，注意到中国文化的西传，开始撰写《中国思想对于欧洲文化之影响》。10 月代理文科研究所主任，在文科研究所的会议上自称文化学派，反对"史学即是史料学"的观点，认为文献学的流弊在于玩物丧志。发表《历史论理学》（《现代史学》2 卷 4 期）。《中国音乐文学史》（商务印书馆）出版。12 月《文化哲学》（商务印书馆）出版。

1936 年，38 岁

5 月发表《社会科学与历史方法》(《现代史学》3 卷 1 期)。7 月回故乡福州逗留 5 日。出版《黑格尔的历史哲学》(商务印书馆)。

1937 年，39 岁

4 月发表《宋儒理学对于欧洲文化之影响》(《现代史学》3 卷 2 期)。暑假回何绛云故乡广西梧州继续撰写《中国思想对于欧洲文化之影响》。

1938 年，40 岁

专注于太平天国史研究。10 月广州陷落，返回梧州，再迁藤县。12 月绕道越南至昆明，见到旧友郑天挺、顾颉刚、罗莘田、冯友兰等。

1939 年，41 岁

3 月中大迁澄江，课余作历史考证的文章，如《哥仑布前一千年中国僧人发现美洲说》、《中国古代乐律对于希腊之影响》、《天德王之谜》、《中华民族之世界分布》、《印度佛教对于原始基督教之影响》等。日军侵入越南，威胁滇境，中大再次迁校。8 月底与何绛云回梧州，10 月返粤。

1940 年，42 岁

7 月出版《中国思想对于欧洲文化之影响》(商务印书馆)，认为是自己“最细心结撰的一部著作”(《七十自述》(三))。于《现代史学》5 卷 1 期发表《考今》，主张治史应以考古为方法，考今为目的。同期发表《天德王之谜》、《太平天国史料及其研究方法》。出版《扶桑国考证》(商务印书馆)。冬，中大迁粤北坪石。

1941 年，43 岁

8 月任文学院院长，组织创办《中山学报》，为鼓励学生的学术研究，设“谦之学术奖金”。提倡音乐文学，提倡新歌剧，组织学生文艺社团演出。本年出版《中国思想方法问题》(云南曲江民族文化出版社)、《孔德的历史哲学》(商务印书馆)。

1942 年，44 岁

8 月开始为期一年的休假，辞去文学院院长和历史系主任的职务，只保留历史学部主任的职务。历史系师生送锦旗一面，书“诲人不倦”，旁缀“朱谦之先生主系十年纪念”。9 月回梧州，10 月为《中山日报》读者读书会讲《三民主义与中国文化之联系》。12 月从梧州迁藤县，作《文化社会学》。

1943 年，45 岁

2 月从藤县回梧州，誊写《文化社会学》。28 日到桂林，住在桂林师范学院。3 月 6 日，在中国教育学会桂林分会讲《中国文化新时代》；3 月 22 日，在广西省立医学院讲《现代的意义》；3 月 10 日—4 月 16 日，在桂林师范学院讲《文化类型学十讲》。此外还为无锡国学专门学校、国立汉民中学、桂林青年会、省立桂林中学开设讲座。“千言万语，无非阐扬我民族文化的悠久博大”（《七十自述》（三））。5 月返回中山大学，全力提倡近代史研究。8 月代理文科研究所主任。

1944 年，46 岁

3 月代理文学院院长。5 月组织举办诗歌朗诵会提倡音乐文学。文科研究所季刊第 4 期为科学史专号。《太平天国革命文化史》（江西赣江中华正气出版社）出版。6 月豫湘桂战役延及湘北，中大师生疏散。赴梧州，9 月梧州失陷，再迁至苍梧。11 月返坪石。12 月 8 日开设讲座：《现代史学思潮十讲》、《文化类型学十讲》。

1945 年，47 岁

1 月日军攻粤北，战事吃紧，与中大师生踏上逃亡路，历经险阻，2 月 19 日抵达临时省会龙川。3 月作《奋斗廿年》。在 6 月 13 日的《正气日报》上发表《战后人生观的改变》。7 月 4 日在梅县基督教青年会讲《战后文化展望》，在《汕报》和《中山日报》分别发表《从新音乐运动到新歌剧运动》、《我们的新音乐运动》。8 月在《正气日报》发表《军火商人戈登》。复任文学院院长。9 月文科研究所《历史丛书》第一种《哥仑布前一千年中国僧人发现美洲说》（梅县本）出版。受美国投掷原子弹的影响，开始收集关于原子弹、原子能的各种著述，思想上产生极大震动，逐渐意识到唯物论的科学性。其后至新中国建立很少有著作出版。10 月中大迁回广州，被聘为文学院院长、哲学系主任、文科研究所主任、历史学部主任，身兼四职。

1946 年，48 岁

1 月开课，15 日讲《奋斗十年》，16 日讲《音乐文学运动》，17 日讲《文艺复兴期欧洲文学中所见之中国》，18 日讲《战后文化展望》，19 日讲《现代史学之新倾向》。3 月 29 日请沈雁冰为学生讲《民主与文艺》。5 月 5 日开始举办“文化科学讲座”，包括《文化政治学》、《文化法律学》、《文化经济学》、《文化教育学》四讲。6 月 3 日讲《从屈原说到诗人的爱》。7—8 月间《奋斗廿年》（中山大学史学研究会）出版。

1947 年，49 岁

为哲学系三年级学生开“庄子哲学”和“黑格尔哲学”两门课。

1948 年，50 岁

《文化社会学》（中国社会学社广东分社）出版。

1949 年，51 岁

1 月 29 日将旧作辑成《比较文化论集》。6 月 15 日—7 月 6 日完成《庄子哲学》，附录《老子新探》。7 月 9 日—10 月 2 日完成《黑格尔哲学》，分四章：黑格尔及其时代、青年黑格尔的宗教研究、黑格尔的精神现象学、黑格尔的论理学，约 30 万字。广州解放。11 月下旬组织哲学系师生学习《论人民民主专政》。12 月下旬学习“政协纲领”，24 日座谈“斯大林与中国革命”。

1950 年，52 岁

担任哲学系“辩证唯物主义与历史唯物主义”、“社会发展学说史”两课的教学。

1951 年，53 岁

4 月作《实践论——马克思主义辩证认识论底新发展》。5 月作《实践论——开辟了新历史认识论的门径》。上述两文均为石印本，是哲学系的讨论资料。还作《中国哲学输入欧洲是辩证唯物底重要源泉之一》。7 月作《马克思论太平天国革命》的报告。

1952 年，54 岁

思想改造运动结束，全国院系调整，朱谦之调任北京大学哲学系教授，从事中国哲学史研究。

1953 年，55 岁

作《戊戌维新思想述评》（稿本），就其中关于康、梁等人物评价和对商业资本的认识问题与同事发生争论。出《中国哲学史提纲》油印本。

1954 年，56 岁

始作《老子校释》、《李贽》，撰写《王充著作考》（油印本，1962 年《文史》第 1 辑）。

1955 年，57 岁

作批判胡适、梁漱溟的文章，《批判胡适的国故学》、《批判梁漱溟的民粹主义思想》（油印本）。

1956 年，58 岁

作《新辑本桓谭新论》（稿本）。

1957 年，59 岁

2 月出版《李贽》（湖北人民出版社）。3 月出《中国古典哲学著作要目》（北京师范大学铅印本）、《中国哲学史史料学》（油印本），修改《中国思想对于欧洲文化之影响》，改名为《中国哲学对欧洲的影响》。7 月在《思想战线》发表《坚决反击右派分子的进攻》和《反右派斗争的历史意义》等文。8 月出版《中国古代乐律对于希腊之影响》。

1958 年，60 岁

出版《老子校释》（龙门联合书局）。转入东方哲学史研究，出版《日本的朱子学》（三联书店）。在双反运动中受到很大冲击。

1959 年，61 岁

作《日本哲学史提纲》（德川时代）讲义。

1961 年，63 岁

12 月 22 日至次年 1 月 20 日应杭州大学和浙江省哲学社会科学研究所的邀请讲“18 世纪中欧思想的接触”、“中国哲学史料学”、“中国哲学对于日本的影响”、“中国古代乐律对于希腊的影响”。

1962 年，64 岁

在《北京大学学报》发表《哥仑布前一千年中国僧人发现美洲考》、《安藤昌益——18 世纪日本反封建思想家》。12 月出版《日本的古学及阳明学》（上海人民出版社）。

1963 年，65 岁

2 月，编译的《日本哲学（古代之部）》（商务）出版。5 月应广东暨南大学之邀讲“18 世纪中欧思想的接触”、“史料学”、“马克思论太平天国”，在中山大学讲“中国哲学对于日本之影响”。6 月在广东哲学社会科学联合会讲“中国封建社会内资本主义萌芽时期民主与科学思想之先驱”。12 月，编译的《日本哲学（德川时代之部）》（商务）出版。

1964 年，66 岁

6 月，在辽宁大学讲“朱舜水与日本文化”、“中国哲学对日本的影响”、“关于五世纪中国僧人发现美洲的问题”及“史料学”。又至长春东北文史研究所讲学，题目与辽宁大学相同。回京后转入科学院世界宗教研究所。8 月出版《日本哲学史》（北京三联）。

1965 年，67 岁

翻译日本忽滑谷快天的《禅学思想史》、《朝鲜禅教史》（稿本）。12 月完成《唐景教碑新探——中国早期基督教研究之一》（稿本）。

1968 年，70 岁

作《中国景教》（稿本）。12 月 4 日，完成《世界观的转变（七十自述）》，以阴历计是 10 月 15 日，虚岁 70 岁。

1969 年，71 岁

继续回顾自己一生，作《中大二十年》、《政治幻想的三部曲》

等文。

1970 年，72 岁

因脑溢血患半身不遂，其后经常住院。

1972 年，74 岁

7 月 22 日，因脑溢血病逝于北京协和医院。

中国近代思想家文库

方东树、唐鉴卷	黄爱平、吴杰　编
包世臣卷	刘平、郑大华　主编
林则徐卷	杨国桢　编
姚莹卷	施立业　编
龚自珍卷	樊克政　编
魏源卷	夏剑钦　编
冯桂芬卷	熊月之　编
曾国藩卷	董丛林　编
左宗棠卷	杨东梁　编
洪秀全、洪仁玕卷	夏春涛　编
郭嵩焘卷	熊月之　编
王韬卷	海青　编
张之洞卷	吴剑杰　编
薛福成卷	马忠文、任青　编
经元善卷	朱浒　编
沈家本卷	李欣荣　编
马相伯卷	李天纲　编
王先谦、叶德辉卷	王维江、李骛哲、黄田　编
郑观应卷	任智勇、戴圆　编
马建忠、邵作舟、陈虬卷	薛玉琴、徐子超、陆烨　编
黄遵宪卷	陈铮　编
皮锡瑞卷	吴仰湘　编
廖平卷	蒙默、蒙怀敬　编
严复卷	黄克武　编
夏震武卷	王波　编
陈炽卷	张登德　编
汤寿潜卷	汪林茂　编
宰鸿铭卷	黄兴涛　编

康有为卷	张荣华　编
宋育仁卷	王东杰、陈阳　编
汪康年卷	汪林茂　编
宋恕卷	邱涛　编
夏曾佑卷	杨琥　编
谭嗣同卷	汤仁泽　编
吴稚晖卷	金以林、马思宇　编
孙中山卷	张磊、张苹　编
蔡元培卷	欧阳哲生　编
章太炎卷	姜义华　编
金天翮、吕碧城、秋瑾、何震卷	夏晓虹　编
杨毓麟、陈天华、邹容卷	严昌洪、何广　编
梁启超卷	汤志钧　编
杜亚泉卷	周月峰　编
张尔田、柳诒徵卷	孙文阁、张笑川　编
杨度卷	左玉河　编
王国维卷	彭林　编
黄炎培卷	余子侠　编
胡汉民卷	陈红民、方勇　编
陈撄宁卷	郭武　编
章士钊卷	郭双林　编
宋教仁卷	郭汉民、暴宏博　编
蒋百里、杨杰卷	皮明勇、侯昂妤　编
江亢虎卷	汪佩伟　编
马一浮卷	吴光　编
师复卷	唐仕春　编
刘师培卷	李帆　编
朱执信卷	谷小水　编
高一涵卷	郭双林、高波　编
熊十力卷	郭齐勇　编
任鸿隽卷	樊洪业、潘涛、王勇忠　编
蒋梦麟卷	左玉河　编
张东荪卷	左玉河　编

丁文江卷　宋广波　编
钱玄同卷　张荣华　编
张君劢卷　翁贺凯　编
赵紫宸卷　赵晓阳　编
李大钊卷　杨琥　编
李达卷　宋俭、宋镜明　编
张慰慈卷　李源　编
晏阳初卷　宋恩荣　编
陶行知卷　余子侠　编
戴季陶卷　桑兵、朱凤林　编
胡适卷　耿云志　编
郭沫若卷　谢保成、魏红珊、潘素龙　编
卢作孚卷　王果　编
汤用彤卷　汤一介、赵建永　编
吴耀宗卷　赵晓阳　编
顾颉刚卷　顾潮　编
张申府卷　雷颐　编
梁漱溟卷　梁培宽、王宗昱　编
恽代英卷　刘辉　编
金岳霖卷　王中江　编
冯友兰卷　李中华　编
傅斯年卷　欧阳哲生　编
罗家伦卷　张晓京　编
萧公权卷　张允起　编
常乃悳卷　查晓英　编
余家菊卷　余子侠、郑刚　编
瞿秋白卷　陈铁健　编
潘光旦卷　吕文浩　编
朱谦之卷　黄夏年　编
陶希圣卷　陈峰　编
钱端升卷　孙宏云　编
王亚南卷　夏明方、杨双利　编
黄文山卷　赵立彬　编

雷海宗、林同济卷 江沛、刘忠良 编
贺麟卷 高全喜 编
陈序经卷 田彤 编
徐复观卷 干春松 编
巨赞卷 黄夏年 编
唐君毅卷 单波 编
牟宗三卷 王兴国 编
费孝通卷 吕文浩 编

图书在版编目（CIP）数据

中国近代思想家文库．朱谦之卷/黄夏年编．—北京：中国人民大学出版社，2015.5
ISBN 978-7-300-21243-2

Ⅰ.①中… Ⅱ.①黄… Ⅲ.①思想史-研究-中国-近代②朱谦之（1899～1972）-思想评论 Ⅳ.①B250.5

中国版本图书馆 CIP 数据核字（2015）第 097923 号

中国近代思想家文库
朱谦之卷
黄夏年　编
Zhu Qianzhi Juan

出版发行	中国人民大学出版社		
社　　址	北京中关村大街 31 号	**邮政编码**	100080
电　　话	010－62511242（总编室）		010－62511770（质管部）
	010－82501766（邮购部）		010－62514148（门市部）
	010－62515195（发行公司）		010－62515275（盗版举报）
网　　址	http://www.crup.com.cn		
经　　销	新华书店		
印　　刷	涿州市星河印刷有限公司		
开　　本	720 mm×1000 mm　1/16	**版　　次**	2015 年 5 月第 1 版
印　　张	20.5 插页 2	**印　　次**	2024 年 7 月第 2 次印刷
字　　数	324 000	**定　　价**	69.00 元

版权所有　侵权必究　　印装差错　负责调换